本专著为司法部法治建设与法学理论研究部级科研项目"中国推进'一带一路'能源合作法律机制构建研究"(项目编号 16SFB2047)的结项成果。

"一带一路"能源合作法律机制构建研究

Research on the Construction of
the Legal Mechanism of Energy Cooperation in the "Belt and Road"

岳树梅　等 / 著

撰稿人（按章节先后）：

岳树梅　谢卓君　熊　锐　陶吕兴

厦门大学出版社 国家一级出版社
XIAMEN UNIVERSITY PRESS 全国百佳图书出版单位

图书在版编目(CIP)数据

"一带一路"能源合作法律机制构建研究/岳树梅等著.—厦门:厦门大学出版社，2019.3

(涉外法律实务系列)

ISBN 978-7-5615-7354-9

Ⅰ.①一⋯ Ⅱ.①岳⋯ Ⅲ.①"一带一路"－能源经济－国际合作－能源法－研究 Ⅳ.①D912.604

中国版本图书馆 CIP 数据核字(2019)第 052406 号

出 版 人	郑文礼
责任编辑	李 宁

出版发行 厦门大学出版社

社　　　址	厦门市软件园二期望海路 39 号
邮政编码	361008
总 编 办	0592-2182177　0592-2181406(传真)
营销中心	0592-2184458　0592-2181365
网　　　址	http://www.xmupress.com
邮　　　箱	xmup@xmupress.com
印　　　刷	厦门市金凯龙印刷有限公司

开本	720 mm×1 000 mm　1/16
印张	22
字数	346 千字
插页	2
版次	2019 年 3 月第 1 版
印次	2019 年 3 月第 1 次印刷
定价	86.00 元

本书如有印装质量问题请直接寄承印厂调换

厦门大学出版社
微信二维码

厦门大学出版社
微博二维码

西南政法大学涉外法律实务系列编委会

总 序

  2013 年,西南政法大学获批为教育部涉外法律人才教育培养基地,由国际法学院具体牵头建设。近些年,国际法学院积极探索创新涉外法治人才培养机制,努力培养一批具有国际视野、通晓国际规则,能够参与国际法律事务和维护国家利益的涉外法治人才;依托各种政策和发展契机,协同海内外高校和实务部门,以开设涉外法治人才实验班为重要抓手和创新载体,进一步探索实践涉外法治人才培养新模式新方式。涉外法治人才培养目标的实现需要与之相适应的著编系列。为此,在学校支持下,国际法学院精心组织策划涉外法律实务系列的编写,邀请来自高校和实务部门的专家学者参与其间。这种"五湖四海"式组建编写团队,目的是保证本系列的实务性和高水准。

  本系列围绕涉外法律实务能力和专业素质,着力突出专业和实务特色。一方面,本系列各专著主题的选定,以涉外法治人才要接触到的最广泛和经常性的国际法律实务为依据,涵盖了涉外法律实务的实体性和程序性问题,包括世界贸易组织法律实务、涉外工程法律实务、涉外民事诉讼法律实务、海商法律实务、涉外知识产权法律实务、涉外货物买卖法律实务、涉外金融法律实务、涉外民事关系法律适用实务、涉外投资法律实务等,着重阐述主要国际法律实务问题,基本涵盖了高端国际法律人才从事涉外法律实务工作必须学习和掌握的实务性专业知识。另一方面,本系列在内容结构和体例设计上,体现注重涉外法律实务知识和实务能力提高的总体要求。各专著编写,力求配合案例教学讨论式授课模式。严格统一编写体例,每章各节在内容结构上分成知识

总 序 ●●●

背景或知识点、案例裁决或法律文书摘录、延伸阅读三个板块,对涉外法律实务知识进行讲解。先系统性阐释专业知识内容,之后以真实案例为素材进行案例教学,精选的经典和富有代表性案例,都摘编节选自案例原文,这样既保持案例的本来面貌,又能深化读者对基础知识和案例内容的理解和掌握。专业知识衔接案例分析或法律文书摘录学习,配以延伸知识阅读,通过这样的体例设计,帮助学生切实有效地将知识转化为运用法律解决实际问题的能力,培养学生运用法律逻辑分析问题和独立思考的习惯。

西南政法大学涉外法律实务系列,是从以灌输知识为主,向培养能力为主的教学理念和教学方法转变的有益尝试,是涉外法治人才教育培养的经验总结和创新成果,也是深化涉外法治人才教育培养的重要内容和教学载体。期望这套丛书能够不断得到完善,在推进中国涉外法治人才教育培养事业中发挥作用。

西南政法大学校长 **付子堂**
教授、博士生导师

西南政法大学国际法学院院长 **张晓君**
教授、博士生导师

2017 年 5 月

作者简介

　　岳树梅,女,四川通江县人,法学博士,西南政法大学国际法学院法学教授、博士生导师,西南政法大学"中国—阿拉伯法律研究中心"主任,同时兼任中国民建中央理论委委员、民建重庆市委理论宣传委副主任、民建重庆市委委员、民建南岸区委副主委;南岸区政协委员、南岸区人民政府法律顾问;重庆市仲裁委仲裁员、重庆市科技协会法学咨询专家。

　　岳树梅教授的主要研究方向为国际能源法、国际经济法、国际投资法、国际贸易法。近年来主要以区域能源合作法律问题、民用核能安全保障法律问题为主要研究内容。个人学术成果包含独撰公开发表论文 40 余篇;专著(含主编)、参编共计 10 余项。个人主持省部级以上项目 12 项,其他项目 3 项。主研省部级以上课题 20 余项。个人专著获得省部级政府级奖励 1 项,个人智库成果多项,其中获得国家领导人重要批示智库成果 1 项。

　　具而言之,包括:(1)主持课题 15 项,其中个人主持省部级以上项目 12 项,包括主持国家社科基金项目 2 项,教育部、司法部及其他省部级以上项目 10 项;其他项目 3 项。(2)在《人民日报》(理论版)、《法学》、《现代法学》、《政治与法律》等学术期刊上公开发表独撰论文 40 余篇。(3)专著 3 部,主编 2 部。(4)近年来,多项智库成果被各级部门采用。其中,《加强构建"一带一路"能源合作法律机制》一文在中央统战部 2017 年《零讯》内参发表;《中国企业在"一带一路"投资的法律风险防控》一文在中央统战部 2018 年《零讯》内参发表,并在两会期间得到专题报道,同时原中央政治局常委、时任国务院副总理张高丽对其作出重要批示。还有多项成果被民建中央和全国政协采用。(5)2011 年个人专著《国际能源合作法律机制研究》获得重庆市人民政府优秀成果三等奖。还有多篇论文获得其他各级奖励。

编写说明

　　"一带一路"能源合作格局受到全球能源供给市场秩序变化的影响,世界能源消费市场的中心从发达国家转向发展中国家。"一带一路"沿线国家能源投资与能源贸易合作将进入发展机遇期。"一带一路"能源合作包括能源贸易、能源投资、国际劳工人权保护、能源与生态等诸多方面内容。各国政治、法律意识等因素制约和困扰着"一带一路"能源合作法律机制构建进程。目前,"一带一路"能源合作法治内容呈现分散性特征,主要存在于多边协定、区域协定、双边协定以及相关国家的国内法。这造成不同能源合作协定之间的冲突。通过构建统一的"一带一路"能源合作法律机制框架,以法律途径解决各国际合作法律规定不一致的问题,可以实现国际能源合作法治的系统化与规模效应。现有的国际能源合作法律制度框架无法满足各国的发展需求,"一带一路"能源合作需要以法律为手段,保障我国国际能源合作发展进程的顺利进行。能源合作法律机制保障开展"一带一路"能源合作秩序化与规范化。能源消费国与能源生产国都无法脱离相关法制体系而独善其身。随着国际能源市场的"一体化"进程不断加快,国际能源合作的贸易与投资体量增大,构建"一带一路"能源合作法律机制有助于通过公平、正义的法律手段化解矛盾,解决纠纷,从而形成良性的能源市场竞争关系。

　　本书在编写过程中,以背景知识为基础,以法律实践分析为主要切入点,通过对全球、区域、多边、双边等角度的法律实践引入和评析,使读者可以更为深入地理解"一带一路"能源合作法律机制构建的内容。本书首先论述了中国推进"一带一路"能源合作法律机制构建的基础理论,然后从能源合作法律机制构建存在的困惑与机遇出发,对全球区域能源合作的法律实践进行分析,找出构建"一带一路"能源合作的路径选择与法律策略。本书除了可以作为学生了解"一带一路"能源合作法律机制构建的相关知识的阅读材料之外,对从事"一带一路"能源合作的企业也有一定的借鉴意义,对于我国相关政府部门在完善与"一带一路"能源合作有关的法律规范时,也有一定的参考意义。

本书是司法部课题,为"中国推进'一带一路'能源合作法律机制构建研究"(项目编号:16SFB2047)结项的最终成果,由西南政法大学国际法学院从事国际能源研究和教学的岳树梅老师组织撰写而成,旨在扩大该资助项目的影响力,促进成果转化为有助于实践的理论研究与方法研究。

本书由岳树梅教授负责总体框架结构。

该书具体撰稿人及分工如下(以撰写章节先后为顺序):

第一章、第二章、第三章:谢卓君(西南政法大学国际法学院)

第四章、第五章、第六章:熊锐(西南政法大学国际法学院)

第七章:陶吕兴(西南政法大学国际法学院)

本书在结构和内容上,沿用学院编写的系列丛书中的新形式。国际能源法是一个涉及范围广、内容多、研究难度大的领域。由于时间和水平的限制,书中若有错误、遗漏等不妥之处,敬请各位读者批评指正,同时也欢迎对该领域颇有研究的各位人士提出个人观点相互交流,以便在修订再版时,我们可以修改完善。

"一带一路"能源合作法律机制构建研究　**编写组**

2018 年 11 月

目　录

引　言

　　国际能源机构预测,2020 年美国将成为全球能源生产的第一大国。由此将带来全球能源市场秩序的巨大变化并对"一带一路"能源合作格局产生前所未有的影响。世界能源消费市场的中心将从发达国家转向发展中国家。"一带一路"沿线国家将成为能源投资与能源贸易新的增长点,其能源贸易及投资额在贸易及投资总额中所占的比例将呈大幅上升趋势。"一带一路"能源合作扩大了以往传统能源合作(能源生产、能源消费、能源运输)的内容,涵盖了能源的基础设施建设、能源环境保护等方面的合作等。"一带一路"能源合作机制可分为能源基础设施建设、勘探、开发、冶炼加工、道路与管线运输、运输安全、能源消费等环节,这些环节均成为能源合作法律机制构建的内容。能源基础设施建设中,各国在技术、资金方面具有极好的互助性;能源生产中,各国在能源资源方面具有极强的互补性;能源运输及能源安全是各国能源合作中关注的中心议题;能源消费及生态环保把各国的利益联系在一起。然而,各国主权因素将制约和困扰"一带一路"能源合作法律机制构建的进程。"一带一路"能源合作法治内容散见于全球性多边条约、区域性条约、双边协议以及相关各国国内法律之中。总的来说,其中能源合作的内容偏少且内容之间可能还存在一些冲突,解决这些冲突需要通过有效的法律途径。松散的能源合作模式并不可靠,"一带一路"能源合作需要运用法律机制作为引领和保障。在各国国内能源法律机制中,由于有国家权力做保障,国内法律制度建构较为容易。如果国际能源合作法律机制缺失,"一带一路"能源合作各个环节将处于无序的状态,无论是对能源生产大国、能源消费大国还是对能源生产或消费小国来说,在能源合作秩序不断变化的今天,都将无所适从。只有通过制度化、规则化的整合使这些竞争良性化、有序化,才能使矛盾在法治范围内得到较好的控制。

第一章
"一带一路"能源合作法律机制构建的基础理论

    "一带一路"倡议为我国开展国际能源合作提供了新机遇。"一带一路"能源合作法律机制强调共商、共建、共享的理论内涵,建立利益、责任、命运共同体,打造开放、包容、普惠、平衡、共赢的能源合作格局。坚持国家大政方针之顶层设计,积极构建一个21世纪国际能源合作法律机制新框架,将"一带一路"倡议的丰富内涵融入国际能源合作法律机制当中,为解决我国能源安全问题提供理论支撑。第一,"一带一路"能源合作法律机制构建具有法治理论基础。社会控制文明程度被认为是法治实现的重要标尺。基于保障能源活动规范化和秩序化进行的现实需要,能源活动作为社会活动的重要组成部分之一,也需要在理论指导下进行。"一带一路"能源合作拥有法治内涵,其主要反映在对能源管理活动的治理上。这种治理是善治的治理,它是对合作控制体系的治理,它是通过组织体系的治理。法治在"一带一路"能源合作中处于不可或缺的重要地位,是能源合作的核心要素。创新是中国推进"一带一路"能源合作法律机制构建的不竭动力,协调是处理"一带一路"能源合作法律机制构建冲突与矛盾的重要方法。"一带一路"能源合作法律机制中所蕴含法的价值之内涵,反映了相关主体对法的期望与追求,它是能源合作法治发展的动因。中国推进"一带一路"能源合作法律机制构建,坚持以共赢、共享、共建理念为基础,以法治为方略,构建系统化、机制化、权责分明的规则体系。第二,"一带一路"能源合作法律机制构建的国际关系理论基础:从新自由制度主义相互依赖理论出发分析中国提出的"一带一路"能源合作倡议,各国能源合作具有共赢、互利、互补、共享性质的利益关系,包含矛盾冲突与互利互惠的二元关系。中国推进"一带一路"能源合作法律机制构建,运用各国广泛接受的规则和制度来实现能源合作中出现的矛盾冲突向友好互惠合作转变。国际社会中广泛存在的相互依赖是客观事实。国家间的相互依赖引发了国际能源机制和制度安排的产生,相互依赖的程度与国际制度化水平呈正比例关系。从伦理价值观理论出发分析中国提出的"一带一路"能源合作倡议,世界能源合作缺乏共同体的伦理价值观念,导致国家履行国际义务和遵守国际能源法的内在约束力较弱。为了弥补国际伦理价值体系的缺失,通过构建以伦理价值为指导的"一带一路"能源合作法律机制,以实现国际能源合作的可预见性和合法性。从全球治理理论出发分析"一带一路"能源合作倡议,全球治理体系是区域协调与全球协调双层次的结合体,而"一带一路"能源合作法律机制的完善是全球治理成熟的外在表现。从人类命运共同体理论出发分析"一带一路"能源合作倡议,寻求法文化理念与人类命运共同体的契合点成为构建"一带一路"能源合作法律机制所遵循的价值基础,其关注人类社会共生性的内在逻辑关系,以包容的态度形成共同应对生态环境问题的良性互动。第三,"一带一路"能源合作法律机制构建的国际经济法理论基础。国际经济法是调整国家之间经济关系的法律原则、制度、规范的总称。"一带一路"能源合作法律机制是国家之间开展能源经济合作的重要保障,能源合作的经济属性决定了能源合作法律机制是国际经济法的重要组成部分。因此,中国推进"一带一路"能源合作法律机制构建需要以国际经济法的相关理论为基础,使能源合作成为丰富理论指导下的实践活动。第四,中国推进"一带一路"能源合作法律机制的实然状态,强调我国"一带一路"能源合作法律机制由国内能源法律体系与国际能源法律体系两个部分组成,能源主权原则、能源合作原则以及能源秩序原则等原则都是其丰富内容的一部分。中国推进"一带一路"能源合作法律机制的应然状态,应当是在基本原则指导下,以综合性的《能源法》为基础,并通过以《煤炭法》《电力法》《石油天然气法》《原子能法》《节约能源法》《可再生资源法》《能源公用事业法》七个能源单行法为主干,将国务院和地方制定的行政法规和行政规章与与之相配套的国内法为支撑,形成"一带一路"能源合作的协调机制、区域能源多边合作法律机制、能源投资保护法律机制、能源合作共享机制以及能源生态环保机制五位一体的"一带一路"能源合作法律机制。

第一节 "一带一路"能源合作法律机制 构建的理论基础

●●●

一、"一带一路"能源合作的内涵

2013年,中国国家主席习近平首次提出"一带一路"倡议,该倡议的核心理念是共商、共建、共享,建成利益、责任、命运共同体,打造开放、包容、普惠、平衡、共赢的全球化经济,体现了人类共同解决难题和实现全球治理的重要使命。[①] 共商是中国推进能源法律合作机制的前提,共建是实现能源合作的关键,共享是能源合作法律机制建设的目的。十八届三中全会提出"推进丝绸之路经济带、海上丝绸之路建设,形成全方位开放新格局"的战略部署。"一带一路"倡议的提出,为我国构建能源合作法律机制提供了指导思想,人类命运共同体的最高目标为能源合作法律机制发展指明了正确方向。"开放""包容"意味着"一带一路"能源合作法律机制建设是面向世界的,它具有非排他性与非封闭化的特点。它将欧亚大陆紧密地联系在一起,任何区域国家在平等互惠的基础上均可参与进来。"一带一路"能源合作法律机制不仅将有益于所有参与者,也将服务于相关国家,协调不同利益主体之间的能源竞争关系。习近平主席在《弘扬人民友谊 共创美好未来》重要演讲中首次提及"丝绸之路经济带"的概念,随后其理论内涵不断得到丰富。"丝绸之路经济带"分为三条路线(北线、中线、南线),其中中线以石油天然气管道为主,注重中巴经济走廊的石油运输、中蒙俄经济走廊的国家安全与能源开发。"丝绸之路经济带"拓宽了我国能源供给渠道,改善了我国过度依赖能源海上运输生命线的困境,实现资源获取和运输渠道的多样化,对保障我国能源安全具有战略性意义。

---

① 王义桅:《"一带一路":中国崛起的天下担当》,人民出版社2017年版,第57页。

2014 年,习近平主席发表的《弘扬丝路精神　深化中阿合作》演讲中强调构建"1＋2＋3"的合作格局,即以能源合作为主轴,以基础设施建设、贸易和投资便利化为两翼,以核能、航天卫星、新能源三大高新领域为新的突破口。[①]"一带一路"能源合作法律机制,在坚持国家战略规划之顶层设计的基础上,积极构建一个 21 世纪国际能源合作法律机制的新框架。该机制既包括能源方面的内容,也涵盖了基础设施、物流、建筑、通信、旅游等法律制度,建立能源合作的协调机制、区域能源多边合作法律机制、能源投资保护法律机制、能源合作共享机制、能源生态环保机制、能源争端解决机制等为制度化的全方位开放格局提供制度保障。"一带一路"构想是中国建构的世界伟大政治工程,能源合作是其重点内容之一。"一带一路"能源合作国家数量众多且地理区域分布广泛,预计将涉及 64 个国家,途经中亚、西亚、东南亚、南亚、欧洲等地区,因而,在"一带一路"倡议框架下开展能源合作能够强有力地整合地区能源资源。目前,"一带一路"倡议对其他国家和地区积极参与能源合作持有开放性态度,澳大利亚、新西兰等国也表现出加入的意愿,预计会有更多国家参与到"一带一路"能源合作中来。构建"一带一路"能源合作法律机制将为治理世界能源问题注入动力。

国务院办公厅发布的《能源发展战略行动计划(2014—2020 年)的通知》明确表示了开展国际产能合作的目标是将国内和国际市场进行统筹安排,扩展能源合作通道,充分利用海外能源资源中长期规划,积极推动能源技术、装备和工程"走出去"战略,重视俄罗斯、中亚、中东、非洲、美洲和亚太地区六大重点区域的能源合作,促进国际能源双边、多边合作模式不断深化以建立区域性能源交易市场。国务院发布的该文件针对"一带一路"倡议对我国对外能源合作的工作做了进一步的阐释,对指导我国开展国际能源合作工作提供了具体的指导方针。"一带一路"能源合作模式坚持三位一体,以加强基础设施为基础,打造重点城市,建立自由贸易区、自由贸易港,以点带面,从线到片,逐渐形成能源区域间的块状式合作,以实现辐射与规模效应。具体而言,从国内协调角度来说,明确区分我国各省市的功能和定

---

①　杜尚泽、焦翔:《习近平出席中阿合作论坛第六届部长级会议开幕式并发表重要讲话强调弘扬丝路精神　深化中阿合作》,载《人民日报》2014 年 6 月 6 日第 001 版。

位,实现因地制宜,充分发挥各省市的优势,如甘肃重点推动能源通道的建设形成产业联动,为跨国能源合作提供强有力的动力保障。从国际合作角度来看,以建立"一带一路"能源合作与交流平台为依托,使各国共享能源产业链分工的发展机遇与区域能源产业发展的集群优势。总之,统筹国内外两个能源市场需要以能源合作法律机制为依托,"影响发展的一些最重要的变量根本不是经济,而是制度和政治的关联"。[①] 为符合国际能源合作呈纵深趋势发展的态势,"一带一路"能源合作法律机制既是促使国际能源合作沿着法治化发展路径稳定有序进行的必然要求,也是增强国家间互信合作,实现人类利益、责任和命运共同体的有效途径与手段。

2015 年 3 月,国务院授权国家发改委、外交部和商务部联合发布的《推动共建丝绸之路经济带和 21 世纪海上丝绸之路的愿景与行动》中明确提出,在"一带一路"建设中要加强能源基础设施建设的内容,并加强双边协定的建立以及消除贸易壁垒。虽然该文件并不具有强制性,只是一种美好的倡议和愿景,但其对中国在"一带一路"建设中对中亚、阿拉伯等地区的能源投资活动产生了一定的影响,为"一带一路"能源合作法律机制构建提供正确的政策指引。

2015 年 9 月,国务院发布《关于构建开放型经济新体制的若干意见》,积极推动"走出去"战略体制的发展,为我国境外投资活动尽可能地扫清障碍,鼓励有实力的企业积极开展国际能源合作并参与全球治理,该意见在指导我国为开展能源境外投资活动制定和完善相关法律方面具有积极的意义。"丝绸之路经济带"东牵经济活跃的亚太经济圈,西连经济发达的欧洲经济圈,穿越欧亚 18 个国家,被称为世界上最长的经济大走廊,是深化"一带一路"能源合作的经济大通道。

"一带一路"倡议于 2013 年秋季提出以来,它的外延与边界得到扩展,国际能源合作前景一片光明。目前,"一带一路"倡议已经得到相关国家的积极响应,诸多国家同中国签署合作协议,激发区域能源合作的活跃性,"一带一路"能源合作的"朋友圈"正在不断向外延伸。"一带一路"倡议在一定程度上提高了中国企业对沿线国家进行基础设施投资等一系列重大能源投资项目的积极性,带动相关产业的

---

① [美]弗朗西斯·福山:《国家建构:21 世纪的国家治理与世界秩序》,郭华译,学林出版社 2017 年版,第 33 页。

协同发展,实现沿线各国共同受益,并创造了大量的就业机会。我国央企在"一带一路"沿线 20 多个国家建设了 60 多个重大能源合作项目,承建了一大批水电站、火电站、核电站和电网工程项目,有效带动我国能源装备、技术、标准和服务全面"走出去"。①虽然,"一带一路"倡议由中国提出并源自中国,但其所带来的收益是惠及世界的,它不是中国谋求能源霸权的工具,而是推动世界能源合作的契机。外交部部长王毅在"两会"答记者问时说道,"'一带一路'是中国的,但更是世界的"。目前,"一带一路"倡议呈现出强大的生命力与活力,相关国家的参与度较高,并且联合国大会、联合国安理会等重要决议也将"一带一路"建设内容纳入全球治理之中。"一带一路"不仅仅是理念、愿景、倡议,它在逐步转向为实践活动,是中国应对国际能源合作治理困境所提出的行动方案。

"一带一路"建设是在新的国际国内形势下,把握我国能源"走出去"重要战略机遇期,推动对外开放的新举措,也是基于新安全观的周边外交大战略,表明建立新型能源关系的统筹兼顾与创新发展理念。②"一带一路"能源合作法律机制坚持区域能源合作的框架形式,中国通过加强与周边国家的能源合作,实现区域间能源资源优势互补,以形成能源集体安全体系。"一带一路"能源合作法律机制不仅能够促进国家间全方位的实质性合作,它也是"共同发展""利益共同体"等理论思想的具体化,为建立统一的世界能源市场提供经验借鉴与理论基础。"一带一路"倡议对我国国内能源发展是一种国家战略,但面向国际是合作倡议,不是中国主导而是各国共同参与。③它指导中国实施能源"走出去"开放战略,深化同周边各国的能源合作,拓宽了我国国际能源合作的渠道。"一带一路"倡议是加快区域能源合作的历史机遇,符合"一带一路"相关国家人民的根本利益,有利于减少能源活动的摩擦与冲突,维护国际和平与发展的主基调。"丝绸之路经济带"和"21 世纪海上丝绸之路"将成为中国全方位开放格局建设的重点,为加强区域能源合作创造契机,同时,将有利于巩固中国与"一带一路"沿线国的友好合作关系,实现中国能源

① 高世宪、蒋钦云:《锐意开拓谋发展,深化合作谱新篇——十八大以来我国国际能源合作再上新台阶》,载《中国能源》2017 年第 10 期。
② 张莉:《"一带一路"战略应关注的问题及实施路径》,载《中国经贸导刊》2014 年第 9 期。
③ 王义桅:《"一带一路":中国崛起的天下担当》,人民出版社 2017 年版,第 2 页。

合作健康发展的"战略红利"。①

二、影响"一带一路"能源合作法律机制构建的因素

(一)非传统安全

非传统安全是指一切免于由非军事武力所造成的生存性威胁的自由,是行为体间的优态共存②,它不仅表现在经济、文化、信息等领域,还表现在资源、环境等领域。相对于传统安全问题,非传统安全问题如能源短缺、生态破坏、恐怖主义等问题逐渐受到国际社会的广泛关注。在国际能源资源有限的情况下,国家成为非传统安全领域的主要竞争单元。非传统安全威胁是一种跨越国界、超越主权的安全挑战,具有资源性紧张与冲突的特征,其根本特征是"非军事武力性"。③ 欧盟、东盟等均属于传统安全共同体典型代表,它们以遏制战争维持和平为主要目的。随着国际能源争夺激烈、生态环境恶化等问题,非传统安全问题逐步扩散于世界范围,没有任何国家、任何人能够置身事外逃脱其所带来的影响。非传统安全威胁已经成为一项关乎世界和平、安全与发展的共同问题。应对非传统安全威胁,国际能源安全的跨境合作不断兴起与发展,国际能源合作的议题设置也逐步呈现出对非传统安全倾斜的趋势。能源合作不仅仅是单纯的经济问题,它也是国家政治、外交等大国关系的缩影。非传统安全威胁关乎整个世界能源市场的运作,相较于传统军事威胁,它极有可能成为打破现有世界平衡格局的导火索,甚至是引发战争的工具。国际能源市场由生产、运输、销售等诸多环节构成,每个环节均可能遭受非传统安全因素的攻击。

国际能源运输发挥着协调世界能源资源分配不均并重新分配资源的重要作用,通常由海上运输与陆上运输两个部分构成。国际能源运输线路不同于一国国内的线路安排,它拥有途经国家众多、线路长、历时久的特征,正是这些特征导致其

---

① 韩永辉、邹建华:《"一带一路"背景下的中国与西亚国家贸易合作现状和前景展望》,载《国际贸易》2014 年第 8 期。

② 余潇枫主编:《非传统安全概论》,北京大学出版社 2015 年第 2 版,第 31 页。

③ 余潇枫、王梦婷:《非传统安全共同体:一种跨国安全治理的新探索》,载《国际安全研究》2017 年第 1 期。

脆弱的自身防护能力,致使它遭受非传统安全因素威胁的可能性更高。对国际能源运输的危害行为将影响整个国际能源市场秩序的稳定,各国能源安全将无法得到保障。"在不久的将来,全球能源安全的真正威胁不是来自能源本身的短缺,而是来自能源运输使用系统能否得到安全的管理。"[①]能源在一个国家中的战略地位不断提升,意味着对能源运输系统进行攻击成为恐怖分子的重要活动,这可以达到他们谋求非法意图而引起世界关注的目的。典型事件主要有:2008 年 6 月,尼日利亚恐怖组织"尼日尔河三角洲解放运动"对美国石油巨头雪佛龙石油公司在尼日利亚南部的一条石油管道连续发起两次袭击,引起管道爆炸起火,造成原油运输中断,每天减少输送原油 18 万桶。[②] 2010 年该组织又炸毁了壳牌尼日利亚石油发展有限公司运营的尼日利亚东南部一条主要输油管道。[③] 据统计,2006 年以来,尼日利亚石油主产区尼日尔河三角洲地区频繁发生针对石油开采人员和设施的袭击,这些袭击使尼日利亚的原油生产遭受重创,其中"尼日尔河三角洲解放运动"的袭击使尼日利亚原油日产量比正常水平减少大约四分之一。[④] 恐怖主义对国际能源运输系统所造成的威胁,无疑给世界能源合作的顺利开展蒙上阴影。除了恐怖主义之外,海盗也是威胁能源运输的重要原因。典型事件主要有:2008 年 11 月,世界第二大油轮——沙特阿拉伯"天狼星号"被索马里海盗劫持。2008 年 1 月至 9 月,全球发生了 199 起海盗袭击事件,其中 63 起发生在索马里附近海域,超过 53 艘船只遭受袭击,其中 25 艘遭受劫持。[⑤] 2011 年 1 月至 5 月初,仅索马里海域就发生海盗侵扰各国船舶 118 次,20 艘船舶被劫持。各国尚有 26 艘船舶、338 名船员被海盗劫持,尚未解救,其中有中国大陆船员 51 名。[⑥] 中国、美国、欧盟、韩国、

---

① 沈文辉:《国际能源运输系统与国际能源安全——一种非传统安全视角的透视》,载《中南林业科技大学学报(社会科学版)》2011 年第 3 期。

② 张荣忠:《中国进口能源的运输风险与应对》,载《港口经济》2004 年第 5 期。

③ 曹凯、李怀林:《尼日利亚东南部——石油管道被炸毁》,http://news.ifeng.com/world/201002/0201_16_1533116.shtml,最后访问时间:2018 年 10 月 19 日。

④ 环球网:《尼日利亚武装再次炸毁意大利石油公司管道》,http://world.huanqiu.com/roll/2009−06/493061.html,最后访问时间:2018 年 10 月 21 日。

⑤ 中国新闻网:《中国海军少将解读索马里海盗组织猖獗现象》,http://www.chinanews.com/gn/news/2008/11−24/1459997.shtml,最后访问时间:2018 年 10 月 25 日。

⑥ 邓杭:《我尚有 51 名船员遭海盗劫持待救》,载《京华时报》2011 年 5 月 9 日第 008 版。

日本等重要能源消费国家和组织的能源消耗对外依存度高,能源资源依赖进口,因而保障世界能源运输系统安全成为实现各国国家能源战略的关键。日本每年从中东地区进口的石油总量占其石油需求的90%以上[①],其中绝大部分经过马六甲海峡。恐怖主义、海盗等犯罪主体对这些能源运输生命通道进行攻击,产生的后果不言而喻。霍尔木兹和马六甲海峡是当今世界上最具战略价值的两大能源运输通道,中国乃至整个东亚,石油海上运输线高度依赖这两个能源通道,但两者都具有相当程度的地缘敏感性和脆弱性,存在遭受封锁的可能性,给"一带一路"能源合作带来风险,增加了不确定的政治因素。

非传统安全具有范围上的跨区域性、形态上的流动性、性质上的混合性、发生机制上的累积性和表现方式上的隐蔽性等特性,使其明显区别于传统安全和传统国家职能对象而对现有国家治理形成严峻的挑战。[②] 非传统安全本质上的跨国性、流动性以及隐蔽性使得对其进行单一的国家治理难度较大,因而需要不断强化全球治理的规范化、法治化和制度化,从整体上提高治理能力的现代化发展,而构建"一带一路"能源合作法律机制是解决非传统安全的可行方式。非传统安全既是国家治理问题又是全球治理问题,其本质特征决定了各国开展国际合作,共同遏制非传统安全威胁世界能源市场秩序是必要的。世界能源跨国合作模式为恐怖势力的输出与渗透活动提供了生存空间与环境。很多恐怖组织借由石油活动损害他国利益抑或是制造国际混乱,如2006年基地组织对沙特境内全球最大石油工厂Abqaiq发动的自杀式袭击,这次袭击事件造成国际原油价格提高了2美元。[③] 需要注意的是,近些年来,中东、非洲几股恐怖势力合流趋势蔓延,它们利用石油等能源资源进行黑市交易,为它们的非法活动提供源源不断的资金。由于非传统安全的复杂性和多样性,对其治理不可能一蹴而就,而是一个探索性、渐进化的过程,需要不断发展与深化。

---

① 初立忠:《浅析地缘政治中的石油因素》,载《学术交流》2007年第4期。

② 吴森、吴锋:《国家治理视角下的非传统安全》,载《华中科技大学学报(社会科学版)》2015年第5期。

③ 周冉:《中国"外源性"能源安全威胁研究——基于非传统安全视角的识别、评估与应对》,载《世界经济与政治论坛》2017年第1期。

历史证明,国际法律秩序是应对非传统安全威胁的利器。[①] "一带一路"能源合作法律机制强调加强国际合作的重要性,坚持双边合作、区域合作等多样化的合作模式,通过构建规范化、制度化、秩序化的能源合作法治框架,为解决非传统安全所带来的威胁提供制度基础。"国际社会某些领域内的秩序处于失范和失控状态,而各种非传统安全问题就是这种失范和失控的具体表现。"[②]"一带一路"能源合作法律机制是控制国际能源市场秩序无序和失范的有效手段,它体现了保护人类共同利益的现实需求,通过法律规范预防非传统安全问题的发生甚至阻止情况恶化,并致力于加强国际合作共同应对非传统安全对国际能源合作的破坏。构建"一带一路"能源合作法律机制可以对我国维护能源安全起到保驾护航的作用,将打击非传统安全威胁纳入法治化轨道上来,帮助国际法治创新和重塑国家利益。

政治互信是治理非传统安全问题的前提。"一带一路"能源合作法律机制通过加强各国之间的互联互通,以实现世界能源资源优化配置,以政策沟通、设施联通、贸易畅通、资金融通、民心相通五大领域为重点,其中,能源通道合作是推进"一带一路"能源合作互联互通建设的一个重点。[③] 为符合"一带一路"能源合作进程不断加快的现实状况,从实践的角度出发,一方面,需要重视硬实力的增强如管道基础设施的建设等;另一方面,强调软实力如能源法律体制合作交流,在加强顶层设计的基础上,形成法律机制的对接。地方保护主义、修昔底德陷阱等消极态度导致非传统安全问题的妥善处理受到一定制约。因而,"一带一路"能源合作法律机制应秉持互利共赢理念,通过增强政治互信为能源合作、文化交流以及非传统安全合作提供对话的机制,以消除能源合作中产生的猜忌与怀疑。

(二)能源合作法律实践经验的影响

在"一带一路"倡议提出以前,中国为构建能源合作法律机制也作出各种努力,这为中国推动"一带一路"能源合作法律机制提供良好的经验与借鉴。2003 年 6 月,中国与哈萨克斯坦签署了有关中哈石油管道的建设协议。2004 年 6 月,中哈

---

① 郑远民、朱红梅:《非传统安全威胁下国际法律新秩序的构建》,法律出版社 2014 年版,第 6 页。

② 胡键:《"一带一路"战略构想及其实践研究》,时事出版社 2016 年版,第 30 页。

③ 中国现代国际关系研究院:《"一带一路"读本》,时事出版社 2015 年版,第 29 页。

签署了《关于在油气领域开展全面合作的框架协议》。从 2004 年开始,中国与印度在能源领域开展了广泛的合作,并已就能源安全及能源合作问题达成共识,即双方存在合作的共同利益需求。中国与俄罗斯建立了一系列能源法律协议合作,2008年 10 月,中俄签订了一揽子能源合作协议,通过签订长期石油贸易协议为中国提供石油供给,俄罗斯获得相应对价以发展经济,此次合作对两国能源关系具有里程碑意义。中国与中亚、俄罗斯签订的能源法律协议成为"一带一路"能源合作法律机制构建的实践基础。这些国际能源合作协议实践经验,给"一带一路"能源合作法律机制构建创造了良好的法律环境,使得其在已有的能源合作机制的基础上实现深度能源合作,扩宽能源合作领域与合作内容。

除了双边能源合作之外,多边能源合作与区域能源合作也具有重要的参考价值。上海合作组织成员国大多数拥有丰富的能源资源,蕴藏石油、天然气、煤、铀等矿产资源,上海合作组织积极推进深化区域能源合作,经过不懈努力,上海合作组织各成员之间已经签署了诸多能源合作意向或政府间协定,一部分合作项目仍在不断推进当中。[①] 俄罗斯作为上海合作组织框架下能源合作的主要参与者,它在东西伯利亚和远东地区拥有相当丰富的油气资源,开发潜力巨大,但受地理环境、资金链等因素的制约,相关开发活动仍然处于初期阶段,油气供应能力不足,无法满足大量的出口需求。此外,俄罗斯现有的能源基础设施建设无法支撑将能源生产潜力变为现实生产能力的出口需要,能源勘探开发成本巨大且周期长。一些合作协议虽已签订,但由于受油气现实生产和供应能力所限,协议的实施也不得不向后拖延。[②] 俄罗斯注重与里海周边国家的关系,在石油开发问题上强调合作共赢,主张通过对话和谈判的方式谋求利益交会点。2001 年 12 月,俄罗斯与土库曼斯坦和乌兹别克斯坦分别签订了长达 15 年的天然气开发合同,规定所开采天然气的45％由俄罗斯支配。2002 年又与哈萨克斯坦签署长期能源合作协议。2003 年,俄罗斯与土库曼斯坦达成为期 25 年的天然气长期合作协议。2006 年 5 月普京访问中亚,与哈萨克斯坦、土库曼斯坦签署了《沿里海天然气管线》协议。

---

① 岳树梅:《上海合作组织框架下的能源合作法律机制研究》,载《河北法学》2011 年第 5 期。

② 程春华等:《欧盟能源政策新动向》,载《国际石油经济》2007 年第 11 期。

根据国际能源机构的预测,至2020年,亚太地区将成为世界石油消费量最大的地区。中国目前是世界石油进口量排名第二的消费大国。中国与东盟国家在能源合作领域发展潜力巨大,正式合作开始于1978年。从20世纪90年代中期开始,中国与东盟之间的石油和天然气贸易额不断上升。2004年,我国正式加入东盟与中日韩的"10+3能源部长会议",打造能源合作新格局。2004年年底,菲律宾全面开放国内矿产资源的勘探与开发领域,并把中国列为优先考虑的对象。中国—东盟自由贸易区所带来的贸易自由化和投资便利化可以降低双边矿产能源的交易成本,减少相互能源勘探开发的壁垒,实现中国与东盟能源市场的统一与自由化。虽然,中国与部分东盟成员国在油气资源丰富的南海存在主权争议,也爆发过"菲律宾仲裁案"等一系列事件,但中国提出"搁置争议,共同开发"的主张,通过多边合作共同开发南海油气资源实现友善与共赢的友邻关系。

总的来说,中国参与全球层面能源合作的程度弱于参与区域层面能源合作的程度。在全球层面的能源合作中,虽然中国拥有广阔的市场,但从全球层面的能源组织角度来看,仍被排斥在主要的国际能源合作组织之外,这是由于主要的国际能源组织采取"俱乐部形式",而且中国缺乏足够的制度话语权,因而在全球能源活动中,我国的影响力仍待加强。中国开展区域能源合作活跃程度较高,由于缺乏统一的国际能源合作法律机制框架,能源合作密切程度还有待进一步加深。

(三)能源金融中心建设的影响

国家统计局数据显示,2017年我国的能源生产和消费总量分别达36亿吨标准煤和44.9亿吨标准煤,我国是煤炭主要供给国,同时,我国也是石油第二大进口国。中国拥有庞大的能源供给市场与能源消费市场,中国能源市场是世界能源市场的组成部分,并占有重要地位。但我国并未在能源市场中拥有足够的话语权,这与我国拥有的能源市场地位不相匹配,一部分原因就源自缺乏健全的能源投资融资机制。从全球能源行业的发展历程来看,能源和金融相结合能够更好地促进能源合作,能源行业通常需要持续性和大规模的资金,属于资本密集型行业,需要充足的资金作为后盾,能源与金融的融合为能源行业发展提供物质支撑。随着"一带一路"倡议的落地实施,我国与沿线国家的能源合作将更加紧密,尤其是俄罗斯、西亚、中亚等油气资源丰富的地区,创新金融机制、构建联系密切的能源金融体系,能够提升我国在能源资源争夺中的优势,为我国打造能源金融中心带来契机。与中亚、西亚等国家之间的能源合作需要高效率的金融体系相匹配,但目前我国能源金融体系很薄弱,无法为"一带一路"能源合作提供充足的资金保障。能源金融的核心在于能源定价权问题,随着人民币区域影响力不断扩大,人民币已经逐渐被越来越多的国家重视,尤其是"一带一路"沿线国家,将人民币视为打破美元垄断的选择。

2015 年 6 月,《亚洲基础设施投资银行协定》(以下简称《协定》)的签署仪式在北京举行,57 个意向创始成员国代表出席了签署仪式,其中 50 个国家正式签署《协定》,其余 7 个国家见证签署仪式。① 亚投行的宗旨是为基础设施及其他生产领域的投资提供资金支持,通过资金融通、政策沟通密切区域合作关系和伙伴关系。亚投行与丝路基金和金砖国家开发银行都对"一带一路"能源合作的发展提供支持,在资金融通方面为"一带一路"倡议提供物质保障,其中亚投行是"一带一路"倡议得以实现的载体。亚投行国际组织的性质决定了它不同于商业机构片面追逐自身的盈利,它具有强烈的政治性,协调亚投行所具有的政治性和经济性是其重要任务之一。亚洲基础设施投资银行是首个由中国倡导成立的多边开发银行,它的治理结构与亚洲开发银行和世界银行基本相同,尤其是借鉴了前者的经验。② 亚投行在治理结构上作出创新,弥补了部分现有多边开发银行的不足,并试图建立一个可替代的多边开发银行和全球治理的新标准,但不可否认其在结构上仍存在一定的问题,需要不断改进。

中国继续推进"一带一路"能源合作建设,促进发展中国家的经济发展和人民生活的改善,需要亚投行和金砖国家新开发银行等金融机构的支持。亚投行的产生顺应了亚洲资金供给与需求不平衡的现实情况,该区域能源合作发展潜力巨大,但是落后的基础设施建设制约了能源合作进程的推进。发展中国家和新兴经济体在现行的国际金融体系中的话语权、决策权和投票权与其对全球经济增长的贡献

---

① 廖凡:《齐头并进　相得益彰——亚投行与"一带一路"战略》,载《人民法治》2015 年第 11 期。

② 邝梅、谢超:《比较视角下的亚投行治理结构》,载《河北学刊》2017 年第 5 期。

度严重不匹配,难以反映发展中国家和新兴经济体的利益诉求。^① 亚投行的建立一定程度上推动全球金融制度环境往更为健康的方向发展,亚投行在吸取旧的制度设计过程中不断创新,增加透明度以消除世界各国对亚投行争议性的质疑。亚投行的出现是世界经济中心向亚洲区域转移的必然结果,它给中国对外开放格局以及亚洲经济发展注入了新鲜力量。亚投行秉持开放、包容、透明的理念,通过重塑全球价值链帮助一些国家推动经济发展。目前,又有30个经济体正式提出加入亚投行意向,亚投行发展前景光明。^②

　　亚洲基础设施投资银行、金砖国家新开发银行等新型银行在"一带一路"能源合作法律机制建设中起着不可或缺的作用,它们为能源合作提供资金链支撑和风险防控保障。石油、天然气等能源资源的合作需要以基础设施建设为依托,而基础设施建设具有周期长、投资额巨大以及回收成本慢的特点,因而能源合作的展开需要以政治稳定和法治保障为前提,"一带一路"能源合作法律机制的构建将弥补部分国家政治治理赤字以及法治建设落后的现状。就目前来看,参与"一带一路"能源合作的部分国家工业化水平低,对能源基础设施的需求大,但面临着资金短缺、技术水平低等困境,新式银行针对重点项目提供相应的融资、优惠贷款等服务,帮助减轻相应国家的资金压力。中亚和中东地区经济发展过度依赖于能源出口,其他产业发展滞后,而中国面临环境污染、产能过剩、国内能源需求量大的问题,这能够使得中国与"一带一路"国家形成优势互补的互惠关系。

---

① 漆彤:《论亚投行对全球金融治理体系的完善》,载《法学杂志》2016年第6期。
② 徐齐渊:《亚投行对全球金融治理体系的作用和影响》,载《领导科学论坛》2017年第2期。

第二节 "一带一路"能源合作法律机制
构建的法治理论基础

●　●　●

自从亚里士多德提出法治理论以后,人类社会就为追求理想的社会法治而努力。社会控制文明程度被认为是法治实现的重要标尺。[①] 基于保障能源活动规范化和秩序化进行的需要,能源活动作为社会活动的重要组成部分之一,也需要在理论指导下进行。作为国际能源合作基本主体的国家,从来不是,也永远不会是一个至高无上、不容置疑的行为体[②],而是在享有权利的同时需要承担相应的义务。法律实践理论对能源合作起着关键性作用,能源合作法律机制构建更需要强有力的法治理论作为支撑。

一、"一带一路"能源合作赋予法治内涵

"一带一路"能源合作拥有法治内涵,其主要反映在对能源管理活动的治理上。这种治理是善治的治理,它是对合作控制体系的治理,它是通过组织体系的治理。[③] 20 世纪 80 年代,国际社会开始关注"善治",国际开发组织引发了对"善治"的广泛讨论。世界银行、国际货币基金组织、经合组织、联合国(特别是联合国开发计划署)等具有代表性的国际组织都对"善治"进行了一定的界定。世界银行发布的《全球治理指标》提出了有关善治的著名的六维定义,强调法治在善治中的作用。"善治"的对立面是"恶治""劣治",而"恶治""劣治"是阻碍发展和进步的根源。联合国认为善治应当包含"参与、法治、透明、回应性、一致性方向、公正与包容、效能

---

① 刘旺洪:《国家与社会:现代法治的基本理论》,黑龙江人民出版社 2004 年版,第 71 页。
② 陈端洪:《宪政与主权》,法律出版社 2007 年版,第 190～224 页。
③ 俞可平:《治理与善治》,社会科学文献出版社 2000 年版,第 34 页。

与效率、责任心"的特征。① 俞可平教授认为"善治"应包含的要素有合法性、法治性、透明性、责任性、回应性、有效性等。法治应该通过良法进行善治。② 国际合作的善治需要由合作构建的组织机构对各国合作事务合作管理。法治的过程就是对合作者承诺运用法律进行约束以达到维护公共秩序的目的。③ 能源合作需要善治来形成稳定性和秩序化的国际合作结构,以达到维护国际社会秩序的目的。在"一带一路"框架下开展能源合作,秩序规则的制定不是由某一个大国掌握绝对的话语权,而是在相互尊重与共同参与的基础上,各国共享规则的制定权与决策权。任何一个国家凭自身主观意愿而制定规则,其无法承担顺应不断发展变化的利益平衡与内在需求。秩序规则的构建是以各方共同参与为基础的,它是法治最核心的内容。④

"习近平社会治理法治思想"为"一带一路"能源合作提供正确的思想指导,它深刻揭示了"一带一路"能源合作法律机制的规律和特征,为推进能源合作法治创新提供依据。"习近平社会治理法治思想"是对马克思恩格斯经典作家关于社会治理思想的继承,是马克思主义中国化的重要理论成果;它是中国特色社会主义治理理论与实践的结晶,是推进社会治理现代化的基本遵循;它是推进全球人类治理文明发展的"中国经验"。⑤ "习近平社会治理法治思想"具有先进性、时代性、实践性的特征,其所蕴含的鲜活理论成为构建"一带一路"能源合作法律机制的法治理念,指引我国开展国际能源合作新方向。其立足于统筹国内与国际两个大局,在拓展中国特色社会主义道路、制度、理论、实践的基础上,提出了全球人类治理体系、治

---

① 王正绪:《亚太六国国民对政府绩效的满意度》,苏世军译,载《经济社会体制比较》2011年第1期。

② 俞可平:《全球治理引论》,http://www. 360doc. com/content /09 /0929 /13 /13037_6587560. shtml,最后访问时间:2018 年 5 月 28 日。

③ 参见 P.诺内特、P.塞尔兹尼克:《转变中的法律与社会:迈向回应型法》,张志铭译,中国政法大学出版社 2004 年版,第 105 页。

④ 汪习根、何苗:《能源合作法律机制构建的理论基础与模式构建》,载《中共中央党校学报》2015 年第 4 期。

⑤ 徐汉明、邵登辉:《习近平社会治理法治思想及其实践研究》,载《中南民族大学学报(人文社会科学版)》2018 年第 1 期。

理规则民主化、法治化、科学化的新主张,描绘了构建人类命运共同体的新蓝图。①
该思想将"一带一路"倡议与法治实践相结合,是具有中国特色社会主义特征的法
治理念,"一带一路"能源合作法律机制将在坚持"习近平社会治理法治思想"的基
础上,面对世界能源格局发展大变革,在人类社会发展进程中以积极的态度构建国
际治理新秩序,赢得主动保障能源安全的话语权。

习近平在党的十八届四中全会上所作的《关于〈中共中央关于全面推进依法治
国若干重大问题的决定〉的说明》中指出,在法治领域坚持中国特色社会主义就是
要不断坚持中国特色社会主义法治道路,中国特色社会主义法治道路是建设中国
特色社会主义法治国家的唯一正确道路。② 习近平在金砖国家领导人第五次会晤
时的主旨讲话中指出,我们参与全球治理的根本目的,就是服从服务于实现"两个
一百年"奋斗目标、实现中华民族伟大复兴中国梦。要推动全球治理体制向着更加
公正合理的方向发展,为我国发展和世界和平创造更加有利的条件。③ "习近平社
会治理法治思想"与时俱进的品质与"一带一路"能源合作法律机制的特征相契合,
它是"一带一路"能源合作法律机制应对经济全球化所带来挑战的新型发展观、安
全观、治理观、秩序观,推动着全球能源市场治理活动向更加民主化、法治化、科学
化进程发展,是"中国智慧"的集中体现。"习近平社会治理法治思想"蕴含全球性
治理理论要素,使当代中国国家治理与社会治理的思想、理论、模式、道路及其经验
成为人类文明发展的思想结晶,是构建全球人类治理体系民主化、法治化、科学化
的依托力量,它成为和平崛起的中国对全球人类文明发展的伟大贡献的标志性
事件。④

二、"一带一路"能源合作法治规则

党的十八大报告指出,"法治"是治国理政的基本方式。善治与法治具有密不

---

① 徐汉明:《习近平社会治理法治思想研究》,载《法学研究》2017 年第 10 期。
② 习近平:《关于〈中共中央关于全面推进依法治国若干重大问题的决定〉的说明》,中央
文献出版社 2015 年版,第 24 页。
③ 习近平:《携手合作共同发展——在金砖国家领导人第五次会晤时的主旨讲话》,载《人
民日报》2013 年 3 月 28 日第 002 版。
④ 徐汉明:《习近平社会治理法治思想研究》,载《法学研究》2017 年第 10 期。

可分的关系,能源合作法治是善治的方式也是结果。能源合作法治也是公共理性的产物,它是良法之治,良法一定程度上反映的是公益和全体社会成员的集体智慧。① 法治实质体现了全体公民的利益和意志,以得到人民所认可的规则治理体系。② 能源合作法治作为法治体系中的一个组成部分,是合作各方利益和意志的体现,是得到各方认可的能源合作规则之治。③ "一带一路"能源合作法治强调将观念形态存在的法治内涵转化为法律生活,成为能源合作的保障和基础。根据亚里士多德的定义,"一带一路"能源合作法治包含两个层次的内容:一是已确定的规则获得各方的遵守,二是各方所遵守的规则应该是通过各方谈判获得的良好的规章制度。④ 根据庞德的观点,在"一带一路"能源合作中,有效的法治规则是一种最重要的、最有效的管理和控制基础。⑤ 和谐精神的导入引领着中国法治迈向以良法善治为表征的和谐法治。⑥ 能源合作依赖于法治进行制约和运行。法治在"一带一路"能源合作中处于不可或缺的重要地位,是能源合作的核心要素。创新是中国推进"一带一路"能源合作法律机制构建的不竭动力,协调是处理"一带一路"能源合作法律机制构建冲突与矛盾的重要方法。国际社会面临诸多风险,没有规范作为手段,混乱的国际秩序最终会导致每个国家的能源安全均无法得到保障。"一带一路"能源合作法律机制构建是一个庞大的系统工程,中国积极通过"一带一路"为各国就能源合作的开展提供有效的平台,针对能源合作中产生的问题以能源合作法律机制的方式有效解决,维护共同的能源利益与能源安全。中国积极推进能源合作法律机制构建,是为了实现能源合作形式与实质上的公平与秩序价值的统一,实现规则意义上能源合作与价值意义上的良法善治的和谐。

---

① 杜宴林、赵晓强:《国家治理现代化与法治中国建设》,载《吉林师范大学学报(人文社会科学版)》2014 年第 3 期。

② 杜宴林、赵晓强:《国家治理现代化与法治中国建设》,载《吉林师范大学学报(人文社会科学版)》2014 年第 3 期。

③ 岳树梅:《"一带一路"能源合作法律机制构建研究》,载《社会科学战线》2017 年第 8 期。

④ [古希腊]亚里士多德:《政治学》,吴寿彭译,商务印书馆 1983 年版,第 199 页。

⑤ [美]斯科·庞德:《法律与道德》,陈林林译,中国政法大学出版社 2003 年版,第 37 页。

⑥ 张文显:《和谐精神的导入与中国法治的转型——从以法而治到良法善治》,载《吉林大学社会科学学报》2010 年第 3 期。

三、"一带一路"能源合作法的价值

法的价值体现的是一种人与法的互动关系,法的价值是法对人的意义即法对人的需要的满足。[1] "一带一路"能源合作法律机制中所蕴含法的价值之内涵,反映了相关主体对法的期望与追求,它是能源合作法制发展的动因。法律力图增进社会的秩序价值,就必然会注重连续性和稳定性的观念,但法律不能处于一成不变的固化与僵硬状态,需要随时代变化而调整,这样公平价值就能很好地实现法律动态与静态的结合。[2] 能源合作法律机制构建是法律价值的制度化体现,公平、秩序、和谐等价值存在于能源合作法律制度之中,它反映我国对能源合作的价值理想。在历史每一阶段,法律都体现着那个时代的正义观念和要求。[3] "一带一路"倡议关注发展中国家与发达国家的共同能源利益,坚持互惠、共存、公平的价值选择,能源合作法律机制是中国"和谐法治"观念的外在表现。法的价值目标从来都不是单一的,而是具有多元化、多维度和多层次结构特征。[4] 不同国家、社会制度的法律价值各不相同,因而,法的价值目标冲突广泛存在于国际能源合作之中。这种矛盾与冲突是客观存在不可忽视的,各国面对价值冲突的选择标准存在差异。"一带一路"能源合作法律机制通过建立法治框架,为统一法的价值选择标准提供依据。能源合作法律机制对能源投资、能源贸易等经济活动中的东道国政府与投资者的财产和其他正当权利予以保护,这是法的正义价值的体现,它反映了能源合作的基本价值追求,成为追求法的秩序价值的前提。法的秩序价值为了满足对建立世界统一能源市场的需求,蕴含于能源合作法律机制之中,而能源合作法律机制是法的秩序价值的制度化表现形式。法的正义价值是良法的衡量准则,它是法的首要价值目标,指引能源合作往更为公平和平等的方向发展。法的和谐价值协调

---

① 卓泽渊:《论法的价值》,载《中国法学》2000 年第 6 期。

② 参见[美]E.博登海默:《法理学:法律哲学与法律方法》,邓正来译,中国政法大学出版社 2016 年版,第 340～341 页。

③ 张恒山:《法理要论》,法律出版社 2002 年版,第 67 页。

④ 周灵方:《法的价值冲突与选择——兼论法的正义价值之优先性》,载《伦理学研究》2011 年第 6 期。

不同主体或同一主体之间多种、多样、多变的价值追求,从而促进人们之间的和谐、促进社会和谐的价值。① 法的和谐价值具有化解矛盾、协调利益的功能,对协调国家之间、个人之间、国家与个人之间的能源合作具有指导意义。法对能源合作的协调功能就是法的和谐价值的外在表现,能源合作中结成的利益关系需要得到协调统一,通过对强者利益的抑制与对弱者利益的保护,实现能源合作的公平正义。法的和谐价值有利于进一步实现法的正义价值。能源合作法律机制将正义、秩序、和谐价值理念与国际能源合作现状结合起来,探求国际能源法深层次的价值内涵,为能源合作提供法治理论基础。由于国际法作为国际社会行为体的行为规范并非自然生成的客观存在,而是人们通过自身努力而创立或变革的实践产物,所以,确立国际法的价值标准,不但有利于我们认识和评判国际法,而且对于改革、发展国际法也具有十分重要的作用。②

四、"一带一路"能源合作法治体系

中国推进"一带一路"能源合作法律机制构建,坚持共赢、共享、共建理念的基础上,以法治为方略,构建系统化、机制化、权责分明的规制体系。③ 国际法体现的是国家意志与利益的协调。公正的国际能源法治秩序是平衡大国政治与小国诉求关系的核心内容。国家在"一带一路"能源合作法律体系中承载着最重要的角色设定,即核心行为体,国家对国际能源规则的态度决定了国际法权威受到尊重的程度,国家间矛盾是否能够得到有效解决,以及国际能源秩序是否稳定。因而,要引导各国积极参与"一带一路"能源合作法律机制,消除猜忌,互谅互让,建立求同存异的合作关系。构建能源合作法律机制能够减低交易成本,实现最大的边际效益,确立稳定的和可预测的行为活动,明确国家的权利与义务,建立制度化的能源合作范式。同时,通过沟通与协调,发掘各国共同的国际惯例、国际习惯等国际法渊源的内涵,协调各国能源合作法律实践,形成法律价值理念与法律实践一致的能源合作基础。虽然友好合作是能源合作领域的重要态度,但面对复杂的国际能源合作

① 孙国华:《论法的和谐价值》,载《法学家》2008 年第 5 期。
② 邵沙平:《国际法与构建和谐国际社会》,载《法学家》2007 年第 1 期。
③ 岳树梅:《"一带一路"能源合作法律机制构建研究》,载《社会科学战线》2017 年第 8 期。

现状,矛盾与冲突是无法完全避免的。从法律的视角看,组织与制度即为构建全球法律体制的努力。① 中国应积极推进能源法律机制合作内容的丰富内涵,在公平、秩序、和谐的法律价值的指导下,形成多层次、多形式的能源法律合作机制,主要包括协议合作机制、争端解决机制(强制性效力的仲裁机制、诉讼机制与非强制性的沟通、对话机制等),以有效地协调能源合作关系,消除各国权力的非理性外溢的现象。协议合作机制是开展能源合作主要的制度保障,它通过双边协议、多边协议、区域协议等为能源合作提供合法性基础,将能源投资、能源贸易、能源运输、能源技术开发利用等内容纳入协议合作机制,在自愿基础上达成具有约束力的能源合作协议,提高能源资源在全球分配的效率。"一带一路"能源合作法律机制框架下的争端解决机制能够为我国开展能源合作提供强有力的规则支撑,改变国际关系的不对称,调整大国与小国在能源规则体系中的不公平状态。争端解决机制的设计主要是针对争议性质的不同而建立,如世界贸易组织(WTO)的争端解决机制关注的国际贸易冲突,投资争端解决中心(ICSID)针对投资者与东道国政府之间的直接投资争端,国际商事仲裁解决私人之间的商事纠纷。可见,针对现存争端解决机制就能源合作纠纷不存在有效的争端解决机制。"一带一路"能源合作需要一套与之相适应争端解决机制,它的制定应充分反映中国传统文化的大智慧——"和为贵"。②

---

① [美]安妮-玛莉·斯劳特:《世界新秩序》,任晓等译,复旦大学出版社 2010 年版,第 130 页。

② 王贵国:《"一带一路"争端解决制度研究》,载《中国法学》2017 年第 6 期。

第三节 "一带一路"能源合作法律机制
构建的国际关系理论基础

• • •

一、"一带一路"能源合作法律机制构建的新自由制度主义理论

新自由主义制度主义认为,国际社会处于无政府状态下的条件下,国家之间能够实现国际合作。国家之间并非只存在冲突与矛盾,共同利益的存在是各国能够开展国际能源合作的前提。新自由主义信赖国际制度的作用,认为制度是形成一个长久合作机制的有效途径。中国提出的"一带一路"能源合作倡议,各国能源合作具有共赢、互利、互补、共享性质的利益关系,包含矛盾冲突与互利互惠的二元关系。中国推进"一带一路"能源合作法律机制构建,运用各国广泛接受的规则和制度来实现能源合作中出现的矛盾冲突向友好互惠合作转变。能源合作法律机制以稳定和秩序为目标,使得能源合作不仅有利于"一带一路"沿线各国的经济发展,并且最终推动全球经济发展。

中国推进"一带一路"能源合作机制的实现,根植于能源资源的稀缺性和分布不平衡性,各国基于能源互补的需求,使得各国从能源合作的角度来思考自身的能源安全问题。"一带一路"能源活动的参与者迫切需要一种公平、有效的能源合作机制,以此实现能源资源的优势互补,建立"非零和博弈"的新型能源合作关系,改变传统大国控制能源市场、主导能源价格的格局,力图建立"合作共赢"的能源合作模式。能源互利互补使各国间的能源利益相互制约:一是彼此通过规则能够互信

互利。① 二是如果"中断已存在的能源合作关系将给双方都带来损害"②。推进能源合作法律机制构建不仅惠及"一带一路"参与国与沿线各国,也对全球能源合作新秩序的建立和改革带来新的动因。

　　国际社会中广泛存在的相互依赖是客观事实。均势和霸权体制的现实存在以及全球化导致的相互依赖加深,是在国际社会推进法治的宏观背景。③ 在当今全球化的背景下,国家之间彼此的依存度提升,任何国家都不可能孤立发展而独善其身。④ 复合相互依赖机制使国家之间形成利益交融的局面并创造巨大的共同利益,引发国际能源合作的愿望及维持国际关系的持久性,但相互依赖并不必然导致国际能源合作,还需要将诸多因素考虑其中。国家间的相互依赖引发了国际能源机制和制度安排的产生,相互依赖的程度与国际制度化水平呈正比例的关系。全球化是相互依赖的表现形式之一,也是国际机制规模化的过程。国际能源制度不同于国内机制,它一般具有整体性特征,但在某些敏感问题上容易产生分歧,在某个时间点可能会产生不同的能源机制。"一带一路"能源合作法律机制能够赋予发展中国家一定的权力,有助于各国掌握更多的话语权。虽然军事问题在国际合作中受关注程度有所下降,它也不再是国家之间重点关注的对象,但是能源、货币、贸易等问题仍未列入国际合作议程,并未受到足够的重视。能源资源的军事与经济双重属性,使其国际合作敏感度更为凸出。

　　各国因能源合作产生各种问题的同时,彼此之间建立起某种密切的联系,但是这种联系是任意的、不稳定的、非规范的,这就要求通过能源合作法律机制帮助各国建立稳定的、规范的合作关系。"一带一路"能源合作法律机制积极推动多元化能源合作议程设置,以双边、多边和区域能源合作形式加强国家之间密切联系,为强国和弱国均提供交流平台和场所,扩大能源合作法律机制发挥作用的限度,提供

---

① ［美］罗伯特·基欧汉:《霸权之后:世界政治经济中的合作与纷争》,苏长和、信强、何耀译,上海人民出版社 2006 年版,第 4 页。
② ［美］罗伯特·基欧汉:《霸权之后:世界政治经济中的合作与纷争》,苏长和、信强、何耀译,上海人民出版社 2006 年版,第 79 页。
③ 何志鹏:《国际法治论》,北京大学出版社 2016 年版,第 3 页。
④ 黄琨:《经济相互依赖对国际安全的影响》,载《学理论》2015 年第 4 期。

能源合作赖以依存的政治框架之顶层设计。传统大国主导的国际能源合作法律机制,经常忽视小国的诉求。"一带一路"能源合作法律机制不仅能够使小国从中感受到公平公正与合法合理,也能够满足大国改善现有能源合作政治经济环境的需求,给予各国一定互利互惠的空间,因为各国关注是绝对利益与相对利益之间的集合关系。"一带一路"能源合作法律机制以开放性战略结构为特征,对于不同的权力和地位等级结构极具包容性,将发达国家和发展中国家纳入其中,共同分享全球化所带来的成果。

相互依赖不同于相互联系,最显著的一点就是存在代价——结果的二元关系。我国推进的能源合作将各个国家视为同等重要的伙伴,鼓励任何国家在"一带一路"能源合作法律机制中承担一定的重要角色,并能够获得共同收益的相应份额。当前,协商建立与能源合作相关的法律体系显得格外紧迫,通过建立区域合作和多层次的国际能源合作模式,以提高应对自身脆弱性和敏感性的能力,没有能源合作法律机制将影响国际能源合作的进一步发展。相互依赖的存在是深化各国国际能源合作的前提。复合相互依赖机制强调成本——收益之间的对比关系,当一个国家开展国际能源活动所产生的成本高于收益时,其破坏能源合作法律机制的可能性会增加。当不同领域的问题和国家数量众多两者交织在一起时,这使得对相对获益的计算变得困难,从而不利于缓和国家能源合作关系和促进能源市场秩序的长足发展。我国推进能源合作法律机制致力于实现多边互惠关系,通过协调参与者代价与收益的关系,使得"一带一路"能源合作法律机制成为真正普惠所有国家的新型国际合作机制模式。

国际能源合作除了受到相互依赖的影响之外,外部性也推动了对国际能源合作产生不可忽视的作用。相互依赖促使国家按照自身需要调整各国能源合作政策,但是一个国家针对能源政策"溢出"效应采取不同的应对方式,很可能会给其他国家带来一定的成本或收益,而受影响的国家会在政策上作出相应的反应以减少"溢出"效应的负面影响。各国需要致力于国际能源合作以消除负外部性的消极影响,如现代工业发展需要大量的石化资源作为发展支撑,但是传统石化能源的大量使用增加了温室气体的排放量,全球变暖的生态问题威胁着人类的生存安全。因此,为应对全球气候问题跨国合作是必不可少的。东京议定书的失败已表明能源合作法律机制建立需要充分考虑国家间的利益平衡。整个国际社会并不存在高于国家主权的超国家政府存在。在无政府状态下,缺少外部力量的介入,受到负外部性影响的国家往往无力消除政策"溢出"的负效应,典型事例就是石油输出国组织(OPEC)的成立,一部分原因就在于限制主要石油输出国为追求自身能源利益的最大化而利用石油价格进行恶性竞争,自身的理性导致整个世界能源市场的非理性发展,石油价格的不稳定反而不利于开展国际能源合作。

相互依赖理论关注合作在国际能源合作中的作用,而合作与和谐具有不同内涵。"一带一路"能源合作法律机制蕴含着"和谐"的核心理念。和谐意味着国家不必调整现有的能源政策,自然就能实现各国利益上的共赢,和谐在能源合作法律机制中并不常见。而合作则是各国趋利避害,以实现优势互补、互利共赢的主要手段。"一带一路"能源合作法律机制法治内涵中将"和谐"作为其核心法律价值观念,它是指导我国能源合作法律机制构建的法理基础。"一带一路"能源合作法律机制将和谐与合作的概念充分融入其中,它代表着能源合作制度的创新和前沿性的发展趋势。合作与冲突一直以来都是两个对立且并存于国际能源合作关系的概念,它们能够反应各国能源活动中利益关系的变化。通过了解能源合作与冲突以规避冲突带来的不利影响,最终满足国际能源活动行为主体的利益需要。各国以协商合作机制、政策协调机制的方式防止矛盾与冲突急剧恶化。当前,现存的能源合作法律机制并不能与国际能源合作呈纵深发展的趋势相适应,也并不能充分体现国家间能源合作的共同利益,而它只是满足特定国家、特定利益群体的需求,这潜在的风险威胁着能源合作法律机制的稳定性。中国积极推动建立新的国际能源法律合作机制即"一带一路"能源合作法律机制,通过发掘各国在能源合作中的共同利益追求和共同合作目标,以降低相互依赖的成本并提高国家所得的收益,最终形成互利互惠的全方位合作格局。

国际合作作为相互依赖理论的关切点,它也是国家间展开能源互动活动的基本模式之一,国际合作是国家为实现其利益和目标的外在表现。"囚徒困境"[①]在

---

① "囚徒困境"是指两个被捕的囚徒之间的一种特殊博弈,说明为什么甚至在合作对双方都有利时,保持合作也是困难的。囚徒困境是博弈论的非零和博弈中具代表性的例子,反映个人最佳选择并非团体最佳选择。

国际能源活动中屡见不鲜,比较明显的一个例子就是在国际贸易中采用贸易保护主义政策的国家与贸易自由主义政策的国家之间的博弈。"囚徒困境"表明各国对能源活动的开展缺乏信任。国际能源合作需要建立在互信的基础之上,"一带一路"能源合作法律机制的建立是实现各国互信合作的有力保障,通过监督机制、协调机制、对话机制以及争端解决机制等制度设计以增强能源合作的透明度与规范性,它本质上是一种互惠的能源合作法律机制。缔约关系能够强有力地支撑国际能源合作的进行,而国家间的缔约成本与制度化水平呈正相关,高制度化水平是保障国家长远利益的重要手段。国际合作的高制度化水平首先需要考虑的是问题领域敏感性程度,能源问题一直以来都是各国格外关注的领域,属于较为敏感性领域问题,但是各国国情的不同导致对现实紧迫性问题的定义也存在差异,如中亚地区面临的是经济发展缓慢基础设施建设落后的问题,中国面临的是石化资源大量依赖进口和能源结构单一的问题。正因为"一带一路"能源合作沿线国自身所面临的需求和紧迫性问题的多元化,使得建立高制度化水平的国际合作法律机制具有现实意义。其次,"一带一路"沿线 64 个国家,从经济体制上来看包含了资本主义国家和社会主义国家,从发展程度上来看,涵盖了发达国家与发展中国家。从整体上来看,沿线 64 个国家在诸多方面的同质性是偏低的,这不利于建立能源合作高制度水平。但是随着全球化趋势深化发展,世界各国在经济、政治、文化以及安全等诸多领域渗透式的相互关联,各国依赖性变强。它们在能源合作领域有共同利益与共同需求,可以通过建立能源合作法律机制保障各国的利益安全。最后,不确定性越大越能建立制度化水平高的国际制度。[①] 虽然,"一带一路"能源合作法律机制鼓励世界上的每一个国家积极参与,但各国之间的相互依赖关系决定了它们都是拉动全球经济发展不可或缺的动力因素。目前,以美国为首的部分国家在是否加入"一带一路"仍持观望的态度,这增加了能源合作发展潜力的变量因素。在此基础上构建高水平的能源合作法律机制能够消除各国对能源合作摇摆不定的态度,并积极参与到能源合作中来,将国际关系中广泛存在的相互依赖关系理论运用

[①] 田野:《中国参与国际合作的制度设计:一种比较制度分析》,社会科学文献出版社·当代世界出版分社 2017 年版,第 99~112 页。

于能源合作法律机制中,使"一带一路"能源合作法律机制成为科学、与时俱进的新制度体系。

二、"一带一路"能源合作法律机制构建的伦理价值观理论

国家是人的集合体,人所具有的伦理价值观念相较于在国内能源市场中的作用,它在国际能源市场中发挥的作用受到一定的限制。由于国际行为主体在文化、意识形态、宗教上的差异,促使跨国能源活动缺乏具有广泛共识的伦理价值观念,秩序和正义的价值内涵受到一定的削弱。共同伦理价值观念的缺失使得国际能源合作容易陷入无序状态中,国家不会自动地趋向于秩序和正义,而只是特性形势下的政策选择。只有在共同价值的理念基础上才能建立高水平的国际能源合作法律规范。[①] 面对各种偶然和意外,需要扬弃民族利益至上的价值观,树立一种立足于全球利益、提倡团结互助的全局观念、大局理念和全球伦理意识。[②] 虽然,每个国家基于自身理性谨慎地做出政策选择,但这种理性集合在缺乏协调的前提下容易导致国际能源合作的非理性,如全球能源价格的大幅度波动以及金融危机的爆发等事件,因为在国际能源合作中并不存在高于国家主权的权威,并不能及时地调整国际能源合作的非理性外部行为,使得世界能源合作的形式变得复杂。这就迫切需要建立相应的能源合作法律机制以形成较为畅通的信息沟通网络体系,防止因信息流通不畅导致国家政策负外部性对世界能源市场的影响。通过订立内在的全球社会契约伦理的方式来建立人类共同体,以应对共同的伦理问题。[③] 伦理价值观念为研究"一带一路"能源合作法律机制构建提供正当性,并成为指引其不断发展与健全的正确方向。

相较于国内能源市场,跨国能源合作制约因素众多。单纯依靠权力与制度支撑的国际能源合作体系,并不能确保能源合作关系的稳定,反而很可能成为冲突爆发的导火索。平等谈判或投票不能解决所有的冲突,不仅要有权利结构,还要有道

---

① 苏长和:《全球治理体系转型中的国际制度》,载《当代世界》2015 年第 11 期。

② 俞吾金:《偶然性、风险社会与全球伦理意识——在凤凰卫视"世纪大讲堂"的演讲》,载《文汇报》2005 年 9 月 26 日。

③ 包利民:《全球化的伦理观照》,载《维真学刊》2001 年第 2 期。

德共识,一个社会才能够有效运转。① 世界能源合作缺乏共同体的伦理价值观念,导致国家履行国际义务和遵守国际能源法的内在约束力较弱。为了弥补国际伦理价值体系的缺失,通过构建坚持人本主义为中心的"一带一路"能源合作法律机制,以实现国际能源合作的可预见性和合法性,减少各国的不安全感避免国家间不必要的冲突,在一定的范式规则中展开能源活动增进合作交往的深度。人本主义应当是构建"一带一路"能源合作法律机制应当坚持的伦理观念,它是维持国际社会和平与发展,维护生态与环境健康的基石。坚持人本主义是各国构建新的国际能源新秩序,反抗强权政治,实现国际社会正义、正当的必然选择。能源合作法律机制要以人的生存、人的利益、人的需求为根本目标,是国际制度、体系设置的起点与原因。国际社会有关人本主义伦理价值观念主要体现在对人权保护方面,如国际劳动者的权益保护、环境权等等。能源合作法律机制应当是服务于人类的,成为实现人类可持续发展、幸福生活的有力保障。虽然,国际社会中欠缺伦理价值观念,但并不意味着伦理观念毫无作用。按照自然法菲尼斯学派的观点来看,国际体制的存在是为了弥补人本身的不足,能源合作法律机制是人的需求向外延展的结果。通过建立判断能源活动是否合法与公平的统一理论标准,使各国意识到自己采取的某种行为具有不道德性,可能会招致其他国家的指责与报复的时候,它就会谨慎的选取自己的对外政策,以增强国际能源活动的有序性。国家权力在国际能源合作中不是无限制的扩张,突出表现为各国在制定自身能源政策时会受到国际关系的影响。为了防止少数国家舍大义而取私利,需要制定有效的国际能源合作法律规则来确保各国对这些人类核心价值的尊重。② 合法性对权力的制约并不意味着两者之间的绝对对立,相反,合法性是权力的源泉,让权力的使用更具有正当性。合法性的实现是需要建立在正义和秩序的基础上,"一带一路"能源合作法律机制通过设定议程和问题领域,使得合法性贯穿能源合作关系始终。跨国能源活动一直以来是各国所关注的焦点,也是一个具有争议的问题领域,在面临能源消费所带来的全球环境问题上,需要以"一带一路"能源合作法律机制构建为依托建立共同

---

① 盛洪:《终结核达尔文主义》,载《新青年·权衡》2006年第4期。
② 于宏源、李威:《创新国际能源机制与国际能源法》,海洋出版社2010年版,第13页。

的伦理价值观念,提高能源合作法律机制的包容性和共生性,推动形成造福于全人类可持续发展的国际法渊源。

一个健康发展的社会应当是多元文化共同存在和发展的。[①] "和谐"是中国对世界秩序的认识,是中国崛起进程中发展而来的伦理价值观念。中国在十八大《坚定不移沿着中国特色社会主义道路前进 全面建成小康社会而奋斗——在中国共产党第十八次全国代表大会上的报告》指出:"人类只有一个地球,各国共处一个世界。历史昭示我们,弱肉强食不是人共存之道,穷兵黩武无法带来美好世界。要和平不要战争,要发展不要贫穷,要合作不要对抗,推动建设持久和平、共同繁荣的和谐世界,是各国人民共同愿望。"全球化推动国家间相互依赖和合作,国家利益交叠。西方国家在国际社会中推行其普世价值观即民主、人权、市场经济等,力图形成主流的国际秩序观念,这与世界多元化发展的实际情况相背离,其本质是西方进行文化霸权的工具与手段。随着客观形势变化,公平、法治、人权等共同伦理价值基础无法顺应国际关系的发展态势,消极共存的非合作态度与警惕防范的政治关系,导致国际关系无法持续健康发展。"一带一路"倡议将中国"和谐"理念贯彻始终,主张建立一个没有压迫、没有霸权的国际能源制度体系。国际关系主张和而不同,相互包容,互信合作。国际能源合作在"和谐"理念的大环境中,推动国家之间形成互利合作的共同利益,逐步实现在国际能源领域的国际法治。和平是和谐的基础,是国际社会秩序化的最基本要求,而国际法治是"和谐"美好理想的手段和现实通路。[②] "和谐"伦理价值观念借由"一带一路"倡议向外输送中国理念与中国故事,是中国提升国际话语权的机遇。同时,也是中国对"中国威胁论"的回应,表明中国道路不同于资本主义国家霸权模式。孔子主张"己所不欲勿施于人""和而不同""求同存异""和而不流",在国家关系上主张"亲人善邻""以德为邻"。创建和谐社会不仅仅是一个国内社会层面的问题,它同样依赖于一个安定、和平、良性存续、稳步发展的国际环境,需要在国际关系和谐的背景之上构建国内的和谐社会。[③] "和谐"根植于中国传统文化发展而来的伦理价值观念,对指导国际能源合作具有

① 杨发喜:《从"协和万邦"到建设和谐世界》,人民出版社 2008 年版,第 176~182 页。
② 何志鹏:《国际法治论》,北京大学出版社 2016 年版,第 203~204 页。
③ 赵骏:《全球治理视野下的国际法治与国内法治》,载《中国社会科学》2014 年第 10 期。

重要的意义。

三、"一带一路"能源合作法律机制构建的全球治理理论

中共十八大报告在阐述过去五年中国外交工作取得的新进展时,指出"推动全球治理机制变革,积极促进世界和平与发展,在国际事务中的代表性和话语权进一步增强,为改革发展争取了有利的国际环境"。这表明全球治理可以通过机制构建的方式来进行,为提升我国的话语权体系以及创造良好的国际能源合作外部环境建立制度体系。在全球化情况下,健康发展的全球能源合作需要不断扩充世界能源合作的体系容量,从当前不均衡补充分的发展中纠偏过来,除了关注经济领域以外,政治、安全、生态、能源以及其他领域都是全球治理关注的内容。以西方为中心的世界能源市场发展模式,难以适应新兴大国崛起后的发展需求,世界多极化趋势要求必须进行能源合作发展的机制存量变革,以促进世界能源供给关系的平衡发展,加强发展中国家与发达国家的互动。[1] "一带一路"倡议的提出将对全球能源合作治理体系进行深刻的变革与调整,着眼于各国人民生活福祉的共同现代化倡议。

国际力量对比的结构变化是全球治理改革的现实土壤。[2] 2013 年,习近平在金砖国家领导人第五次会晤时指出:"不管全球治理体系如何变革,我们都要积极参与,发挥建设性作用,推动国际秩序朝着更加公正合理的方向发展,为世界和平稳定提供制度保障。"[3]2014 年,习近平在德国科尔伯基金会演讲中表明"我们将从世界与发展的大义出发,贡献处理当前国际关系的中国智慧,贡献完善全球治理的中国方案,为人类社会应对 21 世纪的各种挑战作出自己的贡献"[4]。2017 年 12 月,在世界政党高层对话会上,习近平作为全球最大执政党中国共产党的领袖再次向世界宣告"中国将积极参与全球治理体系改革和建设,推动国际政治经济秩序朝

① 谢剑南:《"一带一路"与全球经济治理变革》,载《甘肃社会科学》2018 年第 3 期。
② 李丹:《论全球治理改革的中国方案》,载《马克思主义研究》2018 年第 4 期。
③ 习近平:《携手合作 共同发展——在金砖国家领导人第五次会晤时的主旨讲话》,载《人民日报》2013 年 3 月 28 日第 002 版。
④ 习近平:《习近平在德国科尔伯基金会的演讲》,载《人民日报》2014 年 3 月 30 日第 002 版。

着更加公正合理的方向发展"①。习近平的演讲表明经济全球化带来的机遇与挑战共存,中国应当坚定中国立场,在应对能源生态、能源安全等诸多问题上,提出中国方案充分展现全球治理领导力的中国担当,采取主动和积极的态度共同应对经济全球化所带来的能源治理赤字问题。"一带一路"倡议立足开放的区域能源合作关系,致力于维护全球自由能源贸易体系和开放性世界能源关系,着力构建全方位、多层次、复合型互联互通网络,打造政治互信、经济融合、文化包容的利益共同体、命运共同体和责任共同体,为世界能源合作提供坚实的物质支持。② 自"一带一路"倡议提出以来,互联互通的基础设施建设取得了显著成就,如东非铁路网起始段肯尼亚蒙内铁路竣工通车,中老铁路首条隧道全线贯通,中泰铁路一期工程开工建设等项目进展顺利,通过建设区域能源运输线,加快世界能源的流动速度以达到优化能源资源配置的作用。"一带一路"倡议以基础设施为基础联通世界能源经贸往来的新理念,将对全球治理的发展产生新影响。

从全球治理与国际法的关系分析,美国国际法教授夏洛特·库(Charlotte Ku)从历史的角度分析了两者之间的关系,认为全球治理是对国际事务的调整,国际法是调整国际事务和影响国际关系变革的重要因子,两者存在强烈的正相关关系。③ 哈佛大学法学院教授戴维·肯尼迪(David Kennedy)认为全球治理是一个动态的过程,在这个过程中,法律、政治和经济都是分配利益、平衡实力的手段,并导致全球治理自身治理议程进一步的重新设置。④ 中国学者刘衡通过梳理中外文献总结认为,全球治理与国际法之间是一种双向的互动关系,全球治理的发展对国

---

① 习近平:《携手建设更加美好的世界——在中国共产党与世界政党高层对话会上的主旨讲话》,载《人民日报》2017 年 12 月 2 日第 002 版。

② 李丹:《论全球治理改革的中国方案》,载《马克思主义研究》2018 年第 4 期。

③ See Charlotte Ku, *Global Governance and the Changing Face of International Law*, The Academic Council on the United Nations System Reports & Papers, Yale University, No.2, 2001.

④ David Kennedy, *The Mystery of Global Governance*, Kormendy Lecture, Ohio Northern University, Pettit College of Law January 25, 2008, pp.857-860.

际法发展有着正面或负面的影响,国际法的演进也在塑造着全球治理的当下与未来。[1] 全球治理问题也存在于能源领域,通过构建"一带一路"能源合作法律机制参与全球治理的过程是"善治"和"法治"的必然要求。"一带一路"能源合作法律机制的先进性、创新性与包容性与全球治理的动态性相协调,在全球治理不断变化发展的过程中,调整"一带一路"能源合作法律机制的内容。它拥有与时俱进的特征推动国际能源治理往更健康的反向发展。

"一带一路"倡议通过对接沿线国家的能源发展战略并升级全球能源产业价值链,将中国改革开放的新征程融入国际合作的制度设计中,既体现了国家治理与全球治理互动的整体思维,也揭示了中国贫困治理与全球发展治理的深刻关系。[2] 全球治理反映了全球化语境之下的风险治理,通过培养责任意识、合作意识,建立立足于全球共同利益的能源合作机制。中国不断推进"一带一路"倡议的发展,加大它对全球治理所产生的积极作用,成为全球治理良性发展的重要推动和引领力量。"一带一路"倡议以开放的制度设计使各类主体充分参与,它不仅接纳传统国际法主体——国家,也对国际组织和民间团体的参与采取开放的态度,通过公平和平等的协商和建设模式,将区域能源合作的局部优势逐步发展成为整体优势,以区域能源发展带动全球能源发展,它的治理理念不同于以往其他的能源发展机制,具有一定先进性并与时俱进。全球治理体系在"一带一路"倡议的推动下逐步向以有效、包容、可持续为导向的方向发展。全球治理利益分配不公平是当前"逆全球化"盛行、全球治理体系陷入困境的根本原因,而"一带一路"倡议的话语内容强调非零和博弈的价值取向。[3] 旧的全球治理体系已经难以适应中国等新兴经济体的快速崛起和世界能源合作发展变化的客观需求,全球治理正处于关键的转型期。"一带一路"倡议既充分体现了能源合作的价值内涵,又引导着能源合作向以均衡发展、包容发展、绿色发展为导向的合作模式发展。"一带一路"能源合作法律机制蕴含的包容性、普遍性和共享性内涵与全球治理的性质紧密关联,其政治逻辑为全球治

---

[1] 刘衡:《国际法之治:从国际法治到全球治理——欧洲联盟、世界贸易组织与中国》,武汉大学出版社 2014 年版,第 9 页。

[2] 韩笑:《全球发展治理视域下的"一带一路"建设》,载《国际观察》2018 年第 3 期。

[3] 关雪凌:《全球治理体系变革与"一带一路"话语权构建》,载《人民论坛》2018 年第 8 期。

理目标提供创新性的新方案。全球治理体系是区域协调与全球协调双层次的结合体,而能源合作法律机制的成熟和完善是全球治理成熟的外在表现。"在全球金融危机之后以中国为枢纽点的全球价值双环流体系初现端倪的背景下,中国从区域大国向世界大国转型过程中,第一次主动尝试构建适宜自身发展的全球治理机制,这是一种最优的路径选择。"[①]

能源活动日益全球化所带来的问题是全球治理应运而生的主要原因,全球治理与全球化的脱节逐渐会导致能源供应链全球化运作方式受阻。世界能源市场秩序的稳定和有序离不开能源治理体系的发展,它不是对现有能源制度简单的加减而是具有思考性的扬弃。在全球治理新范式下开展国际能源合作能够促进国家间竞争的良性发展,实现跨国能源活动的有序进行。由于全球化所带来的能源利益并不能完全普惠所有的国家,对于在全球化浪潮中的失败者和受害者而言,遭受的是其所带来的副作用,这在一定程度上引发了民族主义和反全球化的回潮,他们通过阻碍全球治理机制的建立反对能源合作全球化的进程。全球治理赤字的根本原因在于主权国家治理能力的缺失或弱化,欠发达国家甚至发达国家内部出现的经济衰退,也进一步导致当前全球治理的困境。[②]虽然,这增加了全球治理的难度,但它们的举动恰恰反映能源合作全球化进程已经进入深层次的阶段。旧式的能源合作法律机制改革动力不足,它越来越不能满足新崛起的利益相关者的生存和发展诉求。大国对于世界能源资源的争夺加剧了全球治理赤字态势的恶化,旧的能源合作法律机制无法使全球治理赤字的危害进行很好的控制。全球治理赤字问题造成的后果不仅仅是局限在某一个地区或国家,其带来的冲击是全球性的,这就需要能源输出国和能源消费国之间以进行协调与合作。一直以来大国对于全球治理持有消极性态度,它们更追求权力结构以及权力结构背后所带来的支配力量,对于全球治理的真正内涵并不甚关注。新兴经济体力图改变全球治理困境的局面,建立"一带一路"能源合作法律机制就是一种有效途径。由"一带一路"能源合作法律机制与传统西方各国所建立的能源合作制度形成互为补充的格局,以实现世界能

---

① 刘伟、郭濂:《"一带一路"全球价值双环流下的区域互惠共赢》,北京大学出版社 2015年版,第 10 页。

② 刘雪莲、姚璐:《国家治理的全球治理意义》,载《中国社会科学》2016 年第 6 期。

源合作机制多元化的制度体系。新兴大国并非与老牌大国进行能源权力结构主导地位的争夺,反之要与传统西方大国进行合作,因为大国的带头作用是走出全球治理困境的关键。新兴大国在建立新的国际能源合作机制上经验不足能力欠缺,"一带一路"能源合作法律机制构建离不开西方大国的支持。仅仅依赖于新兴经济体自身的力量并不能真正解决全球治理赤字问题,国家内部制度设计的缺陷将影响全球治理制度的构建,而这些新兴国家在这方面制度构建能力明显是不如西方国家的。还需要注意的是,能源合作法律机制之间的制度竞争会造成国际能源合作制度构建过剩情况的出现。随着国家间的相互依赖程度加深对协调性的需求增加,这需要在新兴经济体在国家内部建立高水平法律制度,同时,注重大国能源法律制度协调也是必不可少的。全球治理是解决能源合作全球化所带来的一系列问题的有效方案,通过全球治理提供能源合作的法律制度供给,缓和国家间的冲突与矛盾,实现"一带一路"能源合作法律机制与传统能源合作法律制度之间互相兼容与协调。"一带一路"能源合作法律机制是中国对全球以及区域治理碎片化格局进行的制度化输出的伟大尝试,对新旧国际能源合作法律制度框架进行融合以协调各国利益。它的治理机制具有较强的灵活性和复合性的特征,这能够将各国聚集起来形成合力共同应对在能源领域的全球治理困境。

四、"一带一路"能源合作法律机制构建的人类命运共同体理论

党的十八大报告明确提出"人类命运共同体"概念,此后,习近平在《迈向命运共同体开创亚洲未来》的主旨演讲中提出倡议"迈向命运共同体,必须坚持各国相互尊重、平等相待,必须坚持合作共赢、共同发展,必须坚持实现共同、综合、合作、可持续的安全,必须坚持不同文明兼容并蓄、交流互鉴"。习近平多次在国际国内重要场合深刻阐述人类命运共同体概念,从国家到地区再到世界,从政治、经济到安全,从文化到生态文明,全方位、宽领域、多层次充实和丰富人类命运共同体思想的内涵。[①] 人类命运共同体的主旨是建立一个"包容普惠"的新的现代全球体系,

---

① 石善涛:《携手共建人类命运共同体》,载《当代中国史研究》2017年第6期。

这也成为推动世界现代性发展的新思维与新战略的核心所在。① 在《携手构建合作共赢新伙伴　同心打造人类命运共同体》的重要讲话以及《中国发展新起点全球增长新蓝图》讲话中,对"人类命运共同体"的思想和理论内涵有进一步的阐释。在习近平发表的《共同构建人类命运共同体》文章中阐释了国际能源合作的中国方案,即"构建人类命运共同体,实现共赢共享"。人类命运共同体以中国特色社会主义现代性的思想底蕴与实践经验为理论基础,倡导在世界现代性的发展方式上坚持"以人类为本",发展格局上坚持"和而不同",发展目标上坚持"共享共赢",在道路、理论与制度上实现了对资本主义现代性及其全球化的全面超越。② "人类命运共同体"理论体系在不断深化发展的过程中逐步成型。2017 年 2 月,"构建人类命运共同体"理念写入联合国的正式决议中,"周边命运共同体""亚洲命运共同体"是构成"人类命运共同体"的实现路径。至此人类命运共同的内涵得到较为完整的诠释。习近平指出:"构建人类命运共同体,关键在行动。"③以全球发展与自身实际相结合,主动探索能源合作发展新模式,把各民族国家促进能源市场长足发展的热情激发出来,共享能源全球化所带来的机遇。人类命运共同体理念推动建立相互尊重、公平正义、合作共赢的新型国际关系,扩大各国的利益交汇点,形成和谐的能源合作关系,构建总体问题、均衡发展的能源合作模式,坚持正确的义利观引导各国相向而行,避免零和博弈的大国关系。人类命运共同体理论是"一带一路"能源合作法律机制的最终目标,对我国开展能源合作起着指导作用。新时代人类命运共同体理念的提出,全面而系统地作出或回答了当今世界的最大关切,即构建一个什么样的新型国际关系、秩序,如何进行构建的问题,使国际秩序和国际体系朝着更加公正合理的方向发展的重大问题。④

---

① 刘洋:《人类命运共同体:世界现代性问题的中国智慧与方案》,载《马克思主义研究》2017 年第 11 期。

② 刘洋:《人类命运共同体:世界现代性问题的中国智慧与方案》,载《马克思主义研究》2017 年第 11 期。

③ 习近平:《共同构建人类命运共同体——在联合国日内瓦总部的演讲》,载《人民日报》2017 年 1 月 20 日第 002 版。

④ 石云霞:《马克思社会共同体思想及其发展》,载《中国特色社会主义研究》2016 年第 1 期。

　　人类命运共同体理念反映了中国对国际法社会基础的重新认识,其将中华优秀传统文化引入全球治理,关注人类整体和个体的和谐关系,强调国际社会差异性和依存性的统一,成为"一带一路"能源合作法律机制最本质的价值内涵。人类命运共同体理念对国际经济法理论和实践具有重要意义,反映了对国际经济法所具有的正当性追问的回应以及等级化体系化发展趋势,为能源合作法律机制构建提供合理的法治依据。人类命运共同体理念对中国参与全球治理体系变革也具有重要价值,有助于重新界定与发展中国与世界关系的认知,提升中国国际话语权和话语能力,推动国际能源合作法治化的中国主张。

　　全球化现象不仅促进国际能源资源的优化配置,国际风险也随着增多。全球化的力量加速了风险社会的形成,并推波助澜使得工业化社会道路上所产生的危险不再囿于某一地区或领域,而产生跨领域、全球性影响,任何一个民族、国家都很难单独面对这些风险或规避这些风险。^① 资源的稀缺性与国家的利己性容易给各国能源合作的开展带来矛盾与冲突。^② 能源活动的国际化发展趋势,使得每个国家面对区域能源供给关系发展不平衡,全球生态环境恶化能源价格大幅波动、能源运输安全等问题都难以单独规避这些风险。全球化加深国家相互依赖关系进而推动国际合作的需求,能源资源超规模消耗造成全球气候变化形势严峻。2010年辽宁大连新港附近中石油输油管道爆炸起火导致部分原油泄漏事件、2011年日本福岛核事故事件等,这些污染全球环境的恶性事件造成损害的范围广、规模大且具有明显的跨地区跨国家的性质,其危害后果波及全人类。全人类共同面临着因能源不当使用和管理而引发的安全风险。在复杂的国际形势下,任何国家都不能脱离全球性合作以应对非传统安全问题。世界命运应当由各国共同掌握,国际规则应当由各国共同书写,国际事务应当由各国共同治理,发展成果应该由各国共同分享。^③ 人类命运共同体基于国家之间的共生关系为能源合作法律机制指明方向。2012年,胡锦涛主席发表的《坚定不移沿着中国特色社会主义道路前进,为全面建

---

　　① 何志鹏:《国际法治论》,北京大学出版社2016年版,第133页。
　　② 金应忠:《试论人类命运共同体意识——兼论国际社会共生性》,载《国际观察》2014年第1期。
　　③ 石善涛:《携手共建人类命运共同体》,载《当代中国史研究》2017年第6期。

成小康社会而奋斗》的文章中提到"人类命运共同体"一词,并指出:"合作共赢就是要倡导人类命运共同体意识,同舟共济、权责共担,建立更加平等均衡的新型全球发展伙伴关系。"人类命运共同体是一个新的时代命题,中国基于自身道路自信、理论自信、制度自信与文化自信给世界能源合作注入新鲜活力,它将我国的历史使命与国际责任相结合。① 中国所倡导的人类命运共同体力图解决冷战思维和博弈思想带来的危害,通过建立一种共生关系以缓和国际矛盾。人类命运共同体的内涵与"人类共同利益""全球治理"等国际法的价值取向是一致的。② 人类命运共同体不仅为解决人与人的关系提供了思路,同样为国家之间的和谐相处提供了基本遵循,倡导国与国之间要相互尊重、平等相待,竞争不是出路,共同发展才是根本。③人类命运共同体对旧的能源合作法律机制内涵进行创造性革新,以联合国宪章明确规定的四大宗旨和七项原则以及万隆会议倡导的和平共处五项基本原则为人类命运共同体的基本遵循。④ 它寻求法文化理念与人类命运共同体的契合点成为构建"一带一路"能源合作法律机制所遵循的价值基础。人类命运共同体不仅是一种理念,还需要外化有一定的规则与制度,联动国内能源法治和国际能源法治的共同体规则设置是法律人共同努力的方向。⑤ 能源合作法律机制将法治的最低标准与人类命运共同体价值理念相结合。"一带一路"能源合作法律机制是对人类命运共同体的制度实践,人类命运共同体的本质内涵符合国际能源安全监管的现实需要,其关注人类社会共生性的内在逻辑关系,以包容的态度形成共同应对国际环境治理的良性互动。

---

① 李海平:《习近平关于"人类命运共同体"论述的理论旨趣与现实观照》,载《西安政治学院学报》2016 年 8 月第 4 期。

② 李海平:《习近平关于"人类命运共同体"论述的理论旨趣与现实观照》,载《西安政治学院学报》2016 年 8 月第 4 期。

③ 文丰安:《新时代人类命运共同体理念的演进逻辑及当代意蕴》,载《武汉科技大学学报(社会科学版)》2018 年第 5 期。

④ 习近平:《共同构建人类命运共同体——在联合国日内瓦总部的演讲》,载《人民日报》2017 年 1 月 20 日第 002 版。

⑤ 廖奕:《人类命运共同体的法理阐释——"构建人类命运共同体理论研讨会"综述》,载《法学评论》2017 年第 5 期。

第四节 "一带一路"能源合作法律机制构建的国际经济法理论

● ● ●

国际经济法是调整国家之间经济关系的法律原则、制度、规范的总称。"一带一路"能源合作法律机制是国家之间开展能源经济合作的重要保障,能源合作的经济属性决定了能源合作法律机制是国际经济法的重要组成部分。因此,中国推进"一带一路"能源合作法律机制构建需要以国际经济法的相关理论为基础,使得能源合作成为在丰富理论指导下的实践活动。

一、《各国经济权利与义务宪章》是"一带一路"能源合作法律机制构建的前提

《各国经济权利和义务宪章》的形成过程,反映了广大国家对不公平、不公正的旧的国际经济秩序不满,要求重新制定一项有法律约束力的国际经济法律规则。[①]联合国大会的《各国经济权利和义务宪章》关于"合作"内容较多,例如规定:"每个国家,不论政治、经济和社会制度的任何差异,有权进行国际贸易和其他方式的经济合作。每个国家在进行国际贸易和其他方式的经济合作时,可自由选择其对外经济关系的组织方式,订立符合其国际义务及国际经济合作需要的双边和多边协议。"本宪章的基本宗旨在于促进建立以一切国家待遇公平、主权平等、互相依存、共同收益及协力合作为基础的、新的国际经济秩序。如第 4 条规定,每个国家在"一带一路"的能源活动中有合作的权利,并且根据需要可订立双边或多边合作协议以确保能源合作的开展,这是"一带一路"能源合作法律机制构建的理论前提。第 9 条规定,"一带一路"能源合作法律机制应该为能源勘探、开采、运输、利用合作提供机制保障,能源供应链需要利用法律机制给予监督管理,以促进"一带一路"国

---

① 张泽忠:《〈各国经济权利和义务宪章〉国际法效力之反思》,载《国际经济法学刊》2008年第 3 期。

家的经济与社会发展。该宪章强调每个国家无论其经济发展程度如何,都有权独立自主地选择本国的国内能源法制,并积极参与有利于世界各国经济繁荣发展的国际能源法制。① 除此之外,第 17 条规定,"一带一路"能源合作法律机制要确立各国能源合作中的权利义务,以期共谋发展。这些条款强调了"一带一路"能源合作法律机制构建在实现经济和社会发展过程中所承担的国际合作义务。"一带一路"能源合作法律机制强调权利与义务的统一,各国开展能源合作以公平互利为基本要求,对运用强迫手段侵夺别国正常发展所需要的自然资源的各种非正义行为予以国际法规制。

二、《发展权利宣言》奠定"一带一路"能源合作法律机制构建的基石

1986 年 12 月 4 日,联合国大会第 41/128 号决议通过了《发展权利宣言》,确认"发展权利是一项不可剥夺的人权,发展机会均等是国家和组成国家的个人的权利"。使发展权首次成为人类最大国际组织所首肯和追求的目标。该宣言宣告保护发展权是国际社会和各国政府的共同责任,发展权是全体人民和所有个人不可剥夺的一项权利。② 它是发展中国家为了维护自身权益而极力促成的结果,是发展中国家在国际层面取得的一次成功的联合行动,共同反对发达国家的霸权主义。根据联合国大会的《发展权利宣言》第 3 条规定,能源合作必须以人的受益为主要内容。"以人为本"是发展权法治内涵的本质要求。发展权及其法治实践的主体始终是"人"而不是"物",法治实践之"本"在于发展利益的最大化和最公平化,它的"人本"理念是指发展权法治必须走出单纯政治经济与社会文化发展的表象世界,以"人本"为终极关怀,在设定能源发展模式、调整能源合作关系时,考虑发展国家中国家发展自身的合法利益。③ 但是发展权不仅注重平等和人权的不可分割性,而且注重将包容性作为发展的手段和目标,这是构建"一带一路"能源合作法律机制所强调的关键内容。④ "一带一路"能源合作不仅强调各国经济层面的互动,也

---

① 余劲松:《国际经济法》,中国法制出版社 2009 年版,第 14 页。
② 汪习根:《发展权与中国发展法治化的三维研究》,载《政治与法律》2007 年第 4 期。
③ 汪习根:《发展权与中国发展法治化的三维研究》,载《政治与法律》2007 年第 4 期。
④ [荷兰]卡琳·阿特斯、瓦塔邦加贡·托莫:《国际法中的发展权:三十年后的新动力?》,徐云霞译,载《国际法研究》2017 年第 1 期。

将人权保护作为能源合作的新内容,深入推进"一带一路"能源合作以人为本的生态环保内容,这关乎全人类的利益,全人类将从此新的合作内容中受益。公众参与是"一带一路"能源合作法律机制构建以人为本理念的重要体现,不仅关注我国人民对能源资源的需求,也关注能源输出国对能源资源保护的需要。通过能源合作法律机制能够确保能源合作的顺利发展和扫清发展的障碍,确保在能源合作中各国能源主权独立、平等、互利和合作,促进国际能源合作新秩序的建立并促进国际人权的发展。习近平在《纪念〈发展权利宣言〉通过 30 周年国际研讨会》的贺信中表示,中国坚持把人权的普遍性原则同本国实际相结合,坚持生存权和发展权是首要的基本人权。① 据此,推进"一带一路"能源合作法律机制构建是实现人类发展权的内容之一,不仅保障的是当前全人类的发展权,对全人类后代的发展权也进行保护。依据权利与义务相一致的原则,各国为了实现能源合作中的发展权利,也就必须履行相关的义务,为"一带一路"能源合作法律机制构建奠定"公平合理"的基石。

三、《巴黎协议》奠定了"一带一路"能源合作法律机制构建的基础

2015 年 11 月至 12 月,《联合国气候变化框架公约》第 21 次缔约方会议在巴黎举行,以实现全球平均气温的升高幅度相较于工业化之前水平限制在 2℃ 以内,并将升温幅度控制在 1.5℃ 之内而努力为目标的《巴黎协定》通过,它是对"人类共同关切事项"的回应,是人类合作应对气候变化的最新法律成果,具有里程碑意义。《巴黎协定》确定了一种全缔约方参与,以"国家自主贡献+审评"为中心,全面涉及减缓、适应及其支持的全球应对气候变化新模式。② 《巴黎协议》关注全球气候问题,遵循"共同但有区别的责任"原则,要求各成员方都积极主动地为应对全球气候变化贡献自己的力量,建立绿色生态的能源合作可持续发展模式,拓宽了国家间的合作平台。气候行动、绿色经济、节能减排等理念越发得到重视,世界各国都在推

---

① 习近平:《习近平致"纪念〈发展权利宣言〉通过 30 周年国际研讨会"的贺信》,载《人权》2017 年第 1 期。

② 高翔:《〈巴黎协定〉与国际减缓气候变化合作模式的变迁》,载《气候变化研究进展》2016 年第 2 期。

动能源结构转型,开发新能源以打造新的经济增长点。发达国家与发展中国家在应对全球气候变化上的能力有所不同,因而,发达国家应当继续带头减排,持续减少碳排放,并加强对发展中国家的资金、技术和能力建设的支持以确保全球气候趋好。《巴黎协定》的达成凝聚了各方坚持绿色低碳发展道路、共同应对气候变化的有力共识,以"自下而上"国家自主贡献的新方式为 2020 年后全球气候治理作出部署。[①] "一带一路"自身开放性属性将发展中国家与发达国家纳入其中,以"一带一路"为背景的能源合作法律机制能够促进发展中国家与发达国家在减少碳排放量上进行友好互信合作,开展有效共同行动应对全球气候问题。但从目前现实情况来看,"一带一路"沿线以发展中国家居多,中国作为"一带一路"的倡导者,作为发展中大国,理应推进"一带一路"能源合作的有序进行,以确保《巴黎协议》中关于气候变化内容的具体落实。中国积极推进《巴黎协定》的落实,一方面反映了中国应对全球气候问题采取的是一种积极态度,力图真正有效地解决人类所面临的可持续发展问题;另一方面,中国作为负责任的发展中国家,在关乎全人类生存问题上并不逃避应当承担的义务,努力维护国际能源市场秩序的稳定。《巴黎协议》所遵循的保护全球气候、减少碳排放的理念,为推进"一带一路"能源合作法律机制构建注入了新的发展目标和动力,为能源合作的规范化奠定了重要基础。

第五节 中国推进"一带一路"能源合作法律机制的实然状态

●　●　●

能源不仅涉及能源工业本身,对经济安全、社会分配、环境保护乃至国际关系也都有利害关系。[②] 能源合作具有经济价值、政治价值及其法治价值,相对应则存在经济制度、政治制度与法律制度,这三种制度的结构形式在能源合作法律机制构

---

① 庄贵阳等:《中国在全球气候治理中的角色定位与战略选择》,载《世界经济与政治》2018 年第 4 期。

② 马俊驹、龚向前:《论能源法的变革》,载《中国法学》2007 年第 3 期。

建中体现了不同的治理功能。这些制度协调能源领域的社会活动,推动国际能源市场形成一个有机统一的能源治理结构。政治、经济、法律并不能相互替代,三者的关系应当是相互独立又是相互依赖的。

我国传统能源合作的治理权高度集中于政党政治,出现了政治错位替代行政的现象,直接导致行政决定法律,甚至替代法律的情况。[①] 我国能源法治存在着起步晚、发展急、需求大与立法技术亟待提高的问题。我国能源法往往以部门立法来实现行政管理目标,将抽象的内涵而不是具体的规则作为能源合作法律机制的内容。部门立法一定程度上能够重新分配部门利益,但它们往往在能源合作法律机制构建过程中过度关注部门之间利益的平衡,而忽视了市场机制的作用。政府并不能替代市场,我国对关键领域的能源产业仍然由政府进行统制,但行政效率并未得到提高,以至于能源体制的改革往往不如预期设想的那样,能源法律体系存在缺失或运行的缺陷。能源行业的高度垄断使得能源行业缺少制度创新的动力,能源资源的优化配置离不开市场调控的作用。能源法调节模式经历了从国家垄断、特许权垄断、严格规制私人所有模式向自由化能源市场转换。[②] 能源资源产权分配不公、博弈不公、维护不公是导致能源效率低下的直接原因。[③] "一带一路"能源合作法律机制充分考虑市场经济规律的作用,它可以通过能源市场化达到激励竞争的目的,最终提高能源利用效率。"一带一路"能源合作法律机制由国内能源法与国际能源法两个部分组成,密切联系,相辅相成。

一、国内能源法律体系

2014 年,习近平在阐述"积极推动我国能源生产和消费革命"中,明确提出"建立健全能源法治体系","启动能源领域法律法规立改废工作"的要求。[④] 2014 年,

---

① 肖国兴:《〈能源法〉制度设计的困惑与出路》,载《法学》2012 年第 8 期。

② Barry Barton, *Energy Security —Managing Risk in a Dynamic Legal and Regulatory Environment*, Oxford University Press, pp.461-462.

③ 肖国兴:《〈能源法〉制度设计的困惑与出路》,载《法学》2012 年第 8 期。

④ 习近平:《积极推动我国能源生产和消费革命》,载《习近平谈治国理政》,外文出版社 2014 年版,第 130~132 页。

十八大四中全会通过《中共中央关于全面推进依法治国若干重大问题的决定》明确指出制定和完善能源等方面的法律法规。法治是国家治理的基本方式,是国家治理现代化的重要标志,能源治理也须以法治作为治理的良器,通过健全和完善相关的能源法律规范、法律制度、法律程序和法律实施机制,形成以科学、完备法制为基础的能源制度体系。[①] 国内能源法是"一带一路"能源合作法律机制构建的动力来源,应健全与完善我国能源法律体系,推动我国能源法律制度革命与创新。

我国依次颁布了《电力法》《煤炭法》《节约能源法》《可再生能源法》以及《石油天然气管道保护法》四部单行法,有《矿产资源法》《环境保护法》等 30 多部相关法,有 30 部左右的行政法规,有 9 个已参加的与能源相关的国际条约,有 200 部左右的部门规章,有近千部地方法规、规章。[②] 初步形成了以煤炭为基础,以电力为核心,强调节能理念的能源法律体系。我国现行能源法律制度注重能源资源的管理,在法律形式上属于单行法律,这导致我国能源合作法律机制的目标过于单一,并不能很好地顺应国际能源合作的现实需要。单行法律之间无位阶高低之分,这将导致在发生法律冲突时不能有效解决法律规范之间不一致的问题,不能够及时化解矛盾、解决冲突。我国推进"一带一路"能源合作法律机制构建缺乏相关宪法的原则性规定,也欠缺具有基本法性质的《能源法》根据,与能源相关的法律规定位阶较低,能源合作法律机制缺乏体系性与层次性结构。通过建立层次分明、多元化的能源合作法律制度体系,它能够基于上位法是下位法的法律原则指导现行能源法律制度进行体系化梳理。"一带一路"能源合作法律机制构建必然会带来利益分配格局的变化,利益博弈在能源合作法律体系构建中起着不可忽视的作用。为了平衡利益就需要充分考虑政府、企业以及能源消费者之间的关系,明晰能源战略与能源规划之间的区别与联系。能源战略是国家间的政治,是国家的行动,是国家之间进行博弈的理论总结,而能源规划是能源战略实施的重要保障,是能源战略规划制定的根据。"一带一路"能源合作法律机制构建以国内能源法为支撑,为积极推动跨国能源合作的深度和广度提供法律制度保障。

---

① 闫海、高宁:《中国能源革命的法制构建研究》,法律出版社 2017 年版,第 7～8 页。
② 叶荣泗、吴钟瑚:《中国能源法律体系研究》,中国电力出版社 2006 年版,第 3 页。

由于国内能源合作法律框架缺少一部起统领作用的基本法——《能源法》,现存的能源合作法律机制内容较为零碎不能形成完整的体系,对新兴能源部门如核能领域并不能完全覆盖,且与其他法律体系之间仍然缺少协作。[①] 从中国能源立法的历史来看,早期的能源法律制度关注的重点在于能源供应安全,对于能源生态的保护并不重视,如煤炭立法的核心目标是解决充足的能源供应。随着科学技术的发展,太阳能、风能、核能等可再生能源利用成本降低,安全性增强。我国的能源法所关注的重点从单一的能源供应安全向能源利用、能源管理、能源节约等多方面内容转变,我国能源合作法律体系的雏形逐步呈现。在这一时期颁布的《电力法》虽然规定了一些有关环境保护的条款,但是总的来说是缺乏可操作性的,能源合作法律机制构建仍然停留在理论的层面。我国能源消费结构的显著特征就是对石化能源的依赖程度是远高于可再生能源的,为应对全球气候变化提高中国负责任大国的形象,调整我国能源消费结构的需求变得格外迫切。在能源利用过程中衍生出的国家发展权与环境权的矛盾成为国际社会关注的重点。2015 年联合国气候峰会中通过的气候协定,即《巴黎协定》,其旨在共同遏阻全球变暖的趋势。发展经济是发展中国家与发达国家共同的追求,而对传统石化能源的消耗与经济发展呈现正比例的关系。各国片面追求经济效益而忽视可持续发展的环境目标,由于发展中国家发展新能源的技术不成熟且高度依赖生物质能,导致发展中国家缺乏电力等现代清洁能源和高度依赖生物质能的传统落后能源态势的能源贫困现象突出,它们的发展权受到限制。联合国力图引导国际社会对环境权进行关注,以实现发展权与环境权的协调统一。总的来说,我国能源相关立法与环境保护立法之间的整体架构仍处于分离的状态,对于环境的法律保护容易出现真空。

二、国际能源法律体系

国际能源法起最早起源于 20 世界 70 年代末,对于能源的争夺并不单单基于发展经济的需要,对国家来说,能源蕴含了经济、政治和军事的多重价值。在 IEA

---

① 赵爽:《能源变革与法律制度创新研究》,厦门大学出版社 2012 年版,第 23~25 页。

的推动下,协调国家间能源关系的法律制度得以确立,国际能源法初步成型。[①]
Thomas W.Walde 教授认为:"国际能源法有狭义和广义之分。狭义的国际能源法是指调整国际法主体间有关能源活动的法律制度;而广义的国际能源法是指调整所有跨国间有关能源活动的法律制度,它由国际公法、国际经济法、比较能源法等部门法的一些内容所组成。"[②]武汉大学杨泽伟教授认为:"国际能源法是指调整跨国间关于能源勘探、开发、生产、运输、贸易、存储以及利用等方面关系的原则、规范和制度的总和。"[③]国际能源法与国际公法、国际私法以及国际经济法密切联系。对于国际能源法究竟是国际法分支还是隶属于国际经济法、国际公法部门之下,尚未形成统一的共识。国际经济法是指调整自然人、法人、国家和国际经济组织在国际经济交往中形成的各种法律关系的法律规范的总和,其调整范围包括国际贸易关系、国际投资关系、国际金融货币关系、国际技术转让关系、国际税收关系等各种国际经济法律关系的法律规范。[④] 国际能源法具有国际性和经济性的特征,其大部分内容都能被国际经济法所涵盖。本书作者认为,在国际法体系中,国际能源法作为国际经济法的重要内容之一,国际能源法是符合国际法的国际习惯的。

(一)国际能源法律原则

国际能源法律原则具有国际社会所公认并接受的特征,并对国际能源活动具有普遍指导性的意义,国际能源法律原则不能完全等同于国际法的基本原则,国际能源法律体系中的基本原则有其自身的特点。

1.能源主权原则

所谓能源主权原则是指各主权国家有权根据自身社会经济的发展状况决定本国的能源外交战略和能源法律体制,从而自主地开展本国的对外能源活动。国家能源主权原则作为国际能源合作领域最为重要的一项基本原则,对指导国际能源

---

① 黄振中、赵秋雁、谭柏平、廖诗平:《国际能源法律制度研究》,法律出版社 2012 年版,第 2 页。

② Thomas W. Walde, *International Energy Law and Policy*, in Culter J.Cleveland(ed), Encyclopedia of Energy, Vol.3, Elsevier Inc.2004, p.558.

③ 杨泽伟:《国际能源法——国际法的新分支》,载《武大国际法评论》2009 年第 2 期。

④ 曹建明、陈治东:《国际经济法专论》(第 1 卷),法律出版社 2000 年版,第 7 页。

合作的开展具有重要意义。能源主权原则是国家主权原则在国际能源合作领域的重要表现,最终目的在于维护国家主权,保证国家对一国境内的能源开发和投资活动享有充分的自主权和管制权。能源主权原则具体来说包含两个方面的内容:一是独立自主地制定各种国内的和涉外的能源政策和能源立法;二是独立自主地开展对外缔结或参加各种涉及国际能源事务的国际条约的权力。[①]

国家对自然资源的永久主权是国家主权不可分割的组成部分,是一国固有的、不可剥夺的权力。[②] 一些国际上规范性文件从不同角度确认了能源主权原则,这可以从国家资源开发主权与不损害国外环境原则得以体现。国家资源开发主权与不损害国外环境原则正被公认为一条国际习惯法规则,逐步被明确纳入有法律拘束力的国际条约中。这是能源主权原则包含互相关联的两个方面内容:一方面是各国拥有按照本国自身的利益与意愿开发本国自然资源,并自由利用的权利;另一方面是国家负有确保在其管辖范围内或在其控制下的活动不致第三方遭受损害的责任。这是能源主权原则在资源开发利用中的具体体现,国家资源开发活动必然离不开能源资源的开发,能源资源是主权国家最基本的自然资源,国家资源开发主权权利源自于国家对其管辖范围内自然资源的永久主权。

能源主权是国家经济主权的重要组成部分,全球的能源生产国、能源消费国和能源运输中转国在世界能源体系中通过互动合作,形成了能源供应链体系。国家能源主权原则贯穿于能源合作的各个环节,包括国家对境内资源的开采、运输、贮存、利用等环节,以及根据本国利益决定对外能源活动。《斯德哥尔摩人类环境宣言(1972)》就明确指出,每一主权国家享有开采、加工本国自然资源的权利,同时有义务督促在其境内的此类活动不对他国造成损害。除了该宣言体现了国家能源主权原则外,1952 年联合国的《关于自由开发自然财富和自然资源的权利的决定》,1962 年联合国的《永久主权宣言》等国际公约中均对国家能源主权原则有所体现。能源主权原则的确立一方面是符合国家主权原则的发展而产生的必然结果,另一方面是通过一系列国际条约、国际惯例等形成逐步的。1962 年,联合国大会第 17

---

① 黄振中、赵秋雁、谭柏平、廖诗平:《国际能源法律制度研究》,法律出版社 2012 年版,第 24 页。

② 徐泉:《国家经济主权的基本理论问题》,人民出版社 2006 年版,第 21 页。

届会议通过了《关于自然资源之永久主权宣言》，该宣言的一系列规定如"资源之勘探、开发与处置，以及为此目的而输入所需外国资本时，均应符合各民族自行认为在许可、限制或禁止此等活动上所必要或所应有之规则及条件"，能源主权原则由此开始并逐步得到进一步发展。1974 年联合国大会通过的《建立新的国际经济秩序宣言》，1982 年《联合国海洋法公约》第 194 条、第 195 条，1998 年生效的《能源宪章条约》等文件均对能源主权原则进行相关规定与阐述，它们是能源主权原则在国际法领域的具体体现，并成为指导国际能源合作的纲领性的原则。中国参与国际能源合作应当充分尊重与行使国家能源主权原则。我国保护国家能源主权安全需要秉持积极的态度。"一带一路"能源合作法律机制构建可以说是中国主动且有效行使能源主权的尝试。中国只有参与国际能源合作法律机制的制定过程，才有机会打破西方垄断能源合作制度话语主导权的现状。被动接受规则不能切实维护我国能源主权安全，中国需要通过掌握能源合作制度话语权以保护我国的能源主权安全。

根据 1974 年联合国大会通过的《各国经济权利与义务宪章》特别规定，国际能源新秩序应该建立在充分尊重每个国家对自己的自然资源和一切经济活动拥有充分的永久主权原则的基础之上。每一个国家有权为保卫这些资源而采取必要手段，对本国资源开发与利用实行有效控制，如实行国有化或把所有权转移给自己的国民，它是国家充分行使永久能源主权的一种体现。这些规定是国际能源新秩序最直接的体现。国际能源新秩序具有主观性与相对稳定性的特点。由于国际能源新秩序是由国际能源合作的行为主体依据自身的利益需求，通过竞争而建立的国际能源合作准则和规范。其受到规则制定者主观意愿的影响大，国际能源旧秩序并未平衡发达国家与发展中国家的利益追求。国家作为能源利益的重要主体活跃在世界能源合作中，但基于国家主权平等原则，世界能源市场处于一种无政府状态，致使国际能源秩序处于不稳定状态。国际能源新秩序的形成需要经历较长时间，且受到国际能源旧秩序制约以及相关国家阻碍，但是国际能源新秩序一旦形成，就会作为稳定的能源合作框架持续相当一段时间，使世界能源市场处于相对稳定的状态。稳定的国际能源新秩序能够促进国际能源合作的发展，而国际能源合作的发展对国际能源秩序能够产生反作用。

能源主权原则是形成新的全球能源合作机制的基石,但是,对能源主权原则的滥用,会导致能源民族主义的泛滥,进而影响到国际能源合作。对任何国家来讲,能源主权与能源安全密切相关,是关乎能源供需稳定、能源健康和持续发展的前提。能源主权原则本身并不是目的,而保障发展中国家不受外来干涉地发展本国经济才是能源主权原则的核心所在。能源是一个国家工业发展的重要资源,发展能源产业意味着一个国家能够在日益开放的国际环境中增强抗击能源危机能力,以及带动能源产业链的发展,建立健康的能源结构和实现能源供给平衡保障自身能源主权的独立与不受干涉。能源独立自主的发展环境需要建立在健全的国家规则体系中,发展中国家要维护自身能源独立,最有效的手段就是将已经被国际法肯定下来的能源主权原则作为发展能源的有效工具。能源主权原则的内涵与外延随着"一带一路"能源合作法律机制的形成与发展不断得以调整。

2.能源合作原则

国际合作原则是国际法的一项基本原则,它在一系列国际规范性文件中得到确认。国际合作是指各国际行为主体在一定领域内,基于共同的利益和目的而进行的不同程度的协调和联合。[①] 而国际能源合作,是指不同主权国家政府、国家能源公司、国际能源组织和超越国家界限的自然人与法人,为了共同的利益,在石油、天然气生产领域中以生产要素的移动与重新组合配置为主要内容而进行的较长期的能源协作活动。国家间的能源政策协调也是国际能源合作的重要内容。[②] 联合国大会于 1970 年通过了《关于各国依联合国宪章建立友好关系及合作之国际法原则之宣言》,重申《联合国宪章》关于善邻和国际合作的原则,并提出各国负有"依照宪章使此合作之义务",该宣言提出各国应依照主权平等及不干涉原则处理其在经济、社会、文化技术及贸易方面的国际关系。《二十一世纪议程》在序言中特别强调了全球伙伴关系的重要性。《各国经济权利和义务宪章》等关于国际社会经济发展的重要国际法律文件,均将国际合作定为国际法基本原则,其中第 9 条、第 17 条指出:"所有国家有责任在经济、社会、文化、科学和技术领域进行合作,以促进全世界

---

① 黄振中、赵秋雁、谭柏平:《中国能源法学》,法律出版社 2009 年版,第 123 页。
② 岳树梅:《国际能源合作法律问题研究》,西南政法大学 2007 年博士学位论文,第 14 页。

特别是发展中国家的经济发展和社会进步。国际合作以谋发展是所有国家的一致目标和共同义务。每个国家都应对发展中国家的努力给予合作,提供有利的外贸条件,给予符合其发展需要和发展目标的积极援助;要严格遵守各国的主权平等,不附带任何有损其主权的条件,以加速其经济和社会发展。"上述内容也构成了国际能源合作原则的基础。

能源合作原则强调合作双方要以能为双方都带来较大的利益或者能够为双方都减少损失为出发点,不能从事伤害一方或给一方带来损失的合作活动,各方在合作后得到的利益都能大于或等于它所付出的代价。这恰恰是"一带一路"能源合作法律机制共赢、多赢价值追求的体现。在国际能源合作中,合作双方的目的往往是非常明确的,双方的利益交会点是支撑合作的关键,互利互惠是双方达成合作的重要基础,非零和博弈成为各国共同的追求。而且,能源合作中的互利互惠也能有效增强能源合作的信心,能源合作不断产生的互利结果将会不断加强双方合作的互信基础,使能源合作具有持续性与稳定性。随着在能源领域合作深度和广度的不断拓展,能够为其他领域的合作提供良好的基础。

国际能源合作原则是国际合作原则在国际能源领域的具体体现。国际能源合作的方式和手段主要是通过国际行为体之间谈判、协调达成共识,签订国际协议共同执行等。国际能源合作形式主要有:一是多边能源合作形式。包括能源进口国之间的合作组织,如国际能源机构(IEA);能源出口国之间的合作组织,如石油输出国组织;进口国与出口国之间的对话和合作机制,如国际能源会议、世界能源理事会、世界石油大会、世界能源宪章等。还有一些能源合作是在一些国际组织的论坛或对话框架内进行的,如八国集团、联合国贸发会议、亚太经合组织、东盟等国际组织内部都设有关于能源合作的对话机制或能源工作组。二是各国政府之间开展的双边能源合作。包括能源资源国、能源消费国和能源运输中转国内部以及相互之间的合作。三是区域能源合作。如"一带一路"框架下的能源合作,中国—东盟能源合作,上海合作组织能源合作等。在国际组织之外,政府之间的多边合作比较少见,较难建立起实质性的合作关系。国际能源合作议题多样包括能源安全问题、能源投资与贸易、新能源技术合作、生态环境问题、能源定价规则等问题。国际能源合作议题逐渐增多,国际能源合作的问题与争议也会随之增加。因而,一个有效的能源合作法律机制能够提供更广阔的合作空间,随世界形势的发展不断调整国际能源合作模式,形成和谐、可持续的能源合作制度框架体系。世界能源市场推动着世界经济的发展,对世界经济的长足发展提供保障,良好的世界能源秩序对稳定国际社会的政治关系提供良好的外部环境,能源合作法律机制在其中发挥着重要作用,国际能源法是国际经济法领域不可忽视的内容。

国际能源合作呈现出合作主体与合作方式多元化,合作程度不均衡性与紧密性相结合的特点。在全球化背景下,随着世界能源市场供应链相互依赖的程度日渐加深,国际能源合作的发展成为能源进口国与能源输出国关注的焦点。一方面,对能源进口国来说,近年来国际能源价格持续动荡,能源运输线也面临诸多威胁,能源进口国需要稳定的能源供应链,以保障能源进口的可持续性。另一方面,能源出口国往往是中东地区、中亚地区等发展中国家,能源基础设施构建能力不足,设施较为陈旧,且合作对象较为固定,存在能源输出"路径依赖"的问题,国内经济增长严重依赖于能源出口,能源价格频繁波动增加能源出口国经济发展压力。2008年俄罗斯与乌克兰、欧盟的天然气纠纷就导致欧洲大部分地方天然气供应短缺,对当地居民的日常生活造成严重影响。2009年1月,乌克兰、俄罗斯和欧盟正式签署三方议定书,同意成立对俄罗斯天然气经乌克兰境内管道运输进行监测的多方委员会,以便于俄罗斯恢复对欧洲的天然气供应。能源输出国与能源进口国之间产生能源需求的互补关系,它们都渴望建立一个稳定、持续、安全的能源市场,这就需要能源输出国与能源进口国携手合作共同应对能源危机,加强国际能源合作是保障各国能源安全的行动关键。在国际能源合作过程中,发达国家往往要求合作内容需要包括能源勘探开采、能源运输、新能源开发、节能技术、能源生产与环境保护等诸多问题,这些议题都涉及一国能源政策与体制等关乎能源主权的核心问题。因而,在加强国际能源合作的过程中,需要协调能源主权原则与能源合作原则的关系。

"一带一路"倡议赋予国际能源合作新的特征:一是国际能源合作内容的包容性。石油、天然气、煤炭、核能等能源部门都是国际能源合作的重点,合作领域涵盖贸易、投资、政治、文化等全方位的交流,能源合作利益相关主体均可参与到"一带一路"能源合作中来。二是国际能源合作安全保障的有效性。能源安全成为当前各国国家能源战略部署的重点。国际能源市场的全球化背景下,国际能源合作相互依赖程度日渐加深。世界经济危机引发国际原油价格波动,能源价格大起大落,威胁整个国际能源供应链体系的稳定。中国、韩国、日本、欧盟等国家和地区都面临着能源进口的"路径依赖"问题。"一带一路"倡议联通欧亚非大陆,"丝绸之路经济带"以基础设施建设先行,途经能源资源丰富的中亚地区,拓宽能源供给渠道,改变长期以来依赖船舶运输的海上运输模式。构建"一带一路"能源合作法律机制将进一步强化国际能源合作的安全性,确保能源合作纳入制度化框架之下。维护良好的国际能源合作制度环境,这是实现区域和平的前提条件,是实现能源安全的重要手段。各国将分歧与冲突通过协商、对话、争端解决机制等多种方式进行化解,避免能源问题的政治化与军事化的发展方向。

"一带一路"能源合作法律机制强调国家间能源合作,以达到实现能源资源优化配置,通过协调国际行为体之间的活动,彼此配合以实现发展中国家与发达国家共同发展的权利。能源合作原则指导着国际能源合作活动,如《联合国宪章》第1条第3款规定"促成国际合作,以解决国际间属于经济、社会、文化及人类福利性质之国际问题"[1]。WTO框架下的《服务贸易总协定》(GATS)推进市场准入和国民待遇在能源领域的扩展以及2001年《多哈发展议程》提出的全球贸易谈判目标,能源被置于优先地位。[2] 在国际贸易领域中的能源合作逐步受到关注。已建立起来的能源合作法律机制在一定程度上够为国际能源合作提供多元化的合作主体、合作方式与合作内容,它将双边能源合作、多边能源合作、区域能源合作模式纳入能源合作框架的平台机制之中,为实现国际能源的全球良性互动模式提供制度基础。能源合作原则不仅体现在经济、贸易往来方面,也体现于能源高科技人才的培养以及能源科技的创新与开发领域。但目前,能源合作原则在经贸领域体现得较为充分,而在技术创新、人才培养方面的合作格局尚未成熟。

3.能源秩序原则

能源秩序原则保障能源合作原则实现的前提,它以能源自决权和能源资源永

---

① 黄振中、赵秋雁、谭柏平、廖诗平:《国际能源法律制度研究》,法律出版社2012年版,第28页。
② 马俊驹、龚向前:《论能源法的变革》,载《中国法学》2007年第3期。

久主权为重要的内容。① 能源市场秩序的稳定需要以法律制度为控制手段,发展中国家与发达国家平等享有发展自身经济以及参与保障世界能源市场秩序决策过程的权利。世界能源市场秩序的长期良性运作依赖于在不同权力结构的国家间形成互利共赢的局面。单级主导能源市场秩序与当前全球经济多极化的趋势不相符合,也不能够从根本上维持能源价格的长期稳定。能源主权原则的内在逻辑决定能源市场秩序无法由单方利益集团所控制,世界能源市场秩序应当处于一种平衡能源输出国与能源进口国的利益的稳定状态。

目前,能源秩序状况并不尽如人意,国际能源争端频发,能源安全、能源与环境污染、能源价格持续波动等问题长期困扰各国能源合作的开展,甚至因能源利益而引发战争等严重问题的发生,如伊拉克战争。新兴经济大国在世界经济全球化的浪潮中崛起,当前正处于世界向多极化发展时期,国际能源合作秩序仍较为滞后地停留在西方大国主导的规则秩序下,发展中国家亟须建立公平合理、互利共赢的国际能源新秩序,在公平、透明的规制与秩序下享有使用世界能源发展自身经济的权利,并独立自主的参与国际能源秩序与规则制定的诉求。同时,由于立场的不同,能源消费国与能源生产国之间存在着一定的利益冲突,他们开展国际能源合作更倾向于在双方内部进行,能源消费国与能源生产国各自为政的对立格局容易引发能源价格战争的爆发,造成全球能源危机。国际能源合作需要良好的规则和秩序,良好的规则和秩序也是在国际能源合作实践活动中逐步形成的。这种以不对等的基础形成的国际能源旧秩序是不具有持续性与合理性。"一带一路"能源合作法律机制有利于推动能源新秩序的建立,可以重新平衡国际能源关系,取代以往建立在不平等国际经济、政治旧秩序基础上的国际能源旧秩序,新秩序的核心内容是平等互利、共同发展。

国际能源秩序是以特定的能源供需关系为基础,由一系列规则、制度、价值观念等组成。当前,国际能源秩序仍是以西方发达国家为主导的规则体系,且国际能源秩序依附于国际经济秩序,国际社会中并不存在一个综合性、统一的国际能源合作机构,全球能源治理机制呈碎片化、利益关系复杂的特点。例如,石油输出国组

---

① 黄振中、赵秋雁、谭柏平、廖诗平:《国际能源法律制度研究》,法律出版社 2012 年版,第 31 页。

织（OPEC）主要代表的是能源输出国的利益，而国际能源署（IEA）主要代表的是能源进口国的利益，它们都不是综合性的国际能源治理机制，自身设置目标的局限性无法满足全球能源形势的变化。中国能源战略的基本内容是：坚持节约优先、立足国内、多元发展、保护环境，加强国际互利合作，努力构筑稳定、经济、清洁的能源供应体系。① 以秩序化的能源市场为后盾推动中国能源战略与国际能源合作目标相对接。无论发达国家还是发展中国家都担任着既得利益者与义务承担者的双重角色，但各国对义务的承担都采取一种谨慎的态度。能源秩序原则要求各国权利与义务的统一，"一带一路"能源合作法律机制将各国权利与义务具体化，便于国际社会对能源合作活动的监督与管理，实现世界能源市场的规范化运作。

在国际能源合作、区域能源合作、双边能源合作推动下，国际能源投资合作、国际能源贸易合作、国际能源基础设施建设、国际技术合作等合作内容不断扩展，而当前的国际能源秩序在协调国际能源合作的规制设定上存在一定的缺陷，迫切需要建立一种公平、平等、合理、透明的国际能源新秩序以保障国际能源合作的顺利进行。能源供给链全球化发展趋势，使得对国际能源活动进行有效管理离不开国际合作，需要各国共同对能源勘探、开采、运输、生态环境、新能源技术等活动进行协调与治理。国家、国际组织等主体对国际能源活动的管理与协调发挥着重要作用，它们是推动国际能源新秩序建立的核心力量，通过对话与合作寻求各国的利益交会点，协调不同的政治立场与政治目的，推动能源合作法律机制成为解决国际能源治理困境的最基本、最有效的方式。

4.能源可持续发展原则

可持续发展原则概念出现于 1987 年，它是由挪威首相布伦特兰夫人领导的世界环境与发展委员会发表的著名的名为《我们共同的未来》的研究报告中提出来的。根据该报告，可持续发展指的是"既满足当代人的需要，又不对后代人满足其需要的能力构成危害的发展"。《各国经济权利与义务宪章》第 4 条、第 10 条强调各国都有参与国际能源合作的权利。2017 年 1 月，习近平在联合国日内瓦总部发表《共同构建人类命运共同体》的演讲，提到"我们要倡导绿色、低碳、循环、可持续

---

① 岳树梅：《中国参与国际能源合作的法律机制创新研究》，载《河北法学》2009 年第 4 期。

的生产生活方式,平衡推进 2030 年可持续发展议程,不断开拓生产发展、生活富裕、生态良好的文明发展道路"。可持续发展原则是指国际能源法对能源利用的规范,既要满足人民生活的能源需求,有效保障国家的能源安全;又要最大限度地减少能源生产转换利用对环境和健康的影响,形成能源可持续发展机制,为今后更长远的发展奠定基础。[①] 可持续发展原则是"一带一路"能源合作法律机制提高能源合作实现效率与质量平衡发展的一项行动策略,一方面成为提高人民生活水平的基本内容,另一方面成为治理全球气候问题的指导思想。能源可持续发展原则强调能源使用的生态环保,实现人类社会长足生存与发展,不仅满足当代人类需求,也要遵守人类后代的能源资源利用的权利,共享能源合作与能源利用所带来的收益。可持续发展原则以人本理念的表现形式,合理分配能源资源、注重人与自然的和谐发展、保障社会进步的质量与延续,体现了人类对更美好世界与未来的共同追求。"一带一路"能源合作法律机制构建要求各国间的各种能源合作能够在有序的协议规则框架下进行,将人类的利益作为价值起点引领能源资源的合理分配。

中国是发展中国家,经济快速发展依赖于能源消耗,但早期过度追求经济发展速度而忽视环境与能源之间的关系,对我国经济结构转型带来巨大的压力。面对国际社会对全球气候问题的关注,中国要想实现经济的可持续发展,实现国际能源市场与国内能源市场对接,必然需要将能源可持续发展原则作为国家策略。"一带一路"能源合作法律机制把发展清洁能源和可再生能源作为一项基本目标,积极推进各国在新能源领域技术、经验交流与合作。企业是实现可持续发展原则的重要行动主体,企业排污能源各有不同,资源利用率低下将会导致大量资源浪费。通过"一带一路"能源合作法律机制为企业创造国际合作的渠道,推动能源可持续发展原则深入各企业、各国人民法律文化,使得企业能够成为实现能源可持续发展的动力源泉。经济可持续发展与能源可持续发展是相辅相成的,我国经济发展从片面追求速度和数量向注重质量与环保结构发展,推动"一带一路"能源合作法律机制构建是势在必行的。"一带一路"能源合作法律机制不仅是一个保障国内能源供应安全问题,也是关乎国际能源供求和可持续发展的战略问题。

---

① 于宏源、李威:《创新国际能源机制与国际能源法》,海洋出版社 2010 年版,第 151 页。

　　能源是一种高能耗产品,它在国际能源贸易、国际能源投资中占有重要地位,能源既是一个国家经济发展的动力,又是造成环境污染的主要原因之一。能源生产、运输和利用等诸多环节都可能会对生态环境造成一定的破坏,如国际石油海上运输泄露、废气排放等。环境是"一带一路"能源合作法律机制构建的关键因素,被纳入能源合作生态法律机制构建综合体系中。能源可持续发展原则将绿色、生态作为协调能源利用与环境保护的重要一环。环境治理的全球性,意味着加强国际合作以应对生态破坏问题是必不可少。当前,各国对全球性环境问题普遍关注,联合国等国际组织将生态环境保护问题列入国际合作议程并积极引导各国达成国际协议与合作框架。世界上的任何国家都不能脱离赖以生存的自然生态环境而独立存在,能源可持续发展原则要求在推进"一带一路"能源合作过程中,应该以提高利用效率、保护生态环境、保障供给安全、实现持续发展为基本法律依据,实现世界能源市场秩序化的基本内涵。鉴于环境问题的显著外部性特性,国家加强政策规范制度、干预矫正以及开展国际合作共同应对就十分必要。通过法律规范、经济技术交流、政策规划等多方面协同予以推动,同时,"一带一路"能源合作法律机制对环境保护力度的加大,对能源技术的发展又形成了新一轮的外在推动。"一带一路"能源合作法律机制充分考虑环境容量以及社会对环境的要求,面对我国因不当使用能源而引起的环境污染,需要采用有效的手段进行治理,这是"一带一路"能源合作生态法律机制的核心内容。坚持能源可持续发展丰富了"一带一路"能源合作法律机制内涵,成为正确处理能源与环境关系的制度保障。

　　5.国际法治原则

　　国际社会尚未建立一个统一的世界政府,但并不意味是一个无序的社会,国际合作广泛存在,法律仍然能在国际能源关系中发挥作用。国际法新旧机构与制度的交替,以及国际法关注的领域越来越广泛,如从国际能源投资与贸易到国际能源生态、国际能源劳工权利保护等问题。国际法治是一个动态与静态相结合的体系。国际法在国际社会中发挥的作用逐步凸显,随着国际法律实践的发展变化,需要面临的新问题与新挑战也逐步增多,国际法领域需要对调整与重新认识的因素进行重新定位。国际刑法专家巴西奥尼提出,世界秩序应当建立在法治的基础之上。[①]中国国家主席习近平在 2014 年 6 月和平共处五项基本原则发表 60 周年纪念大会上提出,"我们应该共同推动国际关系法治化。推动各方在国际关系中遵守国际法和公认的国际关系基本原则,用统一适用的规制来明是非、促和平、谋发展"[②]。中国国家总理李克强在 2015 年 4 月 13 日出席亚洲—非洲法律协商组织第 54 届年会开幕式发表的主旨讲话中指出,"当今世界,和平与发展仍然是时代主题,合作共赢更是大势所趋,推进国际法治是人心所向。但也要看到,世界并不安宁,亚洲和非洲的经济建设还面临着不少挑战,发展中国家的合法权益仍未得到充分保障。世界要和平,亚非要进步,各国要发展,都离不开法治和秩序"[③]。中国外交部部长王毅谈到,"一个坚定致力于对内推进法治的中国,同时也必然是国际法治的坚定维护者和积极建设者"[④]。21 世纪的初期,世界走向一个新时代。中国要在全球治理领域积极作为,就必须妥善利用国际组织机制的各种因素,进一步建立和发展以规则为基础、以规则为主要框架结构、以规则为运作方式的国际关系样态,而这种样态的最佳表现形式就是国际法治。中国在国际事务中塑造负责任大国的形象,这是我国作为国际法治建设者和参与者的外在表现。

"一带一路"倡议的实施对外面向国际社会,而国际通行话语即"国际法治"。[⑤]"一带一路"能源合作主要是国家之间的一种能源合作关系,其最主要的合作主体是国家,国家是国际法治的纽带。国际法治原则是一项国际治理原则,"一带一路"能源合作法律机制构建,是指能源合作接受国际法规制和治理的一种要求,它是国际能源合作法治化的必要选择,也是中国法治观国际化的必然要求。国际合作法治原则要求:法治应有比较完备的协议规则体系,做到"有法可依",这是能源合作

---

① M. Cherif Bassiouni, *International to International Criminal Law*,1 Journal of International Economic Law,1998,p.25.

② 习近平:《弘扬和平共处五项原则 建设合作共赢美好世界——在和平共处五项原则发表 60 周年纪念大会上的讲话》,载《人民日报》2014 年 6 月 29 日第 002 版。

③ 李克强:《加强亚非团结合作促进世界和平公正——在亚非法协第五十届年会开幕式上的主旨讲话》,载《人民日报》2014 年 6 月 29 日第 002 版。

④ 王毅:《中国是国际法治的坚定维护者和建设者》,载《光明日报》2014 年 10 月 24 日第 2 版。

⑤ 韩秀丽:《再论国际法治理念下的"一带一路"倡议实施》,载《国际商务研究》2018 年第 6 期。

法律机制构建的前提。国际法治应当是"良法之治",相关规范能够得到好的遵循,在内容上是良善的,坚持基本的价值目标,符合一般的伦理要求。学者何志鹏教授认为,国际法治的运作方式是"全球善治",善治的具体运作标准主要有:民主而透明的国际立法进程、自觉而普遍的国际守法状态、严格而有效的国际法监督体制、权威而公正的国际司法体制。能源合作协议是国际合作规则的重要组成部分。因此,能源合作法律规则构建关键是"有原则可依"。国际条约是国际能源法律体系赖以维系的基石,作为区域能源合作组织要以条约为基础,要依靠其确立运行程序和权利义务内容。国际法治要求将国家认定为负责的主体,承担责任的行动者,这是国际社会法治化运作的基础。[1] "一带一路"能源合作法律机制有利于协调国家关系,推动能源合作一体化程度不断深入,改变世界能源利益集团的力量变化,加速国际法治的全球化进程。

在能源合作领域,现有国际法律体制在成员方面并不能覆盖所有国家,在合作领域方面也不是全方位覆盖,较为集中于核能和石油资源,规范设计上仍存在不公平与不合理的现象,实现能源合作国际法治化目标还需要国际社会的共同努力。法治是社会秩序构建原则的国际化,同时也意味着国际事务的法治化。国际法治是处理国际事务低成本、高效率、小阻力、接受范围广的方式。中国意图在国际关系中取得较好的局面,就必须按照法治的思维、法治的理念去推进合作,积极地迎接挑战,形成符合社会发展方向的法律规则,并维护那些良好规则的权威,使之促进各国利益的有效实现,以奋勇直前的精神无畏奋斗、更新观念、创新理论,形成有利于追求和建设人类美好未来的法治环境、法治工程、法治秩序。国际法治的核心表现就是用规范的理念去构想全球治理、解决国际能源问题。[2] 对于人类命运共同体的阐述并不仅仅是口头上的倡导,中国政府更注重在国际法律制度中通过亚投行、"一带一路"倡议、金砖国家新开发银行、上海合作组织等一系列举措和机制中予以推进。这表明中国不但要一个有法律的世界,而且要一个存在好法律的世界;不但要一个法律在运行的世界,而且要求一个法律良好运行的世界。包括人类

---

① 何志鹏:《国际法治论》,北京大学出版社 2016 年版,第 16 页。

② 何志鹏:《国际法治论》,北京大学出版社 2016 年版,第 3 页。

命运共同体在内的一系列国际关系、国际法治的新主张,以及一整套相应的制度设计,都表明了中国在国际法治领域的创新意识和创新能力。

6.平等互利原则

国际能源法作为国际经济法的一个分支,仍将平等互利原则作为其指导原则,对"一带一路"能源合作的开展具有重要指导作用。平等互利主要包括两个方面的内容,分别为平等原则和互利原则。一是互利原则,主要是强调不同国家在国际经济交往中经济利益的互利,也就是在不同国家的经济交往中,双方都能够在经济交往中获得利益。二是平等原则,是指不同国家在国际经济交往中,法律地位是一致的,无论是发达国家还是发展中国家。因此,平等原则主要是为了维护发展中国家在国际能源合作中的利益,避免任何国家,尤其是发达国家借助自己的经济实力、军事力量以及国际地位等各种各样的手段对其他国家,尤其是发展中国家施加压力,避免造成不公平的能源活动关系。任何大国都不能独立于国际社会不承担任何义务而存在,任何小国在相互依赖的国际社会中不可能对大国丝毫无影响力。但在国际能源实践活动中,许多能源大国为了自身的能源利益,在创设国际能源合作法律机制时往往会有所倾斜。而发达国家在能源话语权、经济实力以及其他方面都有较大的控制权,发展中国家往往会成为发达国家攫取更多能源利益的工具,因而,坚持平等互利原则是协调发达国家与发展中国家利益的核心原则,只有在平等互利原则的指导下才能建立更为公平的国际能源合作市场,保护处于弱势地位的发展中国家。平等原则与互利原则相辅相成,成为构建"一带一路"能源合作法律机制必不可少的内容。

国际能源合作领域话语权机制仍主要掌握在西方发达国家手中,发展中国家寻求能源合作诉求长期受到压制,平等互利原则反映了发展中国家寻求公平能源市场秩序以及实现自身发展权的愿望。平等互利原则中的平等原则所强调的平等并不是政治角度上的形式平等,而是经济角度上实质上实现各国之间的主权平等,平等互利原则关注的是各国之间的经济关系而不是政治关系。互利原则则要求国际能源合作不能够以损害他方而使自己获利的形式进行,为了自身获益而损害他国利益的国际能源合作法律机制并不具有强大的生命力,只有在尊重各国平等的能源发展权的基础上,以平等互利观为基础,寻求能源合作主体之间的利益交会点,才能更好地实现能源合作法律机制的稳定与可持续。

早期国际能源合作市场秩序是西方发达国家国家对发展中国家进行剥削和掠夺的产物,是在发展中国家国际地位较低的情况下,依照部分发达国家意志建立起来的。因而,国际能源市场的定价体系等长期受到西方大国的垄断与控制,发展中国家的能源资源成为发达国家发展自身经济的附属品,发达国家凭借自身的经济实力对能源贸易、能源投资、能源技术转让等活动进行主导,资源丰富的发展中国家并没有从世界能源市场一体化过程中得到应有的发展空间与发展权利,这反映了早期国际能源合作秩序是建立在不平等的国际分工基础上。为了国际能源市场全球化所带来的利益能够惠及所有国家,坚持平等互利原则是构建"一带一路"能源合作法律机制的必然要求。

"一带一路"国际合作高峰论坛从"从和平合作、开放包容、互学互鉴、互利共赢"4 个方面全方位阐释了平等互利原则是"一带一路"倡议的核心原则,成为开展国际能源合作的指向标。"一带一路"倡议改变了传统零和博弈的能源合作模式,将互利互惠的思想作为基础来实现能源投资、能源贸易、能源开发、能源运输、能源基础设施建设等环节的互联互通,不仅强调政治上的互信合作,也强调各国民间的文化科技往来,形成全方位的能源合作内容。"一带一路"能源合作法律机制以"一带一路"倡议公平、合理、互利、共赢为价值内涵,力图建立更加包容、开放、互信的国际能源合作关系,形成能源利益共同体、能源命运共同体和能源责任共同体。"一带一路"能源合作法律机制打破了地域与空间限制,成为构建人类命运共同体重要部分。平等互利原则贯穿于"一带一路"能源合作的始终,根据该原则,在"一带一路"能源合作中产生的法律后果是:第一,能源合作中的矛盾纠纷必须通过各国共同协商解决,各成员国都有一个投票权,除另有约定外,也仅有一个投票权。第二,在法律上,除另有约定外,"一带一路"能源合作中各国的投票分量相同。而且,"一带一路"能源合作的最新变化就是提升各国在能源合作中的话语权,以体现平等互利的原则。

（二）国际能源法律制度

1.能源安全法律制度

2014年6月,在中央财经领导小组第六次会议上,中共中央总书记习近平指出,"能源安全是关系国家经济社会发展的全局性、战略性问题,对国家繁荣发展、人民生活改善、社会长治久安至关重要。面对能源供需格局新变化、国际能源发展新趋势,保障国家能源安全,必须推动能源生产和消费革命。推动能源生产和消费革命是长期战略,必须从当前做起,加快实施重点任务和重大举措"。加快能源生产和消费革命的长期战略关乎我国国家能源安全。必须全方位加强国际合作,实现开放性的能源合作关系,打通能源供给与运输通道障碍,维护我国国家能源安全。

能源安全法律制度是开展国际能源合作的重要内容。我国是第二大石油净进口国家,石油对外依存度已经超过了50%,预计2020年我国石油对外依存度将突破60%。[1] 我国能源结构明显对石化资源倾斜。能源需求的大幅度增长给能源供给造成了无形的压力,能源资源的战略安全涉及政治、军事、经济等多方面内容,须将能源安全问题提升到国家政策、法律层面以解决该问题。能源安全受到与自由市场有关的参与者投资激励的影响,即供应安全的责任委托给能源运营商与市场管理者或者市场本身。[2] 我国能源市场结构单一且缺乏竞争活力,能源合作法律机制要逐步以节能和抑制浪费转向确保稳定的能源供应为目标。"一带一路"能源合作法律机制通过与沿线各国构建能源投资、能源贸易、能源运输等环节的合作框架,增强能源资源在世界的流动速度和流通效率,形成技术与资本结合的高水平的能源合作绿色循环链。

2.国际能源投资法律制度

国际能源投资法是调整能源领域跨国资本流动的法律规范的总和,其在内容上应包括调整石油、天然气、煤炭、水力、电力、核能及其他能源部门与跨国投资有

① 赵爽:《能源变革与法律制度创新研究》,厦门大学出版社2012年版,第93页。
② 马俊驹、龚向前:《论能源法的变革》,载《中国法学》2007年第3期。

关的国内外各项法律法规。[①] 平衡东道国能源外资管辖权与外国投资者投资权益是国际能源投资法的核心问题,国际投资法是在这种矛盾中逐渐发展起来的。国际能源投资法是在广泛国际能源合作实践中形成的,是从国内到国际、从习惯法到成文法、从双边到多边逐步具体化、体系化的过程。国际能源投资法是由国内法规范与国际法规范共同构成的法律规范体系。东道国国内投资法律制度的发展程度直接影响外国投资者的决策,而过度保护外国投资者利益的价值倾向极有可能侵害东道国的能源主权。建立先进的国际投资协调机制平衡东道国与跨国投资者的利益冲突,是实现国际能源投资可持续发展的必然选择。"一带一路"能源合作法律机制中的协调机制、协商机制、争端解决机制等有利于协调东道国与外国投资者的利益冲突,切实维护双方利益,并极大丰富国际能源投资的法律形式。

3.国际能源贸易法律制度

国际能源贸易是各国家能源市场在国际范围内的延展,它既反映一个国家能源贸易的国际环境,也体现该国与国际能源市场的关联程度。[②] 国际能源贸易反映了能源在国际能源市场中的流通与交换。国际能源货物贸易、国际能源服务贸易以及国际能源技术贸易都是国际能源贸易的重要组成部分。当前,全球性国际能源贸易法律机制缺位,改革现有的能源合作机制,如国际能源机构、能源宪章协定等,淡化其单方性或区域性,使之发展成为真正具有国际性的能源合作机制存在一定的局限性。原有的制度框架已经建立,涉及诸方利益,打破框架体系拓宽能源合作法律机制显得尤为困难。"一带一路"倡议为构建全球性国际能源合作法律机制提供了契机。必须坚持全球性可持续发展原则,以友好协商与政治互信为基础,在具体条文设计上平衡不同利益群体的诉求,使发达国家与发展中国家共享国际能源贸易自由化所带来的实惠。

---

① 黄振中、赵秋雅、谭柏平、廖诗平:《国际能源法律制度研究》,法律出版社 2012 年版,第 98 页。

② 耿志成:《我国能源贸易的特点与前景》,载《国际贸易问题》1995 年第 10 期。

第六节 "一带一路"能源合作相关法律
机制构建的应然状态

"一带一路"能源合作法律机制构建的应然状态,应当是在基本原则指导下,以综合性的《能源法》为基础,并通过以《煤炭法》《电力法》《石油天然气法》《原子能法》《节约能源法》《可再生资源法》《能源公用事业法》七个能源单行法为主干,将国务院和地方制定的行政法规和行政规章与之相配套的国内法为支撑,形成"一带一路"能源合作的协调机制、区域能源多边合作法律机制、能源投资保护法律机制、能源合作共享机制以及能源生态环保机制构建五位一体的"一带一路"能源合作法律机制。它以实现能源消费结构的多元发展保障国家能源安全,减少对传统石化资源的依赖为目标。能源法律体系的协调性和体系化是推进国际能源合作的助力器。

"一带一路"能源合作法律机制构建的基本原则是指推进能源合作法律机制构建过程中所遵循的行为准则,它是各国据以进行能源双边或者多边合作法律机制构建的重要准绳,反映着"一带一路"能源合作法律机制构建的内在要求和精髓。它具有的基础性、稳定性、普遍性是得到各国广泛接受的重要原因。一是能源主权原则。联合国《关于自然资源永久主权的宣言》正式确立了能源主权原则的内容。它不仅承认各国依据国家利益自由处置本国能源资源的权利,也尊重各国的能源主权独立。尊重"一带一路"各国能源主权,各国的能源资源是国家主权的重要组成部分,是国家主权平等性和独立性的体现。在能源合作过程中,不论是能源消费关系还是能源生产关系、能源运输关系或能源利用关系,都应以尊重能源主权为前提。二是国际法治原则。"一带一路"能源合作主要是国家之间的一种能源合作关系。国际法治原则是一项国际治理原则,"一带一路"能源合作法律机制构建,是指能源合作接受国际法规制和治理的一种要求。能源合作法治原则要求:法治应有比较完备的协议规则体系,做到"有法可依",这是能源合作法律机制构建的前提。

国际能源合作组织是开展能源合作的重要平台,通过能源合作条约、能源合作协议促使能源合作在法治的框架下进行,两者发挥着规范能源行为活动的重要作用。"一带一路"倡议为能源合作提供法治平台机制。因此,能源合作法律规则构建关键是"有原则可依",依据现已形成的国际原则与国际习惯,发掘国际合作的新内涵,推动新的国际习惯和国际原则的形成,改变和打破现有的能源秩序,实现能源跨国流动的公平性和透明性。作为区域能源合作组织,要以条约为基础,要依靠其确立运行程序和权利义务内容。① "一带一路"能源合作法律机制将中国"仁""和"的传统思想与能源法治原则相结合并贯穿始终。"互惠"是展开能源合作的基础,它为能源法治原则的内涵提供了新内容。能源合作法律机制要求建立的能源法治代表的是真正公正、合理的能源合作新秩序,它反映了各国共同维护全球能源安全的诉求。它保障各国平等参与国际能源合作的权利,打破能源价格霸权,实现能源价格的相对稳定。能源合作法治属性是国内法治市场与国际法治市场共同作用的结果,中国不能忽视从增强法律制度的角度来维护能源市场秩序的稳定。三是平等互利原则。平等互利原则不仅是"一带一路"核心理念的体现,也是当前国际能源合作各国共同追求,它是主权平等原则的重要体现。能源技术开发合作是"一带一路"能源合作的薄弱部分,通过加强国际层面上的能源技术开发活动的共同合作,以平等互利原则贯穿共同开发活动过程,实现跨国能源供应链体系的成熟。能源法律合作机制充分利用国际和国内两个市场,积极贯彻能源平等互利原则,主动改变以往能源合作程度较低的现状。不同于某些国际能源合作组织所具有相当程度的排他性,"一带一路"能源合作法律机制注重协调性,致力于建立平等互利的能源合作格局。

就具体的能源法律体系制度设计来看,美国的能源法以《国家能源政策法案》为基本法,单行法主要有《联邦电力法》《美国石化燃料法》《郊区网通开法》等常规能源与新能源法,《电力事业贸易促进法》《国家核能安全管理责任法》等公用事业法,《节能促进法》《节能建筑法》等能源利用法,《国家能源与环境安全法》《全球温

---

① 古祖雪:《国际造法:基本原则及其对国际法的意义》,载《中国社会科学》2012 年第 2 期。

室气体减排法》等能源污染防治方面的法律。① 美国的能源立法结构呈现出联邦、州、县立法并重但又各有侧重,加强分类立法,注重其他立法之间的配合协调的特征。② 针对能源结构调整,美国提出了逐步提高绿色电力的发展计划,制定了风力发电、太阳能和生物质能发电的技术发展路线图。③ 法国能源法以法国宪法为基本准则与原则,将《能源政策法》《石油法》《电力法》《能源节约法》等能源专门立法作为能源法律体系的主体部分,辅之以相关的能源行政条例、与能源相关的判例、习惯法、欧盟法等。法国能源法与美国能源法律与政策的发展都较为成熟,并对世界各国能源法具有一定的指导作用。欧盟能源政策的重点之一是提高能源利用效率、促进可再生能源与替代能源的开发和在欧盟及发展中国家的推广利用,实现能源多样化和清洁化。④ 2007 年,欧盟发布的《欧洲能源政策》中将"提高能源使用率"列为欧盟新能源政策的四大目标⑤之一。欧盟为落实该目标从多个方面做出努力,实施内容具体和可操作性强的欧盟能效法规,以及欧委会制定了《能源效率行动计划》,内容包括建筑、运输、制造、金融和教育等行业的 75 项具体措施,围绕更新电力产品节能商标、限制汽车排放量、鼓励能源效率投资、提高发电站能效和建立刺激节能的税收制度等十大优先领域,以提高能源效率,抑制能源消耗,减少对外能源依赖,力争在 2020 年前实现节能 20% 的目标。⑥ 欧盟能源法将能源法律与政策制度视为一体,并将能源安全问题作为核心,以实现能源安全供应安全与可持续发展作为目标。欧盟的能源安全战略经历了单一向多元化目标转变的过程。针对外部能源安全,欧盟以减少与能源进口之间恶性竞争,推动能源消费国之间的良性合作,实现能源价格的稳定和国际能源的持续供给,如 2004 年欧盟颁布的《关于保障天然气供给安全措施的指令》。欧盟内部能源安全主要关注的是生态、能源结构两个方面的内容。2004 年,欧盟颁布了《关于可再生能源绿皮书》《欧洲议会

---

① 杨解君:《美洲国家能源法概论》,世界图书出版社广东有限公司 2013 年版,第 5～12 页。

② 李艳芳、岳小花:《论我国可再生能源法律体系的构建》,载《甘肃社会科学》2010 年第 2 期。

③ 熊敏瑞:《论我国能源结构调整与能源法的应对策略》,载《生态经济》第 3 期。

④ 杨解君:《欧洲能源法概论》,世界图书出版社广东有限公司 2012 年版,第 20～27 页。

⑤ 另外 3 个目标是实现二氧化碳排放减量义务、发展可再生能源、确保能源安全供应。

⑥ 杨解君:《欧洲能源法概论》,世界图书出版社广东有限公司 2012 年版,第 28～31 页。

和欧洲理事会关于根据内部市场有效热力需求推动热电联发的指令》。欧盟针对国际能源合作的态度坚持在法治的框架下进行,注重制定高层级的战略目标,将调研、论证与理论将结合,将竞争机制纳入能源市场以实现能源资源的优化配置,提高能源价格的透明度。一直以来,能源安全、经济发展与环境保护之间的三角悖论关系推动着国家能源政策与法律的发展,每个国家力图在三者之间寻求平衡状态。

通过借鉴美国、欧盟等能源法律制度体系的设计模式,"一带一路"能源合作法律机制应当是一个效力层级分明、结构严密的能源法体系,它具有明确的能源合作目标,且这些目标之间具有层次性和渐进性,结合当前的能源形势,立足我国的具体国情,明确"一带一路"能源合作法律机制构建的目标与基本宗旨。构建"一带一路"能源合作法律机制框架应当包含以下内容:

一是"一带一路"能源合作的协调机制构建。推进"一带一路"能源合作,要研究确立重点推进项目,解决能源合作中的关键问题。第一,构建能源合作保障机制,构建能源合作组织,协调解决各成员国在能源合作中面临的问题。第二,建立能源合作重大项目储备库,推进具体项目落实,推进能源合作可持续发展。第三,确保各国能源法律制度、金融服务体系和信息发布体系完善等。

二是"一带一路"区域能源多边合作法律机制构建。能源合作法律规则引领能源合作实践。中国要在"一带一路"区域能源合作标准化建设中发挥主导作用,借鉴能源宪章协议(ETC)、欧盟及 TPP 统一能源市场的经验,结合"一带一路"能源合作法律实践,积极推动"一带一路"能源区域合作共同体构建、能源宪章协议签订等,打破"一带一路"能源合作中的规制壁垒,为"一带一路"能源合作建立统一制度体系奠定基础。

三是"一带一路"能源投资保护法律机制构建。通过双边或多边协议构建"一带一路"能源投资保护法律机制。中国与"一带一路"沿线众多国家在能源供需和能源生产上的技术互补性较强。随着中国能源领域逐步对外开放,应鼓励企业加快能源合作,通过能源投资保护协议、双边税收协议、能源投资风险基金等,实现"一带一路"能源合作法律机制的建立。第一,通过双边或者多边投资协议积极推进以哈萨克斯坦、阿拉伯国家为代表的能源资源丰富国家和以缅甸为代表的能源过境国家和地区的能源合作。第二,应积极推进新能源合作。鼓励各国企业积极参与开发中亚、西亚和南亚各国的民用核能、太阳能、风能、水能等,并推进南海和东海能源合作项目,探索中国参与"一带一路"能源合作的创新模式和路径。第三,推进与哈萨克斯坦、俄罗斯、泰国等国家构建能源合作的长效合作机制。第四,积极推进"一带一路"沿线国家和地区的能源企业落户中国,降低发展中国家能源投资准入标准,助推"一带一路"能源企业加速成长。

四是"一带一路"能源合作共享机制构建。"一带一路"各国在能源合作中,通过双边或多边协议,创建能源合作信息平台,构建能源利益共享机制,整合能源企业合作,形成合理有序分工、各国能源差异化发展的双边或区域能源合作机制,创造互利共赢的能源合作格局。应该借鉴国际能源合作组织如 IEA、OPEC、ECT 以及一些区域组织如 NAFTA、EU 等的相关经验。构建能源基础设施投资规则,勘探、开采传统能源技术合作机制,新能源技术合作机制,民用核能合作机制,双边或者区域合作共享能源储备机制,推动双边或区域电网合作共建机制,设立新能源发展基金,构建双边或区域合作油气交易平台,构建能源消费信息共享机制等。

五是"一带一路"能源生态环保机制构建。推进"一带一路"能源合作中能源生态环保的区域性协定的签订,构建一套科学、规范、有序的能源生态环保机制。既可以在能源合作协定中对生态环保内容加以规定,也可以通过区域性环境协议,构建能源合作与多部门、多领域生态环保协同发展机制,实施统一规则和标准。中国通过自身能源合作中的生态环保机制的经验推进"一带一路"机制构建。传统石化资源的能源结构的不合理与保护全球气候实现可持续发展的目标不一致。"一带一路"能源合作法律机制构建需要以优化能源结构为基本目标,提高能源的利用效率并降低能源消耗,以达到实现能源安全与保护环境的最终目标。同时,能源不同于普通商品所具有的价值,它也是国家的战略性资源,与国家政治政策密切联系。这就需要国家从政治战略的顶层设计到具体的法律规制的制度设置来保障能源安全供应与能源价格的稳定。这一系列的制度建设包括从制定战略规划到储备应急,从立足国内到对外合作,从政府监管到利用市场,从反对强势团体的垄断到对弱势群体利益的保护,从技术创新到经济刺激等等。[①] 可以说,实现这些制度目标是"一带一路"能源合作法律机制的核心内容。通过借鉴国际经验,明确能源合作中生态环保的重要性,合作各方位应该承担的责任,建立能源合作区域生态补偿机制。构建从能源勘探、基础设施建设、能源开采、能源运输、能源消费到生态环保合作的法律机制框架,推进"一带一路"国家和地区间能源合作的可持续发展。

小　结

•••

本章从"一带一路"倡议的内涵出发,将"一带一路"倡议的核心思想与能源合作法律机制构建紧密结合,坚持国家大政方针之顶层设计,将"一带一路"倡议的丰富内涵融入国际能源合作法律机制当中,积极构建一个 21 世纪国际能源合作法律机制新框架。丰富的理论基础为"一带一路"能源合作法律机制构建提供了现实可行性,它的理论基础主要体现在以下几方面:

第一,"一带一路"能源合作法律机制构建有着坚实的法治理论基础,"一带一路"能源合作拥有法治内涵,其主要反映在对能源管理活动的治理上。这种治理是善治的治理,它是对合作控制体系的治理,它是通过组织体系的治理。法治在"一带一路"能源合作中处于不可或缺的重要地位,是能源合作的核心要素。

第二,"一带一路"能源合作法律机制构建的国际关系理论基础。从新自由制度主义理论、相互依赖理论出发、伦理价值理论、全球治理理论、人类命运共同体理论等多角度分析中国推进"一带一路"能源合作法律机制能够实现区域协调与全球协调双层次结合,实现全球治理不断成熟,寻求法文化理念与人类命运共同体的契合点,关注人类社会共生性的内在逻辑关系,以包容的态度共同应对能源与生态环境问题。

[①] 李艳芳:《论我国〈能源法〉的制定——兼评〈中华人民共和国能源法〉(征求意见稿)》,载《法学家》2008 年第 2 期。

第三,"一带一路"能源合作法律机制构建的国际经济法理论基础。国际经济法是调整国家之间经济关系的法律原则、制度、规范的总称。"一带一路"能源合作法律机制是国家之间开展能源经济合作的重要保障,能源合作的经济属性决定了能源合作法律机制是国际经济法的重要组成部分。因此,中国推进"一带一路"能源合作法律机制构建需要以国际经济法的相关理论为基础,使得能源合作成为丰富理论指导下的实践活动。

第二章
"一带一路"能源合作法律机制构建面临的困惑

"竞争下的合作"是 21 世纪国际能源发展的主要趋势,是各国实现能源安全的有效举措。① 国际能源体系中生产国与消费国的互动呈现出竞争与合作同步加强、相互融合的复杂态势。② 保障能源安全已经成为全球共同面临的挑战和关注的热点问题。正是因为国际能源的重要地位,国际能源总是处于各种或明或暗的利益博弈之中,竞争与合作的交融,中国推进"一带一路"能源合作法律机制在纷繁复杂的世界能源格局中面临诸多挑战。

第一节　各国法制整体情况的异质性影响
　　　　能源合作法律机制构建

●　●　●

国际社会是一个多元并存的社会。"不同国家的政治发展进程、国家治理体系

---

① 谭林娟、杨宏哲:《大国能源博弈与国际经济秩序》,载《北方经贸》2011 年第 2 期。
② 于宏源、李威:《创新国际能源机制与国际能源法》,海洋出版社 2010 年版,第 75 页。

的演进路径都具有鲜明的异质色彩。"①当前的国际能源合作体系受到逆全球化、"保守主义"的思潮泛滥的影响,能源合作进展缓慢。国际能源分布不均的现状决定着拥有能源资源的国家具有先天的优势。"一带一路"能源合作法律机制构建涉及四个因素:主体因素、客体因素、客观因素与国际环境因素。主体因素主要体现于参与"一带一路"能源合作的国家自身的愿望和期望,表现为合作动力。能源合作国家的法律文化差异、国际地位不同、国家需求不同,能源合作时选择以什么样的方式参与、彼此间建立何种合作关系、可以共生的范围和内容不尽相同,这在客观上影响着能源合作的具体情况。只有每一个国家都愿意建立能源合作关系,通过能源合作协议建立合作组织,确立合作内容,才能促使不同国家间能源合作意愿的形成。客体因素主要指的是"一带一路"能源合作的内容,它不仅指传统的石油、天然气资源合作,还包括新能源如民用核能、风能、太阳能等的合作。能源合作环节包括能源的勘探、生产、开采、运输、消费、生态环境保护等一系列的内容。能源合作的客体因素的排列组合情形多变,各个环节各个领域的政策调整与变化可能对整个能源市场产生影响。客观因素主要是指参与"一带一路"能源合作的国家有共同的利益诉求,面对共同国际能源形势,有共同的外部压力,这是能源合作的基本前提。由于能源资源分布的不均衡性、新能源技术的差异性,使能源合作各国之间具有互补性。同时,"一带一路"倡议有关国际贸易、国际投资的内容都与能源合作领域紧密相连,但基于能源资源本身的特殊性,需要构建能源合作法律机制来推进能源合作的有序进行。"一带一路"能源合作环境因素主要是指能源合作需要在法律与政策保障的背景下进行。在 WTO、TPP、欧盟等区域一体化国际组织发生深刻变化的新形势下,能源合作的深度发展需要各主体按照一定的规则有序进行,这样才能够打破和改变传统能源领域和能源秩序由少数国家垄断话语权的格局。由于"一带一路"各国社会制度、经济发展水平、宗教文化、历史背景等不尽相同,我国推动"一带一路"能源合作法律机制时,需要结合各国的具体情况,对各国的国情进行普遍性和特殊性的深入研究和分析,充分考虑各国的承受能力,而不能盲目进

---

① 王卓君、孟祥瑞:《全球视野下的国家治理体系:理论、进程及中国未来走向》,载《南京社会科学》2014 年第 11 期。

行制度输出,避免过度主导而采取一些脱离实际、缺乏灵活性的举措,使沿线国家对"一带一路"能源合作法律机制产生排斥心态。

目前,传统的油气资源在能源消费体系中仍占主导地位,且主要集中在中东、中亚等发展中国家,这些国家法律意识较淡薄,法律制度亟待完善,而"一带一路"能源治理机制和框架结构还需改进。中国与各国签订的双边、多边协定不能完全覆盖能源合作范围。虽然,参与"一带一路"倡议的门槛低,这能够将大多数国家纳入能源合作框架,但区域能源合作呈现碎片化的特征,能源合作一体化程度不高情况下不利于区域能源合作规范的整合,能源合作的制度结构仍依赖于各国的国内法①。这将削弱"一带一路"能源合作法律机制的影响力。利益决定法的形成与发展,而法对利益具有一定的积极或是消极的反作用,因此法学理论同样适用于能源利益。② 能源安全关乎国家安全和国家利益,能源毋庸置疑地成为大国竞相争夺的对象。"推动能源通道在内的基础设施建设、维护能源市场安全稳定可持续是亚太地区及世界各国共同的命题。"③国家治理体系的异质性对法律制度结构提出多维度的要求。能源消费国之间的竞争、能源消费国与能源输出国之间的博弈给能源市场造成了不稳定因素,需要相关法律制度进行规制。大国为了在能源合作中取得有利条件,往往利用自己的强势地位,对能源合作法律机制的构建进行强有力的干涉。国际制度受到国内资源制约,其涉及 3 个重要方面的重要内容,具体包括国内制度、国内利益和国内规范。④ 基于这三个方面的不同维度,它的敏感度将会有所不同,影响国家对某些国际制度的参与度和积极性,这就产生了引导参与者之间进行积极的话语互动的必要。"一带一路"构想途经 64 个(除中国外)国家,具体包括蒙古、俄罗斯、中亚 5 国、东南亚 11 国、南亚 8 国、中东欧及南欧 18 国、独联体其他 6 国和西亚北非 16 国。⑤ 部分地区深受恐怖主义、极端主义和分裂主义的威

---

① 陈伟光:《"一带一路"建设与提升中国全球经济治理话语权》,人民出版社 2017 年版,第 87 页。

② 黄振中、赵秋雁、谭柏平:《中国能源法学》,法律出版社 2009 年版,第 99 页。

③ 中国现代国际关系研究院:《"一带一路"读本》,时事出版社 2015 年版,第 29 页。

④ 朱立群、林民旺等:《奥运会与北京国际化——规范社会化的视角》,世界知识出版社 2010 年版,第 29 页。

⑤ 中国现代国际关系研究院:《"一带一路"读本》,时事出版社 2015 年版,第 6 页。

胁,如中亚、中东地区。基于"一带一路"沿线国家在历史文化民族等多方面的差异,使得参与国家包括地方传统国家(如印度等)、西方传统国家(如土耳其等)以及东西文化交融的国家(如新加坡等),正是由于国家间的差异性存在,而引发沿线国家基于自身利益针对能源合作而作出不同判断。无论是大国还是小国均谋求自身局部利益与短期利益的最大化,但各国力量对比的不均衡性,造成能源资源的浪费与国际能源关系的不平等。由于国家行为体追求自身利益的最大化,各自为政的态度引发不健康的能源合作关系,甚至上升为恶性竞争关系,彼此拆台与争夺。建立和谐的能源合作关系是中国对国际能源秩序提出的新发展理念与目标,其贯穿于"一带一路"能源合作法律机制始终。因而,"一带一路"能源合作法律机制是一个动态与静态结合的制度体系,一方面为国际能源合作提供稳定与可预测性;另一方面随着国际形势的变化,不断调整,力图确保国际能源秩序在发展中稳步前进。

"一带一路"能源合作法律机制对沿线诸多国家来说在合作内涵的广度和深度上是前所未有的。从民众到政治精英,对于"一带一路"倡议的认知和理解表现出极大的差异,对"一带一路"能源合作法律机制的不同解读和揣测可能会引发对中国战略意图的猜忌与怀疑。沿线参与国众多且经济基础各不相同,有些国家的法律法规制度比较健全,市场准入、投资领域等内容规定得比较清楚,如哈萨克斯坦;也有些国家市场长期处于封闭状态,法律制度相当缺乏,推进能源合作投资决策的难度变大。国家法制健全情况与投资经济风险呈负相关。国际制度理论认为,只有国家同质性越高,缔约国才能选择制度化水平较高的国际制度形式。[①] 国家间的差异性导致国际能源合作的分歧必然存在。对于规则认同度低的国家来说,允许国家治理事项授权第三方进行处理极易引发排斥心理,国际合作缺乏"共同语言"将阻碍高水平的能源合作法律机制建设。根据"一带一路"国别合作度评价报告来看,只有俄罗斯和哈萨克斯坦两国与我国处于深度合作阶段,13个国家处于需要快速推进的阶段,17个国家属于逐步推进型,另外一半即32个国家与我国的

---

① 田野:《中国参与国际合作的制度设计:一种比较制度分析》,社会科学文献出版社 • 当代世界出版分社 2017 年版,第 56 页。

合作仍停留在表面有待加强。① 在能源基础设施建设上也存在着较大的差异,具有明显的地域性特征。针对跨国能源基础设施建设的互联互通程度不够,某些地区的基础设施建设甚至比较落后。各国作为复杂的整体参与"一带一路"能源合作中来,但由于每个参与者都是特殊性与同一性的有机结合体,使得能源合作程度呈现不平衡的现象,合作的深度和广度也受到一定的制约。法治文明冲突是一种正常的状态,这种差异与冲突并非不可调和,坚持和谐与包容理念,形成共存、理解、有效的能源合作关系,实现不同法治文明之间的协调,为真正实现能源可持续提供基础。

从国内社会上来看,我国国内法制发展程度也存在一定的差异。自改革开放以来,我国国内经济飞速发展,但是地区经济发展的不平衡的现实问题仍困扰着能源合作与国际接轨的进程。中国进入了经济对外开放的关键时期,能源资源是国家战略资源,经济、政治、军事安全与能源安全密切关联。但受到我国东部、西部地区能源结构二元性问题的制约,也就是东部沿海地区经济飞速发展,自身经济实力雄厚,在开展国际能源合作的法制建设、基础设施建设、融资市场、投资环境等方面都具有优势,合作经验丰富,以相关能源合作机制为后盾,能快速与国际社会迅速接轨。但东部沿海地区能源资源缺乏,需求量大,能源供求关系不平衡,大量依赖于进口和西部地区的西气东输等能源平衡战略;西部地区资源丰富,地广人稀,但地处内陆地区,交通基础设施建设还需要进一步发展。较之西北内陆地区,法制建设欠佳,基础设施建设落后,地理环境恶劣,经济增长态势长期与沿海地区形成鲜明的两极分化,相关政策制定滞后,在开展国际能源合作上内陆地区与沿海地区相比起点较低。从整体水平上来看,我国在能源安全方面缺乏完整而有效的法律保障制度,能源安全制度建设基础较为薄弱,在应对复杂国际能源合作情势的变化上欠缺有力的法律制度后盾。经由"丝绸之路经济带"将我国西部与中亚、欧洲等地区紧密相连,国际公共产品的提供者具有多元化的特征,出现全新的国际公共产品

---

① 国家信息中心"一带一路"大数据中心:《"一带一路"大数据报告(2016)》,商务印书馆2016年版,第68页。

涵盖国际规则制度、国际价值观念等领域。[①] "一带一路"能源合作有利于推动我国西部地区的经济发展,提升其能源大范围输送的配置能力,联通能源资源富足的中亚地区,经海上、陆上跨国合作,"打造海陆统筹、东西互济的全方位开放新格局"[②]。以实现我国东部地区与西部地区之间的能源战略对接,缩短地区间经济发展的差距,形成东西部地区联动发展的新局面。能源资源分布的不均衡是国际能源市场形成的基础。[③] "一带一路"能源合作法律机制能够使得我国东部与西部地区关系更加紧密,但其更重要的是能够沟通"一带一路"沿途的 64 个国家,形成国家之间的能源合作利益交会点,给沿线各国提供能源合作平台和渠道,如博鳌亚洲论坛等,开展深度能源合作为经济稳定发展提供驱动引擎。中国参与国际能源合作的方式以国际能源贸易和合作勘探、开发、生产、销售等传统的能源合作为主,在国际能源投资与保护、国际能源技术、国际能源服务等方面的合作尚处于起步阶段。[④]

从国际合作的角度上分析,"一带一路"沟通亚欧非大陆,涉及人口约 44 亿,占全球的 63%,经济总量约为 22 万亿美元,占全球的 30%。[⑤] 区域内国家经济发展经济政策差异明显,相关法律机制架构与现实需求不匹配,应对风险能力差。面对各国法制建设的差异性,中国企业走出去的过程中,受到国际视野、国际法律及管理的熟知、国际人才储备等方面存在薄弱性的制约,对沿线国家缺乏深度的了解,缺乏足够的国际经营风险意识,因而,它们不能建立起优良的风险应对机制。第一,投资领域。各国有关国际能源投资保险机制的设置也各不相同。"一带一路"建设包含相当规模的能源基础设施建设,它的投资规模大、投入周期长、投资见效慢。这些项目可能发生的风险如何应对,从而降低我国企业的损失,是必须要解决的问题。"一带一路"倡议有超过 60 多个国家参与其中,各国的法律制度之间发展

---

① 胡键:《"一带一路"战略构想及其实践研究》,时事出版社 2016 年版,第 99 页。

② 中国现代国际关系研究院:《"一带一路"读本》,时事出版社 2015 年版,第 9 页。

③ 黄振中、赵秋雁、谭柏平、廖诗平:《国际能源法律制度研究》,法律出版社 2012 年版,第 12 页。

④ 杨解君:《国际能源合作与国际能源法》,世界图书出版公司 2012 年版,第 102 页。

⑤ 廖峥嵘主编:《"一带一路"中国与世界》,社会科学文献出版社 2017 年版,第 133 页。

程度存在差异,有些国家有较为健全的法律法规制度,对外开放程度较高,经济环境稳定利于开展国际能源合作,也存在某些国家市场比较封闭法律法规比较落后,国家立法也不够完备,法律条款经常修改,甚至与我国不属于同一法系的情况,在执法力度上也往往对于外国或外资企业有所歧视,在缺少双边条约的情况下甚至会基于本国政治经济利益的考虑有针对性地对某些跨国公司或者海外企业进行依法管制或国有化征收征用。这增加了开展国际能源投资、决策活动的复杂性,易产生法律信息和市场信息不对称的风险,影响企业进行跨国能源投资的信心和动力。在国际竞争日益激烈的趋势之下,各国法律制度的不平衡也很可能造成东道国政府与投资者之间对法律规制以及投资收益等内容上的不同认知,扩大国际能源合作潜在的经济安全风险。第二,气候变化问题。能源部门成为全球气候变暖的主要原因。为符合联合国倡导减少温室气体的可持续发展目标,各国调整自身的能源政策与法律承担相应的国际义务。但是不同国家的行动步伐并非完全一致,资本、技术、能源结构和现代化程度等因素均会对相关能源政策的制度与实施产生影响,最终能源政策实施情况能否符合预期尚未可知。发展中国家与发达国家就节能减排问题的较量从未结束,如防止发展中国家的"搭便车"行为以及发达国家承担更多的义务。发达国家对气候问题掌握国际博弈的主导权,虽然新兴国家的崛起推动全球能源产业的变化,但发达国家的强势话语权仍约束着发展中国家的发展空间。人类实现低碳能源格局和能源低碳经济的发展仍需各国搁置政治猜忌与政治竞争。因而,各国能源政策的兼容性与协调性是应对全球气候问题的关键,应建立解决能源问题的国际沟通机制与能源效率机制,以协调全球能源利用与生态环境之间的关系。"一带一路"能源合作法律机制以可持续发展为基本原则,丰富国际能源合作内容,将全球气候问题作为其核心议题,让以人为本的法治价值深入各国能源合作的方方面面。

第二节 能源合作中政治博弈影响 能源合作法律机制构建

●●●

与其他对外经贸活动一样,能源行业也面临着各种政治风险,由于能源一直以来被认为是关乎国家安全的战略资源,在能源领域所引发的政治博弈可能要比其他领域更为严峻与激烈。能源资源的稀缺性决定其无法满足所有国家的利益需求,因能源问题而引发的国际争端与冲突屡见不鲜。21世纪被誉为"海洋的世纪",各国对海洋权益的争夺最为核心的内容就是对海底资源的争夺,这极易引发国际能源秩序的动荡。在国际能源关系中,小国往往依附于大国来谋求自身能源利益,这种依附关系易导致集团利益的形成。大国通过建立集团能源利益,主导世界资源产区的控制权以达到其政治战略目的。这会影响世界能源公平竞争,能源合作关系变得异常复杂。里海海底资源的划分存在争议、所谓"南海仲裁案"等表明对能源领域的政治博弈是广泛存在的,给"一带一路"能源合作法律机制构建造成一定的困难。强权仍然主导着国际社会关系,国家间的政治博弈仍然是现实问题。大国博弈影响小国的生存环境,缺乏国际法治的国际社会容易造成国际能源合作的无序化。各国国际能源秩序由权力导向往规则导向转变是"一带一路"能源合作法律机制贯彻始终的目标与追求。

一、新兴经济实体的崛起与美国能源话语权受冲击

能源与经济两者之间关系密切,能源是经济发展的物质支撑,伴随世界经济的发展,世界能源消费量也持续呈上升态势。目前,世界能源结构以石化资源为主,对生态环境造成巨大压力,各国致力于调整本国的能源结构,注重新能源的利用与开发。同时,发达国家金融危机冲击本国经济状况,发达国家能源需求出现疲软,世界能源消费市场的利益结构发生变化。相较于西方发达国家石化资源需求量的下滑趋势,中国、印度等新兴经济实体正处于经济高速发展的时期,对能源资源的

需求量不断增加,世界能源供需格局发生微妙变化。世界能源进口市场逐步向新兴经济实体转移,据国际能源署数据表明,中国和印度的能源需求增长将于 2030 年前占全球能源需求增长量的 53%,印度将于 2020 年超过日本成为世界第三大油气进口国。

美国作为世界最大的经济实体,它对能源的消耗量长期居世界首位,每年消耗着全世界 42% 的能源产出。从国际能源供给市场来看,美国长期致力于增强对能源供给地的控制力,如 2001 年发动的阿富汗战争和 2003 年发动的伊拉克战争都是其争夺能源供应地的外部政治活动。各国能源主权观念和能源安全意识不断提升,能源供应国积极寻求能源供应市场的多元化发展,加强与其他西方国家以及新兴大国间的合作,减少对美国能源出口的过度依赖。俄罗斯能源输出比例不断上升,也冲击着美国对能源供给地的控制权。从国际能源消费市场来看,新兴经济实体对能源资源的需求随着经济发展不断上升,能源供给国供给对象不再局限于美国,中国、印度等新兴大国成为它们石油输出的重点国家之一。石油计价、交易和结算长期以美元为货币单位逐步受到欧元、一揽子货币、本币定价以及人民币的石油交易所的冲击,美国控制能源定价权的传统国际石油交易秩序遭受挑战,它在能源市场上的话语权与决定权受到一定限制与掣肘。

能源资源对一个国家的战略价值使得能源因素成为国家政治博弈的焦点。能源资源分布不均是世界能源市场一体化的前提。能源资源的勘探、开发、提炼以及利用各个环节推动着能源供应链的全球化趋势。各国能源合作不断深化,围绕能源生产、能源运输、能源销售等环节的竞争也在不断加剧。新兴经济实体对能源的需求量攀升,反映它们在世界能源市场地位的提升,这些新兴国家开始逐步关注能源安全问题,特别是能源供给安全,它们为了减少能源供给风险,一方面与石油输出国开展积极合作;另一方面因新兴国家能源市场地位的强势崛起,令美国等西方大国感到不安而摩擦不断。在能源领域的政治博弈不仅局限于能源消费国之间,能源生产国寻求高昂的能源价格与能源消费国控制能源市场以保障能源供给安全的需求之间存在不一致,根据自身不同利益调整国家能源战略,而新一轮的能源权益争夺与摩擦仍会存在,大国之间能源博弈也变得更为敏感。建立国际能源新秩序能够重新平衡国际能源合作关系、国际能源合作法律机制,以便使其成为发展中国家更适合的环境和更有助于发展中国家的能源合作机制。[①] 国际能源体系朝着新能源的方向发展,中国在激烈的国际能源竞争的浪潮中保持经济持续、绿色、健康发展需要最大限度地掌握新能源技术开放权,一方面是应对气候变化中国将掌握更多的主动权;另一方面,在新一轮国际能源权力转移关系中,中国能够为稳定国际能源秩序提供助力。发达国家掌握先进的能源技术,它们希望垄断技术以达到抑制中国、印度等新兴大国的崛起。解决全球能源问题与气候问题的困境关乎全人类的利益,助推能源技术从发达国家逐步流向发展中国家,实现发展中国家与发达国家合作,促进能源技术创新的局面,这是推动能源行业发展的不竭动力。

二、国家能源政治活动的外部性

国有化征收和政府毁约风险是能源企业开展对外能源经贸活动中所面临的最严峻的风险。[②]"一带一路"沿线国家数量众多,不仅包含了发达国家,也包括了处于政治转型中的发展中国家,途经东南亚、非洲、中亚、中东等地区。资源民族主义在这些地区崛起,把本国丰富的能源资源作为提高国家政治影响力的重要手段。同时,这些国家在制度安排上存在差异巨大,如俄罗斯与中亚地区对市场经济概念较淡薄,对国家主权及主权利益问题十分敏感。[③] 俄罗斯借助"能源复兴战略"以提高自身在全球能源供给体系中的地位,以制衡美国并扩大其话语权。"一带一路"途经地的一些区域基于宗教冲突、资源争夺、历史遗留问题、域外干涉、潜在的战乱风险以及国内冲突不断等原因,国内政治形势复杂,政治局势明显不稳定,这也增加了"一带一路"能源合作法律机制建设的难度。宗教冲突一直以来都是造成国际局势动荡的重要原因之一,如巴勒斯坦与以色列的宗教与民族矛盾。宗教带来了文化多样性,但是其负面作用相当值得关注,基督教、伊斯兰教、犹太教等宗教大量分布在中亚、中东等地区,宗教问题的不当处理可能会破坏"一带一路"能源合

---

① 黄振中、赵秋雁、谭柏平、廖诗评:《国际能源法律制度研究》,法律出版社 2012 年版,第 31 页。

② 王耀国:《"走出去"与企业法治"一带一路"建设的机遇与挑战》,法律出版社 2016 年版,第 64 页。

③ 岳树梅:《上海合作组织框架下的能源合作法律机制研究》,载《河北法学》2011 年第 5 期。

作法律机制的宏观构建。"一带一路"沿线大部分都是宗教区域,我国致力于构建能源"走出去"与"引进来"相结合的对外开放格局,大量人口涌入我国新疆、西藏等少数民族聚居地,潜存中外极端势力勾结的危险,我国边境地区潜藏动乱威胁。西亚地区的宗教、种族和利益集团之间的矛盾是历史遗留问题,矛盾错综复杂,地区局势动荡。①西亚石油资源丰富,长期以来饱受战争和动乱的困扰,同时成为大国博弈的重要场所。同时,西亚地区阿拉伯人、波斯人、犹太人、突厥人、库尔德人等之间的民族矛盾,伊斯兰教与其他宗教之间以及伊斯兰教逊尼派与什叶派之间的宗教和教派矛盾,伴随恐怖主义和经济利益纠纷在其中的作用,加剧了中国与西亚地区开展能源合作的难度,成为中国深化与西亚地区能源贸易往来的主要障碍。

外国媒体对中国"一带一路"构想的误读,认为"一带一路"是中国针对 TPP 战略而制定的应对战略;"一带一路"是中国重构世界秩序,争夺世界的领导权地位,通过陆权贸易以实现对海权贸易的压制;"一带一路"是中国转移产能过剩进行能源扩张的手段以及对于"一带一路"的性质究竟是倡议还是掩盖某种政治企图的扩张战略的讨论。这些煽动性与偏激性言论引发各国对"一带一路"能源合作的猜忌与怀疑,刺激域外各国之间进行恶性竞争与政治零和博弈,大国政治博弈转移了各国对焦点问题的关注,"一带一路"构想所带来规模效益和实用性受到削减。

依靠任何一个国家的力量都不足以单独解决其所面临的困境,这种困境有可能是外部的,例如全球变暖,也可能是彼此之间的,例如关税壁垒;也可能是国家内部的,例如人权问题。②基于能源对国家战略安全的重要考量,国际能源合作关系深受能源市场变迁的影响。国际能源合作的目标多元化,包括能源环境保护、能源结构协调、能源资源市场互补等。国际能源合作方式呈现出从双边到多边再到区域性发展的趋势,依靠少数国家并不能达到稳定国际能源市场的目的。合作主体也不再局限于国家,许多资本雄厚的跨国公司等非国家主体也参与到国际能源投资和贸易活动当中成为主要的国际能源合作参与者。合作领域从贸易、投资扩展

① 韩永辉、邹建华:《"一带一路"背景下的中国与西亚国家贸易合作现状和前景展望》,载《国际贸易》2014 年第 8 期。
② [美]卡伦·明斯特:《国际关系精要(第三版)》,潘忠岐译,上海人民出版社 2007 年版,第 267~305 页。

到了环境、争端解决等各个方面。国际能源货物贸易是国际能源贸易最基本的形式,随着低碳经济和科学技术的发展,国际能源服务贸易和国际能源技术贸易也迅速发展。国际能源贸易的生产要素跨国流动速度加快,需要良好的法治环境为跨国能源活动保驾护航。国际能源投资是技术密集型与资本密集型相结合的投资项目,相较于一般国际投资具有周期性长的特点,能源项目本身的周期大约 30—40 年,投资成本回收的周期可能需要 10—20 年。[①] 基于能源与国家经济主权密切相关,其政治性的特征明显,国际能源投资受到东道国政府的政治因素的潜在风险影响,如具有浓重政治色彩的澳大利亚"力拓收购案"。多层次、复杂的合作方式对国际能源合作的制度性要求变高,而当前松散的合作机制将无法适应国际能源全面合作的内在需求,对协调国家经济主权和国际能源市场自由化之间以及各国能源政策制度差异性之间的关系也显得无力。市场自由化与国家能源主权的协调成为"一带一路"能源合作法律机制关注的重点。

三、地缘政治引发的政治博弈

在国际体系的权力转移过程中,基于能源资源不均匀分布造成的大国冲突是产生地缘政治理论的重要原因。[②] 石油资源丰富的地区往往是地缘政治争夺最为激烈的地区,通过这些地缘政治要地,以构建符合自身发展预期的国际能源制度体系。随着人类科学技术的发展,一定程度上地缘政治对能源活动的影响降低,但是各国的能源政策仍易受地缘因素的影响。国际原子能机构将地缘政治冲突列为对石油供应最大的威胁。美国通过控制欧亚边缘地区,这些地方是重要的能源供给地和能源运输通道,借由地缘政治的影响达到控制国际能源格局。零和博弈可能会导致外交风险。地缘政治风险与地缘政治利益是一物两面的关系。每个国家都深陷于地缘政治的大环境中,这意味着地缘上的相邻关系能够带来合作便利和机遇的同时,风险和摩擦发生概率也在变高,如中印的边境武装冲突、中日钓鱼岛领土争端等典型事件。区域互信关系受挫成为大国零和博弈的导火索。地缘政治博

---

① 黄振中、赵秋雁、谭柏平、廖诗评:《国际能源法律制度研究》,法律出版社 2012 年版,第 122 页。

② 于宏源、李威:《创新国际能源机制与国际能源法》,海洋出版社 2010 年版,第 54 页。

弈容易引发局部局势持续紧张,造成局部矛盾演变为大范围的冲突,形成多方势力针锋相对的局面。在中国提出"一带一路"构想之前,2011 年 7 月,美国国务卿希拉里提出"新丝绸之路战略",意图利用地缘政治削弱俄罗斯的力量,建立美国主导的亚洲新秩序。[①] 全球能源互动关系不可分割性决定了激烈的资源竞争直接影响整个供应链和价格的波动。稳定的国际能源市场秩序是保障各国能源安全的关键。通过国际规则来制约国家行为的随意性,这符合国际能源关系良性运作的根本利益。由于任何政治意图都会外化为行动,中东地区长期饱受战乱之苦,其根源在于争夺能源而引发的地缘政治博弈。地缘政治影响着区域能源格局,因而对"一带一路"能源法律机制构建具有重要影响。虽然"一带一路"决策者关注的中心不在于地缘政治的资源争夺,换句话说,我国并不会成为地缘政治博弈的参与者,但是面对复杂的地缘政治破碎带,"一带一路"能源合作法律机制的内涵与各国政治利益之间存在不一致也是客观事实。各国基于打破既有格局后发展前景的担忧与疑虑,可能会引发相关国家的抵触心理。国际能源秩序要往良好的方向发展,就必须跳脱出霸权格局,在"一带一路"能源合作法律机制的影响下逐渐形成更为民主、公平、合理的发展框架。

资本主义与社会主义意识形态的对立与斗争,会直接影响各国政治活动的设置。面对中国特色社会主义话语权不断提升,西方大国长期沉浸于制度话语权霸权当中,与中国零和政治博弈增多。在复杂的国际关系领域中,实力弱小的国家容易受到大国政治的影响,域外干涉成为影响能源合作的重要变量。中亚被誉为"俄罗斯的后院",虽然俄罗斯对中亚的影响力在下降,但基于地缘政治的思想,俄罗斯仍希望保持对中亚的"控制",并试图加强与中亚的联系,而中国与中亚各国深化"一带一路"能源合作引发俄罗斯的顾虑。中国与中亚基础设施、政策的互联互通以及上下游能源供应链合作内容的不断扩展,俄罗斯担忧与中亚关系的离心。20世纪初,英国麦尤金将中亚称为"世界的心脏",引发了美国、欧盟对中亚地区的政治、经济及安全领域的关注。它们力求在中亚争取一定的势力范围,这一举动无疑刺激了俄罗斯在中亚地区扩大势力范围的意图。俄罗斯与中亚建立了各种制度化

---

① 周平:《"一带一路"面临的地缘政治风险及其管控》,载《探索与争鸣》2016 年第 1 期。

和非制度化的联系。"一带一路"能源合作法律机制的发展深受错综复杂的地缘政治关系制约。

四、大国之间的政治博弈影响能源合作

能源资源特别是石油资源是一种战略物资,大国围绕石油而展开的争夺屡见不鲜,这是造成伊拉克、伊朗等重要石油供应地局势动荡的重要原因。由于国际社会无政府状态的长期现实,国际法仍起着"软法"的作用,大国政治干涉国际能源市场时常发生。当代世界大国政治仍然是国际关系与国际法的基调,更应当强调尊重主权和领土完整,更应当强调尊重联合国的规制框架。[1] 美国、俄罗斯、印度是对"一带一路"沿线地区具有至关重要作用的大国,它们在这些地区拥有广泛的利益和影响力,它们对其周边地区的区域影响力不可忽视。能源合作中存在一定的冲突与矛盾是正常现象,但恶性竞争会破坏能源市场的经济规律,这就需要通过合理的能源合作法律机制将竞争与矛盾控制在秩序的范围内,争取关键国家的支持以实现国家的共同获益。[2] 美国将中东、中亚视为主要能源产区,这些产区发挥着维护美国能源安全与全球能源霸权的作用。"一带一路"能源合作法律机制涉及有关贸易规模、基础设施等内容,这在一定程度上会增加中国在有关区域的影响力,美国基于维护自身能源霸权秩序的需求,容易激发美国的反制心理。美国2013年涉华军力报告称:"中国宣称其崛起是和平的,没有追求霸权和扩张领土的愿望。然而,由于中国不断增长的军事力量缺乏透明度,该地区对中国意图的担忧持续加深。"俄罗斯基于中亚地区重要战略后方地位的考量,对中国与西亚深化"一带一路"能源合作的态度变得保守。"一带一路"能源合作以基础设施建设互通有无为前提,"中吉乌铁路"使用的标准轨与俄式轨标准并不一致,俄罗斯担忧中国与中亚基础设施联通更为紧密,使得俄罗斯与中亚的联盟关系受到一定阻碍。印度一直以来对中国区域影响力的增强心怀忌惮,印度与中国都属于国际能源贸易中的消

---

[1] David Chandler, *The Responsibility to Protect? Imposing the "Liberal Peace"*, 11 International Peacekeeping, 2004, p.59.

[2] 杨晨曦:《"一带一路"区域能源合作中的大国因素及应对策略》,载《国际政治与经济》2014年第4期。

费国,历史遗留的领土争端仍存在。2013年7月,《印度斯坦时报》曾发文质疑中国与哈萨克斯坦在卡沙干油田项目中存在的行为,并采用了"抢"合同的字眼。[①]大国政治,亦称为强权政治,是少数大国决定世界秩序、决定资源分配、决定各国利益的状况。消除大国政治对国际能源合作的不良影响并不意味着消除大国在国际社会中发挥的引领作用。大国与小国实力与地位的差距是客观存在的,因而它们在国际社会中发挥的作用各不相同,大国往往能够在国际事务中发挥更重要的作用,承认它们之间存在责任与功能的差异是实现能源合作关系和平友好发展的前提。无论在能源合作关系的优势国和劣势国,还是能源消费国和能源生产国,基于自身政治目的的考量矛盾与冲突必然存在。基于"一带一路"能源合作法律机制建设过程的政治变量因素,它并不能完全避免国家之间在政治布局上的非兼容性。应坚持互利互惠的基本合作原则,通过深化合作与沟通,减少中美之间的利益冲突,缓和美国对"一带一路"能源合作法律机制的抵触情绪。"一带一路"沿线部分国家在政治上难以摆脱对大国的依赖,说明其政治结构是脆弱的,它们无法独立自主防控"三股势力"对能源合作的破坏。"三股势力"一直以来困扰着我国开展跨国能源合作,而我国周边国家在制度构建上能力不足,无法从根本上制止极端势力的发展态势,而以经济合作的方式并不能从根本上消除这些政治风险,这些外溢的政治压力从周边地区逐步扩散到我国内部,产生了一定的负面效应。

第三节　区域一体化带来的挑战

●　●　●

区域一体化概念最早是由荷兰经济学家丁伯根提出来的。经济学、国际关系学、地理学对区域一体化从不同的角度进行了定义。区域一体化是对区域主义的实际运用,由明确的政策和导向性策略所建立起的一种以制度构建为最终目标的

---

① 杨晨曦:《"一带一路"区域能源合作中的大国因素及应对策略》,载《国际政治与经济》2014年第4期。

区域合作,它是对区域主义的外在表现形式。① 目前,对区域一体化理论研究偏重于经济、制度、文化等维度,对资源环境、生态保护等反面的意义及内容涉及较少。② "一带一路"能源合作法律机制涵盖政治互信、经贸往来、文化交往、生态保护等多维度内容,区域一体化理论研究的局限性与区域合作本身的半封闭性可能导致各国对"一带一路"能源合作法律机制构建研究视角的偏见,不能准确和客观地理解其双赢、多赢的真正内涵。

"一带一路"能源合作法律机制本质上是区域一体化的法律治理机制,它由区域行政协议、区域性组织、区域协作立法、区域行政规划和区域行政指导五个部分组成。③ 区域一体化法律治理机制需要国家公权力的推动作用,包括内部上级政府与下级政府的职能划分、不同部门之间的职能划分。我国将政府的公权关系作为区域法律治理机制发展的重要动力。这与我国"先行先试"的法律治理方式有关,导致区域一体化法律治理机制缺乏直接的宪法和法律依据。④ 我国区域一体化法律治理机制深受政府公权力的影响,过度使用命令式的调控方式干预区域一体化,而忽视市场的调控作用对区域一体化法律治理机制具有的积极意义。因而,我国推动"一带一路"能源合作法律机制构建需要将经济发展的市场作用与国家公权力的引导作用相结合,成为符合世界能源市场发展规律的制度体系。

一、区域一体化的现状

在世界范围内,自由贸易区的数量已经达到数十个,范围普及各大洲。⑤ 当前,自由贸易区是区域一体化较为常见的形式,如北美自由贸易区和东盟自由贸易区等,其区域内部能源合作的程度较高,更容易推动统一能源合作法律机制的建

---

① 王珏、陈雯:《全球化视角的区域主义与区域一体化理论阐释》,载《地理科学进展》2013年第7期。

② 王珏、陈雯:《全球化视角的区域主义与区域一体化理论阐释》,载《地理科学进展》2013年第7期。

③ 叶必丰:《区域经济一体化的法律治理》,载《中国社会科学》2012年第8期。

④ 叶必丰:《区域经济一体化的法律治理》,载《中国社会科学》2012年第8期。

⑤ 李宁:《试析"丝绸之路经济带"的区域经济一体化》,载《西北民族大学学报(哲学社会科学版)》2014年第3期。

立。但自由贸易区本身是基于一定地理、经济、文化、政治等联系而建立起来的,针对区域之外的能源合作框架带有排斥性和消极性。区域合作形式多种、一体化程度各异,形成了由低级到高级的阶梯结构。① 区域一体化的外在表现形式存在差异,能源合作级别和层次也各不同,导致区域能源合作形成各自为政的局面,不利于构建统一的世界能源市场。"一带一路"能源合作法律机制构建坚持开放性和包容性的合作理念,一方面利用地域优势加强能源合作,另一方面并不排斥地缘政治以外的能源合作机会,同时,通过加强基础设施建设联通各国,打破地理上的地区限制互通有无,消除能源合作的物质障碍。区域一体化程度加深,分化利益阻碍或弱化全球风险意识,区域国家追逐短期与局部效益,而忽视长远与整体利益。区域一体化一方面能够促进国际能源合作的秩序化与规范化,另一方面容易形成封闭的合作机制,造成一定的负面影响。为了降低负面效果,需要各个体制之间增强沟通,寻找合作机会,协调行动,在适当的时机进一步整合。② 能源合作法律机制为"一带一路"各国能源资源的优化配置提供法治保障,协调各能源合作机制之间的关系,并将世界能源合作纳入法制化的轨道中,形成政策与法律、物质与法治理念紧密结合的合作模式。通过推动能源合作法律机制的开放性,搭建政治互信与公众参与的畅通渠道,以缓解和消除国际能源合作的潜在风险。

区域一体化与经济全球化是全球发展的两大趋势。区域一体化给世界经济、政治、环境、社会与文化等方面带来机遇,也冲击着现行的国际能源合作制度与国家能源管理模式。③ 区域一体化从来都不是经济区域一体化这一简单的概念,它是由政治、经济、环境等多种合作诉求结合而成的多元结构。在区域一体化动态发展过程中,不同区域间的政府合作模式各有侧重和目的,大多数的区域间政府合作

① 曾令良、陈卫东:《从欧共体看21世纪区域一体化对多边贸易体制的影响》,载《武汉大学学报(人文社会科学版)》2000年第3期。

② Jan Klabbers, Anne Peters, and Geir Ulfstein , *The Constitutional of International Law*, Oxford University Press, 2009, pp.67-74.

③ 杨爱平:《论区域一体化下的区域间政府合作——动因、模式及展望》,载《政治学研究》2007年第3期。

的动机是政治安全的诉求,如欧盟、东盟等。[①] 区域一体化在动态发展过程中,政治安全已经不再是区域政府间合作追求的核心目标,经济发展、能源安全、生态保护等也成为区域政府间合作关注的焦点议题。虽然,欧盟区域一体化程度高,在能源合作方面达成了深层次的合作内容,但欧盟对"一带一路"能源合作倡议持有一种谨慎的态度,能源资源自身敏感属性一定程度上加深了打破已形成区域合作框架所具有封闭性特质的难度。对于已经建立起良性能源合作模式的区域一体化国家而言,参与"一带一路"能源合作法律机制权利与义务安排,很可能打破现有的区域能源合作格局。安于现状的心态使得区域能源合作无法进一步发展,世界能源合作秩序停滞不前。中国推进能源合作法律机制一方面需要稳定现有区域能源合作国际法治基础,另一方需要通过创新"一带一路"能源合作法律机制的内涵,进而推动全球区域能源合作秩序的发展与变革,改变旧秩序中不合理与不公平的合作内容,为世界能源市场注入新鲜活力。

二、影响区域一体化的因素

从区域一体化的外部关系来看,区域一体化是全球贸易自由化的衍生物,但区域一体化受到保守主义的思想。从单个国家贸易保护逐步演变为集团式的贸易保护,这是传统保守贸易保护主义以更为隐蔽的方式发展。[②] 随着区域一体化的数量增多,传统保守主义势头反向复兴,势必形成网络状的贸易保护主义合作形势,造成"一带一路"能源合作发展将受制于区域一体化的负面影响。非歧视原则是世界能源互惠合作的基本原则,它是各国能够公平开展国际能源合作的基石。区域一体化以一种例外的形式游离于非歧视原则之外。区域一体化的数量与领域的不断扩张,压缩了非歧视原则的适用空间。[③] 从区域一体化的内部关系来看,每一个

---

① 杨爱平:《论区域一体化下的区域间政府合作——动因、模式及展望》,载《政治学研究》2007 年第 3 期。

② 曾令良、陈卫东:《从欧共体看 21 世纪区域一体化对多边贸易体制的影响》,载《武汉大学学报(人文社会科学版)》2000 年第 3 期。

③ 曾令良、陈卫东:《从欧共体看 21 世纪区域一体化对多边贸易体制的影响》,载《武汉大学学报(人文社会科学版)》2000 年第 3 期。

区域一体化合作框架内部的各成员国的发展水平和制度建构能力存在差异,它们往往是基于不同的合作目标和目的而参与区域合作,内部形成各力量相互制衡又和谐的权力格局。国家间经济实力差距越小,结成一体化的意愿越大。[①] 区域合作机制内各成员国对外经济依存度各不相同,它们各自所能承受区域一体化所带来的冲击的能力也存在差异。除了国家经济实力以外,地理距离、规模效应等因素都制约着一体化进程,影响区域一体化的因素多种多样。面对区域合作的不同情形,"一带一路"能源合作法律机制既需要考虑区域一体化合作机制内部各成员国自身经济实力,也需要考虑区域组织合作机制的整体制度构建的外溢现象。错综复杂因素影响区域一体化运作结构,使得"一带一路"能源合作法律机制构建复杂化。

"在没有明显共同动力的前提下,大国推动是实现区域经济一体化框架内安全合作的动力。"[②]中国以负责任大国的形象,积极推动"一带一路"能源合作法律机制构建,以加强区域合作的形式推动能源安全合作的深化发展。中国并无意于争夺世界能源控制权,而是希望实现自身能源安全的基础上,推动世界能源合作的进一步发展,建立互利互惠的区域能源市场。西方媒体鼓吹"修昔底德陷阱""中国威胁论"都是对中国日益增强的国际影响力而产生的过度反应。虽然,"一带一路"沿线国都有改变能源合作停滞不前现状的共同意愿,但美国、俄罗斯等大国并没有采取实际的行动建立一个互惠共存的能源合作共同体。资金与技术优势能够提供物质支持,区域能源合作制度构建经验成为理论基石。中国愿意以引领者、合作者的多重角色推动世界能源安全的发展。区域一体化最终目标的发展程度不断加深,领域不断扩大,其所涉及的政治因素就会越多,它所要求的制度结构也就更复杂。[③] "一带一路"能源合作法律机制是一个动态发展的过程,从初级目标向高级目标不断变化发展,它涉及国家的数量和合作内容逐步扩张。这对制度结构安排

---

① 项松林:《外商直接投资对区域经济一体化的影响》,载《当代经济科学》2015 年第 5 期。

② 郎平:《发展中国家区域经济一体化框架下的政治合作》,载《世界经济与政治》2012 年第 8 期。

③ 郎平:《发展中国家区域经济一体化框架下的政治合作》,载《世界经济与政治》2012 年第 8 期。

提出更高要求。

区域一体化并不意味着各成员国一定能够从中获利,仅将各国放入同一个区域合作框架内,而并未进行深度一体化多方面融合,"捆绑式"合作模式并不能真正发挥区域一体化的促进作用。高水平的区域能源合作,仅依靠政府的决策推动是完全不够的,仍需要多类主体的分工与合作。沿线国企业在"一带一路"能源合作法律机制中扮演着不可或缺的角色,它们有助于推动形成能源产业内或能源产品内的分工体系,这是区域能源合作的基础。[①] 由上至下带动区域一体化并不能真正提升各国一体化水平,需要政府与民间的良性合作互动,以实现"上下互持"的动力发展模式。经济实力强劲的发达国家在区域一体化中仍然发挥重要作用,研究表明,两国间投资联系越紧密,组成一体化的可能性越大。[②] 虽然,以美国为首的西方发达国家在区域一体化中拥有发挥积极作用的潜力,但它们对"一带一路"区域合作的态度比较游离,它们开展区域能源合作的根本目的是追求能源资源控制权。这与"一带一路"能源合作法治框架实现公平、统一世界能源市场的目标相背离。中国与西方大国就如何协调能源目标冲突,需要中国在不断的谈判与沟通中进行调整。各国政府担心本国被排除在一体化范围外的政治"多米诺"效应,促使它们不断地成立或加入各种一体化组织以避免可能出现的被歧视问题。[③] 乌兹别克斯坦两年内快速加入和终止欧亚经济共同体成员资格,2016 年英国公投退出欧盟。这些事件表明,区域一体化是一个动态过程,需要各国采取具体措施不断深化一体化水平,不是片面追求区域一体化合作的数量,不重视推动已加入区域合作组织的合作深度与广度。"多米诺"心理仍广泛存在于"一带一路"沿线国,这对"一带一路"能源合作法律机制构建的持续性和稳定性提出考验。"一带一路"沿线的发展中国家经济基础和市场结构本身存在问题,它们对自身市场结构进行改革力度不够,应对外部制度冲击显得乏力。区域一体化需要建立在一定经济基础之上,若

---

① 王维然、赵凤莲:《欧亚经济共同体对中亚区域一体化影响的研究》,载《国际经贸探索》2012 年第 10 期

② 项松林:《外商直接投资对区域经济一体化的影响》,载《当代经济科学》2015 年第 5 期。

③ 王维然、赵凤莲:《欧亚经济共同体对中亚区域一体化影响的研究》,载《国际经贸探索》2012 年第 10 期。

"一带一路"沿线经济基础薄弱的国家,不能够在外部制度影响下进行市场结构、法律制度的改革,抓住"一带一路"倡议提供的合作机遇,那么就不能发挥"一带一路"能源合作法律机制所能带来的长期效益,只能成为各国短期获利的制度体系。

区域能源利益与地方能源利益两者是统一性和差异性的集合体。区域能源利益追求中观层面的合作,而地方能源利益关注微观利益。区域能源利益能够为地方能源利益发展提供一定的指导目标,但各国为追求地方能源利益而忽略区域能源利益的目标。区域能源合作中,地方政府易受机会主义影响,导致区域能源合作冲突不断。[①] 协调区域能源利益与地方能源利益是"一带一路"能源合作法律机制构建必须完成的任务。它们构成能源合作开展的基础,正是基于区域深化能源合作目标以及各国地方政府发展能源经济的需求,成为能源合作法律机制得以构建的动力因素。

第四节 各国法律意识淡漠影响能源合作法律机制构建

●●●

法社会学立场认为法律意识不同于法律心理与法律思想体系。法律心理是法律意识的初级阶段,它是对法律片面的、直观的和零散的反映,缺乏系统性与稳定性,具有强烈的感性色彩,法律意识形态更为成熟与系统化,两者之间存在密切关联,法律心理为法律意识提供了最初的动机与素材。[②] 国际能源合作领域存在着广泛的法律心理活动,如 1962 年联合国大会第 17 届会议通过的《关于自然资源之永久主权宣言》规定了有关能源主权原则的内容,能源主权原则是各国由法律心理逐步发展,通过法律规范肯定下来形成的法律意识。法律心理上升为法律意识需要法学家进行加工。中亚是"一带一路"能源合作的重点区域,也是典型的石化资

---

① 王伟全:《区域一体化、地方利益冲突与利益协调》,载《当代财经》2011 年第 3 期。

② 张昌辉:《法律意识形态的概念分析》,载《法制与社会发展》2008 年第 4 期。

源丰富的发展中国家。虽然我国与中亚能源合作关系不断密切,但中亚各国基于历史习惯等原因,其法律意识长期处于发展的低级阶段。中亚各国以一定的利益追求为价值导向,其价值判断受到本身立法技术、法律人才、法律心理与意识缺乏的制约。它反映了物质层面上对法律思想体系构建的限制。中亚倾向于以政策、政府行政命令等来调整能源合作关系,而缺乏从立法、法律角度规范国际能源合作关系的法律精神。中亚各国参与国际法规制跨国能源合作受到国内保守法律意识形态的影响,因而,它们存在难以融入"一带一路"能源合作法律机制构建的法律心理。缺乏客观性、系统性化、自觉化的法律心理会影响整个能源合作法律机制发展的进程。"一带一路"能源合作法律机制是对旧法律意识形态的继承与发展,从旧法律意识形态逐步转化为新法律意识形态需要经历一定的过渡期,法律意识不同于其他形态的变革,它的形成期不是短暂的而是长时间的缓慢渐进过程。法律意识的转变往往滞后于物质发展的现实情况。

"一带一路"能源合作法律机制是现代化法律意识的体现。法律意识由传统向现代的历史转型过程是多种社会文化因素共同作用的产物。[1] 法律意识现代化的推动力量是对解决自身所面临的问题和挑战进行探究的必然结果,它的现代化过程是内因与外因的结合,外因需要学习和借鉴西方成功的经验,而内因是由国内本民族法律文化衍生而来。"一带一路"能源合作参与国大多数为发展中国家,法律意识的现代化内因不足,如中亚、中东诸国缺少以法律手段规范能源活动的传统习惯,行政化色彩浓厚。同时,在吸取西方外国先进法律意识的现代化经验方面,并不是所有的国家都能将外来法律意识结合国情转化为符合本国特色的能源法律制度。大多数发展中国家由于缺乏高素质法律人才、国民整体法律意识欠缺、立法技术不成熟等问题,它们对外来法律文化的过滤与净化功能较为乏力,法律意识现代化的外因冲击本土法律意识,阵痛式法律意识现代化过程给它们的法律制度发展带来副作用。有意识地探究法律意识现代化的价值内涵与消极影响是构建能源合作法律机制的关键。法律意识现代化的推动因素和阻却因素需要以各国本土法律历史传统为出发点来分析。各国法律意识形态发展程度不同,对能源合作法律体

---

① 刘旺洪:《论法律意识现代化的动力》,载《法学家》2002 年第 2 期。

系兼容差异性的协调功能提出较高要求。"一带一路"能源合作法律机制对旧能源秩序作出调整,并推动旧法律意识形态转向现代化的法律意识形态方向。能源合作法律机制构建需要考虑到现实法律运作过程中的矛盾和低效益,它也是法律意识现代化的重要阻碍因素。[①] 能源合作法律机制作为现代法律意识的重要体现,它的运作效益受到社会主体对法律的信心和信任的直接影响,法律的高效益必须以普遍的法律意识为基础。"一带一路"沿线有关国家数量庞大,以法律手段规范能源合作的能力各有差异,因而,达成普遍法律意识的难度较大。

法律意识作为社会意识的一种,也同其他社会意识一样受到政治、宗教、道德等其他因素的影响。[②] 法律意识同政治意识、经济意识、文化意识、宗教意识、道德意识等社会意识的联系与制约关系,变量多样化增强合作可能性,但各国对能源合作法律机制构建的接受程度也有相应的可变性和不确定性。普遍法律意识是推进能源合作法律机制构建的基础,而现实中的新情况、新问题对法律意识的先进性提出新的要求,与时俱进的法律意识对能源合作法律机制构建起着决定性作用。中亚各国对法律意识能动性和独立性认识不够透彻,没有先进的法律意识,就没有先进的能源合作法律制度。法律意识指导法律制度与规范的制定,法律意识的反作用包括正的促进作用与负的阻碍作用两个方面的内容。世界能源秩序急需通过新的能源合作法律机制激活能源市场的活力,落后法律意识的副作用阻碍统一能源市场秩序的构建,且能源合作中各国经常会产生矛盾与冲突,如果这些冲突与矛盾无法通过合法与公正的途径进行解决,将影响整个能源供应链的循环运作,能源市场价格波动会带动国际关系格局发生剧烈变动。

法律意识形态作为客观的观念形态不会主动发生作用,而是要通过主体的对象性活动达到作用对象的目的。[③] 法律意识依赖于一定的实践活动才能真正发挥其教化作用,而作为法律意识承载者的主体,一方面各国受到主流能源合作法律意识的影响,另一方面本民族的法律文化与法律意识也对整个法律意识形态的产生影响。国际能源合作领域的主流法律意识主要是由西方发达国家所主导,而发展

---

① 刘旺洪:《论法律意识现代化的动力》,载《法学家》2002 年第 2 期。
② 李步云、刘士平:《论法与法律意识》,载《法学研究》2003 年第 4 期。
③ 黄辉:《缺失与建构:法律意识形态主体性反思》,载《比较法研究》2010 年第 2 期。

中国家法律意识受到本国物质因素的制约发展缓慢且缺乏科学的研究与分析方法,在参与国际能源合作时处于劣势。虽然,"一带一路"能源合作法律机制是先进的现代化法律意识,但并不是所有发展中国家都能够迅速接受与融合。各国对外界法律意识的吸收与甄别各有差异,基于不同的立场和认知会采取不同的态度。"一带一路"能源合作法律机制以开放与包容状态对待具有不同法律意识的国家,但各国的封闭性和游离态度是不利于建立动态的普遍法律意识的。从某种意义上来说,法律意识主体受多种变量因子的影响,对能源合作法律机制协调各国法律意识的能力提出更高的要求。

第五节　能源合作法律机制构建成本较高影响其进程

能源贸易、投资等经济活动以能源运输为依托,管道、海上运输、陆上运输等都需要四通八达的基础设施建设为前提。天然气管道铺设、港口建设、公路铁路等运输网络建设需要一定的资金、技术和时间,风险防控是能源合作的关键,能源合作法律机制能够发挥控制风险的作用。能源合作法律机制涉及内容繁多,而有些部分尚未形成系统性规范。

一、能源运输方面

国际社会还尚未有一部统一的国际能源管道运输条约,相关区域跨国管道合作的协议与法律制度存在空白和缺失,这与现实能源合作发展现状脱节。[①] 能源管道运输涉及的法律问题主要有管道运输管辖权、管道运输技术合作、管道运输安全保障、管道运输与环境以及争端解决机制 5 个方面,内容庞杂导致所需法律机制

---

① 韦经建、李若曦:《东北亚能源合作中管道运输领域法律问题研究》,载《当代法学》2012年第 5 期。

构建成本较高,不仅需要考虑到开展能源合作国家之间的利益,还受到其他相关地缘国家的影响。

　　能源运输通道的安全问题一直以来备受关注,马六甲海峡是东亚能源运输生命线,具有经济与军事价值双重属性,而它长期遭受海盗势力的威胁。海峡沿岸国印尼、马来西亚等经济与军事能力有限,防盗反恐机制不允许单方跨境打击,海盗极易流窜于第三国,缺乏多边跨境防盗反恐法律合作机制。① 恐怖主义对能源运输基础设施的破坏威胁着能源安全,它们的活动往往极为隐蔽,在不同国家之间流窜活动。跨国打击恐怖主义对多边合作机制构建提出新要求。防盗反恐机制需投入大量人力、物力甚至一定的技术手段,各国需要对自身部分权利进行协调与让步并承担相应义务,整个机制构建成本较高且难度较大。

二、能源开发方面

　　南海是中国领土的重要组成部分,南海石油资源丰富,战略位置也十分重要,它关乎我国能源开发的核心利益。自从"埃默里报告"出台以来,引发世界对南海资源的渴求,甚至造成日本抢占我国钓鱼岛事件、菲律宾所谓"南海仲裁案"事件等。南海周边国家众多,中国与越南、菲律宾、马来西亚、文莱、印度尼西亚等国家均存在"领土争议"。南海问题的国际化发展趋势,中国对南海共同合作开发受到国际社会的广泛关注。美国、日本对南海有着战略性的政治意图即遏制中国,南海问题就是它们重构亚太秩序的突破口。② 南海成为各国关切的敏感区域,在南海争议区进行石油资源开发与利用会激发有关国家的反制情绪。中国积极倡导南海资源和平共同开发理念,通过法治手段加强与南海周边国家的友好合作。然而,南海周边诸多国家能源合作战略并不是稳定与连续的,菲律宾针对南海问题的态度多变,2011年日本和菲律宾发表的联合声明体现它偏向于美国的态度。而在所谓"南海仲裁案"结束后,中国与菲律宾从激烈的对抗逐步转向为共识与合作。南海

---

　　① 谭民:《中国——东盟能源合作安全及其国际法律保障》,载《云南民族大学学报(哲学社会科学版)》2012年第2期。
　　② 谭民:《中国——东盟能源合作安全及其国际法律保障》,载《云南民族大学学报(哲学社会科学版)》2012年第2期。

争议区域、争议国家不是一一对应的单一关系,局势难以预测加剧了资源开发和利用的复杂度。在尊重国家领土与主权的基础上搁置争议共同开发南海油气资源需要一定规模的合作协议、法律制度等作为支撑,能源合作法律机制能够为能源开发活动提供公正的合作框架。"一带一路"能源合作法律机制的成本结构深受动态变化的多变量因素制约。影响能源开发协议达成的变因不仅包括南海周边诸多的国家行为主体,还受到以美国为首的西方国家战略输出的影响;不仅深受经济因素的影响,更重要的是受到国际政治因素的制约。同时,不仅需要充分利用现有的能源合作国际法原则,如依据《联合国宪章》第 2 条尊重国家主权平等、和平解决争端、禁止使用武力等基本原则,也要不断深化能源合作,改变对话性的合作模式,积极推动能源合作的实质性进展。

三、能源与生态关系方面

能源可持续发展原则是国际能源合作领域的基本国际法原则,其内容包括:促进能源的使用效率以及新能源的利用,加强能源合作尤其是新技术利用上的合作。[①] 传统石化资源在世界能源消费体系中仍占主导地位,相较于新能源的环保性,它对全球生态环境造成一定的危害。能源使用效率与新能源的利用依赖科学技术的发展。各国对新能源技术的财政支持、政策倾斜成为协调能源与生态关系的动力。创新传统能源合作模式和开展能源技术合作的程度直接影响能源改革的效率和成败。为了治理能源过度消耗引发的环境污染问题,"一带一路"沿线国需采取共同行动,改变各国消极不作为的行为方式。各国对传统能源消耗的数量不同导致应当承担的责任也应当有所差异。能源可持续发展原则作为"一带一路"能源法律机制构建的基本原则之一,它要求我国提供新能源技术开发的资金与培养高素质人才。国家财政政策、海外保险制度、跨国税收制度、国际知识产权制度等都是协调能源与生态关系的制度保障,因而需要大量的人、财、物投入"一带一路"能源合作法律机制当中。

---

① 吴晓燕:《上合组织能源合作法律框架初探——以中国为视角的展开》,载《商业时代》2013 年第 27 期。

"一带一路"能源合作法律机制是一个从国内制度到国际制度的多层次、全方位法律制度框架,在推动生态合作方面需要高水平的谈判技术、立法技术、制度构建能力、外交活动等能力要求。同时,它也是一个复合性合作法律机制,由双边与多边合作相结合并逐步推动其向全球性合作制度发展,它的先进性决定了其需要与时俱进不断完善与改革。因而,从长远来看,它所消耗的时间、资金和技术要远高于以往的区域合作法律机制。

四、能源安全方面

全球能源需求持续上涨,国家能源安全关乎国家应对国际能源危机的防风险能力。国家能源安全包括价格稳定、供需多元化、资源公平和可持续利用等方面。[1] 能源安全意味着能源资源在合理价格范围内的可利用性,它对经济现代化发展起着重要作用,在国际关系中扮演着重要的角色。[2] 国际能源安全呈现出全球性,国际社会越来越成为一个相互依赖的整体,各国都深陷于国际能源安全的权利与义务安排之中。

国际能源价格机制有助于抑制国际石油价格的大幅度波动,限制能源输出国利用能源武器干预国际能源价格走势以达到某种政治目的之意图。国际能源价格的倾斜直接关系相关利益方能够获得多大的经济利益,能源价格不稳定为投资商提供了活动空间,造成国际能源秩序的混乱。只有建立健全的国际能源价格机制,才能改变国家注重短期获益而忽视长远利益的视角局限。国家之间相互依赖加深,美国经济危机引发全球能源价格的大幅波动,建立良性运作的国际能源价格机制需要将能源成本、生态破坏社会成本以及政治因素等考虑其中,涉及诸方利益,谈判成本变高,需要各国作出共同的努力与让步。

能源供给保障是国家能源安全的基本目标,而能源使用安全则是国家能源安全的更高目标。[3] 国家建立多元化的国际能源供给体系可以实现国际能源资源的

---

① 于宏源、李威:《创新国际能源机制与国际能源法》,海洋出版社 2010 年版,第 67 页。

② Valentina Vadi, *Energy Security V. Public Health? Nuclear Energy in International Investment Law and Arbitration*, 47 Geo.J.Int'l L. 1069,2016,p.1069.

③ 张波等:《中国能源安全现状及其可持续发展》,载《国土与自然资源研究》2004 年第 3 期。

优势互补,形成统一的国际能源市场。能源供给结构反映一个国家能源供给连续不间断的供应能力,国家保障其公民能源资源的使用权是以人为本理念的具体体现。世界能源分布主要集中于海湾,包括中亚、西西伯利亚、北非、南美等地区。[①]但主要的能源消费国集中在欧洲、东亚、北美等地区。当前,中国、欧盟、美国等都面临着能源资源过度依赖于进口的现实问题。俄罗斯与乌克兰冲突引发欧盟能源短缺,使得欧盟开始注重新能源的开发与利用,以形成能源多元化供给结构。国家能源供给结构的多元化发展依托于国际合作,涉及能源技术转让、能源供给运输、能源投资与能源贸易领域的合作关系。通过构建"一带一路"能源合作法律机制建立国家之间的能源合作互动平台,为各国拓宽能源供给渠道,加强新能源开发与利用技术的跨国合作,成为调整国家能源结构提供制度支撑。建立国际能源供给安全体系是一个缓慢、渐进式的浩大工程。在资源有限的前提下,实现能源资源的供需安全,是构建"一带一路"能源合作法律机制必须解决的问题。

小　结

"一带一路"能源合作法律机制构建并不是一帆风顺,仍面临着诸多困惑。首先,它受到各国法制整体情况的异质性的影响。不同国家的政治发展进程、国家治理体系的演进路径都具有鲜明的异质色彩。由于"一带一路"各国社会制度、经济发展水平、宗教文化、历史背景等不尽相同,我国推动"一带一路"能源合作法律机制时,需要结合各国的具体情况,对各国的国情进行普遍性和特殊性的深入研究和分析,充分考虑各国的承受能力。其次,能源合作中的政治博弈也会影响"一带一路"能源合作法律机制构建。"一带一路"能源合作法律机制建设过程受到政治变量因素的影响,它并不能完全协调国家间政治布局的非兼容性。再次,区域一体化带来的挑战。目前,对区域一体化理论研究偏重于经济、制度、文化等维度,对资源

---

① 胡庆亮:《能源三角地区与中印能源竞争和合作》,载《国际论坛》2005年第9期。

环境、生态保护等反面意义及内容涉及较少。区域一体化最终目标的发展程度不断加深,领域不断扩大,其所涉及的政治因素就会越多,它所要求的制度结构也就更复杂。复次,各国法律意识淡漠影响能源合作法律机制构建。"一带一路"能源合作法律机制是现代化法律意识的体现。"一带一路"能源合作参与国大多数为发展中国家,法律意识的现代化内因不足,同时,它们面对外来法律意识的冲击,并不是所有国家都能将外来法律意识结合国情转化为符合本国特色的法律制度,达成普遍法律意识的难度较大。最后,能源合作法律机制构建成本较高影响其进程。"一带一路"能源合作法律机制是一个从国内制度到国际制度的多层次、全方位法律制度框架,在推动生态合作方面需要高水平的谈判技术、立法技术、制度构建能力、外交活动等能力。从长远来看,它所消耗的时间、资金和技术远高于以往的区域合作法律机制。

第三章
"一带一路"能源合作法律机制构建的机遇

第一节 各国能源合作的强烈愿望 与矛盾需要有序解决

••••

　　一直以来,"一带一路"不是一个实体和具有强制力的机制,它是一个合作发展的理念和倡议,是各国借助其发展共同事业的区域合作平台。它强大的整合功能使得原有能源合作机制增添了新的发展活力。社会心理学的研究表明,行为者在社会上的动机、行为在很大程度上都是由其利益所决定的。[①] 以互利互惠思想为基础淡化国家间的博弈与对抗,真正契合各国自身的实际发展需要。活跃欧亚经济圈,将广大经济发展潜力巨大的国际化地区和国际城市紧密联系在一起,实现区域清洁能源与传统能源的协调统一,助推区域能源合作与发展,形成统筹海陆能源运输与国内能源市场两位一体的大格局。"一带一路"将国际能源产出腹地串联起来,充分发挥带头引领作用,对经济实体、国际能源组织的发展进行保护与协同,增

---

　　① ［美］戴维・迈尔斯:《社会心理学(第8版)》,侯玉波、乐国安、张智勇等译,人民邮电出版社2006年版,第98～102页。

加了能源合作发展机遇。它让参与者在优势互补、相互尊重的新型国际能源合作关系中共享全球公共产品利益。

一、能源资源有限性与分布不均衡性引发合作需求

当前,石油和天然气等不可再生资源仍是最主要的能源资源。能源资源分布不均衡性为国际能源合作创造了可能性,而能源资源的有限性增加了能源合作的紧迫性。能源资源分布不均衡产生了能源开采、能源运输等能源合作关系。地理位置靠近油气资源丰富地区的国家往往具有一定的优势,能源运输风险会降低。相较于2010年以前,对石化能源的消费有所下降,但其依然占据能源消费结构的重要地位。根据专家预测,按目前的消耗量,石油、天然气最多只能维持不到半个世纪,煤炭也只能维持一二百年。[①] 基于各国不断发展自身经济的需要,不可再生资源作为一种有限资源会加剧各国的竞争与冲突,能源资源地理位置不均衡分布引发各国对能源资源的竞相追逐与争夺。能源争端涉及能源活动的各个环节,包括开采、加工、运输、消费,且影响环境、贸易、投资等各个方面。能源争端的有效解决成为各国的共同愿望,而"一带一路"能源合作法律机制是构建稳定的能源合作秩序的有效途径。通过对话与交流等友好的合作形式来减少各国因能源资源有限性与分布不均衡性引发的恶性竞争,从冲突转向合作是国际能源市场秩序稳定发展的明智之举,也是符合各国根本利益的必然选择。

二、国际能源价格非正常波动催生合作愿望

国际能源市场不稳定直接影响国际能源价格的波动情况。国际能源价格的非正常波动将会影响所有的能源活动行为主体,能源消费国与能源输出国都难以逃脱其产生的影响,同时,对整个能源产业供应链造成不利影响,中下游企业都难以消除能源价格大幅波动造成的损失。国际能源市场的不稳定反映国际能源市场体系存在一定的缺陷,亟须通过合作的形式来消除其带来的负面影响。能源消费国与能源输出国追求的价格目标具有对抗性,中东国家是主要的油气资源输出国,追

---

① 杨解君:《国际能源合作与国际能源法》,世界图书出版广东有限公司2013年版,第31页。

求石油高昂的石油价格是它们的经济目标,而美国等能源消费大国希望维持石油价格的低廉,从而降低经济发展的成本。美国为实现能源价格目标,凭借优势地位和经济实力对石油市场施加影响力,进而影响整个能源价格体系,而中东等弱势的能源输出国为了维护自身的利益,结成利益集团来缓和美国对能源价格的冲击。建立稳定的国际能源市场需要平衡各方的能源利益和能源需求,多元化的能源出口与能源进口结构能够减少各国对同一能源供应地的依赖性,缓和国际能源价格的大幅波动所造成的经济损失。

三、能源可持续发展意识增强刺激能源合作需要

目前,人类所消耗的能源超过 80% 来自石化资源,石化资源为推动世界经济发展做出重大贡献,但石化资源的大规模使用所造成的环境污染问题已经危害人类赖以生存的自然生态系统。由于石化资源储量有限,不能满足人类日益剧增能源需求,同时,石化资源大规模燃烧会排放出温室气体,全球气候问题成为国际社会不得不采取措施抑制事态进一步恶化的根本威胁。国际社会逐渐意识到世界能源消费结构过度依赖石化资源造成环境破坏不利于人类生存可持续发展。世界能源结构亟待调整,各国更加注重核能、水电、风能、生物质能等清洁能源的开发与利用,通过改变能源结构以实现经济发展与生态环境的和谐。能源可持续发展原则成为国际能源合作的基本原则之一,该原则强调能源与生态之间的平衡关系,不能因为片面追求能源资源所带来的经济利益,而忽视因过度使用能源资源造成的环境损害。能源可持续发展原则并不是某个国家的责任与担当,而应当是全人类应当坚持的基本原则。"一带一路"能源合作法律机制为保障能源资源的持续供给普惠人类及其后代提供合作平台,对促进经济与生态之间的协调一致发挥着积极作用。解决能源资源过度使用造成的大气污染具有全球性,需要各国达成合作的合意来共同治理。

四、平衡能源利益体的关系激发能源合作的愿望

发展中国家在过去 30 多年的时间,能源消费总量不断增加,这与它们经济体量在世界经济总体比例中逐步上升密切相关。相较于发展中国家,发达国家能源

消费量的增长速度较为缓慢,但其能源消费量仍是一个庞大的数量。中国是最大的发展中国家,石油对外依存度超过 50%,石油大量依赖进口满足内需。美国作为世界最大的经济实体,其对能源资源的需求量停留在较高的数值。中国、印度等新兴大国对能源资源的需求量增加,对美国能源市场的持续供给能力造成一定的压力。石化资源的有限性决定了能源市场供给量无法满足世界能源消费量跨越式增长趋势,因而国际能源活动摩擦不断。国际能源市场的自发性与盲目性会引发大量的投机行为,扰乱世界能源市场秩序,导致能源资源无法在全球范围内实现正常的资源流动与优化配置。为了平衡不同能源利益体之间的能源利益,以合作的方式开展国际能源合作能够缓和能源消费市场过度紧张的供应需求。"一带一路"能源合作法律机制能够平衡能源利益关系,保障有限的能源资源在全球范围内进行合理的分配,满足各国保障能源安全和发展经济的需求。

五、"一带一路"倡议激发能源合作的现实需求

"一带一路"能源合作法律机制承继"一带一路"开放性和普惠性的核心理念,主张"亲、诚、惠、容"的友邻观,将世界各国联结在一起,共同创造能源发展空间。"一带一路"能源合作法律机制是巩固中国负责任大国形象的重要平台。它运用协调和平衡功能将利益需求各异的国家整合在一起寻求共同利益,在中国与世界之间架起沟通的桥梁并提供对话平台,以"求同存异"的思维减少"安全困境"[1]带来的负面影响。中国与"一带一路"沿线国家建立友好合作伙伴关系,不以争夺话语权、进行"霸权主义"扩张为目的,这真正符合各国开展能源合作的愿景。"一带一路"能源合作法律机制构建有助于实现各国能源资源的优势互补,为全球经济发展提供新驱动力,预防能源合作中的博弈与投机心理,协调长远利益与眼前利益、整体与局部利益的关系。

"丝绸之路经济带"途经能源资源丰富的俄罗斯、中亚等国家和地区,"21世纪海上丝绸之路"则通过印度洋到达中东地区,其试图将内陆国家和海洋国家、能源

---

① 一个国家为了保障自身安全而采取的措施,反而会降低其他国家的安全感,从而导致该国自身更加不安全的现象。

输出国与能源消费国相联系。"一带一路"充分关注各国的发展诉求,因而它能覆盖众多地区,这为我国能源合作带了机遇。"一带一路"能源合作方式多元化、合作主体广泛,它的优势在于促进国际能源资源的充分流动,实现能源资源的优化配置,稳定国际能源价格,维护国家能源安全。我国有 14 个邻国,可以利用地缘政治的优势,整合邻国之间能源合作共识与愿望。"'一带一路'超越地缘政治,开创包容、均衡、普惠的合作架构,反映了 21 世纪的时代诉求。"①当前,在出现全球治理赤字的情况下,国际社会对全球能源治理的需求日益凸显。各国饱受全球治理赤字危害,它们渴望加强国家间的能源合作,打破能源市场供需区域发展不平稳的局势。我国推进"一带一路"能源合作法律机制有利于改变传统的国家治理即霸权治理的现状,建立新的国际能源秩序和国际能源合作,并缓解全球经济发展颓势。通过签订双边、多边协议等方式,建立相应的能源合作法律机制,保障能源合作顺利进行,减少能源消费国之间的摩擦,避免大国之间因能源需求不同而引发的恶性竞争,稳定国际能源价格和防止全球金融危机。以"求同存异""共赢多赢"理念为基础,加强国家建构能力,特别是对法律制度的建构。

"中国与国际体系是双向社会化的关系。"②借助"一带一路"倡议实施能源合作"走出去"与"引进来"战略,将我国核能等清洁能源进行技术出口并引进我国需求量巨大的油气能源,促进能源资源要素在市场与市场之间的自由流动,"一带一路"在制度、地理与理念上拉近了参与者彼此之间的距离,建立共同认知和理念以形成对能源合作法律机制的积极认同,使各国能更好地融入能源合作网络体系,提升合作内涵的质量和实效。复合性的能源资源安全命运共同体构建,促使面临全球变暖等环境恶化问题时,能够借助"一带一路"互信互通的信息平台机制使全球共同治理问题得以在循序渐进的基础上取得实质性进展。"一带一路"能源合作法律机制的目的和作用,与各国协调能源合作和冲突关系以及保护能源资源核心利益的愿望是一致的。

以印度为例,中国和印度都面临着共同的国情,即人口数量大和发展中国家。

① 王义桅:《"一带一路"中国崛起的天下担当》,人民出版社 2017 年版,第 121 页。
② 朱立群:《中国与国际体系:双向社会化的实践逻辑》,载《外交评论》2012 年第 1 期。

中国与印度在对能源资源消费需求数量庞大,印度石油对外依存度高达70％,而我国石油对外依存度高达60％。两国在地理位置上都与中亚、西亚等重要石油产出国相近,均试图扩大自身在中东和中亚地区的能源合作影响力。中印在"一带一路"能源合作领域中的竞争和矛盾正是产生于两者发展能源利益的共同希望和需求。这恰好能够成为两国扩展能源合作领域、管控能源安全风险的机遇。两国在能源领域共同面临诸多挑战,两国能源进口对外依存度高且能源结构单一;海上能源通道面临海盗、自然灾害等非传统安全威胁;新能源利用技术仍需提高;发展经济与环境保护之间矛盾亟待解决等等。[1] 中印可以选择在保障能源安全、加强新能源技术合作等关键领域展开合作,在"一带一路"框架下扩大共同利益,而不是竞争升级进行"零和"合作。中印均是新兴大国,在全球能源治理中理应为推动亚洲能源供给的协调提供助力,深化各国相互依赖水平,为亚洲安全做出贡献。

第二节　各国提升国际能源合作话语权的有效途径

●　●　●

党的十八届五中全会公报明确指出要"提高我国在全球经济治理中的制度性话语权"。"制度性话语权"正式成为我国参与全球治理的战略目标。"一带一路"作为"中国方案",是我国推进全球治理体系变革的重要举措,是我国提升制度性话语权的关键抓手。话语权问题一直以来是一个国家对外影响力和对国际事务的支配程度的集中体现。[2] 长期以来,话语权掌握在少数西方发达国家手中。对比中国作为一个负责任的大国致力于解决因全球化引发的全球治理问题而采取的积极态度,这些西方国家更倾向于满足自身利益。我国若要突破改革迷失的现状,就急需打破西方话语霸权的局势。"制度性话语权建设是中国推动全球治理转型和建

---

[1] 杨晨曦:《"一带一路"区域能源合作中的大国因素及应对策略》,载《国际政治与经济》2014年第4期。

[2] 吴贤军:《中国国际话语权构建:理论、现状和路径》,复旦大学出版社2017年版,第12页。

立新型全球治理秩序的重要途径和手段。"①全球治理与制度化话语权密切相关，"一带一路"发展战略是中国应对全球治理赤字而提出符合国家普遍利益的中国方案，它是中国制度自信和理论自信的外化形式。中国将为世界公共产品输出注入新鲜血液。国际关系法治化的发展进程决定了中国提高话语权必须建立自己国际法体系，从国际制度"搭便车"的角色设定转向为创新国际制度的引领者与推动者。"一带一路"倡议具有高参与度、公正性、开放性和透明性的表现形式，在此基础上对能源合作法律机制进行创新、整合与发展，拉近各国之间的距离，密切联系。我们需要清醒地认识到，国际社会逐步转向为一个以规范为导向的世界秩序，掌握制度话语权是中国立足于世界民族之林的关键。坚持"一带一路"倡议，增强国际竞争力需要依托于国际制度话语权，统筹国内国际两个大局。

一、"一带一路"能源合作制度话语权的内涵

话语权将话语当作是权力的一种载体和表达方式。在国际合作领域，通过话语权的形式来表达一个国家的理念和主张更容易被其他国家所接受与认同。话语权是国家用以表达自己利益诉求，开展国际能源合作的载体。话语权在国际法意义上是国家权力的外化，它能够以更为缓和的非暴力的方式表达国家与国际组织的思想。但每个国家掌握国际话语权的能力并非完全平等的，各国借助话语权对国际制度构建产生影响力与控制力也不是完全一致的。这种影响力与控制力并不是直接控制其他国际行为主体的活动，而是一种间接左右其他国际行为主体活动的实际能力。根据话语权产生的机理可分为"经济（物质）话语权""制度话语权"以及"文化话语权"。从三者的关系上来看，经济话语权是制度话语权与文化话语权的基础，物质性是经济话语权的基本属性，其是处于最低层次的话语权，这三层次的话语权依次所蕴含的力量依次增加相互依存又可独立存在。② 法国哲学家福柯在其文《话语的秩序》中就提出"话语就是人们斗争的手段和目的。话语是权力，人

---

① 王明国：《全球治理转型与中国的制度性话语权提升》，载《当代世界》2017 年第 2 期。

② 陈宗权等：《"一带一路"建设与中国国际话语权提升》，西南财经大学出版社 2017 年版，第 23 页。

通过话语赋予自己以权力"。话语权对于一个国家和其他国际行为主体而言,它是一种权力而并非权利,它是国家提升国际影响力的重要手段,是国家软实力的基本要素之一。话语权是一种稀缺资源,掌握国际话语权能够为国家提供更为有利的发展空间与制度环境。国际能源话语权长期掌握在以美国为首的发达国家手中,特别是能源制度话语权向美国倾斜,话语权的不平衡发展不能满足新兴的发展中大国经济、政治、科技、文化实力不断提升的现实需要。国际话语权重构成为迫在眉睫的必然趋势。制度话语权作为话语权的一种类型,也是国家权力而并非国家权利的体现。发展中国家追求制度话语权的重构意味着已经形成的国际规范和国际体系将遭受冲击。维持国际秩序的稳定需要国际法来分配主权国家的权利关系,但是现代国际关系仍受到国家权力的影响,制度话语权将国家权力置于国际规则的框架下来研究,因而能够更好地为"一带一路"能源合作法律机制构建提供指导。

国际决策从秘密外交的时代逐步走向公开透明,建立公平与公开的国际秩序需要扩大公众参与度,除了满足大国的利益需求以外,需要关注小国的代表权、参与权与决策权。国际话语权的构建应当兼顾各方主体的利益,在内容设置上也应当更为全面,建立较为开放与公平的话语平台机制。"一带一路"能源合作法律机制是中国为重构国际话语权做出的一次努力与尝试。"一带一路"能源合作法律机制的基本主体是中国,其他国家与国际组织通过积极参与相关活动成为重要的话语权主体,共同推动公平、合理、开放的国际能源制度话语权构建。"一带一路"能源合作法律机制的话语权内容包括"一带一路"倡议、全球治理思想、中国特色社会主义法治思想、人类命运共同体理论等中国文化,以及平等互利、公平合理、可持续发展等理念作为价值内涵。"一带一路"能源合作法律机制能够为国际行为主体提供话语平台机制,包括沟通与对话机制、合作协调机制、争端解决机制等,同时,该话语平台具有开放性,不同利益主体均能在该平台下根据权力构建话语权与传播话语权,是一个更为公平、开放、透明的制度话语权体系。

"一带一路"能源合作法律机制并不是空中楼阁而是切实可行的,拥有雄厚的经济实力以及突飞猛进的技术发展是它受到各国积极响应的现实基础。一般性而言,掌握经济话语权的国家更容易推动国际制度的构建。我国是世界第二大经济实体有坚实的物质性力量,当然,拥有经济话语权并不意味着制度话语权的必然存在,而只是一种更高的可能性。在面对纷繁复杂的国际竞争和政治博弈的大环境中,我国拥有强大的实力参与制度设计。制度性话语权在强调权力的同时,也强调权力的合法性。在国际上,制度性话语权来自一国参与国际体系而获得的法律地位,比如,中国加入世界贸易组织后获得了参与全球经济治理的权力。而中国与"一带一路"沿线国家签署双边或者区域协定,以及"一带一路"倡议写入《青岛宣言》,构成了"一带一路"话语权构建的制度基础。

二、中国争取能源合作话语权的发展进程

全球话语权格局背后体现的是各国经济实力、制度能力、文化力量之间的强弱对比。发展中国家经济实力壮大推动世界能源格局发生深刻变化,现有全球话语权格局也受到该变化所带来的影响。金融危机爆发冲击世界能源市场秩序,美国通过美元与石油价格挂钩而掌握能源话语霸权的局面开始被动摇,在国际能源合作领域的话语权格局遭受实践困境。新兴发展中国家在过去长期处于全球话语权体系的边缘地带,自身实力的提升与在国际能源合作中拥有的话语权不匹配,它们开始谋求和争取自己合理的话语权,这势必会冲击西方发达国家已经建立起来的话语霸权体系,对现有话语权体系的冲击会引发与西方发达国家的对抗与冲突,这将不利于国际能源市场的稳定发展。

中国作为一个发展中大国,与其他发展中国家一样致力于改变全球话语权体系的不平等状况。"一带一路"能源合作法律机制作为中国提升制度话语权构建能力的重要标志,它以共商、共建、共享为价值追求,以人类命运共同体为精神指导,强调建立一个包容并进、互利共赢的能源话语权体系。世界权力结构多极化的发展趋势也在影响全球话语权格局的发展模式,传统以西方发达国家为中心的话语权体系正在随之发生深刻的变化。国际话语权的霸权体系正在逐步瓦解,一方面是新兴经济实体的不断崛起,为满足自身国际能源合作的需求以打破霸权式的话语权体系;另一方面,多元化价值理念伴随全球化的趋势逐步被国际社会所接受,相互包容与相互合作的良性话语权格局才能真正推动国际能源合作的嵌入式深化发展。

从中国参与国际能源合作的历史进程来看,呈现出渐进式的特点,由消极被动向积极主动的态势发展。[①] 中国积极参与国际能源合作寻求更多话语权以及稳定话语权立场,将话语权的强势渗透力纳入整个国际能源多边合作机制当中,塑造新的国际形象以实现我国的能源安全的目标。霸权式制度话语权限制国际公共产品的对外输出,制度运行效率和制度结构优化也将受限。[②] 随着国际能源合作关系相互依赖渗透式的发展,制度话语权在世界能源市场中成为国家间相互牵制的工具。各国表达和争夺话语权的冲突可能会导致矛盾的激化,过度竞争的结果导致制度过剩及资源浪费。化解话语权恶性争夺可以通过构建"一带一路"能源合作法律机制的手段来实现,借助良性的能源制度竞争形成相容性的制度供给结构。"维系国家间关系的规范与制度纽带越强大,国家间关系就越密切,国家防止体系解体的利害关系就更大,国家就有更多的途径防止冲突失控并解决冲突。"[③]

我国能源法经历了一个从无到有的过程,在国际法专业领域中起步较晚。基于我国在能源"走出去"与"引进来"议程设置上制度话语权战略构建的实际需求,智库作为我国提升话语权的核心力量,直接作用于我国能源合作活动的开展。我国谋求制度话语权并不意味着要完全舍弃已有的国际制度与规则,相反需要将新旧制度进行无缝衔接。一国的制度话语权是否成功受到广泛的认可受制于其他国家接受程度和信任程度。"一带一路"能源合作法律机制是一个从量变到质变的发展过程,循序渐进的节奏以及"和而不同""共同发展""相互尊重"等价值理念,与制度话语权自然发展路径相吻合。它顺应发展中国家改变现有制度话语权高度集中的实际需要,矫正世界能源权力结构分配体系失衡的现状。

"国际议题的设置,既是国际话语权强弱的直观表现,也是国际话语权竞争的重要途径。"[④]中国日益提升的国际影响力,与它在处理国际事务与国际议题博弈

---

① 田野:《中国参与国际合作的制度设计:一种比较制度分析》,社会科学文献出版社·当代世界出版分社 2017 年版,第 7 页。

② 李巍:《国际秩序转型与现实制度主义理论的生成》,载《外交评论》2016 年第 1 期。

③ [美]小约瑟夫·奈、[加拿大]戴维·韦尔奇:《理解全球冲突与合作:理论与历史》,张小明译,上海人民出版社 2012 年版,第 58 页。

④ 张志洲:《提升学术话语权与中国的话语体系构建》,载《红旗文稿》2012 年第 13 期。

中表现出相对弱势地位不相符。据统计,中国主导制定国际标准的数量仅占国际标准总数的 0.7％。① 中国一直以来都是国际制度的积极参与者与促进者,从模仿探索不断进化认知进行复杂的学习和实践。在"一带一路"倡议中,我国作为设计者的身份出现,衔接新能源合作法律制度形成与旧能源合作法律制度改革之间的关系,协调复杂的各国国家利益和国家关系以应对随时可能产生的突发新情况、新挑战。

三、通过构建"一带一路"能源合作法律机制提升话语权的必要性

话语权作为一个国家软实力的重要组成部分,是提升国家国际影响力的必然要求。制度话语权强调通过规则与制度来对其他国际行为主体产生影响的权力,它反映了一个国家的制度建构能力和治理能力。以大国权力为基础的国际能源秩序,催生民主赤字问题,国际规则的制定权掌握在少数国家手中,小国利益逐渐被边缘化,国际规则处于表面上的稳定。国际规则受到破坏,国际能源机制无法保障相关法规的顺利实施与执行。

中国经济体量位居世界第二,但制度话语权并没有与我国经济实力的增长相匹配,国际能源规范与制度仍建立在霸权权力导向之中。2011 年美国"重返亚太战略"是对中国发展的遏制战略,中国通过提升制度话语权能力建立良善的国际能源规范与制度,将能源合作纳入稳定与明确的规范体系中,这能够减轻我国的经济发展阻力,在更为公平与合理的制度框架下化解矛盾。"一带一路"能源合作法律机制能够在维护现有合理与公正的国际规则与制度体系的前提下,推进新的国际能源合作内容,制定新的国际能源合作规范与规则,改变世界能源领域的话语霸权对发展中国家的压制和敌视。随着我国物质实力的提升、经济话语权的供给力量增强,国际权力格局也发生了巨大的变化。在旧的国际制度体系结构上仍然是西方的大国决定着能源制度话语权的逻辑内涵,包容性的欠缺将限制国际成员多元化利益诉求的表达。国际能源合作关系是建立在广泛共识上的多边合作,这就要求相关国际能源法治应当是公平和民主的,但面对一系列的能源治理问题,许多国

---

① 支树平:《提升中国标准,促进世界联通》,载《人民日报》2015 年 10 月 14 日第 13 版。

际议程设置的规则和话语权掌握在少数西方国家手中,它们对能源市场治理体系的态度是消极的,它们致力于从能源市场中攫取更多利益而不是解决实际问题。我国与大多数发展中国家从融入国际能源合作制度的被动接受者转变为寻求制度话语权的引领者。代表人类共同利益的制度话语权,以一种有效的方式进行传播,可以消除对"一带一路"能源合作法律机制的质疑。我国能源外部环境恶劣深受传统能源制度架构的影响,西方国家一直利用能源安全问题挤压我在国际社会中的生存空间。"一带一路"能源合作法律机制是我国改善能源发展外部环境的有效措施,也是中国努力为世界各国提供具有包容性和普惠性国际公共产品的尝试。

通过"一带一路"能源合作法律机制构建提升我国的制度话语权能力是我国应对全球治理赤字的必然选择,它将理论与实践结合,关注国家层面的合作也强调国际组织的促进作用,以双边、多边、区域的多种形式开展国际能源合作,并逐步发展成为全球性能源合作新秩序,建立共商、共建、共享的制度话语权体系,打破西方国家的话语霸权的压制环境。中国石油资源长期依赖于进口,这与我国能源资源缺乏,而国内石油资源消耗量大幅度超过石油供给量。作为能源净进口国,中国将长期面临能源供给安全的问题,特别是因为能源价格波动而带来的能源供给风险。我国能源安全问题严峻源自于缺乏稳定性和规范性的制度话语权体系,我国所倡导的"一带一路"能源合作的法治理念并没有通过话语权的形式渗透到国际规则与制度当中,形成有影响力的能源合作法律框架体系。以话语权为依托构建起来的"一带一路"能源合作法律机制,能够以更为缓和的方式为国际社会所接受,形成具有认同的价值体系与规则。

制度话语权之争关系国际秩序的重新建构,它具有政治、经济、社会、科技文化制度等多样化的内容结构。[①] 世界经济呈现出全面放缓的态势,全球优质能源法律政策制度溢出效应不足,各国对于世界经济增长的贡献率降低,大国的能源竞争已经从传统的力量竞争模式转为制度竞争。中国政府应当更加积极地参与国际能源规范的制定活动,从相对被动的规则接受者转变为更加主动的规则制定者和参

---

① 苏长和:《探索提高我国制度性话语权的有效路径》,载《党建》2016 年第 4 期。

与者。① 优质的国际能源制度是人类共同的财富，我国需要在价值创新的基础之上对原有的能源合作法律制度进行扬弃，从受动角色转变为主动的制度输出者，在能源合作中抢占先机。能源资源是国家工业发展的基础，"一带一路"为能源主要供应地与能源消费大国提供了合作的平台，优势互补的潜力巨大。但从本质上看，各国能源结构和经济结构呈现参差不齐的状态，合作受限。而且能源输出国与能源消费国之间的博弈是客观存在的，能源资源充裕的国家力图寻求资源出口的多元化以维持能源价格的稳定和长期的利润收入，并从能源价格定价方面获得一定的话语权，而能源进口国迫切需要能源进口来源稳定和资源充足，能源区域制度合作能够协调双方在能源供求关系的利益平衡。"一带一路"能源合作法律机制针对能源领域建立畅通的沟通平台，逐步推动区域性的能源利益共同体向为人类命运共同体发展。区域性制度话语权是全球性能源制度构建的必经阶段。在深入研究"一带一路"沿线国能源法律制度的基础之上，建立具有普适性的法律思维和法律逻辑，并使之与区域间制度合作实践进行紧密衔接，以坚实的制度话语权的基础作为我国在能源领域动态发展的保护盾。

四、提升国际能源合作制度话语权的中国选择

表明中国构建"一带一路"能源合作法律机制的国家态度。中国不同于西方帝国主义掠夺式的发展模式，我国坚持和平发展道路，不参与世界霸权的争夺，始终坚持中国特色社会主义法治建设的正确方向。"一带一路"倡议反映我国处理国际关系，开展国际能源合作的基本立场。在国际能源合作中形成具有自身特点的判断与认识，不盲目跟随西方大国的国际能源法律制度体系的建构经验。而是有所选择地吸收与舍弃，建立符合中国国情与人类共同利益的能源合作法律机制。明确国际能源合作法律实践的良善与丑恶，形成中国自己的话语权体系。结合国际能源法律体系的整体情况、特点，注重各国法律制度的协调与整合，推动"一带一路"能源合作法律机制成为真正利于国际能源实践活动的有力保障。明确中国的

---

① 王子研、罗超、李何佳：《国际法治的革新者：中国的角色转换与策略》，载《武大国际法评论》2012 年第 1 期。

态度有利于消除国际社会对"一带一路"倡议的猜忌与误解,使得更多的国家参与到"一带一路"能源合作法律机制建设中来,让"一带一路"倡议成为普惠世界的合作框架。

　　寻求符合中国价值取向的能源法治化道路。坚持以人为本的国际法治价值取向,建立规则导向的国际能源合作法律机制,将善治与良法融入全球治理的大环境中。从宏观核心原则与理论到微观的具体国际法规范,通过构建"一带一路"能源合作法律机制实现国际法的制度创新。结合中国问题与世界问题,将中国利益与人类共同的利益联结,形成具有中国特色国际能源合作法律制度体系。"一带一路"倡议是中国话语权的表达形式,反映中国文化与中国利益,但其不仅仅只是中国的发展战略,也是世界的发展契机。国际能源合作法律机制不能单向发展,只有允许和鼓励不同的文化传统和地域分别表达其国际秩序的主张,并使国际社会有机会充分在相互竞争的主张之间选择和平衡,才有可能出现真正健康的国际合作能源法律体系。[1] 中国积极拓展能源合作模式,开展双边、多边、区域和全球性能源合作,加强与国际能源组织之间的合作与交流。中国提升在国际能源领域的制度话语权需要坚持人本主义的核心价值,这是实现人类命运共同体最终目标的必然选择。国际能源合作法治化不仅是简单地建立相应的国际法律与规范,而是这些法律与规范是良善的,并得到较好的实施。

第三节　能源合作法律环境需要制度改善

●●●

　　资源主导的国家经济发展模式,能源成为我国经济发展的重要支柱。[2] "一带一路"能源合作法律机制构建直接体现各国政府对能源合作的共同管理与协调,它推动无序能源合作转向为有序合作。制度化与规范化的能源合作法律环境能够降

---

①　何志鹏:《国际法治论》,北京大学出版社 2016 年版,第 298 页。
②　任洪涛、黄锡生:《生态文明视阈下的能源法律制度研究》,载《广西社会科学》2014 年第3 期。

低能源合作成本。我国对外贸易90％需要通过海上运输,其中我国能源运输严重依赖海运,"一带一路"能源合作法律机制推动建立多渠道的能源通道,改变了我国长期依赖海运单一点状结构模式,形成海陆结合的全新能源合作构架法律机制以及全球性的价值合作链,为我国能源安全提供法治保障。

一、中国与重要国际组织能源合作法律制度环境

最初国际能源合作组织成立的目的之一就是使得能源合作秩序化,国家之间过度争夺能源资源只会加剧矛盾与冲突,国际能源组织在国际能源供求格局深刻变化的背景下应运而生。中东各国为保护自身利益,渴求能够在能源市场上持续获利的优势,于是它们组成了石油输出国组织(OPEC),其宗旨主要是维持能源市场价格的高昂。发达国家因第二产业发展需要对石油能源消耗数量巨大。石油输出国控制国际石油价格的行为明显损害其利益,石油消费国为维护自身的战略利益进行联合,于是它们组成相应的国际能源机构(IEA),形成与石油输出国组织(OPEC)相互制约的局面。国际原子能机构(IAEA)是唯一一个具有全球性的国际能源组织,但它主要关注的对象仅仅是原子能一种能源,对于其他能源并不在其调整的范围之内。虽然明确规定了促进民用核能的发展,但国际原子能机构主要内容是对军用核能的规范。由此可见,目前的国际能源组织都具有不可忽视的缺点即不具有普遍协调能源合作的功能,其仅仅是某些利益集团之间的结合,或是某个领域的局部合作,并不具有从根源上促进世界能源活动关系的规范。国际集体能源安全单纯依靠国际组织之间的制衡关系是全球性国际能源合作法律机制缺位的外在表现。影响国际能源安全的因素由传统的安全问题向非传统安全问题发展,因能源消耗引发的环境治理失灵以及各国寻求能源合作的内在驱动力增强。从对抗向合作的转变使得旧的国际能源机制已经不能满足能源输出国与能源消费国、工业大国与新兴工业国家之间不同诉求的现实需要。因此,改革现有的能源合作机制是当前突破能源治理困境的关键。

(一)中国与石油输出国组织的合作

石油输出国组织于20世纪60年代由委内瑞拉、伊朗、伊拉克、科威特和沙特阿拉伯建立,后卡塔尔、利比亚等国家加入。石油输出国组织的宗旨是协调和统一

各成员国的石油政策,并确定以最适合的手段维护其各自和共同的利益。OPEC主要代表的是石油输出国的利益,近几年来多次用石油价格的暴涨来抗衡美国等西方发达国家的能源霸权,为调整世界能源权力格局发挥重要作用,平衡着石油输出国与石油消费国之间的矛盾与冲突。2005年以前,中国与OPEC在官方交流上处于完全空白的状态,直到2005年12月,OPEC轮值主席法赫德访华,从此,双方建立定期对话机制。2006年4月,双方举行了第一次中国一石油输出国组织能源圆桌会议。经过中国的不懈努力,我国与OPEC主要产油国之间建立合作关系。虽然,OPEC成员国与中国之间的合作从满足中国的石油需求逐步发展到对石油投资、贸易和战略石油储备等问题的商讨,但从总体上来看,相关合作较为集中于下游产业,而中国对上游环节的能源合作较少。OPEC在一定程度上能够阻止资本主义国家对其能源主权的侵扰,但仍面临着转变经济发展过度依赖石油出口的结构转型压力。而OPEC设立目标单一性,以及成员国为主要的石油输出国,主体缺乏广泛性,OPEC成员国改变经济结构的现实需求无法通过该组织所提供的平台机制得以实现。

（二）中国与国际能源署的合作

国际能源署是经济合作与发展组织为应对能源危机于1974年设立的,最初成立的目的是应对能源供给价格的大幅波动而引发的能源供给安全问题。它是目前范围最广、多边合作最成功的国际能源组织。国际能源署现有28个成员国:澳大利亚、奥地利、比利时、加拿大、捷克、丹麦、芬兰、法国、德国、希腊、匈牙利、爱尔兰、意大利、日本、韩国、卢森堡、荷兰、新西兰、挪威、葡萄牙、西班牙、瑞典、瑞士、斯洛伐克、波兰、土耳其、英国、美国。2015年,我国签署了新的《国际能源宪章宣言》,从受邀观察员国变为签约观察员国。国际能源署和中国国家能源局（NEA）在各种关键能源领域问题上扩大合作,包括石油应急管理和储备、天然气基础设施、多种可再生能源的并网整合、能源效率和技术创新,国际能源署与中国国家能源局的合作范围与程度更加深入,推进了全球能源对话进程的发展。[1]

---

① 王娟:《国际能源署(IEA)和中国建立广泛、深入的合作关系》,载《天然气勘探与开发》2018年第1期。

虽然,中国积极推进与国际能源署建立紧密联系,但是中国仍不是该组织的成员,这与国际能源署的"俱乐部"性质密切相关,国际能源署的成员国主要是经济合作与发展组织的成员国,它代表的是主要能源消费国中发达国家的利益。根据《国际能源展望》报告预计,从 2015 年至 2040 年,全球能源消费将增长大约 28%,而主要驱动力来自非经合组织国家,在这段时间的能源消费量增幅中,大约 60% 将来自亚洲非经合组织国家。目前,中国与国际能源署之间的合作大多为对话性的,它发布的资料与经验对我国能源发展有一定的借鉴意义。中国作为能源消费大国,中国与国际能源署之间的合作不断深入,有利于整个世界能源格局向绿色、健康的方向发展,促进国际能源供给可持续性与安全性。中国致力于治理空气污染问题并在国家"十三五"规划中制定可再生能源发展目标,我国在引领全球气候变化问题上做出重要贡献。国际能源署 2017 年 10 月 4 日发布的报告称,2016 年全球太阳能光伏产量新增 50%,其中中国贡献过半,未来 5 年,中国仍将是全球可再生能源增长无可争辩的领导者。[①]

（三）中国与八国集团会议的合作

八国集团会议（G8）包括八大工业国：美国、英国、法国、德国、意大利、加拿大、日本、俄罗斯。八国集团由七国集团发展而成,俄罗斯并未成为八国集团完全平等的成员。八国集团成立之初主要针对共同应对经济危机问题,而议题逐步扩展到能源、生态、安全等内容,其中 2008 年八国集团首脑会议就温室气体减排问题达成一致,并达成共同实现 2050 年温室气体排放量减半的目标声明。自 2003 年以来,中国一直保持与八国集团之间的密切联系,就能源安全、气候变化等问题进行交流与合作。虽然,八国集团在全球治理体系中发挥重要作用,但是仍缺乏全球性发展模式的统一构建,其议题设置较多地反映了西方工业发达国家的诉求,而并不能完全考虑到发展中国家的发展需要,缺乏全球性参与的合作形式,并不能真正实现国际能源合作格局的稳定与可持续性发展。中国、印度等新兴大国的崛起推动八国集团决策执行,推动八国集团的变革与发展。

---

① 新华网:《国际能源署称中国引领全球可再生能源增长》,载《宁波节能》2017 年第 6 期。

二、中国与区域能源合作法律制度环境

(一)中国与东北亚地区

中国与东北亚地区的能源合作是推动区域能源市场一体化的必然要求。2002年第八次国际能源论坛上,东盟和中日韩三国发表了《日、中、韩与东盟国家间的能源合作》的声明,该声明通过加强区域能源合作以维护国家的能源安全。东北亚国家特别是中日韩三国,在地域上紧密联系,经贸往来、能源合作频繁,中日韩均是重要的能源消费国,而俄罗斯是该地区的主要能源输出国。俄罗斯把中、日、韩作为经济全球化和区域集团化日益发展的主要的能源合作伙伴。[①] 2006年3月,中俄两国签署了联合声明,加强两国企业的油气开发活动。通过加强中日韩俄四国之间的合作将亚太地区能源资源进行整合,建立稳定的能源供应链,维护区域能源安全。与欧盟和北美能源安全合作机制不同,东北亚能源安全合作机制尚未建立,原因有:一是大国博弈对东北亚地区能源合作的影响;二是东北亚地区能源需求国之间竞争大于合作,能源供应国与需求国之间缺乏持续且稳定的能源贸易及投资;三是东北亚地区的能源基础设施不完善;四是东北亚地区部分国家之间存在历史及领土主权问题。[②] 东北亚地区各国有着互补的能源需求以及共同利益,它们已经在近海能源开发、清洁能源项目建设、打击海盗等开展合作。政治互信、地区能源机制建设、清洁能源合作的溢出效应是东北亚地区能源合作的基石。[③] "一带一路"倡议致力于建立各国之间的政治互信,通过基础设施建设实现东北亚地区的互联互通,打破能源合作物理空间的阻碍。东北亚地区的天然气供应国主要是俄罗斯,中日韩对天然气供给市场的争夺加剧该区域能源合作的矛盾,不利于东北亚地区能源合作法律机制的构建。

---

① 韩立华:《保障东北亚地区能源安全必须走多边合作之路》,载《俄罗斯中亚东欧市场》2005年第6期

② 郭霞、朴光姬:《"一带一路"倡议与东北亚能源安全合作——基于区域构建视角的分析》,载《东北亚学刊》2017年第6期。

③ 王双:《东北亚地区能源安全问题:现实、挑战与应对》,载《浙江外国语学院学报》2013年第2期。

东北亚区域能源合作形式主要是通过政府间对话进行,尚未形成系统性的能源合作法律机制。东北亚地区的能源合作前景广阔,但现有的能源合作机制框架无法为相关国家提供深层次的合作平台机制。东北亚地区面临着能源需求膨胀、能源供应紧张、能源来源单一且动荡不安、能源价格波动、能源消费造成的环境问题等的严重威胁。[①] 中日韩均是石油消费大国,其中日本、韩国的石油进口几乎全部依赖于进口。能源供给市场的不均衡与恶性竞争给中日韩的能源安全造成一定的压力。同时,历史问题、领土争端、非传统安全问题等,使得东北亚区域能源合作面临诸多阻碍。但是,东北亚地区能源互补性以及"一带一路"倡议的推动,给东北亚区域能源合作带来契机。俄罗斯拥有丰富的能源资源,其中天然气储量位居世界第二位,石油储量居世界第八,是世界第二大原油生产国和第一大天然气生产国,且其能源资源80%分布在处于东北亚区域的东西伯利亚与远东地区。[②] 东北亚地区的发展潜力巨大,能够整合资源,形成网络状的能源合作制度框架,降低能源投资、能源合作壁垒设置,通过建立共同的能源市场促进贸易自由化的发展。

(二)中国与中亚地区能源合作

根据中国"一带一路"官方网站发布的数据,"一带一路"倡议覆盖60多个国家,包含亚洲大洋洲地区、中亚地区、西亚地区、南亚地区、东欧地区、非洲及拉美地区等六个地区。中亚位于欧亚大陆的中心,是联通欧洲和亚洲的必经通道,它与中国毗邻的地理位置便于建立能源运输通道。根据《世界能源统计年鉴》,2016年哈萨克斯坦已探明石油储量为39亿吨,占全球总量的1.8%;土库曼斯坦高达150亿吨,占6.4%。土库曼斯坦已探明天然气储量为617.3万亿立方米,占9.4%;乌兹别克斯坦为38.3万亿立方米,占0.6%。[③] 中亚与中国密切能源合作,一方面通过贸易、投资、技术和基础设施建设合作帮助中亚国家经济结构转型,改变经济发展过度依赖能源出口的发展模式;另一方面,中国能够拓宽能源供应渠道,维护我国

---

① 王双:《东北亚地区能源安全问题:现实、挑战与应对》,载《浙江外国语学院学报》2013年第2期。

② 姚莹、焦杨:《东北亚能源合作法律机制研究》,载《长春市委党校学报》2012年第4期。

③ 韩庆娜、修丰义、张用:《"一带一路"背景下中国对中亚能源外交中的美国因素与对策研究》,载《青海社会科学》2018年第5期。

能源安全,在治理恐怖主义、极端势力等非传统安全问题上达成合作共识。中亚与
中国能源产业的分工协调,形成战略层面的互补关系,且具有良好的政治互信基
础,同为上海合作组织的成员国。中亚五国与中国均是发展中国家,面临着类似的
发展困境,如经济转型、提高国际话语权、能源安全问题、恐怖主义、环境污染等问
题。但中亚国家经济情况复杂,五国属于转型经济体,国内法制建设尚不健全,仍
被民族问题、领土争端等非传统安全因素困扰,国际能源利益受到多方势力的干
扰,博弈对抗不断发生。[1] 国际能源市场供给关系需要平衡,但能源输出国与能源
消费国,以及它们内部之间矛盾与冲突广泛存在,错综复杂的利益关系为"一带一
路"能源合作蒙上阴影。

中亚各国通过不断加强立法工作,吸引外国投资者拉动本国经济的发展。哈
萨克斯坦《国家支持直接投资法》、土库曼斯坦出台了《外国投资法》、吉尔吉斯斯坦
出台了《吉尔吉斯斯坦外资法》等法律规范,从健全法律制度体系的角度,为推进
"一带一路"能源合作提供法制保障。根据《全球营商环境报告 2017》显示,除了哈
萨克斯坦的排名领先以外,其他中亚国家的排名都较为靠后。中亚地区法制水平
高低不一的问题一直制约着能源合作的深入发展,"一带一路"能源合作面临来自
政治、经济、文化、宗教等诸多方面的挑战,构建能源合作法律机制关注中国与中亚
五国的共同利益。2004 年,中哈合作委员会在哈萨克斯坦总统纳扎尔巴耶夫访华
期间正式成立,促进两国在能源、经贸、科技等各领域的全面合作。2017 年,国务
院副总理张高丽在阿斯塔纳会见哈萨克斯坦总统纳扎尔巴耶夫,哈萨克斯坦对中
国"一带一路"倡议表示完全支持,稳步推进能源合作,共同运营好中哈原油和天然
气管道。[2] 2014 年,中土能源合作分委会第四次会议在京召开,双方就中土能源合
作深入交换意见,确定能源分委会未来工作的优先方向,并签署了《中土能源合作

---

① 王志浩:《"一带一路"背景下中国——中亚能源合作研究》,载《经贸观察》2017 年第 11 期。
② 覃博雅、崔东:《张高丽会见哈萨克斯坦总统并主持中哈合作委员会第八次会议》,ht-
tp://world.people.com.cn/n1/2017/0419/c1002—29222684.html,最后访问时间:2018 年 10 月
22 日。

分委会第四次会议纪要》[1]。2017年,中乌合作委员会第四次会议重申共建"一带一路"的愿望,夯实已经取得成果的基础之上,保持密切高层交往深化全面战略伙伴关系,为深化经贸、能源、安全、交通等领域合作注入新动力。中亚地区与中国不断推进能源合作关系,借由"一带一路"倡议契机,中亚—中国能源合作以点面结合带动区域能源产业发展,通过深化能源合作联动其他产业的发展,帮助中亚地区经济转型,拉动当地就业,从而改变经济结构过度依赖能源出口的单一状况,实现互利共赢的能源合作新格局。

(三)中国与中东地区

中东地区位于亚欧板块与非洲板块的交界处。中东蕴藏着丰富的能源资源,是全球石油的主要产区,2012年,中东石油产量约占世界石油总产量的32.5%。海湾地区石油的蕴藏量要比世界各地平均水平高出40年以上。[2] 在中国原油进口的地区结构中,中东、非洲、独联体为三大主要来源地,分别占中国原油进口总量的47.8%、30.1%和10.5%。[3] 中国作为第二大石油进口国,能源因素成为国家战略的核心内容,中国与中东地区能源合作成为推动"一带一路"倡议发展的引擎。虽然,世界石油供给市场呈多极化发展趋势,但中东油气资源蕴藏量巨大,在国际能源市场中的地位不可撼动,其仍将是未来世界能源争夺的中心地区。国际石油出国过度依赖中东地区,而该地区政治局势长期不稳定,长期受到外国势力干涉,错综复杂的利益关系影响到国际石油供应和石油价格波动。中东地缘政治具有周期性和长期性特点,国际能源市场供求和油价变化同时具有周期性特点,中东石油的安全、稳定供应仍将深刻受到中东地缘政治的影响。[4] 除此之外,中东地区的宗教矛盾、极端势力与恐怖主义冲击着中东石油供给市场,进而对世界能源秩序带来

---

① 国家能源局:《中土能源合作分委会第四次会议在京召开》,http://www.nea.gov.cn/2014—11/06/c_133769180.htm,最后访问时间:2018年10月23日。

② 朱耿华、陈丙先:《中东石油的忧与乐》,载《百科知识》2006年第4期。

③ 潜旭明:《"一带一路"战略的支点:中国与中东能源合作》,载《阿拉伯世界研究》2014年第3期。

④ 吴磊:《中东能源结构性矛盾与中国—中东石油合作》,载《阿拉伯世界研究》2012年第6期。

极大的动荡。中东地区的民族主义泛滥,实行较为封闭式与保守主义的能源政策,由于大多数能源合作缺乏系统化与整体性的法律合作机制的保障,已经达成的能源合作经常无法得到具体落实。中东地区爆发冲突,部分原因就在于对能源资源的争夺,如伊拉克战争。中东地区政治敏感度较高,且大多数为发展中国家,经济发展依赖于石油出口,经济结构单一,法制建设尚未成熟,中国在中东地区的能源投资、贸易活动面临诸多风险。中国与中东地区保持良好的能源合作基础能够保障我国能源供应安全,扩宽能源运输通道,借由"一带一路"倡议契机深化中东主要产油国与中国能源合作,通过构建能源合作法律机制提高我国能源投资、能源贸易等活动的抗风险能力,在维护我国能源利益的同时,实现各国之间的互利共赢。

三、中国与区域性组织能源法律制度环境

(一)中国与上海合作组织

上海合作组织是中国发起的政府间国际组织,通过加强区域合作维护地区的和平与安全,随着上海合作组织合作议程的不断扩大,各国成员逐步关注经贸、能源等诸多领域的合作关系。上海合作组织宪章中明确规定"加强成员间的相互信任和睦邻友好;开展经贸、环保、文化、科技、教育、能源、交通、金融等领域的合作,促进地区经济、社会、文化的全面持续发展"。俄罗斯、中亚五国以及作为观察员的伊朗等都是上海合作组织的成员,上海合作组织为能源合作的开展提供了良好的制度框架。俄罗斯积极推动能源对话,倡导不断深化能源合作,创建能源俱乐部。俄罗斯专家推测,能源俱乐部有可能解决上合组织能源供应国和消费国间因能源市场的竞争属性所产生的纠纷。[①] 虽然,俱乐部形式对外呈现开放的态度,设立成员国、观察国、对话伙伴等不同角色,但其本质上仍有一定的选择性,因而,上海合作组织更倾向于是一个区域合作组织,而并非是一个全球性的能源合作组织。

中亚国家是上海合作组织的重要成员国,中亚国家地处内陆,经济发展较为落后,能源勘探开发技术低下,基础设施建设陈旧老化,尚未形成四通八达的能源运

---

① 白好卿:《上海合作组织框架内的能源合作:双边主义与多边主义》,载《上海节能》2016年8期。

输通道。政治共识是能源合作的基础,在上海合作组织框架下,双边形式更能够推动相关国家在能源合作领域达成共识,但双边合作只能短期内给合作双方带来利益,从长远来看,实现世界能源资源的优化配置需要以多边合作为基础,将相关国家的资源进行整合。目前,上海合作组织能源合作法律机制框架存在一定的问题,上海合作组织合作形式大多是双边方式,如 2008 年中俄签订了一揽子能源合作协议;2003 年 6 月,中哈两国政府签署了有关中哈石油管道的建设协议,而后 2004 年 5 月,中哈两国政府在北京签署了《关于在油气领域开展全面合作的框架协议》;2002 年,俄罗斯与哈萨克斯坦签署了长期能源合作协议。双边能源合作能够最大程度使成员国之间达成合意,兼顾双方能源利益,但是该方式不利于区域能源合作法律机制的建立。上海合作组织能源安全缺少实体机制,应对非传统安全没有统一的安全合作协议,各国安全保障功能与作用划分并不明确,为国际能源合作带来隐患。利益协调是各国开展能源合作的共同追求,通过上海合作组织协调成员国能源战略差异,实现区域能源合作的深化发展。

(二)中国与东盟

东盟成员国有印度尼西亚、马来西亚、菲律宾、新加坡、泰国、文莱、越南、老挝、缅甸、柬埔寨。东盟与中国地理位置相邻,便于能源合作的开展。目前,印度尼西亚拥有储藏量巨大的天然气资源,2015 年探明储量为 2.8 万亿立方米,居亚洲第三位。而马来西亚石油资源储量丰富,已探明的石油储量 5000 万吨。文莱是世界上第二大液化天然气出口国,已探明石油储量约为 1000 万吨,天然气探明储量约为 3000 亿立方米,天然气储量约为亚洲第九位。越南的石油资源在东南亚居第三位,石油主要分布于北部湾东南、西南、中北部海域,是亚太地区第六大油气出产国。[①] 东盟拥有石油、天然气等矿产资源,而中国能够提供能源开发与利用的技术与资本,能源合作具有互补性。2008 年,世界能源危机引发东盟各国对能源安全问题的重视,调整东盟—中国能源供给结构单一问题成为共同追求的能源合作目标,在新能源领域积极与中国开展活动,中国为推进与东盟国家的合作作出诸多努力与尝试。在可再生能源方面,在 2015 年举行的第四次能源论坛上,中方提出扩

① 　王楠等:《中国—东盟油气合作历程与展望》,载《国土资源情报》2016 年第 11 期。

宽能源合作领域,加大双方可再生能源方面的合作。2018年6月,第一届"东盟+3清洁能源政策圆桌对话"在新加坡召开,"圆桌对话"为东亚峰会清洁能源论坛框架下,继"中国—东盟清洁能源能力建设计划"后,中国与东盟清洁能源领域的重要成果,是"东盟+3"能源领域首次由中国倡导的合作机制。[①] 在常规能源方面,2005年3月,中海油、菲律宾石油公司与越南石油天然气公司在马尼拉签署了《在南中国海协议区三方联合海洋地震工作协议》规定,各方将搁置争议,共同开发资源。2015年11月,中国—东盟非常规油气资源勘探开发前景交流论坛召开,20多名东盟国家油气行业专家表达了加强中国与东盟油气资源合作的肯定。

自2013年"一带一路"倡议提出以来,得到东盟国家积极响应,成为推动"一带一路"能源合作的重要战略伙伴。东盟为我国能源企业"走出去"提供自由贸易的外部环境,改变我国能源供应结构单一的问题,建立多元化的能源供给体系。我国与东盟合作的不断深入,对"一带一路"能源合作法律机制构建提供理论和现实借鉴意义。目前,中国与东盟的合作在共同应对能源安全保障方面仍欠缺深度合作,面对海盗、恐怖主义对能源运输生命线的威胁,现有的能源安全保障法律机制尚无法进行有效应对。同时,东盟部分国家与我国有领土争端,这将影响能源合作的发展,影响我国能源合作的国际化进程。

(三)中国与欧盟

"一带一路"倡议将欧洲置于特殊的地位,2015年3月,中国国家发展和改革委员会、外交部和商务部共同发布了《推动共建丝绸之路经济带和21世纪海上丝绸之路的愿景与行动》,该文件将欧洲确定为"一带一路"的终点站,彰显欧洲在"一带一路"能源合作中的重要角色。[②] 中国与欧盟均面临着能源资源严重依赖进口的能源安全问题,欧盟能源消耗53%都需要依靠进口,能源安全不仅关乎一个国家的经济安全,也是国家进行安全战略部署的关键。中国与欧盟合作关系较为稳定,虽然在2008年双方关系遭遇挫败,但合作仍是双方关系的发展趋势。2009年5月,中欧召开第11次领导人会晤,双方对能源安全与气候变化问题进行了讨论,

---

① 邓振辰:《第一届"东盟+3清洁能源政策圆桌对话"在新加坡召开》,载《新能源发电》2018年第8期。

② 张超:《"一带一路"倡议与中欧能源合作:机遇和挑战》,载《国际论坛》2018年第3期。

并签署了《中欧清洁能源中心联合声明》。2013 年 11 月,中欧双方发表了《中欧合作 2020 战略规划》,能源被确定为中欧在可持续发展领域开展合作的重点方向。2016 年 7 月,双方签署了《中欧能源合作路线图》,为之后中欧的能源合作指明了方向。

"一带一路"倡议是符合中国与欧盟能源合作现实需求的有效举措。从能源安全保障角度来看,欧盟能源进口过度依赖俄罗斯,其积极寻求多元化、多渠道的能源供给结构,其核心措施是建立国际能源市场并确保国际能源市场的稳定,以便欧洲能够从国际范围内获得稳定的、价格适宜的能源。[①] 自"一带一路"倡议提出以来,已经有 60 多个国家积极参与,中东、中亚、东北亚等重要石油产出地囊括其中,"一带一路"倡议为欧盟降低对俄罗斯能源依赖的能源格局提供契机,有利于欧盟能源安全目标的实现。从能源投资与贸易的角度来看,据中国商务部统计,2018 年 1—2 月,我国企业对"一带一路"沿线的 50 个国家合计全行业直接投资 22.8 亿美元,占同期总额的 12.2%。对外承包工程方面,我国企业在"一带一路"沿线国家新签对外承包工程项目合同 412 份,新签合同额 133.4 亿美元,占同期我国对外承包工程新签合同额的 43.6%,同比增长 17.3%;完成营业额 106.8 亿美元,占同期总额的 54.4%,同比增长 36.2%。[②] "一带一路"倡议刺激中国与欧盟能源投资与贸易活动,有助于实现欧洲与中国能源合作的良性互动,调整欧盟能源进口过度依靠俄罗斯供给的能源供给结构。同时,"一带一路"为欧盟提供能源合作的平台与沟通机制,加强欧盟与相关能源消费国与能源输出国之间的政治互信,为能源投资与贸易活动提供有利的制度环境。

[①] 程卫东:《欧盟能源供应安全的国际战略及其困境》,载《欧洲研究》2015 年第 3 期。

[②] 商务部:《2018 年 1—2 月我对"一带一路"沿线国家投资合作情况》,http://data.mofcom.gov.cn/article/zxtj/201804/40503.html,最后访问时间:2018 年 4 月 7 日。

第四节　能源合作定价体系需要规则约束

●　●　●

能源合作定价规则符合市场经济的规律,因而能源价格需要坚持市场的基础作用,但政府的调控作用也相当重要,需要市场调节与政府适当调控相结合。能源市场定价原则是指能源价格以市场调节为主导,市场调节与政府适当调控相结合的原则。[①] 能源价格是实现能源资源优化配置的有效手段,也是能源市场重要的组成要素。能源价格会影响能源供给方与能源消费方的利益分配,对国际能源价格的垄断使得能源无法真正惠及每个国家,能源资源成为相关国家攫取高额利润的工具。能源定价权反映的是能源资源在世界能源市场中的分配情况,是一种利润分配权的具体表现。活跃的能源活动不断推动能源合作全球化,能源安全也逐步呈现出全球化的特征。能源合作定价体系在能源安全中起着重要的作用。能源价格是推进节能减排重要工具之一。[②] 由于国际社会对全球气候问题的关注,对各国的节能减排政策提出要求。低廉的能源价格使得能源使用效率降低。[③] 能源价格的调解机制作为抑制环境污染的重要手段,能够通过能源产品的定价达到优化资源配置实现低碳发展的作用。供需关系是能源定价体系的关键要素,市场经济的基础性作用在能源市场中也客观存在。目前,我国调整能源价格的法律体系主要有《价格法》《煤炭法》《电力法》《反不正当竞争法》和《可再生能源法》等等。政策对能源定价体系也发挥着一定的作用,国家监管、补贴等政策性行为能够发挥价格的调控功能以实现节能减排、保护环境的目标。

"一带一路"能源合作法律机制与国际能源组织设立目标是一致的,即确保国

---

① 黄振中、赵秋雁、谭柏平、廖诗评:《国际能源法律制度研究》,法律出版社 2012 年版,第88～93 页。

② 谭真勇、杨可伟:《能源价格理论研究新进展》,载《经济学动态》2011 年第 1 期。

③ 冯宗宪、李永来:《以非再生能源资源定价改革促进经济增长方式转变》,载《学术交流》2008 年第 12 期。

际能源价格的稳定,建立健全的国际能源价格机制,避免能源价格异常波动的风险。在"二战"之前,国际能源价格主要是受到西方国家石油巨头的控制,它们借由租让制即"特许协议"控制东道国能源,决定着国际能源市场中能源的定价。随着东道国政府资源主权保护意识的提高,石油输出国组织联合起来成立了石油输出国组织(OPEC)以避免输出国之间的恶性竞争,国际石油的价格在一定时期内是受到石油输出国的控制的。至 20 世纪 90 年代,国际能源合作的去行政化及官僚化的趋势,使得东道国政府干预国际能源市场的范围变得狭窄。从早期的竞争性市场到国际石油公司的纵向一体化垄断,又从国际石油公司主导的固定价格体系演变为 OPEC 标价制度,进而发展为现货和期货价格体系。[①] 当前,国际石油价格受到多方面因素的影响,但是以美国为首的利益集团凭借自身的技术和资本的优势仍然能对能源定价体系产生巨大影响。能源价格的控制权很可能成为某些国家攫取更多自身利益的工具。国际能源价格建立在发展中国家与发达国家互惠合作的机制中才能实现真正的稳定,依靠一方控制能源价格容易导致"极权"的存在。另外,能源资源价格不仅需要反映市场供求关系和资源稀缺程度,还需要将其考虑治理环境损害的社会成本。特别是不可再生能源的定价需要充分考虑环境破坏所造成的社会成本,因为可再生能源在某些方面对不可再生能源的替代性,不可再生能源的价格波动会影响到可再生能源的定价。不同类型的能源产品具有不同的特征,需要分别对其定价进行规定与要求。能源定价需要通过市场竞争机制进行,实现能源资源的优化配置和自由流通。

一、不可再生能源的定价体系

不可再生能源的定价体系需要充分考虑能源与生态的关系。石油的开发、运输和利用阶段都对生态环境造成一点的威胁,石油开发阶段的"盲目开采""过度开采""海上钻井平台泄露"等问题,运输阶段的石油海上轮船运输泄露,利用阶段的温室气体的过度排放等问题。各国需要调整过度依赖不可再生能源能源结构的原

---

① 黄振中、赵秋雁、谭柏平、廖诗评:《国际能源法律制度研究》,法律出版社 2012 年版,第 87 页。

因在于,一是石油、天然气、煤等不可再生资源的有限性,二是不可再生资源对生态环境造成的破坏,这两个原因都反映了人类坚持可持续发展,造福于子孙后代的核心理念。治理环境破坏所需花费的社会成本会增加能源资源的价格,会影响能源资源的供给关系。能源与生态的关系并非是完全对立的,相反,关注生态环境会激发相关能源开发与利用技术的发展,推动整个能源行业的长足进步。

资源稀缺程度和市场供求关系是非再生能源资源定价体系的核心,市场机制在能源市场资源配置中起着基础作用。20 世纪早期,世界原油价格保持在相对稳定的低价格。在 OPEC 成立以前,世界原油价格主要控制在美孚、壳牌等 8 家大的石油公司手中,这些公司之间的相互竞争使得石油价格长期稳定在低位。20 世纪 70 年代石油危机以后,OPEC 成员一致制定石油价格,其只关注自身利益,忽视市场在能源资源优化配置过程中的作用,OPEC 成为代表石油输出国发声的主要场所,曾一度被国际社会认为是具有威胁性的"卡特尔"。OPEC 主要代表的是石油输出国的利益,往往是不关注石油消费国利益的。自从阿拉伯国家针对美国和其他发达国家采取了石油禁运以后,导致西方国家爆发了能源危机,这让以美国为首的西方国家意识到建立集体能源安全体系的重要性。美国通过政治、外交乃至军事手段,控制石油资源,并通过石油贸易的美元计价机制,实现其霸权地位。而世界交易所的成立对美国石油霸权造成冲击。但随着中亚、俄罗斯等石油产量的增加,OPEC 对全球石油定价的影响力也逐步降低,影响世界能源定价体系的因素更为复杂和多样化。

据研究表明,石油和煤炭仍将是未来的能源来源,预计占到总需求的 85%,而我国非再生能源有限储量无法满足能源快速消耗需求。[1] 中国作为全球最大的能源消费国,长期游离于全球能源定价权之外。[2] "一带一路"能源合作法律机制通过制度输出的形式,争取我国能源定价体系的话语权,推动国际能源市场竞争的公平性。能源法律机制以能源可持续为价值取向,通过能源定价体系制度化推动能

---

① 冯宗宪、李永来:《以非再生能源资源定价改革促进经济增长方式转变》,载《学术交流》2008 年第 12 期。

② 柯斌、胡晓群:《全球能源秩序新趋势与中国能源政策价值取向》,载《资源环境》2012 年第 12 期。

源合作,为能源新秩序的形成提供较好环境。石油出口国政府往往采取价格控制措施,促使石油及其制品以低价供应国内市场,而以高价出口。由于有关贸总协定第 20 条第 9 项的保障,此做法一直通行无阻,只要内外双重价格措施是"政府稳定计划的一部分",且未用作为保护国内工业的手段,双重定价并不为关贸总协定/世界贸易组织所禁止。

世界能源市场全球化的趋势逐步明显,"蝴蝶效应"增加了能源价格的不稳定性,如美国"页岩革命"造成油价下跌,油气行业面临产能过剩的问题;沙特阿拉伯反腐运动也对全球石油价格造成一定的影响。主要的世界能源组织在世界能源市场中都扮演着重要的角色,OPEC 在 2016 年国际油价出现大波动时,通过一系列减产协议,实现国际原油价格的稳定,帮助国际原油市场恢复正常秩序。石油能源的价格波动情况,会间接影响世界能源巨头投资策略的调整情况,进而影响整个世界的能源布局。不可再生能源的定价体系风险大,在经历了石油价格暴跌的能源危机后,各大石油公司不断调整自己的能源投资结构,投资策略从长期投资活动转向中短期投资活动。荷兰皇家壳牌公司并购英国天然气集团(BG)、多家公司退出加拿大油砂资产等行为均反映了现有的石油规则定价体系尚未形成良好的制度环境以保障世界石油投资活动的进行。

(一)石油定价

从石油价格决定权演变的历史来看,早期的石油价格决定权是由国际石油垄断资本单方面进行控制的。石油产出方并没有足够的话语权来决定能源价格的高低。随着,能源主权原则成为国际社会公认的国际法规则,以及处于弱势地位的主要石油生产国建立 OPEC,共同制衡西方国家对其能源资源的掠夺。第一次石油危机之后,西方国家开始着手建立石油期货交易体系,从而最终掌握石油定价权。[1] 目前,世界油价波动分为短期波动和长期波动两种。[2] 短期波动一般是由于政治因素而非经济因素导致,如 1973 年中东战争、2001 年美伊战争等,造成突发

---

[1] 于宏源、李威:《创新国际能源机制与国际能源法》,海洋出版社 2010 年版,第 84~85 页。

[2] 赵学彬、刘艳敏、刘煜:《论世界石化能源定价权及价格变化趋势》,载《发展论坛》2006 年第 297 期。

性的能源价格变化。能源市场定价机制的形成一定要有值得信赖的价格基准。[①]
而长期波动大多是由于经济层面的内在作用,而导致从 20 世纪初到 20 世纪 70 年
代,油价几乎翻了 10 倍。在石油领域,现存的石油输出国组织(OPEC)、国际能源
机构(IEA)等对成员的加入都有一定的限制,如 IEA 的成员国必须首先是 OECD
的成员才能申请加入,否则不能成为 IEA 成员。这无疑不利于深化国际能源合
作,扩大能源合作的范围与领域,导致能源合作定价体系的规范化受到冲击。国际
能源合作定价体系波动式发展困扰各国,中国石油合作开发没有类似欧洲临近中
东的地区优势,也没有美国、日本的资金优势,对国际石油合作定价体系的话语权
明显不足。世界石油合作定价体系缺乏制度规范,石油价格无规律波动往往引发
全球经济危机的原因之一。"一带一路"能源合作法律体系积极推进与中东各国、
中亚各国、俄罗斯等主要的石油输出国的合作。同时,它将欧盟、日本、印度等石油
消费国也纳入"一带一路"能源合作框架中之中。"一带一路"能源合作法律体系通
过实现石油输出国与石油消费国之间的制度化合作,协调石油供给与需求之间的
关系,稳定全球石油定价体系,建立高透明度与高制度化水平的石油定价体系,改
变美国石油霸权的能源秩序体系,促进国际经济良性运作,缓解全球经济危机造成
的世界经济治理困境。"一带一路"能源合作法律机制通过实行多元化进口,加强
海陆多式运输方式,建立可持续的石油供给体系,保持石油定价体系的稳定和可持
续发展。"一带一路"倡议是推动我国能源企业"走出去"的关键举措,它能够帮助
我国实现国内石油价格与国际石油价格的对接。

　　国际石油价格除了受经济规律的约束之外,还受到政治、经济、外交关系等的
非成本性因素的影响。市场经济规律能够使得石油价格保持在较为合理的范围之
内,但是石油资源的国家战略价值使得石油的定价规则受制约因素更为复杂。国
际石油市场的价格一直被两股主要势力操纵着:一股势力是控制着世界大部分石
油资源的国际大型跨国石油公司,这些跨国公司经常利用其强大的资本实力,人为

---

　　① 李国平、华晓龙:《使用者成本与我国非再生能源资源的定价改革》,载《经济管理》2008
年第 15 期。

抬高和压低计价期内的期货市场价格。另一股势力就是投资基金对石油价格的影响。[①] 因而,石油定价规则体系不仅需要关注市场实现资源优化配置的基础性作用,更需要发挥国家、国际组织的重要作用。国际社会并不存在一个统一的权力中心,处于无政府状态之下,国家与国家的关系是平等的。对于国际石油价格的监管活动不同于国内石油市场,其需要国家间达成共识,以合作与沟通的方式建立一定的制度框架来保障石油价格的稳定。国际石油价格上涨一方面增加了相关产业的建设成本,另一方面可以促进石油利用的提高。我国是一个石油对外依存度较高的国家,在能源供需关系中处于被动承受者的地位,石油价格大幅波动不利于我国能源安全保障,过高或者过低的石油价格会降低应对能源危机的控制力。国际油价的非理性走高,主要是突发性事件导致输出国的产量波动,以及人们心理和投机运作因素的放大。[②] 因而,建立石油战略储备在一定程度上能够提高国家应对油价不合理波动的能力,防止石油供给中断造成更大的损失。

国际原油定价主要是由美国主导掌握定价话语权,但石油交易所的多样化发展,如 2006 年伊朗宣布成立以欧元计价的石油交易所,以美元为垄断地位的石油交易秩序受到冲击。中国、印度、韩国、日本等国家作为重要的石油消费国,一直以来是石油价格的被动接受者。我国能源安全形势严峻。"一带一路"能源合作法律机制能够帮助建立更为合理与稳定的石油定价体系,一方面拓宽石油供给渠道,建立多元化的石油供给体系;另一方面,加强与石油消费国之间互信合作。"一带一路"能源合作法律机制将国际原油定价建立在更为公平、合理、透明的平台机制内,对促进全球石油产业的发展具有积极作用。

(二)天然气利用

"一带一路"倡议激发了区域能源合作的潜力,但能源定价权仍掌握在部分国家手中,以西方交易平台的价格为定价的基准。亚洲市场的天然气与石油的长期协议价格挂钩,天然气价格无法真实反映天然气成本价值。世界天然气市场定价体系的紊乱状态,使得我国在天然气市场中处于被动状态,经济发展会因此而受到

---

① 《燃料油期货抬升中国因素》,载《中国石油报》2006 年 5 月 31 日。

② 潘克西:《全球视野下的中国能源》,载《中国能源》2005 年第 2 期。

牵制。同时,以美国为首的西方国家认为,中国的崛起是对其已建立的国际能源秩序的威胁,通过控制能源价格的手段达到影响中国等新兴国家的经济发展的目的。

世界天然气资源供给地与需求地并非重合,因而天然气运输构成天然气成本的基本要素。管道运输与液化气的运输成本都比较高。管道运输需要以相关基础设施建设为基础,在供给地与需求地之间建立必要的天然气运输网络是优化天然气资源配置的前提,因而,前期投资成本较高,周期较长,风险高。天然气供应地和需求地分布格局分化,使得天然气的运输环节在天然气世界市场运作中起着不可或缺的作用。但天然气的液化气和运输管道等运输模式,导致天然气运输成本高,因而,天然气市场往往以地区为基础,这些地区以天然气供给方为中心建立,如加拿大在北美市场的主要供应国,俄罗斯、挪威、英国等是欧洲市场的供应国。① 由于受到运输成本的限制,天然气部门并不能像石油一样,易形成一个全球性天然气市场。世界各地区的天然气市场价格与石油价格一样呈现周期性波动的态势,这源于天然气价格与石油价格挂钩。国家对地区性天然气市场的监管与合作能够一定程度上实现天然气价格的稳定。中国天然气稀缺,国内市场长期处于供不应求的局面,天然气大量依赖于进口。

能源价格安全作为能源安全的重要内容,维持能源价格的稳定是中国推动"一带一路"能源合作法律体系构建的内在动因。天然气相较于煤炭、石油等对环境污染小,但它的管道运输和液化运输的模式决定天然气成本较高,因而在能源合作方面容易受到地域限制。"一带一路"能源合作以基础设施为前提,积极打造能源合作法律体系构建的物质基础,通过修建天然气管道,打通与俄罗斯、中亚运输障碍。但管道运输等能源基础设施的建设周期长、成本高、风险大,缺少透明度和监管的能源定价体系可能会造成世界经济危机的频发,需要各国积极推动能源投资法律体系构建,为能源合作提供良好的政策环境和法律保障。以"一带一路"为契机,积极推动能源合作法律体系构建为能源运输、投资、贸易、技术合作等提供良好的政策环境,联通世界天然气能源市场,实现天然气能源定价体系的规范性运作。

---

① 赵学彬、刘艳敏、刘煜:《论世界石化能源定价权及价格变化趋势》,载《发展论坛》2006年第297期。

世界天然气价格与石油价格一样呈现出周期性波动的特征。天然气价格的波动情况与本身储量多少密切相关,天然气储量多的国家往往价格偏低。天然气相较于煤是一种更为清洁的能源资源,各国对其竞相争夺也会对天然气价格产生影响。西欧国家天然气价格波动幅度较小,其中最主要的原因是欧盟对天然气价格进行合理的监管。国际社会尚未形成统一的天然气市场,天然气价格大幅波动会影响其供给的可持续性,可能引发新一轮的能源恶性竞争关系。世界天然气市场缺乏有效的合作制度,应对天然气价格进行合理的制约,避免天然气价格大幅波动而造成经济危机等不良后果。"一带一路"倡议拓宽了能源合作渠道,为建立天然气市场提供有效的协调机制与合作平台。

(三)煤炭利用

煤炭资源在全球的分布状况较广,国际社会已经建立起较为统一的煤炭市场。国际煤炭价格周期性波动态势明显,虽然,煤炭价格经历了低迷,但目前国际煤炭价格逐步好转呈上升趋势。煤炭价格主要受到供求关系的影响,造成煤炭供求关系失衡的原因有经济危机冲击、生态环境等。20世纪90年代后期,世界经济危机冲击着煤炭市场,某些电厂将原燃用的煤炭改为燃油,世界煤炭的使用量降低价格下跌。同时,各国从可持续、绿色发展的角度出发,燃烧煤炭所排放的废物与废气对环境造成破坏,一方面,各国致力于开发新能源以取代一部分的煤炭使用量;另一方面,通过提高煤炭利用效率降低煤炭的使用数量。世界煤炭价格的周期性波动增加了能源供给市场的不稳定因素。

相较于石油、天然气,煤炭资源分布较为广泛,但其对环境的危害性更大,它在世界能源消费体系中的地位逐步下降,但煤炭资源仍然是推动经济发展的重要资源。世界已经形成了一个较为统一的煤炭市场,煤炭价格也呈周期性波动的趋势。我国是煤炭出口大国,煤炭价格的浮动幅度大小对我国整体经济发展产生影响。我国煤炭出口形成了"亚洲为主,欧洲为辅"的格局,"一带一路"能源合作法律机制实行煤炭出口市场多元化,维持煤炭供应与需求关系的平衡发展。能源合作法律机制对煤炭质量进行标准化规范,以优良的质量打造国际煤炭品牌,建立我国煤炭行业的竞争优势,避免恶性的低价竞争。煤炭定价体系依赖于出口稳定、可持续的供需,通过构建"一带一路"能源合作法律机制实现世界煤炭市场的互通与统一。

二、新能源定价体系

新能源不同于传统能源产业,它的定价体系具有一定特殊性。新能源定价体系除了受到市场供需关系和政府两方面的影响,它的影响机制还包括对新能源以及传统能源市场的直接管制。[①] 全球变暖气候问题受到世界各国的持续关注,新能源的开发与利用成为各国协调能源的重点。无论是风能、太阳能还是生物质能源,影响新能源定价体系的关键因素就是技术要素,新能源的价格受到技术成本的制约。由于各种原因,出现各地风能资源相近,但上网电价相差很大的情况,畸高或畸低的电价,导致人为压价的恶性竞争,一些中标商报出的中标价格远低于正常价格。[②] 风能市场缺乏完善的法律机制的监管,导致市场机制的失灵,严重打击风电供应商的积极性,给风能行业带来灾难性打击。太阳能定价机制仍存在价格偏高的不合理价格结构,上游光伏生产所需硅原料求大于供,且太阳能发电成本是火力发电成本的 4 倍。就生物质能源来看,我国虽制定了相关政策,但没有形成稳定的技术水平和相对应的技术标准,生物质能源的发展前景受到制约。各种新能源与可再生资源,比如风能、太阳能、地热能、海洋能、生物质能等,由于开发技术的限制,其开发成本高,使用成本偏高,致使其供求均衡价格远比高碳资源的均衡价格高。新能源的发展离不开财政补贴、价格激励等政府扶持措施,而我国与新能源开发与利用相关的政策尚未形成完整的体系。新能源定价体系与公民支付能力不相匹配,无法激发新能源消费者的消费潜力,城乡新能源市场定价并未形成统一整体,仍存在较大差距。

新能源产业受市场经济规律的影响,形成有效竞争的价格机制。但企业的逐利性而造成恶性竞争,将影响整个新能源资本流转与回笼。新能源定价不能完全由市场所决定。新能源产业的定价既要依靠市场,也需要依赖国家进行必要的调节。[③] 国家引导新能源定价体系向环保正外部性、技术正外部性的绿色循环链发展,避免因能源市场失灵而造成新能源价格剧烈波动,引发社会收益受损的发生。

---

① 吕伟:《新能源产业定价机制研究》,载《经济视野》2014 年第 21 期。
② 付岩岩:《促进我国新能源产业发展的价格策略研究》,载《价格月刊》2014 年第 7 期。
③ 吕伟:《新能源产业定价机制研究》,载《经济视野》2014 年第 21 期。

国际新能源市场相较于国内市场更具有发展的潜力,但其国际新能源定价市场更容易受到各种因素的影响。新能源定价规则一定程度上反映了整个新能源市场运行的外部环境状况。新能源作为一个稚嫩产业和朝阳产业,在遵守市场规律调解作用的同时,它需要国家在其中的指导作用,而法律是新能源产业发展有力的制度保障之一。世界新能源定价需要一定的协调与保障机制,实现新能源价格变化既反映市场规律的调节作用,也调动新能源生产者的积极性。新能源产业的开发与利用需要投入大量的资本与技术,加强国际能源合作有利于推动新能源产业的发展与进步。同时,通过国际能源合作与交流为新能源产业的发展提供良好的制度保障,这是建立健全新能源定价体系的前提。

新能源产业发展初期依赖大量的资本与技术投入,投资与收益回收周期较长。新能源产业依赖资本与技术的特征要求对其进行一定的监督与管理,这是幼稚产业必须得到的保护与支持。从规避投资风险的角度来说,若没有有力的激励政策与制度支持,企业不会自发选择对新能源产业的投资与开发。面对常规能源价格优势的冲击,新能源产业的发展空间受到挤压,在激烈的能源市场竞争中,新能源产业易陷入劣势地位。从新能源行业的发展情况来看,新能源行业具有明显的政策性特征,但是过度依赖国家的扶持政策是不利于新能源行业的健康发展的,政策的具体实施情况以及政策变动非新能源定价带来风险。新能源产业对技术水平的依赖程度高,但我国新能源相关技术尚不成熟,落后于国际先进水平,如太阳能中使用的多晶硅电池的提纯技术仍由外国厂商控制,风能行业的核电整机设备中国欠缺核心技术。技术因素是构成新能源定价最主要的因素之一,缺乏新能源开发与利用的核心技术意味着我国无法掌握新能源的定价权,这也是我国新能源产业发展处于初级阶段必须面对的问题。在国际新能源合作中,除了核能领域已经建立国际法律保障机制之外,水电、太阳能等新能源合作仍是以双边合作为主,欠缺全球化的新能源合作法律机制。而"一带一路"倡议整合新能源利用与开发的技术优势,实现优势互补的合作格局,稳定新能源定价体系并开拓新的发展路径。

小　结

●　●　●

　　"一带一路"能源合作法律机制构建挑战与机遇并存。各国具有能源合作的现实需要,而国际能源合作的矛盾与冲突也亟待解决,成为构建"一带一路"能源合作法律机制的主要动力。中国长期以来处于国际地位与话语权体系不平衡的状态,改变这一被动局面就需要不断提升我国的话语权能力。提高我国在国际社会中的话语权是构建"一带一路"能源合作法律机制的内在动力。不公平不合理的能源合作法律制度环境制约国际能源合作的进程,现有的能源合作法律制度框架已经无法满足国际社会相互依赖逐步加深的发展趋势,发展中国家在现有的能源合作法律制度框架下受到广泛制约。能源合作法律制度的改善是推动"一带一路"能源合作法律机制构建的外部动力。能源合作法律定价体系关乎整个世界能源市场秩序的稳定,对各国实施能源安全战略也具有重要影响。"一带一路"能源合作法律机制符合各国突破国际能源合作困境,实现能源安全的内在需要。

第四章
国际区域能源合作法律实践经验借鉴

第一节　全球性能源合作法律实践

一、石油输出国组织(OPEC)

石油输出国组织是 1960 年由伊朗、伊拉克、科威特、沙特阿拉伯和委内瑞拉发起成立的常设性政府间国际组织,并随着成员国的增加发展成为世界上主要石油生产国的国际性石油组织,是世界上第一个维护石油输出国利益的同盟性国际能源组织。

石油输出国组织的总部设在维也纳,其主要机构有大会、理事会和秘书处。大会是石油输出国组织的最高权力机构,由各成员国派出的代表团组成。大会每年召开两次,如有特别需要还可召开特别会议,负责该组织所有实体问题与程序问题的决议。理事会是石油输出国组织的执行机构,由各成员国提名并经大会通过的理事组成。理事会每年至少召开两次,主要负责执行大会决议、起草报告、指导该组织的管理。秘书处是石油输出国组织的行政机构,在理事会的指导下行使行政性职能。秘书处由秘书长主持工作,负责处理该组织的日常事务。秘书处内设经济委员会这一专门机构,负责协助该组织稳定国际石油价格。

　　石油输出国组织的宗旨是通过协调各成员国的石油政策确定最适合的方法,并以此维护其成员国各自的利益和该组织共同的利益。石油输出国组织于1961年1月通过了《欧佩克条约》,该条约以1960年该组织发布的第一份提出了所要实现的各项具体目标的决议为基础,并将其目标概括化。《欧佩克条约》规定石油输出国组织的主要目标有:第一,协调和统一成员国的政策,并确定以最有效的手段,以单独或集体的方式维护成员国利益;第二,通过各种手段和方法保持国际石油价格的稳定,消除有害的和不必要的油价波动;第三,确保产油国的利益得到维护、产油国能获得稳定的石油收入,确保石油消费国能获得有效的、经济的、正常的石油供给,确保石油产业的投资能获得合理的回报。[①]成立至今,石油输出国组织一直将这三条目标作为自己的根本目标,并在不同时期采取不同策略以期实现该目标。此外,石油输出国组织也会根据国际石油市场的变化设定新的具体目标。最终都以保护石油生产国利益为中心。

　　国际石油公司单方面大幅降低原油标价是石油输出国组织成立的直接原因,石油生产国石油意识的提高、石油出口国争取石油权益的斗争、利润分成和标记油价制度的建立共同促成了石油输出国组织的成立。[②]1959年至1960年间,国际石油公司单方面两次下调石油标价[③],这些行为导致石油生产国损失大量石油收入,使石油生产国意识到本国经济命脉仍然掌握在西方石油公司手中,也使其认识到石油生产国间加强团结、共同发声的重要性。在国际石油供求关系中,石油输出国加紧联合起来捍卫自己的能源利益,这是石油输出国组织建立的根本原因。"对于主权国家来讲,国内福利的提高是其最为重要的政治目标,而GDP增长率是一个

---

① [俄]斯·旧兹宁:《国际能源政治与外交》,张晓云等译,上海华东师范大学出版社2005年版,第97页。

② 刘冬:《石油卡塔尔的行为逻辑——欧佩克石油政策及其对国际油价的影响》,社会科学文献出版社2015年版,第68~69页。

③ Joe Stork, Middle East Oil and the Energy Crisis: Part Two, *MERIP Reports*, No.21, 1973, p.5.

关键的政治标识"①,石油生产国的经济发展水平与石油资源禀赋差异将导致其能源政策选择差异,石油输出国组织的建立,使各成员国采用统一的规则提高石油价格,维护能源利益。

石油输出国组织是在石油部门最具有国际影响力的国际能源组织,其成员国代表通过协调各国能源政策、分析预测能源形势和市场走向,磋商并实施独立的石油政策。至今,石油输出国组织的独立石油政策总共经历了以下4个发展阶段。

1973年至1981年,石油输出国组织实施提价保值战略。该战略包括两方面内容:第一,调整石油标价。成员国一致认为应当上调基准油价,但鹰派国家和鸽派国家对油价涨幅存在较大分歧,最终出现了双重定价的局面。② 第二,调整石油产量。从1974年开始,世界石油需求连续两年出现负增长③,石油输出国组织成员国均自愿降低了石油产出,1976年石油需求恢复时,各成员国相应提高了石油产量。这一阶段的石油政策主要以调整油价为中心,基准油价的维持是各成员国石油产量受到供需基本面推动的结果。

1982年至1985年,石油输出国组织实施限产保价战略。国际石油市场供求结构发生巨变,从卖方市场转变成买方市场,产油国开始通过削减产量来阻止油价的下滑。限产保价战略主要包括三方面内容:第一,结束双重定价;第二,确立原油生产配额制;第三,调整油价和石油产量。1982年确定的原油生产配额制是石油输出国组织真正成为一个通过划分市场份额来控制产品价格的卡塔尔组织的标志。但这一阶段的配额机制还不成熟,缺乏监督成员国执行配额的机构,成员国对配额的遵守完全依靠自觉。

1986年至2004年,石油输出国组织实施低价保额战略。该战略的主要内容

---

① [美]罗伯特·基欧汉、约瑟夫·奈:《权利与相互依赖》,北京大学出版社2004年版,第34页。

② OPEC,OPEC Official Resolutions and Press Release 1960-1980,Oxford:Published on Behalf of the Organization of the Petroleum Exporting Countries by Pergamon Press,1980,p.167.

③ BP Statistical Review of World Energy June 2009,http://www.bp.com/statisticalreview,最后访问时间:2018年9月25日。

包括:第一,实施 1986 年"价格战",维护石油输出国组织在国际石油市场上的合理份额,保证产油国获得本国经济发展所需的必要收入[①];第二,争夺市场份额,重新确立配额制,成立部长级监督委员会监督成员国的配额执行情况[②];第三,确立产量政策,借助成员国在产量上的集体行动影响国际油价;第四,设立和调整目标油价,实现维持油价稳定的目的。"价格战"之后,石油输出国组织一直通过产量调整影响石油市场,并将部长级监督委员会改组为部长级监督小组委员会[③],同时承担其监督成员国石油出口量的任务。

2005 年至今,石油输出国组织实施"维持市场适度紧张"战略。21 世纪开始,新兴国家经济快速发展致使石油需求迅速增长,国际油价随之攀升。该战略的主要内容是:第一,逐渐松动配额制;第二,调整石油产量;第三,调整成员国产能。此后,石油输出国组织的石油政策完全放弃了价格政策[④],转而集中于产量方面,维持国际石油市场的适度紧张。

从以上石油政策的实践来看,石油输出国组织的油价政策经历了一个不断弱化的过程,由最初的直接固定价格,演变为通过确定成员国石油生产的季节限额和总量限额来实现对世界石油市场的调节以间接影响油价,再到如今的以石油供求平衡为目标,放弃对油价的干预。

石油输出国组织不仅是国际油价的决定者和石油资源的主宰者,而且成为国际石油合作的主导力量之一。[⑤] 除了成员国内部的石油政策合作,石油输出国组织还展开了广泛的国际合作。石油输出国组织与阿拉伯石油出口国组织通过共同的成员国建立起协作关系,与国际能源机构在各种非官方场合发展相互关系,与欧盟建立"欧佩克—欧盟"能源对话机制,与独立的石油出口国保持接触,与各主要跨

---

① Bernald Taverne, Petroleum, Industry and Governments: A Study of the Involvement of Industry and Governments in the Production and Use of Petroleum, US: Kluwer Law International, 2008, p.101.

② OPEC, OPEC Bulletin, Vol. XVIII, No. 9, November/December 1988, pp.4-5.

③ OPEC, Frequently Asked Questions, Vienna: OPEC, 2009, p.9

④ OPEC, OPEC Bulletin, Vol. XXXVI, No. 2, February 2005, pp.4-14.

⑤ [美]丹尼尔·耶金:《奖赏:一部追求石油、金钱和权力的史诗》,美国西蒙和舒斯特出版公司 1991 年版,第 652 页。

国石油公司保持非官方联系,积极参与能源宪章会议等能源机制。

石油输出国组织在国际能源合作规则演变中的作用体现如下:第一,该组织的成立以及石油法律规则的制定目的在于为石油生产国增加稳定收入和获取天然利益。第二,西方政府特别是欧美政府施加的较大压力没有动摇其价格规则。但是,石油输出国组织有其严重的法律缺陷,其运作方式及运行规则都是为了自己成员单方的利益服务,无法保证主要国际能源交易的稳定进行。此外,因为石油出口收入是石油输出国组织成员国的经济命脉,时至今日,绝大多数石油输出国组织成员国都未摆脱严重依赖石油资源的单一经济结构,只有在石油输出国组织减产行动不会威胁到本国经济安全的情况下,成员国才会参与石油输出国组织的减产行动。反之,如果减产行动威胁到本国经济的正常发展,成员国就不会选择减产,而会采取竞争性策略增加石油产出。这将成为石油输出国组织集体石油政策的巨大的阻碍,不利于石油输出国组织在国际能源市场发挥自身作用。在全球能源合作不断加强的情形下,一个国际组织要发挥它应有的作用,离不开健全的法律机制的调整。

二、国际能源机构(IEA)

国际能源机构是在1973年石油危机的背景下诞生的国际能源组织。此次石油危机给美国以及其他发达国家的经济发展带来重创,但同时也使得这些国家开始重视各自的能源安全问题。由此,美国首先向发达国家发出倡议,主张建立能源消费国之间的、制衡石油生产国的国际组织,以此来应对石油等能源供给短缺的紧急情形,并通过该组织共同协商国际能源政策。① 1974年11月,国际能源机构在经济合作与发展组织的框架下成立。

国际能源机构的总部设在巴黎,其主要机构有部长理事会、管理委员会和秘书处。部长理事会是国际能源机构的最高权力机构,由各成员国政府的能源部长或高级官员为代表组成,煤炭工业顾问委员会和石油工业顾问委员会协助部长理事

---

① 　[俄]斯·日兹宁:《国际能源政治与外交》,张晓云等译,上海华东师范大学出版社2005年版,第89页。

会工作。管理委员会是部长理事会的执行机构,由各成员国的主要代表一人以上组成。秘书处是国际能源机构的业务主管部门,由管理委员会任命的执行干事领导,包括长期合作办公室,非成员国家办公室,石油市场和紧急防备办公室,经济、统计和情报系统办公室,能源技术、研究与发展办公室共5个办公室,负责收集和分析信息,评估成员国能源政策,预测世界能源发展趋势。国际能源机构还成立了一个独立组织,即生物能机构,其全部活动致力于加强成员国间在研究和应用生物能源技术领域的合作与信息交流。[①]

国际能源机构的宗旨体现在《国际能源纲领协议》的序言中,具体内容为:发展石油供应安全;保障在公平合理基础上的石油供应额安全;共同采取有效措施以满足石油供应,如发展石油供应方面的自给能力、限制需求面、在公平的基础上按计划分享石油等;通过有目的的对话和其他合作形式,促进与石油生产国和其他石油消费国的合作关系,包括与发展中国家的关系;推动石油消费国与石油生产国之间更好地达成谅解;顾及其他发展中国家的利益;通过建立广泛的国际情报系统和与石油公司的常设协商机制,在石油工业领域发挥更积极的作用;通过努力采取保护能源、加速替代能源的开发以及加强能源领域的研究和发展等长期合作的措施,减少对石油进口的依赖。

国际能源机构最重要的特征之一就是它的表决制度。[②] 国际能源机构成员国的投票权由两部分组成:基本投票权和石油消费投票权,两者相加即为该国的最终累计投票权。《国际能源纲领协议》规定,对于计划的管理、预算、程序问题和建议等事项的决定,以简单多数通过;对成员国施加该协议所没有规定的新义务的决定时,应以全体一致的方式做出;适用于紧急机制的特定多数则要求达到累计投票权总数的60%和基本投票权的50%(或57%)。[③]

国际能源机构是西方发达国家能源消费国组织,其成立之初的主要目的是制

---

① http://www.ieabioenergy.com/Index.aspx,最后访问时间:2018年9月12日。

② Helga Steeg,The International Energy Agency—Description and Practical Experience:a Case Study,in Martha M.Roggenkampetc.ed.,Energy Law in Europe:National,EU and International Law and Institutions,Oxford University Press,2001,p.158.

③ 陈小沁:《能源战争——国际能源合作与博弈》,新世界出版社2015年版,第36页。

衡石油输出国组织,重点是对各成员国的能源政策进行协调,确保为成员国提供稳定的、清洁的、可负担得起的能源。该机构是经合组织下的一个独立机构,强调能源供给来源的多样化、完善应急反应机制、共同加强能源需求管理、维护世界能源市场的稳定等,其活动主要包括:建立应急机制,设立国际石油市场情报系统,建立与石油公司的协商机制,实施长期的能源合作计划。①

石油共同储备和应急反应机制是国际能源机构的核心内容。国际能源机构要求成员国建立共同战略石油储备,这是真正意义上的现代石油储备的开始。国际能源机构在两次危机中的经验表明,石油共同储备在应对危机中是最及时和最实用的措施,建立必要的战略石油储备,不仅可以防止石油供应中断对国家经济造成损失,还可以在油价暴涨的情况下,起到平抑油价的作用。另外,共同储备的建立不仅促进了国际能源机构成员国之间的联系,还促进了国际能源机构成员国与非成员国之间的合作。石油资源的国际合作,提高了国际能源机构的能源安全和能源部门的经济效率,使国际能源机构获得了一个平衡的多样化的能源供应渠道,确保了长期的能源安全。国际能源机构总部的常设分支机构紧急问题常设机构专门负责处理能源的紧急问题,接受来自成员国和世界范围内的石油生产、供应、炼油以及运输等各个部门专家组成的工业咨询团的咨询,与国际石油界和各成员国政府共同做出常规的应急响应。石油安全应急对策要求每一个成员国保证储备相当于 90 天的石油净进口量。当某一或部分成员国石油供应缺口达到 7% 时,就要启动石油安全应急对策,动用储备、限制需求、释放备用油田生产、转换燃料、共享有效的石油供应。为了保证适应变化的世界石油市场以及对突发的石油供应破坏做出快速响应,国际能源机构对其成员国要进行惯例检查和咨询。紧急问题常设机构要求每一个成员国都必须接受秘书处和两个至三个考察国的检查。

国际能源机构建立了能源合作机制,能源合作是能源政策协调的结果。几乎每隔 4 年,来自成员国和秘书处的能源专家都会全面回顾各成员国的能源政策,且每年都会定期或不定期地访问成员国并就各国的能源政策提出建议,有效地协调

---

① 杨泽伟:《国际能源机构法律制度初探——兼论国际能源机构对维护我国能源安全的作用》,载《法学评论》2006 年第 6 期。

各国能源政策。此外，国际能源机构每隔两年就会对主要能源标准进行回顾，从而进一步确定主要能源政策的发展方向，为各国能源政策提供指导。

国际能源机构还十分重视能源技术合作推广。通过国际合作鼓励更清洁、更有效的能源技术的开发和发展是国际能源机构工作的中心。能源政策和能源市场所面临的挑战使可再生能源技术的地位更加显著。国际能源机构成员国的技术专家与非成员国的专家进行合作，为成员国政府和国际社会开发新的可再生能源。国际能源机构还在众多国家的数据基础上进行模拟演练，从而制定方案来指导政府推广有潜力的可再生能源技术和节能技术，并对部分能源技术问题进行深入研究。

此外，为了及时监测世界石油市场的变化趋势，国际能源机构建立了全面的能源数据库。国际能源机构的秘书处业已成为全球能源信息统计的权威。这些统计数据不仅提供给国际能源机构成员国，还提供给非成员国以进行交流。这些信息也不仅仅限于提供给国家政府机关，还提供给石油公司以及消费者。信息共享在应对危机中具有重要作用。国际能源机构通过及时宣布石油的供应和储备情况、建议石油公司从库存中提取石油、建议政府和消费者保持克制行为、建议石油公司和消费者减少石油购买等措施，降低世界石油市场的不确定性和多变性。

国际能源机构在成立之初的功能是处理其成员国的能源供应应急问题，制定和协调成员国之间能源合作的政策法规，与成员国协作以保证各国能源供给的可靠性和可持续发展性。后期，随着国际能源市场的变化，国际能源机构的职责也相应调整，不但纳入经济发展、提高能源安全、环境保护和全球参与这四个因素均衡能源决策，而且工作重点也由原来的对抗石油输出国组织转变为以能源合作为中心的政策研究，其研究内容主要有能源技术的创新与合作、能源市场的改革、应对全球气候变化的政策、展开与世界其他国家和地区的能源合作等。

国际能源机构的能源合作法律机制具有一定的存在理由和借鉴价值。国际能源机构要求其成员国进行石油储备，创造了现代石油储备的先河。这项措施不仅保障了成员国的能源供应安全，同时也促进了成员国与非成员国进行能源合作。另外，国际能源机构还创建了有关各种能源的电子信息数据库，供成员国与非成员国进行便利和及时的交流。但国际能源机构的成员国资格具有较大限制，经合组织的成员国才能够申请加入国际能源机构,不是经合组织的成员国就没有成为国际能源机构成员国的可能,这限制了国际能源机构迈向全球能源机构的发展步伐。由于国际能源机构只是多边能源合作机制,还不是全球性的能源合作组织,其所进行的能源合作仍然具有一定的局限性。

三、能源宪章会议(Energy Charter Conference)

能源宪章会议是以能源为中心的国际能源组织,是同时包含能源消费国与能源生产国的国际能源合作机制的代表性组织,是依据《能源宪章条约》诞生的全球性的政府间能源组织。

《能源宪章条约》于1994年签署,并于1998年正式生效,是冷战后东西方国家为加强能源合作而签署的第一个实质性的多边条约,也是目前国际能源领域唯一具有普遍法律约束力的多边条约。《能源宪章条约》禁止私人机构加入,只接受国家和区域经济一体化组织加入。至今,《能源宪章条约》已经有51个国家和国际组织加入。

《能源宪章条约》旨在为能源领域的合作提供制度框架,为能源合作建立有约束力的国际法律保障机制,促进各国政府等合作方对能源贸易、能源投资等能源部门的自信心和积极性,实现能源领域的良性发展。《能源宪章条约》涉及石油、天然气、煤炭等传统能源资源及可再生能源等各种能源资源,涵盖从能源开发到能源消费的完整能源产业链,包含能源投资、能源贸易、能源过境运输、能源效率和争端解决机制等内容。该条约还首次将过境运输应用于能源网络,建立起连接东西方国家的多边能源运输网络,具有里程碑意义。[①]《能源宪章条约》关注4个主要领域:(1)根据国民待遇或者最惠国待遇(无论哪个是更有利的),保护外国投资免于承担关键性的非商业性风险;(2)根据世界贸易组织的规则,规定能源材料和产品,以及能源相关设备的非歧视性条件,确保通过管道、电网或者其他运输方式的跨境能源运输;(3)裁决缔约方之间的争端,以及投资者与东道国之间发生的投资争端;

---

① 许云燕:《跨境管道建设法律问题研究》,载《中国电力教育》2011年第3期。

(4)促进能源效率,降低有害的环境影响。[①]

能源宪章会议是基于《能源宪章条约》产生的机构,旨在提供法律保障,维护国际能源市场的稳定运行。所有签署或者加入《能源宪章条约》的国家都是能源宪章会议的成员国。能源宪章会议每年召开两次会议,其作为指导和决策机构,讨论影响条约签署国间能源合作的政策问题,考察条约及其议定条款的执行情况,审议有关能源问题的新的文件和草案,批准其下设的工作组的工作和财务计划书。[②] 秘书处是能源宪章会议的执行和行政机构,由秘书长领导,保证能源宪章实施并为其服务。能源宪章会议根据其活动领域下设若干个辅导机构,如策略团队、投资集团、贸易与过境运输小组、能源效率工作组、预算委员会、法律咨询委员会等,负责各能源合作领域内的具体事项。

能源宪章会议在能源贸易、能源投资、能源过境运输和能源争端解决等多边能源合作方面发挥着巨大的作用。但是,由于没有世界上主要经济体的加入,欧盟在能源宪章会议内一家独大,其在政治和财政方面几乎完全控制着能源宪章会议,并希望利用能源宪章条约建立一套法律制度框架以促进其同主要能源合作伙伴之间的能源贸易和能源投资。这样的成员组成及其发展目的阻碍了能源宪章会议在国际能源领域的充分发展。此外,能源宪章会议不是大型的国际机构,无法同非政府组织开展能源领域的合作,国际能源法律的性质和《能源宪章条约》的法律约束力等方面也存在一定局限性[③],亟待完善。

四、国际能源论坛(International Energy Forum)

国际能源论坛的前身是1991年起举办的国际能源会议。随着二十世纪六七十年代石油输出国组织和国际能源机构的相继成立,国际能源领域形成了一种类似于两极的、本质上相互对抗的关系格局,但部分重要能源出口国和进口国未被纳入石油输出国组织和国际能源机构的组织框架内。冷战结束后,在法国、委内瑞拉

---

① 淀川诏子、亚历山大·M.彼特森、苏苗罕:《发展的机遇:中国、中亚和〈能源宪章条约〉》,载《国际法研究》2016年第1期。

② 陈小沁:《能源战争——国际能源合作与博弈》,新世界出版社2015年版,第38页。

③ 于宏源、李威:《创新国际能源机制与国际能源法》,海洋出版社2010年版,第215页。

等国的积极推动下,1991 年 6 月首次召开了部长级"国际能源会议"。2000 年 11 月,第七次部长级会议召开,正式开始使用"国际能源论坛"这一名称。国际能源论坛是在更大范围内由能源生产国和能源消费国定期举办的重要的全球能源对话机制。

国际能源论坛在沙特阿拉伯首都利雅得市设有秘书处,负责收集全球能源资源数据并组织相关讨论。执行委员会是国际能源论坛内唯一有权通过决议的机构,由来自论坛 19 个成员国的代表及石油输出国组织和国际能源机构的代表组成,通常采取协商一致的方式通过决议,某些情况下也以简单多数的形式通过决议。执行委员会每年召开两次会议,解决组织行政问题以及与论坛筹备相关的事宜。国际支持小组协助秘书处和执行委员会准备部长级会议的各项议程以及其他领域的相关工作。该小组由国际能源论坛秘书长和执行委员会主席推荐的顾问、专家,以及定期向秘书处缴纳会费的成员国委派的代表组成。此外,秘书处还建立了唯一覆盖全球范围的月度石油数据共享体系——联合石油数据倡议,该体系(机构)目前已更名为联合组织数据倡议,负责收集和汇编关于世界原油市场行情的统计数据,后扩展至天然气、煤炭市场,并计划涵盖上下游生产能力及新扩建项目。

国际能源论坛是一个包含石油输出国组织成员国和国际能源机构成员国以及俄罗斯、中国、巴西、印度、南非、墨西哥等新兴经济体的能源论坛,已经成为一种有效的探讨世界能源发展和巩固能源安全问题的多边与双边协商机制,旨在为能源生产国与能源消费国提供全球能源对话平台,为促进国际能源合作和应对国际能源问题提供一致的行动。

1992 年至 1994 年,国际能源论坛召开了两次会议。会议讨论了加强能源生产国与能源消费国之间的互助互利、创新能源投资方式、完善市场机制等问题,希望通过协调各国对外政策法规、强化国际能源领域的相互关系、开展良好的国际合作消除能源领域的恶性竞争与对抗、实现能源安全、发挥能源在经济全球化进程中的重要作用。此后,能源生产国和能源消费国对全球能源对话愈发积极,对话内容也日益细化,为了加快对话进程,国际能源机构创建了能源专家预备会议。国际能源论坛在 1995 年至 2017 年间召开了多次会议,积极讨论了欧亚能源合作、能源保障、能源合作、能源生产国和能源消费国之间的冲突解决、能源可持续发展、能源技术、能源与环境、绿色能源等问题。与此同时,国际能源会议也极大地改善了能源生产国与能源消费国之间的全球能源对话机制,通过增加对话达到了协调能源政策法规、加强能源协作的效果。

2011年2月,国际能源论坛部长级特别会议在沙特阿拉伯首都利雅得召开,与会的87国代表签署了《国际能源论坛宪章》。该宪章旨在消除成员国,包括能源生产国、消费国和过境运输国之间的分歧,增进了解。宪章确立了能源市场透明、公开、稳定和可持续发展的原则,将国际能源论坛作为成员国之间对话与沟通的平台,就能源论坛的机构设置、运作机制和主要活动作了明确规定,但宪章本身并不对成员国具备法律上的强制力。

国际能源论坛成功举办了两项重要活动,一个是"国际能源商务讨论",另一个是"能源数据共享行动"。"国际能源商务讨论"机制形成于2004年,它聚合了各国能源部长和主要能源公司高管。在每年的论坛年会举行时,会举办数场"国际能源商务讨论",会上能源行业领头人可将各自关注的能源问题传达给能源部长。正如其使命所言:为行业领导人提供发表和交流意见的平台,并有各国重要的决策者作为听众;为敏感问题的讨论提供独有的机会;在国际能源论坛平等的原则之上使各种意见得到公正对待,避免单项讨论或双边谈判中某些意见无从表达或被忽视。"能源数据共享行动"是国际能源论坛应国际能源机构、石油输出国组织、亚太经合组织、欧盟统计局、拉美能源组织、联合国统计署等能源组织的要求而于2001年启动的石油数据共享机制。这6个能源组织对石油市场数据缺乏透明度表示担忧,因为透明度的缺乏被视为石油价格过度波动的重要原因。2005年起,"能源数据共享行动"成为国际能源论坛的一个固定组成部分,它定期发布全球石油生产和需求、原油进出口、现有石油储备、石油制品全球需求等相关数据。

国际能源论坛在促进国际能源合作,加强全球能源对话等方面具有不可替代的作用。在国际能源论坛的框架内,能源生产国和能源消费国积极加强能源对话、探讨能源领域的重要议题,并有效促进了国际能源合作。但是,国际能源会议的工作机制一直是非正式的,没有常设工作机构,没有统一的行动纲领,缺乏相应的国际法主体资格,它所讨论的问题不能签订合作协议,也不能付诸实践,对任何国家都不具有法律约束力。

五、八国集团会议

八国集团会议是一个由法国、德国、美国、英国、意大利、日本、加拿大和俄罗斯组成的非正式组织。20世纪70年代，美元危机、石油危机和经济危机接连发生，但是国际货币基金组织、世界银行、关贸总协定等既有的国际制度都不能有效解决上述危机，这导致主要资本主义国家的经济形势极度恶化。为了共同解决世界经济危机、重振西方经济，1975年7月初，法国首先倡议召开由法国、美国、日本、英国、西德和意大利六国参加的最高级首脑会议，讨论包括能源在内的重要发展问题。1976年6月，上述六国领导人在波多黎各首府圣胡安举行了第二次会议，加拿大受邀参与会议，形成七国集团。之后，西方七国首脑会议成为七国集团的一种固定机制，该会议每年召开一次，轮流在成员国举行。会议上，能源问题是美国与其他成员国关系的核心议题。俄罗斯从1991年起参与了七国集团的部分会议，并于1997年被接纳成为成员国，由此，正式形成八国集团。

传统的正式国际制度都是建立在成员国谈判达成的组织宪章或国际条约基础之上的，并拥有常设秘书处来负责组织权力机构作出的各项决定或政策的实施。[①] 但是八国集团不是建立在正式国际条约基础上的，它既不是一个机构，也不是一个国际组织，没有常设的秘书处，是非正式的国际制度。八国集团实质上只是一个发达国家俱乐部，常被称为"富国俱乐部"，它通过定期的会晤与磋商，协调成员国对国际政治和经济问题的立场和看法。尽管如此，八国集团仍然具有非常重要的协调性地位。多伦多大学八国集团研究中心的彼得•哈吉纳尔认为，八国集团的非正式性和无官僚机构的特征使得它可以在成员国领导人之间促进相互了解，就彼此面临的国内政治经济约束和优先考虑进行交流。[②] 八国集团的成员都是世界上主要的能源消费国，是经济发展实力的中坚力量，且拥有可观的金融潜力以及世界能源发展所需的技术和保障能源供应安全的能力。在国际能源相互依赖性不断增

---

① ［加拿大］彼得•哈吉纳尔：《八国集团体系与二十国集团：演进、角色与文献》，朱杰进译，上海人民出版社2010年版，第3页。

② ［加拿大］彼得•哈吉纳尔：《八国集团体系与二十国集团：演进、角色与文献》，朱杰进译，上海人民出版社2010年版，第4页。

长的情况下，八国集团在调节世界能源发展中的作用将不断加大。

经过 40 多年的发展，八国集团已经形成了自己的管理体系和工作机制，主要包括八国集团峰会、部长级会议、峰会事务协调人会议和任务小组、工作小组及专家小组。八国集团峰会是八国集团的核心决策机构，每年召开一次，由各成员国轮流承办。部长级会议是八国集团的重要会议，通常定期召开，主要包括财政部长和央行行长会议、外长会议等。其中，财政部长和央行行长会议对于八国集团会议具有重要作用，有权自主选择会议议程并代表八国集团作出决议。峰会事务协调人会议主要负责协助设定峰会的具体议程、帮助成员国之间进行良好的经常性沟通。任务小组、工作小组和专家小组则负责实施具体层面的工作。这一体系和工作机制能够有效地进行情报收集和分析研究，有利于为八国集团会议讨论的具体问题提供科学信息和合理方案，并落实会议成果。

八国集团的主要活动是每年召开一次成员国首脑会议及其他各层次会议，首脑会议由成员国轮流举行。八国集团会议作为西方主要工业发达国家的首脑会议，旨在应对复杂多变的国际政治经济形势，从整体上协调各方政策，缓解内部矛盾，以维护成员国在世界经济和国际政治中的地位。会议主要讨论能源安全问题、应对气候变化问题、世界经济问题等。虽然能源问题一直以来都是会议的重要议题，但由于七国集团的国家都是国际能源机构的成员国，在能源政策领域出现的问题都可以在国际能源机构的框架内进行讨论，因此，在 20 世纪 90 年代后半期以前，七国集团能源部长并没有进行专门的会晤，在接纳俄罗斯加入后，八国集团才将能源问题作为一个独立问题加以审议。

1998 年 3 月 31 日至 4 月 1 日，八国集团在俄罗斯莫斯科首次召开了 8 个主要工业国和欧盟的部长会议，举办了"能源市场前景""能源投资"和"能源与环境"3 场主题会议，就竞争环境、过境与运输、《京都议定书》的履行等重要问题进行发言和讨论。[①] 2002 年 5 月 2 日至 5 月 3 日，第二次八国集团和欧盟能源部长会议在美国底特律召开，会议议程主要包括能源安全、能源市场等，能源问题占据更加持

① ［俄］斯·日兹宁：《国际能源政治与外交》，张晓云等译，华东师范大学出版社 2005 年版，第 97 页。

久独立的地位。2006 年俄罗斯成为八国集团轮值主席国后,将全球能源安全问题列为当年八国集团会议的三大主要议题之一。八国集团领导人在关于加强全球能源安全的联合声明中呼吁能源生产国、中转国和消费国建立伙伴关系,采取措施确保全球能源市场的透明度、可预见性和稳定性,改善能源领域的投资环境,提高能源利用效率,促进能源消费结构的多元化,维护重要能源基础设施的安全运行,帮助发展中国家改善能源供应状况。[①] 2007 年在德国和 2008 年在日本举行的八国集团会议上,与能源安全密切相关的气候变化问题成为主要议题。2011 年在法国举行的八国集团会议就核安全议题进行了讨论。八国集团领导人认为,各国应从日本核事故中吸取教训,将核安全放在发展核能的首要位置,同时有必要在《核安全公约》的框架下就核事故确认、安全标准等条款进行相应的修改和完善。

八国集团会议是主要发达国家间的协调机制,在世界政治和全球经济中发挥着重要作用。近年来,为促进与发展中国家在人类面临的共同挑战和重大国际问题上的沟通和了解,八国集团加强了同发展中国家的联系,并邀请中国、印度等发展中国家就重大国际问题进行对话。

2003 年 6 月,八国集团首脑会议在法国埃维昂举行。时任中国国家主席胡锦涛首次应邀出席了八国集团同发展中国家领导人对话会议,并在会上发表了题为《推动全面合作促进共同发展》的重要讲话。此后,胡锦涛主席于 2005 年 7 月、2006 年 7 月、2007 年 6 月、2008 年 7 月 4 次出席八国集团同发展中国家领导人对话会议,就世界经济、气候变化、全球能源安全、能源与投资等重要问题阐述中国主张,并同与会各国领导人交流看法。此外,中国与八国集团还在财政、金融、能源、卫生等领域举行了一系列部长级对话会议。

八国集团会议对国际石油价格的制定具有重要作用,其主要通过以下几个手段影响国际石油定价:财长会议对国际石油价格进行判断,断定石油价格是否过高;成员国通过协调形成集体行动,增强其在石油价格谈判中的地位;成员国通过

---

① 《八国集团通过能源安全等三个联合声明》,https://www.bmlink.com/news/465676.html,最后访问时间:2018 年 9 月 25 日。

控制自身的石油消费和进口,保持国际石油市场的稳定价格和充足供应。①

八国集团会议对国际能源合作具有一定意义,但是鉴于其不是一个机构,也不是一个正式的国际能源组织,仅为论坛性组织,通过定期的会晤与磋商,协调各国对国际政治和经济问题的看法和立场,不是合法的国际法主体,不能制定统一能源法律规则,对成员国没有法律拘束力,对促进和保障国际能源合作作用甚微。

另外,由于在乌克兰问题上出现了不可调和的严重分歧和激烈对抗,八国集团中的西方七国领导人于 2014 年 3 月共同作出决议,决定暂停俄罗斯在八国集团的成员国地位,并抵制原定于 6 月初在俄罗斯索契举行的八国集团峰会,另行决定在比利时布鲁塞尔单独召开七国集团首脑会议。在 6 月 5 日发表的布鲁塞尔峰会联合公报中,七国集团领导人对俄罗斯侵犯乌克兰的主权和领土完整一事进行了强烈谴责,并声称将对俄罗斯施加新的制裁措施。虽然能源合作一直是八国集团会议的重要议题,但八国集团正陷入史无前例的分裂危机,加之 20 国集团的冲击,期望其在国际能源合作中发挥作用更是难上加难。

第二节　区域性能源合作法律实践

●●●

一、欧盟

1993 年,《欧洲联盟条约》的正式生效意味着欧盟的正式成立。欧盟是欧洲地区规模最大的区域性经济合作组织。工业革命以来,大多数欧洲国家一直是世界能源消费大国,且随着欧盟经济的快速发展,欧盟国家对石油、天然气等能源的需求不断扩大,但囿于欧盟能源自给率的逐年降低,其能源进口依赖度持高。因此,欧盟各成员国在不同程度上向欧盟让渡对本国能源政策的掌控权,欧盟层面的能

---

① 潜旭明:《美国的国际能源战略研究——一种能源地缘政治学的研究》,复旦大学出版社 2013 年版,第 102 页。

源权限明显提升,通过能源立法,欧盟内部组建了具有欧盟自身特色的能源合作政策法规体系,以维护成员国共同的能源安全和能源利益。基于欧洲共同体产生的能源背景,以及欧盟的能源法律体系建设以及共同能源政策的完善,可将欧盟视为一个区域国际组织下展开的多边能源合作框架。

欧盟框架内设有欧洲联盟理事会,这是欧盟的决策机构,拥有欧盟的绝大部分立法权。负责执行和实施欧盟条约和欧洲联盟理事会决定的机构是欧盟委员会。该委员会还可在充分考虑欧盟成员国共同能源利益的基础上,制定欧盟的共同能源政策法规,并负责协调成员国各自国内的能源政策法规与其制定的欧盟共同能源政策法规,实现欧洲区域能源市场一体化发展。在欧盟组织内部除了上述两个机构之外,还设有如欧洲法院、欧洲统计局、欧洲审计院、欧洲投资银行、欧洲中央银行等机构,这些机构均参与了欧盟能源领域内相关决策的制定过程。2010 年 2 月,欧盟委员会决定成立能源总局和气候行动总局,以应对 21 世纪的新挑战。新成立的能源总局由原属交通和能源总局、对外关系总局负责能源事务的部门合并而成,气候行动总局由原属环境总局、对外关系总局以及工业总局负责环境事务的部门合并而成。

欧盟能源法律制度主要由两个法源组成:一是基本法,主要包括欧洲一体化进程中所涉及的关于能源问题的各类条约的条款,如《欧洲煤钢共同体条约》中有关煤炭的特定条款、《欧洲原子能共同体条约》中有关核能的特定条款、《里斯本条约》中的能源条款,这些条约既是欧盟的基本法律文件,也是欧盟能源法的根本规范。二是从属法/派生法,包括欧盟各机构依其职权在能源领域所制定的各种规则、指令、决定、建议和意见等。[1] 欧盟理事会和欧盟委员会所制定的条例、指令和决定具有法律约束力,而建议和意见不具有法律约束力。[2]

欧盟能源政策可以分为两个层面:欧盟整体的、超国家层面的能源政策和各成员国国家层面的能源政策。欧盟整体能源政策的实质是把原来属于各成员国内部的一些政策职能与目标转化为欧盟的超国家政策。欧盟整体能源政策优于各成员

---

[1] 郭志俊:《走向欧盟共同能源政策——新功能主义理论的视角》,山东人民出版社 2016 年版,第 144 页。

[2] 曾令良:《欧洲共同体与现代国际法》,武汉大学出版社 1992 年版,第 97 页。

国的国内能源法律与政策,具有直接效力,欧盟各成员国的能源法律与政策必须在欧盟整体所确定的能源法律规章和方针政策的框架内制定和实施。①

1986 年获批的欧盟《能源政策》是欧盟能源战略发展目标和现代能源政策的法律基础,其确定了 20 世纪 90 年代中期前的能源目标。此后新政策的原则和目标以报告的形式被确定下来,并专门将能源设置为单独的章节,作为《欧洲联盟条约》的补充。

欧洲委员会在关于欧盟能源合作政策的官方报告草案中声明,"欧盟可以拥有许多手段直接或间接地影响欧盟的共同能源政策",从这一声明中可以看出欧盟能源合作政策法规实施机制的特点。欧盟从成员国的共同利益和目标出发,协调成员国的能源政策法规和欧盟的共同能源政策法规,并促使其朝更加一致的方向发展,并逐渐实现一体化。欧盟内部的所有领导机构都参与了能源领域的决议过程,欧洲委员会起主导作用,该委员会的成员直接负责制定欧盟的共同能源政策法规。20 世纪 90 年代以来,欧盟委员会提出欧盟制定和实施能源政策的总体目标:使欧盟各国在能源领域采取一致的和全面的行动,并使欧盟能源政策更加透明和更加有效。②

随着欧洲一体化步伐加快,欧盟能源政策获得较大发展空间,能源政策目标逐步走向综合,包含能源供应安全、竞争的能源成本和价格、环境友好型的能源使用三大目标③,欧盟能源政策一体化程度逐步加深。在能源供给政策方面,欧盟对外发展与能源生产国和能源运输国之间的关系,在确保能源现有供给的基础上实现能源供给来源和渠道多元化;对内建立了能源战略储备和应急反应机制,以应对可能发生的能源供应危机。在能源市场政策方面,欧盟重点考虑能源市场自由化和一体化,加强电力市场和天然气市场的建设。④ 在能源环境政策方面,欧盟开始实

---

① 杨泽伟:《欧盟能源法律政策及其对中国的启示》,载《法学》2007 年第 2 期。

② 黄丽雅、邹骥:《对欧盟国家能源、环境与经济绩效的联系的分析》,载胡荣花主编:《欧洲未来:挑战与前景》,中国社会科学出版社 2005 年版,第 258 页。

③ Marc Ringel, Fostering the Use of Renewable Energies in the European Union: the Race Between Feed — in Tariffs and Green Certificates, *Renewable Energy*, Vol. 31, Issue1 (January2006),pp.4-5.

④ 祝佳:《欧盟能源政策研究》,中山大学出版社 2015 年版,第 48 页。

施能源可持续发展政策以抑制能源使用产生的环境负效应,将发展清洁能源、实施节能增效措施和加强全世界可持续发展合作作为主要手段。

进入 21 世纪之后,欧盟于 2007 年制定了新能源政策和能源战略,旨在应对气候变化、加强欧盟的共同能源安全与竞争力、促进欧盟整体经济的发展。这项包括一揽子措施的新能源政策由三大支柱构成:建立统一的能源内部市场,加大对可再生能源的开发与使用力度,提高能源利用效率。2009 年生效的《里斯本条约》拓宽了欧盟的活动领域,将欧盟实施共同能源政策和应对气候变化列为目标,气候保护和能源政策首次在欧盟层面上拥有了新的法律依据。欧盟还将新能源政策和能源战略以报告的形式作为《欧洲联盟条约》的补充,并且制定了欧盟 2020 年至 2030 年的能源发展政策和战略。

随着欧盟在国际舞台上作用的不断增强,欧盟不但在其组织内部制定了完备的能源政策法规,而且建立了对外能源合作政策体系,即欧盟整体对外实行"欧盟共同外交能源政策"。"欧盟可以称为政策共同体"[①],制定了综合性对外能源合作政策法规。作为一个整体,欧盟制定了成员国与其他国家在能源领域的合作纲要,并与这些国家定期接触,以维持经常性的对话。

欧盟重视与不同地区的主要石油生产国发展双边关系。鉴于波斯湾国家的重要能源地位,欧盟十分关注与波斯湾国家的关系,积极发展与波斯湾石油生产国的双边关系。地中海国家是欧盟的主要能源供应国,欧盟积极寻求与地中海国家的能源对话,并长期同地中海国家开展能源合作,希望通过强化地中海国家与欧盟的相互依存关系保障长期、稳定的能源供应。欧盟还将拉美国家作为重要的能源合作伙伴,推进能源投资合作与能源技术合作,提高与拉美国家能源合作的积极性和参与性,并凭借能源合作拓宽合作领域,将能源合作内含于欧盟与拉美国家的其他合作领域。

欧盟的能源战略要求欧盟寻求多样化的能源供应渠道,随着黑海—里海地区的能源战略地位的崛起,欧盟也注重与黑海—里海国家间的能源合作,希望参与这一地区的油气开发,开辟欧盟能源进口的新渠道以保障能源供应的充足性与多

---

① 杨豫:《欧洲能源一体化的进程:历史的回顾》,载《欧洲》2002 年第 5 期。

样化。

除了发展双边关系,欧盟的全球能源政策还包括密切与国际能源组织的联系,利用国际能源组织维护欧盟自身的能源利益。欧盟成员国多为能源消费大国,因此,欧盟十分重视与国际能源机构的关系,欧盟所有成员国都参加了工业发达国家的集体能源安全体系。同时,欧盟保持着与石油输出国组织的联系,并利用国际能源论坛等国际平台的会晤机制与该组织保持密切的接触。

欧盟是世界上政治经济合作最为紧密、经济一体化程度最深的区域性组织。欧盟的成员国基本上都是发达国家,这为其制定共同能源政策提供了有利条件,极大地丰富了其一体化制度的内涵。欧盟在国际能源市场开展了多项合作,在国际能源合作实践中也发挥了积极作用,其采取的许多能源行动具有借鉴意义,但它的出发点和落脚点毕竟只是维护内部成员国的能源利益,还存在部分与国际能源合作需要协调的法律问题。

二、亚太经合组织(APEC)

亚太地区国家的能源体制、经济利益、资源禀赋差别较大,在整个亚太地区,除印度尼西亚和马来西亚外,几乎所有的国家都是能源净进口国。[①] 因此,构建区域能源合作法律机制维护亚太地区国家的共同利益是必要之举。20 世纪 80 年代末,在经济全球化和贸易投资自由化的推动下,亚太地区国家为推动亚太地区的区域经济一体化于 1989 年成立了亚太经合组织。亚太经合组织现有 21 个成员国和 3 个观察员国,其成立之初只是一个区域性经济论坛,但现在已经成为亚太地区最高级别的政府间经济合作机制。

亚太经合组织的宗旨是开放成员国间的多边贸易体制,降低成员国间的贸易壁垒,增进成员国间的经济依赖,推动亚太地区的共同繁荣,实现各国人民的共同利益。成立至今,亚太经合组织成员国已经在亚太经合组织框架下进行了一系列涉及能源效率、新能源开发、能源基础设施建设等方面的能源合作,并形成了相对完善的区域能源合作机制。

---

① 吴磊:《中国石油安全》,中国社会科学出版社 2003 年版,第 223 页。

亚太经合组织最重要的决策机制是部长级会议，能源部长会议每年召开一次。能源部长会议主要讨论以下问题：第一，亚太经合组织成员国制定和实施的能源政策法规；第二，制定亚太经合组织框架下能源合作的目标和计划；第三，建设亚太经合组织内部能源市场，推进能源合作便利化；第四，加快建设成员国间的能源基础设施；第五，保障亚太经合组织成员国共同的能源安全；第六，加强亚太经合组织与国际能源组织和能源合作，开辟国际能源市场等。

高官会议是亚太经合组织的主要协调机构，每年举行3次至4次会议。高官会议主要负责筹备部长级会议、领导人非正式会议及其后续行动等事宜，执行领导人和部长级会议的决定，审议各工作组的活动。高官会议下设贸易和投资委员会、经济委员会、高官会经济技术合作分委员会和预算管理委员会共4个委员会和11个工作组。

高官会议下设的11个专业工作组中包含由各成员国负责本国能源问题的代表组成的能源工作组。能源工作组的成立是为了促进地区经济发展并减少使用化石能源所造成的环境破坏。工作组会议每年举行两次，会议议程主要包括亚太地区国家能源政策的特点、地区能源市场的自由化、实施合作目标纲要和计划、发展与国际能源机构的合作、发展地区电力和天然气基础设施、核安全等问题。工作组通过4个专家组来执行任务，分别为清洁化石能源、节能和环保、能源数据及分析、新能源/可再生能源技术专家组，近期又成立了一个单独的生物质能源组，以分享生物质能源的研究成果。能源工作组也在亚太经合组织中第一个形成公私合作机制，创立了"能源工作组商务网络"，从行业角度为成员提供政策建议，同时促进私营部门和政府机构对话。能源工作组还在澳大利亚首都堪培拉设有常设性秘书处，负责就亚太经合组织框架内成员国之间的能源合作进行协商和调解。

此外，亚太能源研究中心①也是亚太经合组织的重要机构，致力于研究亚太经

---

　　①　亚太能源研究中心（APERC）1996年7月在日本东京成立。APERC依照亚太经合组织领导人1995年11月在大阪峰会上的行动议程设立，受亚太经济合作组织能源工作小组直接领导。日本作为东道国对APERC给予其中大部分的财政资助。APERC的基本目标是培育APEC各成员区域和内部能源供需趋势、能源基础设发展、能源机制改革、区域视域下的相关政策等方面的共识。

合组织内部的能源合作问题,例如节能、能源技术研发、新能源开发、环境保护与可持续发展等,与能源工作组一起执行亚太经合组织部长会议确立的能源合作目标。

从亚太经合组织成立起,能源合作就是该组织的重要议题。亚太经合组织的能源合作分为 3 个阶段,分别是:1989 年至 1995 年,能源合作的缘起阶段;1996 年至 2006 年,能源合作的机制化阶段;2007 年至今,能源合作的深化阶段。

1989 年,亚太经合组织举办了第一次部长会议,此次会议将能源问题、环境问题确定为亚太经合组织的合作领域,这也是该组织最早涉及能源合作议题的会议。1990 年,亚太经合组织召开了第二次部长会议,此次会议确定了地区能源合作的宗旨,即为亚太地区各国决策者提供能源领域及其相关问题的讨论平台和处理办法。

此后,根据这一发展宗旨亚太经合组织设定了 6 项具体议题,分别是能源信息交流、能源供需展望、能源节约和效率、能源研究和发展、能源与环境、能源技术转让。在亚太经合组织的能源合作缘起阶段,其能源合作的主要特点是,先由部长级会议确定能源合作的基本方向,为能源领域的工作提供指引,再由下设的能源工作组根据部长级会议确定的能源合作方向进行基础性的工作。

亚太经合组织在发展过程中逐渐意识到能源问题在区域经济发展中的重要性,出于促使成员国重视能源发展问题、全面且专业地对该组织框架下的能源工作进行指导的目的,亚太经合组织于 1996 年 8 月在澳大利亚专门召开了第一届亚太经合组织能源部长会议。此次能源部长会议讨论了亚太经合组织未来 15 年的能源与环境发展趋势,强调了加强能源技术、环境技术的交流和扩大有关人力资源的开发,最终,商议并确定了非约束性的共同政策目标,共同通过并发表了《能源:我们的地区、我们的未来》宣言。这一宣言表明,亚太地区将成为 21 世纪世界经济增长的主要推动力,而发挥本地区经济增长潜力的关键是既要满足本区域日益增长的能源需求,又要减轻能源消耗给本区域环境带来的压力。为此,成员国能源部长积极开展对话,并最终达成以下政策共识:保障能源应将开放能源市场、扩大能源供给、提高能源效率作为主要手段;在注重发展经济的同时应当重视能源消耗所带来的环境问题,采取综合措施降低环境压力、减小环境影响;改进政策法规,吸引和扩大对电力基础设施的投资;在能源标准方面加强成员国合作,减少成员国能源企业投资成本;成员国制定本国能源政策应参考亚太经合组织共同能源政策的指导性原则。以第一届亚太经合组织能源部长会议为标志,亚太经合组织的能源合作进入机制化阶段,并开始成熟发展。

随着能源需求的日益增长和环境问题的日趋严峻,亚太经合组织领导人非正式会议等机制对能源安全、气候变化等国际社会热点议题给予了更高程度的关注。2007年,第十五届亚太经合组织领导人非正式会议在悉尼召开,会议主要关注并广泛探讨了能源安全、气候变化、清洁发展等议题,并就上述议题专门通过和发表了《亚太经合组织领导人关于气候变化、能源安全和清洁发展的悉尼宣言》(又称《悉尼宣言》)。该宣言表示,亚太经合组织各经济体领导人认为,经济增长、能源安全、气候变化相互关联,是亚太地区面临的主要挑战,并表示将致力于在广泛的领域采取各种雄心勃勃的措施,以确保本地区各经济体的能源供应,同时着手处理环境问题,并在减少温室气体排放方面做出贡献。[①] 此外,会议还达成了亚太经合组织行动计划。该计划设想并制定了一系列合作措施和倡议,主要包括以下内容:强调提高能源效率的重要性,计划实现到2030年亚太经合组织区域内能源强度[②]在2005年的基础上降低至少25%;建立亚太能源技术网络,加强本区域能源研究合作;建立亚太森林恢复和可持续管理网络,加强林业能力建设和信息交流;加强在环境商品和服务贸易、航空运输、可替代能源和低碳能源的使用、能源安全、海洋生物多样性的保护、政策分析能力等方面的合作。[③] 2008年举办的亚太经合组织领导人非正式会议重申了2007年《悉尼宣言》的精神,支持通过开放能源市场、促进能源贸易和能源投资自由化等措施来保障亚太地区能源供应的充足、清洁、可靠和

[①] 《亚太经合组织领导人关于气候变化、能源安全和清洁发展的悉尼宣言(译文)》,载中华人民共和国外交部官网:https://www.fmprc.gov.cn/web/gjhdq_676201/gjhdqzz_681964/lhg_682278/zywj_682290/t575977.shtml,最后访问时间:2018年9月29日。

[②] 能源强度又称为单位国内生产总值能源消费量,即一个国家或地区在一定时期内能源消费总量与国内生产总值(GDP)之比。它是衡量一个国家或地区国民经济发展过程中能源利用经济效果的综合指标,可表示为:能源强度=能源消费总量/国内生产总值。

[③] 《亚太经合组织领导人关于气候变化、能源安全和清洁发展的悉尼宣言(译文)》,载中华人民共和国外交部官网:https://www.fmprc.gov.cn/web/gjhdq_676201/gjhdqzz_681964/lhg_682278/zywj_682290/t575977.shtml,最后访问时间:2018年9月29日。

可负担。2007年起,能源合作得到了亚太经合组织各经济体的充分重视,亚太经合组织的能源合作进入深化阶段,并形成了从最高领导会议到能源工作组、贯穿亚太经合组织各个层面的完整运行机制。

亚太经合组织框架下能源合作最重要的内容是构建区域能源安全法律机制、建立能源生态法律体系和建设能源基础设施。亚太地区多数国家为能源净进口国,对外能源依赖程度高,因此,保障能源供给安全是亚太经合组织能源合作的核心内容。能源与环境是经济发展离不开的两个领域,能源消耗将给环境保护带来巨大压力,因此,提高能源效率、开发新能源、研发清洁能源技术成为亚太经合组织能源合作的重要内容。完备的能源基础设施是有效开展能源合作的前提与基础,对外能源依赖决定了建设能源基础设施是亚太经合组织能源合作的必要内容。

亚太经济合作组织是亚太地区层级最高、领域最广、最具影响力的政府间经济合作机制。虽然大部分成员国属于能源进口国家,但正是各经济体能源资源禀赋的差异性,为成员国之间开展能源合作、实现资源重新配置、共同获取能源利益提供了一定的可能性。虽然亚太经合组织是一个制度化发展程度相对不足的区域性组织,但是其利用目标设定为本组织的发展提供动力,形成了符合自身条件的能源合作运行机制,即先由部长级会议提出合作倡议、设定能源合作目标,再由能源部长会议根据倡议和目标展开协商、制定具体政策,最后由能源工作组及亚太能源研究中心等工作机构落实具体工作并监督执行情况。这样由"年度部长会议—能源部长会议—源工作组和亚太能源研究中心"构成的一套较为完整、稳定的合作机制①,为亚太地区能源合作的顺利开展奠定了基础,促使亚太经合组织为加强区域经济合作、促进亚太地区经济发展和共同繁荣做出突出贡献。这为我国构建"一带一路"能源合作法律机制提供了重要参考。

虽然亚太经合组织形成了较为稳定的合作与运行机制,但是,由于其缺乏组织首脑、没有常设机构,组织结构具有松散性,在推动国际能源合作方面仍然具有较大的局限性。与此同时,亚太经合组织涵盖亚洲及太平洋沿岸的众多国家,各经济体在政治、经济、文化等方面存在较大差异性。受制于国家性质、国家政治制度、世

---

① 许勤华、王红军:《亚太经合组织多边能源合作与中国》,载《现代国际关系》2009年第12期。

界权力分配、地缘政治等政治因素,国家经济实力、经济相互依存程度、能源消费结构等经济因素,意识形态、宗教、社会风俗等文化因素,亚太经合组织成员国之间的能源合作大多保持在政府层面,企业参与困难较大、实际参与较少,存在能源合作深度不够、实质性进展较少等问题,这是未来亚太经合组织能源合作亟待解决的重要问题,这也是我国构建"一带一路"能源合作法律机制时需要注意和改进的地方。

三、上海合作组织

上海合作组织是由哈萨克斯坦共和国、吉尔吉斯共和国、塔吉克斯坦共和国、乌兹别克斯坦共和国、俄罗斯联邦和中华人民共和国于 2001 年 6 月 15 日在中国上海宣布成立的永久性政府间国际组织。它的前身是"上海五国"机制。

上海合作组织是唯一一个由中国发起创立的政府间国际组织,其成立主要是为了开展安全合作,随着成员国在政治上达到互信、军事上达成初步安全,其合作领域进一步拓展到经贸领域,并且越来越重视能源领域的合作。上海合作组织既包含俄罗斯、哈萨克斯坦、乌兹别克斯坦、伊朗等能源生产国,又包含中国、印度、巴基斯坦、蒙古等能源消费国,是一个具有地缘优势和能源互补特点的区域组织。

2001 年《上海合作组织成立宣言》的签署标志着上海合作组织的成立。该宣言规定上海合作组织的宗旨是:加强各成员国之间的相互信任与睦邻友好;共同致力于维护和保障地区的和平、安全与稳定;鼓励成员国开展政治、经贸、国防、执法、环保、文化、科技、教育、能源、交通、金融信贷及其他共同感兴趣领域的有效区域合作;推动建立民主、公正、合理的国际政治经济新秩序。[①]《上海合作组织成立宣言》强调了经贸合作的重要意义[②],同时把法律制度视为保障和促进经贸合作的有效措施。

除了该项宣言,上海合作组织的一系列法律文件都凸显出在该组织内开展能源合作的重要性。《上海合作组织成员国政府间关于区域经济合作的基本目标和

---

① 《上海合作组织成立宣言》第 2 条。

② 《上海合作组织成立宣言》第 9 条规定:"上海合作组织将利用各成员国间在经贸领域互利合作的巨大潜力和广泛机遇,努力促进各成员国之间双边和多边合作的进一步发展以及合作的多元化。"

方向及启动贸易和投资便利化进程的备忘录》在序言和正文中都将能源、环保等领域作为该组织的重点合作项目。《上海合作组织宪章》规定,在能源合作方面要"有效使用交通运输领域内的现有基础设施,完善成员国的过境潜力,发展能源体系;保障合理利用自然资源,包括利用地区水资源,实施共同保护自然的专门计划和方案"。① 并明确,要通过开展能源等领域的合作,促进地区经济、社会、文化的全面发展,推动建立民主、公正、合理的国际政治经济新秩序。《上海合作组织黄皮书:上海合作组织发展报告(2018)》认为,能源合已经成为上海合作组织最重要的工作方向之一。该报告还确定上海合作组织成员国未来能源合作的 3 个方向:第一,深化油气供需双方的合作,努力保障能源供应安全;第二,深化油气贸易及资源采购领域的合作,共同谋求价格安全;第三,深化清洁能源技术和装备等领域的合作,实现双方互利共赢。② 这些法律文件为上海合作组织框架内的能源合作提供了法律基础。

经过十多年的发展,上海合作组织已经建立起多层次、较完善的组织体系和运行机制,为该组织扩大能源对话、开展经贸合作、发挥基本职能奠定了组织基础,提供了法律框架。成员国元首理事会是上海合作组织的最高决策机构,该会晤机制从"上海五国"机制沿用至今,每年举行一次,主要负责研究和决定上海合作组织开展合作与活动的策略、基本方向和优先领域,通过本组织的重要文件,决定本组织的其他重要问题。2001 年上海合作组织宣布成立后,成员国政府首脑(总理)会晤机制于同年 9 月正式启动,政府首脑(总理)理事会每年举行一次,讨论本组织框架下多边合作和优先领域的战略,决定经济及其他领域的原则性和重要问题,通过组织预算。③ 早在"上海五国"机制时,经贸合作就已经成为各国领导人探讨的议题,但当时的讨论范围限制在元首层面上。2002 年,上海合作组织启动了经贸部长会议机制,并成立了负责经济领域合作的具体事务的经贸高官委员会。2003 年至 2005 年,上海合作组织相继成立了包括能源工作组在内的 7 个经贸领域的专业工

---

① 《上海合作组织宪章》第 3 条。
② 《上海合作组织黄皮书:上海合作组织发展报告(2018)》。
③ 《上海合作组织》,载上海合作组织官网:http://chn.sectsco.org/about_sco/,最后访问时间:2018 年 9 月 21 日。

作组。上海合作组织还成立了上合组织成员国国家协调员理事会,该理事会是上合组织框架下的协调机制。此外,上海合作组织在北京设置了常设行政机构,即上海合作组织秘书处。秘书处由秘书长领导,其主要职能是协助上海合作组织的活动,主要包括提供协调、进行信息分析、提供法律和组织技术保障。秘书处根据上海合作组织的条约等法律文件开展并协调本组织成员国之间以及成员国与观察员国和对话伙伴的合作,就本组织活动的相关问题与其他国际组织和国家进行联系,经成员国同意缔结法律文件,根据条约或其他相关文件与上海合作组织框架下的非政府机构进行合作。

上海合作组织在成立以后积极开展了一系列能源合作活动。2003 年 9 月 23 日在北京召开的上海合作组织总理峰会上,各成员国总理签署了《上海合作组织成员国多边经贸合作纲要》,明确把能源合作规定为经贸合作的重点领域,开展石油和天然气开发、能源过境运输等方面的合作。2005 年 10 月在莫斯科召开的上海合作组织总理峰会上,各成员国总理特别强调了油气开发合作和油气管道建设合作的紧迫性,并责成经贸部长会议在成员国有关部委及上海合作组织秘书处的参与下,尽快研究建立燃料—能源综合体专业工作组。同年 11 月,为了解决上海合作组织成员国在推进能源合作过程中遇到的资金问题,上海合作组织内部建立了一个提供融资及相关金融服务的机制——上海合作组织银联体,它包括所有成员国的主要银行,可以为组织内的基础设施、基础产业及产品出口等重点项目提供融资支持。2006 年 4 月,上海合作组织成立了上海合作组织实业家委员会,以解决民间参与不足的问题。2006 年 9 月,上海合作组织经贸部长会议决定成立能源合作国家间专门工作组,以推动成员国在油气方面的合作。2007 年 6 月,上海合作组织能源部长会议决定在上海合作组织框架下建立"能源俱乐部"。至此,一个在上海合作组织框架内的地区性能源协调机制的雏形基本形成。这有利于密切成员国间的能源联系,惠及各成员国的经济发展,实现资源有效利用,为形成统一能源空间奠定基础。[①] 2008 年 8 月在杜尚别召开的上海合作组织元首峰会上,修订了《〈上海合作组织成员国多边经贸合作纲要〉落实措施计划》,强调大力推进贸易、投

———————————

① 陈小沁:《上海合作组织能源合作机制化问题初探》,载《教学与研究》2009 年第 9 期。

资、能源、交通等领域的合作。同年 10 月,上海合作组织成员国总理理事会会议提出,提高能源利用率,利用可再生能源,开发清洁能源和技术,保障能源安全。①

此后,上海合作组织也一直将能源领域作为重点合作领域。目前,上海合作组织的能源合作已经步入一个以务实合作为特征的新阶段②,上海合作组织成员国之间的能源合作领域也在不断扩大,已经由传统的以油气为主的能源合作朝现在的多元化合作发展方向转变。在水电方面,上海合作组织成员国之间进行了一些积极的合作。俄罗斯、中国积极参与了吉尔吉斯斯坦和塔吉克斯坦的水能开发,并积极提供帮助支持其建设水电站。在可再生能源方面,中亚国家拥有较为丰富的可再生资源,尤其是太阳能资源,而中国拥有较为成熟的光伏产业及风力发电产业技术,越来越多的具有能源技术优势的能源企业进入中亚国家进行能源投资,这些可再生能源成为上海合作组织成员国之间开展能源合作的新方向,并有利于进一步拓展上海合作组织成员国之间能源合作的新视野。

上海合作组织框架下的双边能源合作和多边能源合作也步入了务实运行的轨道,逐步形成一个区域性的油气生产国—消费国体系,对于保障能源安全、促进区域能源一体化、构建国际多极能源格局具有一定的积极作用③。然而,目前上海合作组织的能源合作也存在较多法律问题。

第一,上海合作组织缺乏有效的能源合作法律机制。上海合作组织成立至今,签订了较多法律文件,但具有法律约束力的文件较少,其中约束和保障能源合作的文件更是少之又少,大多数法律文件仅是表明能源合作意向性的文件。迄今为止,只有 2002 年发布的《上海合作组织宪章》和 2007 年发布的《上海合作组织成员国睦邻友好合作条约》这两部基础性的法律文件对能源合作作出规定,且是对包含能源合作在内的一系列合作项目作出原则性的规定。上海合作组织其他大多数以"宣言""倡议""声明""公报"命名的文件只是表明上海合作组织对加强能源合作的意愿、设想、期望和初步安排,并不是真正具有法律约束力的文件。上海合作组织

---

① 阿不都热合曼·卡德尔:《上海合作组织积极合作法律机制研究》,社会科学文献出版社 2014 年版,第 171 页。

② 《上海合作组织概览》,载《上海合作组织通讯》2006 年第 1 期。

③ 陈小沁:《上海合作组织能源一体化前景探析》,载《国际经济合作》2008 年第 10 期。

目前缺乏一项促进成员国加深相互理解的能源合作协议,也尚未建立长期稳定、全面有效的能源合作法律机制,并不能够有效融合和协调本框架下各成员国的能源利益,不利于成员国之间开展长期的能源合作。

第二,稳定的能源合作与国家的能源政策和相关法律息息相关,但是上海合作组织部分成员国的能源政策与相关法律规定存在极大的不确定性。鉴于国际能源市场从长远看仍将处于卖方市场,俄罗斯和部分中亚国家为维护本国利益都对本国能源政策作出相应调整,相关法律规定也出现了较大变化。哈萨克斯坦于 2007 年 8 月制定了《关于保障经济领域国家利益问题的民法补充和修正案》,该修正案中新增了"战略标的物"的概念和相关规定:石油、天然气等能源资源属于战略标的物;本国政府对于战略标的物交易具有优先购买权;本国有权优先购买矿产开发企业和直接或间接影响该企业决策的关联企业所转让的开发权或股权。之后,哈萨克斯坦对《矿产和矿产资源使用法》进行修订,修订后的《矿产和矿产资源使用法》新增了"战略资源区块"的概念和相关规定:如果在具有战略意义区块上的油气合作活动影响了本国的经济利益并威胁到国家安全时,本国政府可以要求修改或终止合同[1]。成员国能源政策和法律规定的不确定性将给上海合作组织的能源合作造成不可预估的变数和阻碍,上海合作组织将难以通过政策与相关法律为能源合作提供配合与保障,难以实现上合组织框架下长期、稳定、可靠的能源合作。

第三,上海合作组织成员国地理位置邻近但资源禀赋差异较大,能源合作法律机制的构建受到能源地缘因素的影响。中亚国家的能源战略地位提升致使该地区成为大国势力盘踞和大国博弈的焦点,同时,部分国家为获取经济利益依附于某些大国,这使该区域内的环境更加复杂化。在这样的区域背景下,上海合作组织开展能源合作必然面临复杂而严峻的环境形势,不利于上海合作组织能源合作法律机制的构建。

第四,上海合作组织成员国在能源合作方面依然保持传统的"零和"观念[2],这对成员国之间的能源合作造成了深远影响。在合作类型方面,上海合作组织大多

---

① 王海燕:《上海合作组织成员国能源合作:趋势与问题》,载《俄罗斯研究》2010 年第 3 期。

② 岳树梅:《上海合作组织框架下的能源合作法律机制研究》,载《河北法学》2011 年第 5 期。

开展双边能源合作,尚未建立多边合作机制;在合作领域方面,上海合作组织大多在能源勘探、开发、运输等环节开展合作,能源储备、加工等环节的合作较少;在合作参与方面,上海合作组织的能源合作主要集中在中国与俄罗斯之间,中亚国家除哈萨克斯坦外,其他成员国的能源合作远远滞后于本国实际需求;在合作进程方面,部分能源合作协议执行情况不尽如人意。

作为唯一一个由中国发起创立的政府间国际组织,上海合作组织在促进能源合作等方面发挥了重要作用,对于我国构建"一带一路"能源合作法律机制也具有重要意义,但它也存在许多亟待解决的问题,我国必须给予重视。

四、北美自由贸易区(NAFTA)

20 世纪 90 年代,受经济全球化与区域一体化的影响,美国认识到建设以自己为中心的区域经济一体化集团的必要性,出于抗衡欧洲一体化、维护超级大国的地位、追求全球霸权的目的,美国开始在美洲地区加紧自由贸易区的建设。

根据相互依赖理论,如果一方对另一方发生了单方面的依赖,那么发生依赖的一方就会对被依赖的一方产生顾虑和不信任,如果双方对彼此产生了依赖,那么双方一荣俱荣、一损俱损,既能够相互促进,又能够相互制约,有利于维持双方稳定、长久的关系。加拿大是美国重要的石油供应国,一直以来与美国的经贸往来都相当密切。1988 年,美加两国共同签署了美洲地区第一份自由贸易协定,该协定中包含能源条款,该条款的设定对美加两国都具有十分重要的意义。加拿大希望通过签署美加自由贸易协定达到阻止美国针对加拿大出口商品实施保障措施和消除美国针对加拿大征收反倾销税和反补贴税的目的。美国则希望避免加拿大政策倒退给美国带来不利影响,并积极利用美加自由贸易协定中的投资条款和能源条款防止加拿大实施不利于美国的能源和外资审查制度以保护美国的安全和利益。在实践中这种政策也确实发挥了功效,在 2002 年美国对进口钢铁征收附加税时,由于加拿大与美国之间自由贸易协定的保障,最终加拿大得以豁免。[①]

---

① 郑玲丽:《区域贸易协定及其新近发展的多维解析》,载《世界贸易组织动态与研究》2007 年第 3 期。

随着日本崛起、东亚新兴工业化发展和欧洲一体化进程加快,美国认识到要保持自己在世界经济中的主导地位必须创建以美国为中心的区域一体化组织,利用区域整体的力量对抗其他区域一体化组织。因此,在美国与加拿大签署自由贸易协定之后,美国又同墨西哥展开密切谈判,期望拉拢墨西哥以促进北美地区经济一体化的发展。墨西哥能源资源禀赋极高,是美国重要的战略物资供应国,且具有地缘优势,堪称美国的"南部安全屏障"。1991 年 2 月,美国、加拿大、墨西哥宣布将于同年 6 月就北美自由贸易区展开正式谈判。经过一年多的谈判,1992 年 12 月 17 日,美国总统布什、墨西哥总统萨利纳斯和加拿大总理马尔罗尼分别在华盛顿、墨西哥和渥太华正式签署了《北美自由贸易协定》。《北美自由贸易协定》是第一个既包括发达国家又包括发展中国家的区域性自由贸易协定。1994 年 1 月 1 日,该协定正式生效,并同时宣告北美自由贸易区正式成立。北美自由贸易区是第一个由南北双方组成的区域经济一体化组织。

美国是世界上主要的石油消费国,石油问题是关乎美国国计民生的重要问题。在进行"页岩气革命"之前,美国 50％的能源都来自进口,因此,能源战略成为美国全球战略的重要组成部分,获得充足的石油资源、确保稳定的石油供应成为美国能源战略的根本诉求。加拿大和墨西哥拥有丰富的石油储量,加拿大已探明石油储量 1736 亿桶,占世界总量的 11.4％,位列全球第三;墨西哥已探明石油储量 104 亿桶,占世界总量的 0.6％。且加拿大和墨西哥均为净能源输出大国,与美国具有天然的地缘优势,是美国石油进口的主要来源国和重要的长期能源合作伙伴。在能源战略诉求的驱动下,美国积极推动与加拿大和墨西哥谈判签订自由贸易协定和建立北美自由贸易区,并利用该协定和自由贸易区来保证美国石油供给的安全性和稳定性,具有浓重的能源战略色彩。

早在墨西哥加入之前,美国与加拿大就在自由贸易协定中专门设置了能源条款。该条款规定:美国与加拿大保证在能源贸易中实现最大限度的自由;保证不对双边能源进口贸易实行任何形式的数量或价格限制,除非是为了保证国内储备、维护国家安全,或者出现能源枯竭、受到军事威胁等情况时才能对能源出口实施数量限制。美加签署自由贸易协定后,时任美国贸易代表克莱顿称赞能源这一章节是

"美加协定的明珠"。①

墨西哥加入之后,北美自由贸易协定规定了更加详细的能源条款,主要分为以下 3 种:第一种是适用于全部货物和服务的贸易与投资的基本原则,包括国民待遇、关税减让要求等;第二种是环境、政府采购、知识产权、竞争政策、国有企业、技术标准、贸易救济和争端解决等可能影响能源贸易和能源投资的条款;第三种是"能源和基本石化产品"专门章节,从 601 条至 609 条共 9 条。

"能源和基本石化产品"是北美自由贸易协定的重要内容,主要规定了以下内容:界定能源的范围和所有形式;"加强贸易在能源和基本石化产品自由贸易中的重要作用,并通过长期渐进的自由化来提升其作用"和"在能源和基本石化产品领域具有变化和国际竞争力以增加国民的利益"两项原则;禁止实行任何形式的出口价格或数量限制,禁止实行最低或最高进口价格要求,但执行反补贴或反倾销时除外;限制缔约方在例外情形下执行贸易限制措施的范围;任何成员方都不得对出口到另一个成员方的能源或基本石油产品收取或保留任何的费用和税收,但规定了两种例外情况;成员方不能通过任何诸如许可证、税收、最低价格和收费等方法,使出口到其他成员方的基本石油产品或能源的价格高于本国国内的消费价格等等。② 北美自由贸易协定的签署加强了北美地区的能源合作,在规避能源出口方在出口贸易中采取限制性措施、稳定能源价格、保障能源供给、实现国家能源利益等方面发挥了积极作用。

同时,北美自由贸易区还设置了特定的运行机制和定期协商机制,包括委员会、秘书处、咨询机构、仲裁法庭、保护仲裁法庭的程序特别委员会以及贸易委员会下设的特别工作委员会和工作小组。③ 这些机构对促进美国、加拿大、墨西哥三国之间的能源对话与合作、协调三国之间的能源政策与法规、解决三国之间的能源争端具有不可忽视的作用。

---

① 张婷玉:《美国自由贸易区战略研究——基于政治经济视角》,辽宁大学 2014 年博士论文,第 172 页。

② 李艳丽:《中国自由贸易区战略的政治经济分析》,厦门大学 2008 年博士论文,第 54 页。

③ 周燕、张国梅:《南北区域经济集团化的典型——北美自由贸易区》,载《决策咨询通讯》2006 年第 3 期。

北美自由贸易区是世界上发展较为成熟和成功的自由贸易区。从表面上看，这个自由贸易区是由加拿大的原材料、墨西哥的劳动力和美国的技术管理等要素自然结合的产物[①]，是以美国为核心的生产与加工一体化的区域组合。但是从实质上分析，美国从头至尾主导着这个自由贸易区，不但凭借它拓宽了商品、能源等领域的终端市场，而且通过充分利用加拿大和墨西哥两国的一次能源持续提升了美国的国际竞争力，最终加强了美国在北美地区和全球经济中的霸权地位。

五、东南亚国家联盟（ASEAN）

东南亚国家因其本身优越的能源资源禀赋和独特的战略地位，自16世纪起便成为列强侵略和争夺的对象。在这样的国际局势的影响下，相继独立的东南亚国家形成了加强区域合作、维护区域稳定、促进区域共同发展的共识。1961年7月31日，马来西亚、菲律宾和泰国三国在曼谷成立了东南亚联盟，这是东南亚国家联盟的前身。1967年8月，菲律宾、泰国、新加坡、印度尼西亚四国外长和马来西亚副总理在曼谷召开了会议，共同发表了《东南亚国家联盟成立宣言》，即《曼谷宣言》，正式宣告东南亚国家联盟的成立。东南亚国家联盟，简称东盟，共有10个成员国，分别是马来西亚、菲律宾、泰国、新加坡、印度尼西亚、文莱、越南、老挝、缅甸和柬埔寨。如今，东盟已经发展成为东南亚地区以经济合作为基础的经济、政治、安全一体化的区域合作组织，并建立了一系列合作机制。

《东南亚国家联盟成立宣言》规定了东盟的宗旨和目标是：遵循平等与合作精神，共同促进本地区经济增长、社会进步和文化发展，为建立一个繁荣、和平的东南亚国家共同体奠定基础，以促进本地区的和平与稳定。

发展至今，东盟已经形成了本框架下的组织结构，主要包括首脑会议、外交部部长会议、常务委员会、东盟经济部长会议、秘书处。首脑会议是东盟的最高权力机构，每年召开一次，由东盟成员国轮流担任主席国并负责召集，主要负责讨论和商定东盟的基本发展方针。此外，东盟还会不定期地召开东盟首脑非正式会议。

---

① 冯跃威：《从北美自贸区视角看美加能源合作——以"公平"的名义吃"窝边草"》，http://www.chinavalue.net/Finance/Blog/2014-1-14/1009013.aspx，最后访问时间：2018年9月16日。

外交部长会议是东盟的磋商和决策机构,由东盟成员国的外交部部长组成,每年轮流在成员国召开年度会议。此外,东盟外交部长会议还会定期举行非正式会议。常务委员会由主席委员和其他委员组成,主席委员由当年主持外交部部长会议的东道国的外交部部长担任,其他委员则由其他成员国驻该东道国的大使组成。常务委员会负责筹办和主持召开外交部部长会议,监督外交部部长会议通过的决议的执行情况,并有权代表东盟发表声明。东盟经济部长会议由东盟成员国的经济部长组成,每年定期召开一次,主要负责探讨世界经济形势和东盟经济合作等问题。设在印度尼西亚首都雅加达的东盟秘书处是东盟的行政机构,也是东盟的常设机构。秘书处负责处理东盟的日常工作、协调成员国秘书处、主持召开秘书长会议等工作,向东盟首脑会议负责。东盟秘书长领导秘书处工作,是东盟的首席行政官,由东盟成员国轮流推荐资深人士担任,任期 5 年。①

得益于在发展过程中严格遵守所达成的共识,东盟在国际政治经济事务中的地位不断提升、作用不断加强,能源合作也成为东盟在经济领域开展合作的重点和优先方向。相应地,东盟形成了多层次的能源合作组织机构,主要包括东盟能源部长会议(AMEM)、能源合作高级官员会议(SOME)、专业论坛、项目、计划主任委员会、专业部门工作组织等。

东盟能源部长会议是东盟能源合作领域的最高权力机构,每年举办一次,由成员国按字母顺序轮流举办。东道国的能源部长担任当年东盟能源部长会议的主席,有权行使职权,同时有义务解决当年东盟能源合作中遇到的问题。东盟能源部长会议主要负责批准大型项目计划,决定东盟内部的能源政策以及东盟与合作伙伴的能源合作政策,批准建立分支合作机构等重要事项。

能源合作高级官员会议是东盟能源部长会议的协助机构,为东盟能源部长会议的顺利召开提供帮助,提供会议内容准备、计划、声明、通报、能源合作协定草案等会议文件。此外,能源合作高级官员会议还负责解决各分支机构提出具体问题、处理各分支机构提出的建议。部分东盟秘书处基础设施司的专职干部负责帮助和

---

① https://asean.org/asean/asean-structure/,最后访问时间:2018 年 10 月 11 日。

协助能源合作高级官员会议。① 与东盟能源部长会议的实施机制相似,能源合作高级官员会议也遵循成员国轮流举办的原则,当年的承办国同时担任为期一年的会议主席。

东盟能源研究中心(ACE)于 1999 年成立,总部位于印度尼西亚首都雅加达,核心机构是领导委员会,由东盟各成员国能源部的资深官员和东盟秘书处的代表共同组成。东盟能源研究中心的职责包括:执行能源合作高级官员会议下达的任务和常务工作任务,协调东盟在能源领域的各项规划,支持成员国在跨地区能源贸易、提高能源效率、开发新能源和可再生能源等方面的合作,建立能源互助网络、接受能源技术协助、与成员国共同制作能源数据主页,加强东盟在处理地区性和全球性能源问题方面的能力。

部分专业分支机构也已经成立了专门的工作组织来加强本专业的合作。东盟各油气总公司已经共同成立了东盟石油委员会(ASCOPE),并设置有常设秘书处。煤炭部门的合作机构也从最初的网络形式发展成为东盟煤炭论坛(AFOC)。举办多年的电力总公司(HAPUA)总经理论坛也成功转变为委员会模式,并设置了秘书处协助日常工作。为了协调其他专业分支机构的能源合作活动,东盟能源部长会议已经通过能源合作高级官员会议提出的建议,决定建立能源保护和效益网络、再生能源网络、区域能源政策和规划网络。

东盟国家能源资源丰富,但是各国资源禀赋差异较大,各具特色。在东盟国家中,缅甸和印度尼西亚的水力资源最为丰富,但是开发程度较低。印度尼西亚和越南的煤炭储量和产量最多。石油储量和产量最多的是印度尼西亚,其次是马来西亚。天然气储量最多的是印度尼西亚,然后依次是马来西亚、泰国和缅甸。不同的资源禀赋使东盟各国充分发挥互补优势配置能源资源、开展能源合作、构建区域能源安全体系。东盟按照不同的能源部门开设能源合作,经过多年发展,东盟已经逐渐形成成熟、稳定的能源合作。

东盟 60% 的能源消费依赖进口,基于成员国过度进口石油的现状,东盟在进行能源合作的同时提出恢复 1986 年石油安全协定,并制定了当出现石油供应短

---

① [越南]黎士兴:《东盟能源安全保障合作》,李太生译,载《东南亚纵横》2009 年第 5 期。

缺、石油供给渠道被破坏、石油基础设施损坏等紧急情况时的行动配合机制和克服措施。

为了实现能源多样化,东盟努力推动成员国使用天然气,并开展泛东盟天然气管道系统项目合作,以获得更加清洁和廉价的燃料。东盟能源中心也确定建设可实施的 7 个新的天然气管道项目,用以巩固该地区内的能源安全。[①] 在东盟蓬勃发展的液化天然气投资中,通过管道输送的天然气供应流是东盟经济体之间推动的区域伙伴关系之一。此后,东盟也将天然气部门作为成员国之间开展能源合作的重要方向,并积极推动该部门的有效合作。

东盟地区丰富的能源资源为东盟共建跨国电力产业带来了重大机遇。东盟成功合作了两个跨国电力项目,分别是泰国与马来西亚之间的电网项目、马来西亚与新加坡之间的电网项目。之后,东盟成员国审定了 11 个跨境输电项目,以期增加该区域下跨国输电线路的数量。东盟能源中心也审定了建设一个地区电网的可行性,并支持该地区的电力产业合作。

除了石油、天然气和电力部门的合作项目外,东盟成员国将合作目光转向核能等替代能源,希望达到减少该组织对石油、天然气的依赖,满足日益增长的电力需求的目的,进而实现能源多元化、保障东盟能源安全。为此,东盟专门成立了核能工作小组,还制定了在实施核能计划时如果增加多个东盟成员国那么可以召开闭门会议的新规定。印度尼西亚计划在 2018 年建设核电站。泰国计划在 2020 年建设核电站。马来西亚受国际原子能机构资助的核监察实验室计划在本国通过。马来西亚将在本地区建设第一个核监察实验室,用以监察和研究东盟的核情况。越南、菲律宾等其他东盟成员国也具有发展核能的需求。日本等具有核能开发建设经验的国家正积极鼓励东盟进行核能开发。核能部门也成为东盟开展能源合作的新方向。

东盟还实施了其他许多项目和计划,如加强材料基础系统项目、提高制定能源安全计划能力项目、能源政策互助项目、标准化和粘贴商标计划、再生能源计划、能源计量、煤洁净技术、小水电、发电机、再生能源发展信息网、独立发电厂网络和小

---

① 武泰:《东盟能源组织机构和合作内容》,载《越南工业》2004 年第 5 期。

规模再生计划等。① 这些项目和计划得到了东盟能源研究中心、能源网络和能源伙伴的配合实施。除了具体能源部门,东盟还实施了一系列与能源相关、影响能源合作的计划,例如东盟实施了减少能源需求、鼓励使用能源标准、提高能源利用效率、降低废气排放浓度的效益政策计划。

东盟在开展成员国内部之间能源合作的同时,积极加紧与伙伴国之间的联系和合作。目前,东盟已经与中国、日本、韩国形成了 AMEM＋1、AMEM＋3、SOM＋1和SOM＋3 合作机制。东盟与欧盟设立了 EC-ASEAN 基金,双方共同参与管理和调控。东盟还积极加强与本区域之外的国家、组织的能源联系和合作。德国、瑞士、澳大利亚、联合国亚太经济社会委员会、亚太能源研究中心、国际能源机构等国家和组织都对东盟的能源合作提供了财政或技术帮助。

东盟是东南亚地区政治、经济一体化的区域组织,其能源合作对地区发展与进步发挥了有利作用,但是,东盟还不是一个高度机制化的区域组织,到目前为止,东盟实际上只是为东南亚国家之间进行互动提供了平台。弱机制化和原则限制的互动降低了东盟在地区决策上的意愿和有效性。② 从东盟的历史和实践来看,东盟在地区治理上的水平相当有限,对推动国际能源合作的作用也相当有限,仍有待提高。

---

① [越南]黎士兴:《东盟能源安全保障合作》,李太生译,载《东南亚纵横》2009 年第 5 期。

② 周玉渊:《从东盟到东盟共同体——东盟决策的模式与实践》,世界知识出版社 2015 年版,第 84 页。

第三节　世界主要国家对外能源合作法律实践

●　●　●

一、美国

能源是国家经济增长和社会发展的重要物质基础,而石油作为主要的能源形式,被誉为"工业的血脉""黑色的金子"。[①] 美国前国务卿基辛格曾说过:"如果你控制了石油,你就控制了所有国家。"[②]从 1949 年至今,美国的政策设计者一直担心某个敌对国家可能控制世界石油供应中具有主导地位的分量,进而获得过多的财富和权力,并由此变得对美国更具有威胁性。[③] 美国是世界上最大的能源生产国和能源消费国之一,这一基本国情决定了美国的国际能源战略和对外能源合作实践。

20 世纪 50 年代以前,美国国际能源政策的主要目标是保证美国国际石油公司在国际石油体系中的地位、保证盟国的石油供应安全,从而巩固和维持其霸权地位。

20 世纪 60 年代至 20 世纪 80 年代末,美国的石油进口大于石油出口,美国对国际石油的依赖不断加深,美国的国际能源战略不仅是为了维护其国际霸权,还是为了保证本国能源供应的安全,即以"合理的价格、不受限制地稳定地获取石油供应",避免和防范石油禁运或其他因素导致的石油供应中断的发生。[④]

20 世纪 90 年代,美国实行"保障能源供应"的国际能源战略,其基本目标是:

---

①　张婷玉:《美国自由贸易区研究——基于政治经济视角》,辽宁大学 2014 年博士论文。

②　[美]威廉·恩道尔:《石油战争:石油政治决定世界新秩序》,赵刚等译,知识产权出版社 2008 年版,第 4 页。

③　Shibely Telbami and Fiona Hill, America's Vital Stakes in Saudi Arabia, *Foreign Affairs*, November/December 2002, p.170.

④　Walter J. Levy, Melvin A. Gonant, ed., Oil Strategy and Polities, 1941−1981, Boulder Colorado: Westview Press, 1982, pp.297-299.

为应对日益增长的需求,保障国内能源资源的供应安全;维持美国经济超级大国的领先地位;针对存在不稳定因素的能源来源地,减少美国及其盟友对其的依赖;加强能源生态环境保护。二战结束后,美国开始实行以中东地区为核心的能源外交政策。美国取得冷战胜利后,面对新的国际形势,美国能源外交政策的侧重点转向了获取足够的能源资源,以确保美国经济的飞速发展,其中石油和天然气等不可再生能源的稳定供应更成为重中之重。美国在巩固中东能源供应的同时,将能源外交逐渐延伸到里海地区。

21世纪初,美国实行"能源独立"的能源战略,主要包括:增加国内能源生产,实行品种多样化,控制海湾石油资源,实现能源来源多元化;增加石油战略储备;整合能源、环境与经济政策等。同时提出5个具体的目标:节能工作现代化,能源基础设施现代化,扩大能源供应,保护和改善环境,加强国家的能源安全。

2008年奥巴马上任后,积极呼吁国会与政府一起,促进美国清洁能源的发展。能源产业转型升级、发展新能源和可再生能源、引领能源技术发展新潮是奥巴马经济复兴计划的核心内容,其战略目的就是要通过新能源产业以"绿色革命"的方式再创造美国经济神话。① 在这一阶段,美国国内的能源结构也发生了剧烈变化,油气部门常规油气资源产量稳步上升的同时,非常规油气资源的产量也迅速提升,改变了美国天然气供应格局。2011年11月,美国国务院宣布成立能源资源局。美国能源资源局成立后便紧密开展同美国能源部、美国国际开发署和其他贸易与投资机构的能源合作,并成功确定了美国外交能源政策的地位。

2017年1月20日,特朗普政府发布了"美国第一能源计划",制定了其执政时期的能源发展重点。特朗普能源新政包括以下核心内容:一是放松能源监管政策,重新评估执行巴黎气候协议对美国经济及就业的影响;二是解除对化石能源生产的限制,加大本土页岩油气生产,降低能源价格,摆脱对进口能源的依赖,增强美国能源安全;三是加大清洁煤技术的研发投入,振兴美国煤炭工业;四是取消核能、清

---

① 陈英超、冯连勇、William X. Wei、王宏伟:《美国奥巴马政府新能源战略及其特点》,载《专家分析》2013年第9期。

洁煤等技术的政策限制。①

从以上战略可以看出,能源一直是美国发展的首要方向与重点领域。美国能源霸权的基本目标是:确保美国在国际能源体系中的地位,提升美国国家能源安全度和保障度,加强对能源生态环境的保护,保证美国的能源安全,从而巩固和维持其霸权地位。美国国际能源政策的核心是提高美国能源安全保障度。美国政府认为"石油供应不稳定会给美国经济造成极大的影响,只有采取相应的对外政策措施才能控制可能发生危机的规模"②。为了实现能源目标,美国实施了多层次、多方式的对外能源合作实践。

美国《国家能源政策》中提到"能源从一开始就是个外交问题",并规定要"将能源安全置于外贸和外交政策的首要位置"。美国是国际能源合作舞台上最活跃的国家。总结美国的对外交往活动可以发现,美国对全球石油生产国的访问次数远远超过对非石油生产国的次数。美国的能源外交以本国能源利益需求为核心和基础,并据此加强与能源生产国的对话与合作、发展与能源输出国的良好关系。加拿大和墨西哥拥有丰富的能源资源,并与美国具有地缘优势,加强与加拿大和墨西哥的能源合作有利于降低能源合作成本、保障能源供应安全,因此,美国素来重视与加拿大和墨西哥开展能源合作,并保持着长期的合作伙伴关系。拉美地区有"美国后院"之称,美国通过扩大投资、技术援助等方式强化与委内瑞拉等拉美地区能源生产国的能源合作。美国还十分重视非洲能源市场,早在《美国国家安全战略》中,美国就已经明确提出加强美国自身能源安全的重要途径是加强与非洲能源生产国的合作。从 20 世纪 90 年代起,美国的大型石油公司,例如埃克森、埃索等,就已进入非洲能源市场与西非石油生产国签订石油供给合同。美国也成功利用非洲石油生产国发展了本国石油工业。此后历届美国政府都采取多种方式继续推进美国与非洲能源生产国的能源合作。《切尼报告》③呼吁美国国务院、商务部和能源部重视亚洲地区,开展与哈萨克斯坦、阿塞拜疆和其他里海国家的商业对话,为能源及

---

① 张一清、姜鑫民:《特朗普能源新政的影响及我国应对策略》,载《西南石油大学学报(社会科学版)》2018 年第 1 期。

② 中国现代国际关系研究院:《全球能源大棋局》,北京时事出版社 2005 年版,第 163 页。

③ 小布什政府的《面向美国未来的可靠、经济和环保的充实能源》报告,又称《切尼报告》。

相关基础设施建设提供有利的环境。随着里海地区能源资源探明储量和产量的迅猛增加,美国竭力参与该地区的大国博弈,并希望参与该地区的能源勘探、开发、加工等合作。此外,美国十分注重与俄罗斯的能源合作。2002 年,时任美国总统乔治·沃克·布什与俄罗斯总统普京发布了联合声明,提出美俄两国将共同探索实现国际石油市场的稳定的道路。此后,美国与俄罗斯大力开展石油开发、生产、运输、销售等方面的合作。美国通过开展多种形式的双边能源外交保障能源供应稳定,实现能源领域和能源相关领域的目标和安排。

二战后,布雷顿森林体系使美元成为世界货币,美元的地位得以提升。1974年,美国与沙特达成秘密协议,美国保证沙特购买的美国债券的债权收益,沙特则保证以美元作为石油出口的唯一定价货币。[①] 这一定价机制拓展到中东和全部石油输出国组织成员国,奠定了美元在国际石油交易计价货币中的垄断地位,形成了以石油为基础、以美元为标的的"石油美元机制"。通过这种由美元金融垄断地位形成的机制化霸权体系,美国成功构建了与中东产油国的石油需求与石油供给、石油支出与石油收入、石油美元与石油物资、美元回流与美元流出等复合式相互依赖,并将美国经济的石油能源和石油资本需求与石油输出国组织产油国石油资源供给和石油盈余资本在美国的投资回报率捆绑在一起,使双方对于石油形势变化和美元资本报酬具有大致相同的敏感性和脆弱性,从而构成了荣辱与共式的利益相互渗透的依赖关系[②],改变了美国单向依赖中东的不利局面,增加了美国控制或影响中东产油国的权力。[③]

建立西方发达国家间的能源合作机制是美国国际能源战略的重要手段。石油输出国组织的成立和发展成功赢得了国际市场上的石油话语权。为了应对石油输出国组织,美国在 1974 年主导建立了由西方石油消费大国组成的国际能源机构。基于国际能源机构成员国共同的能源需求,该机构在美国的领导下,在国际能源格

① David E. Spiro, The Hidden Hand of American Hegemony: Petrodollar Recycling and International Market, Cornell University Press, 1999, Preface.

② 舒先林:《美国中东石油战略的经济机制及启示》,载《世界经济与政治论坛》2005 年第1 期。

③ 杨力:《试论"石油美元体制"对美国在中东利益中的作用》,载《阿拉伯世界》2005 年第 4 期。

局中积极发挥协调成员国行动、减轻来自石油输出国组织的压力的作用,最终成为美国对抗石油生产国的一件利器。

美国参议员威廉·富布莱特曾提出,"如果能够让石油出口国体会到它们与美国的经济繁荣存在着具体直接的关联性,这样就能减少美国的风险,要建立这种关联性,最显而易见的方式就是依靠贸易和投资"。自由贸易区便是其中最直接且有效的方式和途径。北美自由贸易区是美国对外能源合作实践的直接体现。北美自由贸易区是 21 世纪美国国际能源战略的重要组成,美国在该自由贸易区中享有完全的控制权,并通过该自由贸易区建立了北美内部能源市场,进而使美国企业在其中发挥主导作用,降低了石油供应短缺的风险,保证了石油供给的稳定性和安全性。

此外,美国还积极通过决策系统、情报系统和智囊团系统综合决策国际能源战略[1],主导国际能源合作,加强与石油产区的联系;加强亚太经合组织框架下的能源技术交流;与中国、印度等国展开能源对话,并将其纳入美国主导的国际能源市场体系。美国凭借这些战略措施和手段积极控制了国际能源体系中的需求板块、供应板块与能源运输通道。

美国的对外能源合作实践主要表现为以外交手段促进能源安全和能源合作。美国通过外交手段,发展与中东、美洲、非洲、中亚等区域能源生产国的良好合作关系,影响这些国家的能源出口和运输通道;通过控制国内能源资源的出口价格、数量、对象、途径来影响能源进口国家的能源市场和国家立场;通过综合利用外交手段、军事力量、能源武器对敌对势力和政治力量实施全面打击。凭借这些手段,美国加强了对世界能源定价的控制权,实现了对国际能源市场的有效掌控。

二、俄罗斯

新现实主义代表人物肯尼思·华尔兹认为,国际关系塑造了国家行为,国家行为也能影响国际体系的变动,两者相互影响。[2] 俄罗斯是石油、天然气生产和输出

---

① 赵庆寺:《美国能源法律政策与能源安全》,北京大学出版社 2012 年版,第 77 页。
② 倪世雄:《当代西方国际关系理论》,复旦大学出版社 2009 年版。

大国,地理位置特殊,横跨几个地理区域和次区域,其能源政治和能源外交在国家对外战略中的影响十分显著。

苏联时期,出于国际局势的需要,苏联的能源博弈多于能源合作。苏联将能源作为抗衡美国、联系欧洲、争夺全球霸权的主要手段之一。一方面,苏联在西欧推行"能源一体化"政策,凭借油气资源突破了美国的经济制裁,离间了美国与西欧的关系。另一方面,苏联在向东欧经互会国家出口石油时采取降低石油价格至国际石油市场价格的一半、将卢布作为结算方式等策略,通过能源战略和能源外交拉拢东欧国家,加紧东欧经互会国家的联系,遏制经互会国家的离心倾向,虽然这一政策牺牲了苏联本国的经济利益,但是实现了苏联的地缘政治利益和国家利益。20世纪80年代末,戈尔巴乔夫提出"新思维",在这一政策的影响下,苏联的能源外交政策也产生了变化。东西方局势出现"缓和",苏联充分利用这一有利时机强化油气外交,猛烈开展能源外交攻势。冷战结束前,苏联能源外交以博弈为主的战略开始向博弈与合作并存的战略转变。[1] 苏联解体后,经济危机导致能源生产力大幅下降,能源外交面临重重困境。因此,俄罗斯将积极开展双边能源合作和多边能源合作作为其对外能源战略的首要任务。

叶利钦时期,俄罗斯出台了多份与能源问题直接相关的法律文件,例如《新经济条件下的能源政策基本构想》《俄罗斯能源战略基本原则》《2010 年前俄罗斯联邦能源战略基本方向》等。这些法律文件确立了俄罗斯的能源政策,其中,《2010年前俄罗斯联邦能源战略基本方向》为此后俄罗斯制定本国能源战略奠定了基础。该文件强调了俄罗斯实施对外能源政策必须注重的 3 个方面:一是为使俄罗斯更好地履行国际条约义务,要充分创造法律条件和经济条件;二是俄罗斯与独联体国家存在共同利益,要加强俄罗斯和独联体国家之间的合作;三是要促进俄罗斯与其他国家在创新能源出口地、扩大燃料动力资源开发等方面的互利合作。叶利钦时期,俄罗斯在重视国际机制的前提下实施对外能源战略,其战略内容主要是拓展海外能源市场,并积极利用独联体框架开展双边能源合作,将其纳入俄罗斯主导的次区域一体化进程。

---

① 于春苓、杨超:《冷战时期苏联对欧洲的能源外交》,载《西伯利亚研究》2010 年第 4 期。

普京执政后,俄罗斯逐渐恢复国家实力,能源在国家战略中的地位日益提高。《2020 年前俄罗斯能源战略》强调能源是俄罗斯发展经济的基础、推行内外政策的工具,应当利用能源从对外经济活动中获取最大的国家利益。同时,《2020 年前俄罗斯能源战略》还专门规定了"对外能源政策"章节,这一章节提出要改变俄罗斯在国际能源市场上的角色定位,要从纯粹的能源供应者转变为执行独立政策的参与者,要充分发挥俄罗斯在国际能源市场的重要作用。这份文件表明了能源问题对俄罗斯的重要战略意义,确立了为国家利益服务这一俄罗斯能源外交的核心。此外,因为横跨亚欧这一独特的地理条件,俄罗斯一直奉行"既看着东方,也看着西方"的"双头鹰"政策。① 普京执政后,俄罗斯十分重视亚洲市场与欧洲市场,极力推行亚欧并重、东西兼顾的全方位能源外交。这一时期,俄罗斯将能源外交作为重振大国地位、实现国家复兴的战略手段。

从俄罗斯不同时期的能源政策可以看出,能源是俄罗斯抗衡美国、联系独联体国家、重振国家实力、改善国家环境、获取地缘政治利益的有力武器。因此,俄罗斯秉持一贯的对外能源战略,积极利用手中的"能源牌"开展对外能源合作,加强与欧洲、中亚、里海、亚洲等地区和国家的能源外交。

俄罗斯的能源外交目标首先是巩固俄罗斯在欧洲的地位。东西欧和中欧国家是俄罗斯石油天然气和石油产品的巨大市场,俄罗斯是欧洲能源设备出口和能源项目投资的主要国家。② 在对欧洲的能源战略中,俄罗斯坚持经济利益与政治利益兼顾,合作与竞争关系并存。其具体内容包括:第一,扩大对欧洲的能源出口。西欧国家是俄罗斯对外贸易的重要对象,占俄罗斯对外贸易份额的 50%,在俄罗斯的对外经贸关系中占据首要位置。2000 年,俄罗斯和欧盟签订了《能源战略伙伴关系协议》。在俄罗斯的对外能源战略中,与欧盟和独联体国家开展能源合作始终是俄罗斯的优先方向。俄罗斯十分重视欧洲能源市场,为争夺欧洲市场与中亚国家、石油输出国组织等能源输出国和国际能源组织展开了激烈竞争。第二,兼顾扩大对外投资与加大吸引外资,为俄罗斯与欧洲开展能源合作创造良好的外部条

---

① 方婷婷:《俄罗斯对外能源战略和中俄能源博弈》,载《东北亚论坛》2012 年第 4 期。

② [俄]斯·日兹宁:《全球能源安全与俄罗斯能源外交》,载《俄罗斯学刊》2011 年第 3 期。

件。俄罗斯能源公司积极与欧洲能源企业开展合作,利用投资踊跃参与欧洲能源企业股份化和私有化过程,便利能源开发、生产、运输等合作。同时,俄罗斯在能源领域加大吸引欧洲的资金,为本国能源基础设施建设提供物质支持。第三,根据能源依赖程度对欧洲分而治之。俄罗斯根据欧洲国家对其能源的依赖程度将欧洲国家划分为三类:第一类是对俄罗斯能源完全或严重依赖(依赖程度为50%~100%)的国家,包括芬兰、乌克兰、摩尔多瓦、波罗的海三国以及中东欧部分国家;第二类是对俄罗斯能源依赖较重(10%~50%)的国家,包括德国、法国、意大利、波兰、哈萨克斯坦、白俄罗斯等国家;第三类是对俄罗斯能源依赖程度较小或完全不依赖的国家(小于10%),包括挪威、丹麦、西班牙和英国等国家。[①] 对第一类国家,俄罗斯采取低价供应等能源价格手段扩大其能源市场份额,遏制其他势力在该类国家的渗透或增长。对于第二类国家,俄罗斯根据国家实力、政治立场、能源利益再次对其进行划分,并采取不同策略。对于第三类国家,俄罗斯努力与之进行联系和对话,以期与之建立良好的国家关系,便利未来能源及其他领域的合作。第四,开拓欧盟能源上中下游市场。俄罗斯通过与欧盟共同实施能源项目、协调能源储备等方法开拓欧盟上中下游能源市场,扩大对欧盟的能源影响力,形成俄罗斯—欧盟能源对话机制,建立能源合作伙伴关系。第五,利用"能源武器"制衡欧盟。俄罗斯每年为欧盟供应20%左右的石油和50%左右的天然气,是欧盟主要的能源供应国家。意大利媒体曾指出,俄罗斯牵制"敌对"国家和西方势力的手段已不再是核按钮,而是控制油气管道"核武器"的加压站按钮。[②] 有报告称,在未来15年内,欧盟对俄罗斯的政策目标取决于欧盟对俄罗斯能源的进口依赖程度。俄罗斯正是凭借能源改变了欧洲地缘政治格局,取得了在欧洲地区的政治经济利益。

俄罗斯对中亚的能源外交,更多的是出于国家安全和地缘政治的利益。中亚具有丰富的能源和矿产资源,且因为地处欧亚大陆"心脏地带"成为重要的国际贸易交叉通道。丰富的能源资源和重要的战略地位使中亚成为大国势力博弈的地区。为了应对美国及西方国家的竞争态势、获取本国在该地区的能源利益,俄罗斯

---

① 于春苓:《俄罗斯能源外交政策研究》,中国社会科学出版社2013年版,第71页。

② 意大利《24小时太阳报》,2006年1月22日,转引自程春华:《经济民族主义——俄罗斯与欧盟能源贸易中的合作与冲突》,社会科学文献出版社2013年版,第40页。

调整了对中亚国家的外交政策。《俄罗斯联邦对独联体国家的战略方针》中规定：第一，将中亚地区由俄罗斯外交的次要方向转变为优先方向，明确宣布俄罗斯的切身利益存在于包括中亚在内的独联体范围内，必须使第三世界和国际组织认识到这一地区是俄罗斯利益的所在地；[①]第二，主要目标是联合中亚国家，实现独联体的政治和经济一体化；第三，保障中亚国家的政治和经济稳定，使之成为对俄罗斯奉行友好政策的国家；第四，发展经济合作，加快中亚国家与俄罗斯的经济一体化进程；第五，发展同中亚国家的外交协作和人文合作。此外，俄罗斯还倡议并建立了由俄罗斯、哈萨克斯坦、白俄罗斯、吉尔吉斯斯坦和塔吉克斯坦组成的国际组织，即欧亚经济共同体。欧亚经济共同体将能源确立为该组织 11 项优先合作的领域之一，制定并批准了《欧亚经济共同体成员国能源合作纲要》和《共同行动计划》。纲要和行动计划涉及石油、天然气和煤炭主要能源产品的合作，并确定了成员国能源领域合作的重点在于制订指导成员国合作的各项协议和计划，以加强区域协调。俄罗斯利用与中亚国家的能源合作巩固其在中亚的地缘战略地位，同时凭借其对中亚地区的影响力使中亚国家的能源资源服务于俄罗斯的国家利益和对外战略。

里海地区对俄罗斯具有重要的战略意义。第一，里海地区是俄罗斯的传统势力范围，对俄罗斯保障南部边疆的安全尤为重要。第二，里海地区丰富的能源资源可以满足俄罗斯的国内能源需要，有利于确保俄罗斯对欧洲和独联体的能源供应。第三，里海地区地理位置特殊，连接了俄罗斯与波斯湾两个油气产区，联通了"石油心脏地带"，随着油气管道的修建，将进一步加强欧亚地区的油气合作，实现欧亚能源生产与消费市场的全面联通。基于独特的地缘政治与地缘经济优势，俄罗斯将里海地区作为能源外交的重要方向，尽可能地将该地区国家的能源纳入俄罗斯的能源平衡体系，努力保障自己在苏联势力范围内的影响力和核心地位。俄罗斯积极参与里海地区的油气开发，通过投资、并购等方式控制油气产区；大力发展由其主导的里海油气外运管网系统，抵制排斥其未参与的管道建设方案；推动建立里海国家区域合作机制，发展地区多边能源合作机制

21 世纪，亚洲国家经济高速增长，能源消耗量剧增，俄罗斯与亚洲的能源外交

---

① 于春苓:《俄罗斯能源外交政策研究》,中国社会科学出版社 2013 年版,第 4 页。

条件发生了变化,普京执政后,大力推行欧亚并重、东西兼顾的全方位的平衡的能源外交政策,亚洲尤其是东北亚成为俄罗斯能源外交的重要区域。在对亚洲的能源战略中,一方面,俄罗斯通过亚太经合组织、东盟与中日韩"10+3"会议等地区性组织实现能源领域的区域合作与协商;另一方面,俄罗斯通过与中国、日本、韩国、印度等国的双边关系展开能源合作与对话。

2014 年,俄罗斯能源部公布了《2035 年前俄罗斯能源战略(基本规定)》。该文件分为"对 2030 年前能源战略的修改""2035 年前能源战略的主要目标""对外能源政策的战略任务"等几个主要部分。"对外能源政策的战略任务"提出,俄罗斯应当在保持与传统能源市场和新兴能源市场的稳定关系的同时,创新能源产品,加快进入亚太市场,促进俄罗斯公司融入国际能源商业体系,维护俄罗斯在世界能源市场体系中的利益。[1]

三、日本

日本是世界上主要的能源消费大国和能源进口大国,日本大地震前,日本的能源自给率仅为 9%,日本大地震后,其能源自给率降至 6%,在世界主要发达国家中较低。[2] 能源对外高度依赖决定了日本能源战略的核心诉求,即能源安全。

从日本的实际能源情况分析,日本的"能源风险"[3]主要来自两个层面,即能源的"存量约束"[4]与"流量约束"[5]。在规避能源约束、确保能源安全的过程中,日本必须把国内的"存量约束"转换成全球范围的"流量约束",并在此基础上,弱化和稀

---

[1]　刘乾:《俄罗斯能源战略与对外能源政策调整解析》,载《国际石油经济》2014 年第 4 期。

[2]　张季风:《日本能源形势与能源战略转型》,中国社会科学出版社 2016 年版,第 5~6 页。

[3]　"能源风险",是指能源非安全因素破坏了经济发展和民生享受,使经济系统功能无法得到正常维系,不能处于动态的平衡之中。对日本而言,规避"能源风险"包括内政、外交两个层面,本章主要从外交层面论述。

[4]　"存量约束",是指当能源埋藏量因不断消耗日趋枯竭时对人类社会、经济发展和民生享受等所带来的影响及其相关风险。"存量约束"在现有条件下无法解决,其对经济发展和民生享受的约束及其相关风险是"刚性约束"。

[5]　"流量约束",是指在政治、技术、经济和环境等条件制约下,能源无法在"时空"上由潜在能源向现实能源转化,导致某区域或某时间段内得不到满足。"流量约束"是可通过技术进步、制度安排和政策设计等手段逐渐规避和舒缓的,属于"柔性约束"。

释"流量约束"及能源地缘政治风险、能源价格波动风险、资源民族主义风险、石油海上运输风险、技术约束风险、环境污染风险六大风险因素。[①] 为了应对能源约束、保障稳定安全的能源供应,日本从多角度、全方位、宽领域做出了合理且巧妙的能源政策设计和制度安排,并开展了相应的能源外交活动。

能源外交的效果很大程度上取决于执行对外能源政策的机构和组织,首先取决于实施政治决策的机构。[②] 为了更好地进行能源外交,日本渐次成立了参与、制定能源外交政策的机构和团体,最终形成了标准的、统一的能源决策体制,为日本的国际能源战略奠定了基础。日本的能源外交体制由"行政中枢系统""智库咨询系统"和"情报提供系统"三部分组成。

行政中枢系统在日本能源外交决策体系中拥有最高决策权,对日本能源外交政策起到决定性作用。行政中枢系统由内阁、经济产业省及下辖的资源能源厅、外务省、环境省、总务省等部门组成,主要负责领导和协调国家的能源外交决策过程,并最终确定国家能源外交的政策与目标。内阁是日本能源外交政策的最终决定者,直接决定了能源政策的正确与否,因此,内阁既是权力行使者,又是责任承担者。经济产业省管辖的资源能源厅国家能源政策或能源计划的制定者,也是全国各能源产业部门的统一管理者。资源能源厅中的国际课和资源燃料部下设的石油天然气课共同负责石油勘探、石油开发、天然气供给、国际能源贸易等方面的事务,是与能源外交具体内容密切相关的部门,对日本能源外交决策具有重要作用。外务省是日本政府的行政机构,负责所有日本外交事务。外务省设立了专门负责有关日本经济外交方面的事务的经济局和搜集、分析世界各地的情报的国际情报统括官组织。国际情报统括官组织下设第四国际情报官室,该科室负责收集中东、非洲和中亚等世界上重要的能源生产地的能源情报,并开展相应的调查活动。

充足可靠的咨询和信息是科学决策的前提条件,在日本的能源外交决策体系中,智库咨询系统和情报提供系统就是为行政中枢系统的决策选择与决策依据提供服务的。智库咨询系统由政府部门内部的能源审议会、具有独立行政法人性质

---

① 尹晓亮:《日本能源外交与能源安全评析》,载《外交评论》2012年第6期。

② [俄]斯·日兹宁:《俄罗斯能源外交》,王海运等译,人民出版社2006年版,第119页。

的研究机构、专门从事能源研究的日本能源经济研究所三部分组成。政府部门内部的能源审议会,主要是指综合资源能源调查会及其下设的 16 个能源审议会。独立行政法人性质的机构主要包括石油天然气和金属矿物资源机构(JOGMEC)、新能源和产业技术综合开发机构(NE-DO)、产业技术综合研究所(AIST)、日本贸易振兴会机构(JETRO)、日本贸易保险(NEXI)等。日本能源经济研究所还成立了石油信息中心、能源计量分析中心、亚太能源研究中心、中东研究中心。智库咨询系统是日本进行能源外交和国际能源合作的"智囊团"和"信息库"。情报提供系统根据不同的能源资源种类分别成立了石油、燃气、煤炭、原子能、新能源等行业的能源中心与协会。情报提供系统是日本能源外交决策体系中的辅助机构,在日本能源外交政策制定过程中起基础作用,主要负责收集和处理各类信息,服务于决策中枢系统和智库咨询系统。

　　日本是一个能源资源匮乏的国家,第一次石油危机爆发后,日本意识到中东地区产油国对其的重要意义,制定了以应对石油危机、开展与中东地区的能源交往为核心的能源外交政策。一方面,日本加大了对中东地区的外交访问力度。石油危机之后,日本增加了对中东地区各国的访问次数,积极同中东各国开展合资项目、经济援助、技术援助等方面的会谈。同时,日本也积极邀请中东国家访问日本,以期通过互信访问密切日本与中东各国的联系,建立友好关系。另一方面,日本加大了对中东地区的经济援助。日本通过对伊朗、伊拉克等石油生产国进行投资、贷款、设立合资企业等方法对这些国家施以援手,帮助这些国家改变本国单一的经济结构,既达到了与这些国家建立长期、稳定的合作关系的目的,又改变了日本以往单纯依赖沙特阿拉伯能源供应的局面,实现了能源供应的多元化,有利于保障国家能源供应安全。此外,日本加大对中东地区的化工产品和重工业产品出口,并利用产品出口价格实现对石油进口价格的影响。日本还在中东地区建立了专门研究中东地区政治、经济、文化的中东经济研究院,为日本与中东地区国家开展能源外交提供信息服务。日本与中东地区的交往均以能源为出发点和落脚点,并通过开展外交活动促进国际能源合作、获取能源利益。

　　日本进口石油的 85% 来自中东地区,但中东地区持续动荡的国际局势成为日本从中东地区进口石油的一大隐患。中亚地区石油、天然气储量丰富,仅次于中东地区,且局势相对稳定,是日本除中东地区外全球最重要的能源外交对象,成为日本国际能源战略中的重要部分。2002 年,日本首相派遣"丝路能源团"前往中亚四国,为建立日本与中亚四国的长期关系和寻求日本的能源利益进行铺垫。2004年,日本提出建立"中亚+日本"对话机制,希望通过该机制发挥日本在中亚地区的政治、经济作用,并借此扩大日本在欧亚大陆的影响力,便利日本实施能源外交战略。2006 年,日本首相访问了乌兹别克斯坦和哈萨克斯坦并通过谈判达成了一系列能源合作计划。2007 年,安倍晋三携多位企业家访问中亚地区主要能源生产国,达成了一系列促进能源合作的计划。此后,日本一直维持着与中亚国家的能源合作关系。日本在与中亚国家的交往中树立了良好的伙伴形象,并积极帮助中亚实现政治民主化和市场经济化,为日本在中亚地区开展能源合作奠定了政治基础。通过多年的能源外交,日本在中亚地区获得了一定的能源开发权,切实提高了国际能源合作的安全性、实现了日本能源进口的多元化。

俄罗斯蕴含丰富的石油、天然气资源,随着俄罗斯国内多处油气产区的开发,全球能源格局发生了变化。俄罗斯奉行的能源出口多元化政策与日本扩大能源进口渠道的政策互补,且俄罗斯与日本相邻,具有天然的地理优势,因此,日本将俄罗斯视为开展能源外交的重要对象。日本与俄罗斯合作了"萨哈林-1 号"和"萨哈林-2 号"等总投资超过 10 亿美元的大型油气项目。两国首脑还就输油管道建设进行了磋商,计划相互分享原子能领域技术合作、人才交流和安全合作的经验。此后,日本与俄罗斯拟开展在北极圈附近亚马尔半岛及远东萨哈林等地的液化天然气开发、库页岛外海天然气及石油共同开采等大型项目上的合作。能源是日俄经济关系的核心,日本希望以能源领域为中心,加强与俄罗斯的经济合作,促进合作良性循环。

非洲地区因为巨大的石油储量和良好的开采条件成为全球新兴能源市场。21世纪之后,西非和北非地区作为非洲油气资源聚集地得到了日本的高度重视,为夺取非洲地区的能源资源、保障本国能源供应安全,日本制定了"走进非洲"的能源外交政策。在第三届"非洲发展东京国际会议"上,日本不但表示不再收取非洲对日本的 30 亿美元国债,而且作出连续 5 年向非洲提供 3 亿美元金融投资和 10 亿美元经济援助的承诺。除此之外,日本还提出了诸如维护供水安全、建立公共保健体系等多项援助非洲地区的方案。凭借这些举措,日本成为对非洲提供援助最多的国家,这为日本与非洲开展能源合作奠定了基础。最终,日本如愿获得了在非洲地区最大的能源开发权利。此后,日本多家能源企业通过国际能源招标获得了利比亚多块油田的开发权。非洲成为日本开展国际能源合作的重要伙伴,为日本实现能源进口多元化做出重要贡献。

时至今日,日本通过能源外交构建了稳定的、安全的由"八大向度"构成的全球能源供应体系。"中东向度"是指巩固与中东地区的关系,加强与海湾国家的联系,获得石油、天然气等资源;"中亚向度"是指谋求哈萨克斯坦、吉尔吉斯斯坦等中亚国家的铀、天然气等资源;"俄罗斯向度"是指获取俄罗斯西伯利亚、萨哈林等地区的石油、天然气等资源;"北美向度"是指获取美国、加拿大的天然气等资源;"非洲向度"是指寻求非洲国家的石油、天然气等资源;"南美向度"是指寻求南美国家的石油、矿石等资源;"澳洲向度"是指寻求澳大利亚的煤炭、铀、天然气等能源;"海上通道向度"是指确保海上运输通道的安全。[1] 日本借助能源外交,渐次构建完成了由"八大能源向度"组成的全球化能源供应体系,基本实现了能源的全球化配置,解决了国内能源资源匮乏的困境。

此外,日本十分重视国际能源合作的广泛性,积极推行双边与多边的国际能源合作。在多边能源合作层面,日本强化与国际能源机构、国际能源论坛、东盟、亚太经合组织、八国集团能源部长会议等的能源合作,并积极参与中、美、日、韩、印五国能源会议和亚洲能源安全会议等能源对话。在双边能源合作层面,日本注重加强与沙特、卡塔尔、伊拉克、伊朗、哈萨克斯坦、印度、越南、澳大利亚、美国、中国等20个国家的能源合作。通过广泛的国际合作,日本成功实现了风险共担,提高了能源合作的安全性,实现了能源外交战略的根本诉求。

四、印度

印度是新兴经济体,也是全球第四大能源消费国。根据英国石油公司(BP)的评估,"中国和印度有望于2030年分别成为世界第一大和第三大经济体以及能源

---

[1]　尹晓亮:《日本能源外交与能源安全评析》,载《外交评论》2012年第6期。

消费国,两国能源需求将占全球总量的 35%"。然而,印度能源资源匮乏,石油对外依存度高达 80%,且随着印度经济的高速发展,能源缺口将会进一步扩大,因此,加强全球能源寻找和确保能源安全成为印度对外能源政策的首要目标。为保证国内能源的及时和充足供应,印度实施了全方位的能源外交政策,在不同地区开展双边或多边能源合作,在确保能源安全的基础上实现了本国能源进口多元化。

中东国家石油资源丰富,是印度开展能源外交的优先合作地区。巩固和加强与中东国家的能源合作是印度能源外交的重要组成部分。伊朗石油、天然气蕴藏丰富,已探明石油储量居世界第四位,天然气产量居世界第一位,是印度的重要能源合作伙伴。印度于 2001 年与伊朗建立了石油出口机制,并成功于 2002 年首次进入伊朗油气资源勘探开发领域。2005 年,印度与伊朗签署了液化天然气(LNG)购买协议,协议约定,2009 年至 2034 年,伊朗每年向印度提供 500 万吨液化天然气,印度则向伊朗提供能源生产和利用的多项先进技术。[1] 截至 2018 年 10 月,伊朗已经成为印度的第二大石油供应国,且印度表示将继续与伊朗保持多方面的能源合作。沙特阿拉伯是世界上石油出口第一的国家,印度与其保持着良好的能源合作伙伴关系。2006 年,沙特阿拉伯国王阿卜杜拉·伊本·阿卜杜勒·阿齐兹访问印度,双方就能源合作问题展开双边会谈后宣布建立"战略能源伙伴关系"。[2] 此次访问期间,印度与沙特阿拉伯还共同签署了《德里宣言》。该宣言明确了双方将保持长期的能源合作关系,沙特阿拉伯将保证稳定并持续增加对印度的原油供应,双方还将在印度、沙特阿拉伯和第三国开展能源勘探、开发等上游产业和石化产品等下游产业的合资与合作。此外,印度积极探索或加强与卡塔尔、科威特等其他中东能源国的合作。2010 年,印度利用第六届亚洲天然气伙伴峰会与卡塔尔进行能源对话,并达成新的天然气供应协议,该协议成为双方今后 15 年至 20 年合作的长期合同。2012 年,印度石油公司与科威特石油公司达成原油购买协议,这是两国开展能源合作的重要成果。2013 年,亚洲能源部长会议期间,印度石油和天然气部长维拉帕·莫伊利和科威特副首相兼石油部长穆斯塔法在双边会谈中同意

---

①　张帅:《印度能源外交的现状与特点》,载《国际石油经济》2018 年第 3 期。

②　龚伟:《印度能源外交与中印合作》,载《南亚研究季刊》2011 年第 1 期。

在石油和天然气领域开展更广泛的合作。

非洲是世界重要的油气产区之一,与非洲地区的能源合作是印度能源战略重要的组成部分。21世纪初,印度为换取非洲地区的石油资源,对非洲国家采取了包括政治支持、提供发展援助基金、提供低息贷款、供应武器军火在内的多种政治、经济方法。2007年11月,印度举办了第一届印非石油会议,共25个非洲国家的石油部长或代表参会,会议表示将推动印度与非洲的油气合作。2008年4月,印度在新德里召开了首届印度—非洲论坛峰会,非洲联盟主席和14个非洲国家的领导人参会。会议提出加强印度与非洲在能源领域的互利合作,会议期间还通过了《德里宣言》和《印非合作框架协议》两个纲领性的文件。这标志着印度与非洲地区的能源合作正式拉开序幕。2011年,印度与非洲联盟共同发布了《亚的斯亚贝巴宣言》和《加强合作框架协议》,为印度与非洲进行进一步的能源合作提供了指导意见。印度还与其他非洲国家开展能源合作。印度获得了尼日利亚两个石油产区长达25年的开发权,印度石油公司与尼日利亚政府签订了多项石油勘探、开采合作协议。印度获得利比亚、安哥拉等国家部分油田的开采权。印度就石油勘探、开发项目扩大对苏丹等国的能源投资。

地缘因素是影响国际能源合作的重要因素。早在20世纪90年代,印度就提出了"东向"战略,强调将国家战略重心转移至东南亚甚至东亚地区,并逐步提高印度在亚洲的地位,加强印度在亚洲区域格局中的政治、经济作用。为此,印度十分重视开展与东南亚、南亚等周边地区国家的能源合作。不丹和尼泊尔拥有发达的水力资源,印度在水电方面一直与两国保持着能源合作关系。2007年10月,印度外长访问不丹,签署了执行普纳桑楚一期水电项目的协议。2008年,印度与不丹共同提出了在2020年前扩大水电装机容量的目标,并在此后新增了6个大型水电合作项目。2014年6月,印度总理莫迪上任后选择不丹作为其首次出访的国家,两国开展会谈并决定今后进一步加强水电领域的合作。1989年,印度与尼泊尔共同建立了水资源联合委员会,此后,双方合作开发水电资源,完成了卡那里、纳乌姆尔等水电项目。2008年,印度与尼泊尔共同提出10000兆瓦合作计划,进一步加强了两国在水电领域的合作。孟加拉国和缅甸蕴含丰富的天然气资源,印度主要在天然气项目上与其开展合作。为了便利印度从孟加拉国和缅甸进口压缩天然气和液化天然气,印度与孟加拉国、缅甸就合作投资建设一条天然气管道密切展开谈判。除天然气外,印度还收购了缅甸年产油量约为 20.1 万吨的 A1 和 A3 油田开发项目,有效保障了印度的石油需求。此外,虽然印度与巴基斯坦在政治、军事领域冲突不断,但是由于巴基斯坦的地理位置,印度与周边国家的天然气管道大多需要经过该国,于是,印度与巴基斯坦于 2008 年 8 月底达成协议,共建伊朗—巴基斯坦—印度天然气管道,重启经济交流与能源项目合作。

中亚地区的石油、天然气储量仅次于中东地区,是世界上重要的油气产区之一。印度与中亚地区具有优越的地缘优势,加强与中亚国家的能源合作意义重大。一直以来,印度都与吉尔吉斯斯坦、哈萨克斯坦和土库曼斯坦等国家保持着长期的能源合作关系。2003 年,吉尔吉斯斯坦总统访问印度期间,印度总统承诺为吉尔吉斯斯坦建立一座小型水电站提供投资。2005 年,印度能源公司与哈萨克斯坦共同成立了化石能源联合工作组,并提出在石油开发、煤炭开采等方面的合作。2006 年,印度与土克曼斯坦召开了第一次化石能源联合工作组会议。2007 年,经土库曼斯坦同意,印度石油天然气米塔尔能源公司成功收购了土库曼斯坦 11—12 区 30％的股份,并加入土库曼斯坦—阿富汗—巴基斯坦天然气管道建设项目。2012 年,印度能源企业与土库曼斯坦国家石油天然气公司签署了天然气购销协议。此外,2014 年 5 月,世界六大电力展览会之一的印度及中亚国际电力展览会第十三届会议在新德里举行,该展会对于促进印度与中亚国家的可再生能源技术合作具有积极作用。

另外,印度还不断深化同美国、俄罗斯、中国等能源大国的能源合作。美国能源工业发达,是世界上第一大能源生产国和能源消费国,在能源开采、能源供给、能源定价、能源技术等方面具有不可忽视的国际影响力,为了学习美国经验、引进美国能源技术,印度在各能源部门积极同美国开展合作。2001 年 6 月,印度与美国建立了煤炭合作机制。2003 年 4 月,印度与美国召开了第二次印美煤炭咨询组会议,双方讨论并分享了在煤炭利用、煤炭企业管理等方面的经验,并签署了煤炭合作备忘录。此后,印度政府还与美国环保总署、美国贸易和开发署计划共同建立一个煤层甲烷和煤矿甲烷信息交换中心。2005 年 5 月,印度政府启动了印美能源对话,希望通过公私部门的共同努力加大印度与美国之间的能源贸易和能源投资,并在之后,就石油、天然气、电力、可再生能源、民用核能、能源效率与能源技术等方面加强了交流与合作。印度非常规能源部与美国国家能源技术实验室在清洁煤技术开发方面进行了合作。2005 年起,印度与美国多次进行核能合作谈判。2007 年 7月,印美民用核能合作协议通过,该协议确立了印度和美国正式开展核能合作,美国将为印度提供核燃料并协助印度与其他核能供应国的合作。2015 年 1 月,印度总理和美国总统在新德里举行双边会谈,会议表明,印美民用核能合作已经取得了不错的效果,未来两国将进一步开展能源领域的合作。

俄罗斯已探明石油储量居世界第八,天然气储量居世界第一,是世界上第二大能源生产国,也是印度能源外交的重要对象,印度一直与俄罗斯保持着盟友关系。2006 年 3 月,俄罗斯总理米哈伊尔·弗拉德科夫访问印度,其间,达成了印度石油公司与俄罗斯天然气工业有限公司合作谅解备忘录。2007 年 1 月,俄罗斯总统普京访问印度,两国签署了《印度共和国总理和俄罗斯联邦总统关于和平利用核能合作的联合声明》。2008 年 12 月,印度与俄罗斯签订核能合作协议,进一步加强了在民用核能领域的合作。2010 年 3 月,印度投资 28 亿美元参与俄罗斯萨哈林岛油气资源的开发项目。2014 年,由于乌克兰危机,俄罗斯受到以美国为首的西方国家的经济制裁,因此,俄罗斯能源转向,积极向东寻求合作,并主动推动与印度的能源合作。同年,印度与俄罗斯决定共同修建一条天然气管道,该项目预计需要花费 5 年时间,建成后将扩大俄罗斯天然气出口、填补印度的天然气缺口、深化双方在该领域的合作。印度还与俄罗斯开展能源技术合作,引进俄罗斯的地下煤层气开采技术来开发本国丰富的煤炭资源,进而改善本国的能源结构。

中国与印度都是亚洲大国,经济结构和能源结构相似,且同为能源消费大国,随着两国经济的迅速发展,中国与印度已经成为新兴经济体中重要的两股力量,两国开展能源合作也是势在必行。2006 年 1 月,印度石油与天然气部部长访问中国,最终两国共同签署了石油和天然气合作备忘录,并建立了联合工作组。此后,印度与中国在海外油气勘探、海外油气资产并购方面展开了积极的合作。印度和中国共同购买了哥伦比亚石油公司,购买了苏丹的尼尔油田,并购了加拿大在叙利亚的油气资产,并共同开采位于伊朗的亚达瓦兰油田。2014 年,第三届中印战略经济对话在中国首都北京举行,印度和中国就能源、基础设施建设等领域的合作进行了对话与商谈,双方还与联合国开发计划署共同发布了《中印低碳发展研究:问题与挑战》报告,就共同合作推进两国低碳经济发展达成合意。

追求大国地位是印度始终不渝的目标,印度开国总理尼赫鲁曾说过:"印度以它现在所处的地位,是不能在世界上扮演二等角色的。要么做一个有声有色的大国,要么就销声匿迹,中间地位不能引动我。我也不相信任何中间地位是可能的。"[①]21 世纪以来,随着能源消耗的快速增长,印度开展了极为活跃的能源外交。为了实现国家能源安全、油气进口来源地和能源渠道多元化的目标,印度向西开展了与中东地区和非洲地区国家的能源外交,向东开展了与东南亚地区国家和中国的能源外交,向北开展了与中亚地区国家和俄罗斯的能源外交,同时,还努力开展与美国等其他国家的能源外交,寻求新的油气资源来源地。除了发展双边能源合作关系,印度还作为金砖国家和上海合作组织的成员国在多边舞台积极开展能源对话、强化多边能源合作,力图搭建一个全球规模的能源网络。

小　结

本章对国际能源合作的法律实践进行分析,运用了法学、经济学、政治学及历史分析法等方法,对石油输出国组织、国际能源机构、能源宪章会议、国际能源论坛、八国集团会议等全球性能源合作实践,欧盟、亚太经合组织、上海合作组织、北美自由贸易区、东南亚国家联盟等区域性能源合作实践,美国、俄罗斯、日本、印度等世界主要经济体的能源合作实践进行了综合分析。

石油输出国组织通过其统一石油政策控制世界石油市场的石油价格,对世界能源经济和国际政治既有举足轻重的影响。国际能源机构重点协调各成员国的能源政策和推广能源技术,建立石油共同储备和应急反应机制,确保为成员国提供稳定的、清洁的能源。《能源宪章条约》是目前国际能源领域唯一具有普遍法律约束

---

① ［印度］贾瓦哈拉尔·尼赫鲁:《印度的发现》,世界知识出版社 1956 年版,第 137 页。

力的多边条约,能源宪章会议在协调国际能源市场中的能源贸易、投资、过境运输和争端解决等多边能源合作方面发挥着重要作用。国际能源论坛为能源生产国与能源消费国提供了全球能源对话平台,已经成为一种有效的探讨世界能源发展和巩固能源安全问题的多边与双边协商机制。八国集团会议是发达国家的协调机制,通过定期的会晤与磋商,协调成员国对国际政治和经济问题的立场和看法,近年来加强了与发展中国家的联系,在调节世界能源发展中的作用不断加大。

　　欧盟通过能源立法,在内部组建了具有欧盟自身特色的能源合作政策法规体系,并且建立了对外能源合作政策体系,即"欧盟共同外交能源政策",以维护成员国共同的能源安全和能源利益。亚太经合组织已逐渐演变为亚太地区最高级别的政府间经济合作机制,自成立至今,亚太经合组织诸经济体在亚太经合组织框架下进行了一系列能源合作,涉及能源效率与节能、新能源及可再生能源、能源运输及基础设施建设等方面。上海合作组织是唯一一个由中国发起创立的政府间国际组织,是一个具有地缘优势和能源互补特点的区域组织,上海合作组织"能源俱乐部"是上海合作组织探索多边能源合作制度化、机制化建设的有益尝试。北美自由贸易区是第一个由南北双方组成的区域经济一体化组织,能源条款和能源环境贸易机制是《北美自由贸易协定》的重要内容。东盟已经成为东南亚地区以经济合作为基础的政治、经济、安全一体化区域合作组织,并建立起一系列能源合作机制。

　　美国是世界上最大的能源生产国和消费国,实现能源安全是其国际能源战略的根本目标,为实现这一目标,美国极力维持石油美元机制,积极开展并主导国际能源合作。俄罗斯能源资源丰富,利用手中的"能源牌"积极展开能源外交,扩大与欧盟、中亚、里海国家、亚太地区、美国等国家和地区的能源合作。日本为实现获取稳定、安全的能源供应这一能源外交目标,建立了完备的能源外交体制,构建了由"八大向度"构成的全球能源供应体系,并通过多边框架、双边框架等方式加强了国际能源合作。加强全球能源寻找和确保能源安全是印度对外能源政策的首要目标,为此,印度实施了全方位的能源外交政策,广泛与世界主要能源出口国家、能源技术发达国家以及周边国家开展双边和多边的国际能源合作。

　　通过对国际能源合作法律实践的分析,笔者认为在目前缺乏统一的国际能源合作组织、能源合作法律机制的情况下,现存的能源合作实践都具有局限性,推进"一带一路"能源合作法律机制构建可以借鉴其中的优秀经验,并应致力于构想全球能源合作法律体制。

第五章
"一带一路"能源合作法律机制构建的路径选择

第一节 搭建"一带一路"能源合作多机制、多层次平台

搭建"一带一路"能源合作多机制、多层次平台是能源合作法律机制构建的重要组成部分。推进"一带一路"能源合作多机制、多层次平台搭建,力争使能源合作在平台机制下运行,提升中国在"一带一路"能源合作中的能力和影响力。"一带一路"倡议覆盖区域范围广阔、横纵跨度较大、参与国家数量较多,每一国家的经济发展状况与追求的能源利益不同且可能受制于已加入的能源合作组织,因此,搭建"一带一路"能源合作多机制、多层次平台不是一蹴而就的,而是一个渐进的过程,应当分批次分区域开展能源合作,进而综合发展成为"一带一路"区域内的能源合作。"一带一路"能源合作要推动能源合作机制在已有的区域合作机制中加强,积极推进次区域能源合作机制的构建,创新"一带一路"国家参与双边能源合作模式,鼓励各国加入"一带一路"国家间和地区间的能源合作平台和机制构建。

中国是"一带一路"倡议的发起国,利用中国主导或参与的区域性合作组织和多边合作机制作为基础进行扩展是搭建"一带一路"能源合作多机制、多层次平台的有效途径。一是在现有的上海合作组织、中国—东盟组织、金砖国家等多边组织中建立能源合作运行机制;二是在中国与东北亚地区、中国与中亚地区、中国与中东地区的能源合作中构建能源合作机制。

一、上海合作组织能源合作

上海合作组织是由中国发起成立的政府间国际组织,由地区性安全组织发展而来,并逐渐拓展到经贸、人文等领域。2015 年 12 月 15 日,上海合作组织成员国政府首脑在郑州签署了《关于区域经济合作的声明》。该声明指出:"以基础设施建设、产能投资为优先方向,扩大双、多边经贸合作,共同促进本地区工业化和现代化进程。"这表明能源合作已经成为上海合作组织成员国间相互合作的最重要的内容。

上海合作组织有中国、俄罗斯、哈萨克斯坦、吉尔吉斯斯坦、塔吉克斯坦、乌兹别克斯坦、印度和巴基斯坦共 8 个成员国,有伊朗、阿富汗、白俄罗斯和蒙古共 4 个观察员国,有斯里兰卡、柬埔寨、阿塞拜疆、土耳其、亚美尼亚和尼泊尔共 6 个对话伙伴国。这些国家包括能源生产国、消费国、过境国,资源禀赋具有互补性,且与"丝绸之路经济带"部分国家重合,是构建能源合作机制搭建"一带一路"能源合作多机制、多层次平台的重要组织。

鉴于最高的安全是"各国都合作、都参与、都遵守规则"的制度安排,推进在上海合作组织框架下的多边能源合作,无疑是保障各成员国能源安全及经济可持续、稳定发展的必然选择。[①]"能源俱乐部"被视为上海合作组织框架内地区能源合作机制形成的雏形。[②] 在上海合作组织内部建立能源俱乐部是俄罗斯在 2006 年上海合作组织上海峰会提出的倡议,早在 2004 年,俄罗斯就表示应当在上海合作组织框架内以生产者/消费者为标准分别成立俱乐部并就能源的运输与交易建立统

---

① 韩立华:《上海合作组织框架下多边能源合作的条件与前景》,载《国际石油经济》2006年第 6 期。

② 张姣:《"对外依赖性"和"战略自主":中国国际能源合作探析》,外交学院 2016 年博士论文。

一、稳定与平衡的组织体系。[①] 2007 年,上海合作组织相关方签署了《上海合作组织能源俱乐部章程》,但最终因为部分国家在某些问题上的强硬立场和保留意见而宣告破产,上海合作组织框架下的能源俱乐部至今尚未建立。[②]

在多年的发展中,上海合作组织在能源合作方面已经取得了实质性成果,但仍缺乏一个专门的能源领域的对话合作平台。能源合作既是上海合作组织各成员国经济合作的重要接轨点,也是增强上海合作组织活力和凝聚力的重要途径。[③] 随着"一带一路"倡议的实施,中国可以充分利用上海合作组织,加速建设能源俱乐部,推进多边能源合作机制化、制度化。

中国在建设能源俱乐部的过程中,应当将上海合作组织成员国的资源禀赋与能源需求纳入考量因素,赋予成员国平等的话语权,积极推进成员国间的能源对话,建立能源俱乐部内部统一的能源生产消费市场,实现能源资源互补,实现上海合作组织能源一体化。与此同时,中国应当在发挥大国作用时积极考虑本国利益,促成成员国共同协商制定上海合作组织内部统一、标准的能源生产消费行动纲领与准则。

首先,上海合作组织能源俱乐部应当加强与各国际能源合作组织的密切联系,利用其经验、技术、资金实现能源项目跨区域合作。其次,上海合作组织能源俱乐部应当构建能源合作长效机制,定期召开能源部长级会议,加强政策沟通和协商,拓展上海合作组织内部双边和多边能源合作。最后,上海合作组织能源俱乐部应当加速建设内部能源基础设施互联互通网络和世界能源信息数据库,确保上海合作组织准确把握国际能源形式,预估和避免能源风险,实现上海合作组织能源一体化与集体安全。

上海合作组织成立至今,形成了"互信互利、平等协商、尊重多样文明、谋求共同发展"的"上海精神",这与"一带一路"倡议的内涵一脉相承,都强调平等协商、互

---

① 马振岗:《稳步向前的上海合作组织专家学者总论 SCO》,世界知识出版社 2006 年版。

② 王海运:《上合组织能源俱乐部——互利共赢的新型能源合作平台》,载《国际石油经济》2007 年第 12 期。

③ 王海运:《关于上海合作组织能源合作的思考》,载《西安交通大学学报(社会科学版)》2008 年第 1 期。

利共赢。通过能源俱乐部建设搭建上海合作组织与"一带一路"倡议的发展对接平台,深化区域经济合作,促进区域一体化发展,打造本区域命运共同体。通过发挥上海合作组织外溢效应,加强国际能源合作,坚持多边主义和开放主义,开辟国际关系新模式,推进"一带一路"倡议顺利实施,打造"一带一路"命运共同体,赢得中国参与全球能源治理、构建能源合作机制的能源话语权。

二、中国—东盟能源合作

东盟历来是中国外交的重点与优先方向,作为 21 世纪海上丝绸之路的关键区域之一,东盟与中国在能源资源禀赋、地缘优势、经贸往来、政治互信等方面存在良好的合作基础,加深中国—东盟能源合作共建"一带一路"是符合双方利益的举措。

中国—东盟自由贸易区自建成以来合作频繁硕果累累,2013 年 9 月 3 日,李克强总理提出打造中国—东盟自由贸易区"升级版"。2014 年 8 月 26 日,中国和东盟宣布启动中国—东盟自贸区升级版谈判。经济关系是中国与东盟关系的压舱石。[1] 海洋是中国与东盟国家建设利益共同体的共同纽带。[2] 2013 年,中国提出与东盟共建"21 世纪海上丝绸之路"。2015 年,中国启动"中国—东盟海洋合作年"。这说明中国与东盟从次级领域合作向战略性合作的支柱方向发展,从分散到聚集合作方向深化,多边层次与双边合作并行推进。[3] 今后,中国与东盟的合作应当着重推进中国—东盟海洋经济合作,加快建设中国—东盟能源互联互通,深化国际产能合作,打造中国—东盟命运共同体,搭建"一带一路"能源合作多机制、多层次平台以助力"一带一路"倡议顺利实施。

加强中国—东盟的能源合作,形成全方位、宽领域、高水平、深层次的能源合作格局,具体而言:第一,要将中国的国家能源计划和《东盟 2013—2035 年能源展望》合理对接,共同制定中国—东盟能源互联互通规划,加强政策交流与对话,以共同的行动纲领指导能源合作;第二,要加快中国—东盟能源基础设施建设,关注能源安全标准;第三,要加强能源技术研发与交流,充分利用科技的力量,例如将其与智

---

① 张伟:《中国"一带一路"建设的地缘战略研究》,吉林大学 2017 年博士论文,第 99 页。
② 蔡鹏鸿:《中国—东盟海洋合作:进程、动因和前景》,载《国际问题研究》2015 年第 41 期。
③ 蔡鹏鸿:《中国—东盟海洋合作进程及其特点》,载《当代中国史研究》2015 年第 5 期。

能微电网结合,升级和改造区域电网以完善东南亚跨境输电通道建设,为中国—东盟能源合作奠定基础;第四,要加强新能源开发,提高能源效率;第五,要充分利用丝路基金、中国—东盟投资合作基金等各类基金和亚洲基础设施投资银行、亚洲开发银行等金融机构,发挥资本优势;第六,要平衡能源合作与环境保护,实现绿色合作。

在能源合作机制方面,中国—东盟已经建立了中印(尼)能源论坛、10＋3能源部长级会议、东亚峰会能源部长会议、亚太经合组织能源工作组、东盟地区论坛能源安全会议、中菲越南海油气资源联合调查制度等专门性的能源对话与合作机制和中国—东盟自由贸易区、大湄公河次区域经济合作等综合性的合作机制。中印(尼)能源论坛是中国与东盟最重要能源出口国的能源对话机制,10＋3能源部长会议为中国与东盟提供对话协商和能源合作的新通路,东亚峰会能源部长会议是促进东亚能源安全的主要机制,亚太经合组织能源工作组是中国与东盟加强能源对话协作的新平台,东盟地区论坛能源安全会议是亚太地区具有较强影响力的能源安全对话和合作渠道,中菲越南海油气资源联合调查制度有利于争议海域能源资源的共同开发,中国—东盟自由贸易区为中国与东盟的能源贸易、能源投资、能源争端解决提供制度框架,大湄公河次区域经济合作为中国与部分东盟国家的电力贸易提供规则约束。此外,中国还与印度尼西亚、马来西亚、泰国、缅甸、菲律宾、越南、文莱等东盟国家建立了双边能源合作机制。

中国—东盟能源合作要在充分利用现有能源对话与合作机制的基础上进行加深和拓宽。深化中国与东盟的能源合作,协调各方利益,保证合作项目顺利实施,保障能源合作的长期性与稳定性,使能源合作机制化,加强"一带一路"倡议与《东盟互联互通总体规划2025》的对接,构建"一带一路"能源命运共同体。

三、金砖国家能源合作

金砖国家发展至今,已经由概念形式转变为实体组织,合作机制也已经逐步规范化、常态化,但仍存在能源合作停留在双边层面、缺乏能源合作实施机构和纲领性文件以及程序性规则制度、缺乏监督与执行机制、合作程度、合作广度、合作深度与各国发展需求和全球治理需求差距较大等问题,亟待发掘合作新潜力。

金砖国家成员国均为世界能源生产消费大国,在世界能源资源领域举足轻重。第一次金砖国家首脑会晤时,各成员国就在《"金砖四国"领导人俄罗斯叶卡捷琳堡会晤联合声明》中表明将加强能源合作。从金砖国家成员国间的能源合作实践也能看出能源合作在金砖国家合作领域的重要性。金砖国家能源资源与开发技术各有所长,互补性极强,合作空间广阔,但多边能源合作匮乏,一直未形成良好的能源合作机制,应发掘金砖国家能源合作新潜力应当深化能源合作,强化金砖国家多边能源合作,推进金砖国家能源合作的深度与广度,积极参与"一带一路"倡议,搭建"一带一路"能源合作多机制、多层次平台。

鉴于金砖国家成员国基于各自的能源需求采取不同的能源战略以及其所处的复杂的国际环境,金砖国家能源合作机制建设应当采取渐进式发展模式,广泛考虑和积极整合各成员国的能源诉求,拓展金砖家多边能源合作新版图。建设及完善金砖国家能源合作机制,第一,要深入研究各成员国的能源政策和战略方针,设计符合各成员国能源利益的能源合作总体规划,确保能源合作长效可行;第二,要建立金砖国家能源合作实施机构,以常设专门机构执行和监管本组织及成员国的能源合作;第三,要协商制定金砖国家能源合作实施规则,填补规则空白;第四,要积极拓展多边能源合作,深化能源合作程度,形成双边合作与多边合作并存的能源合作格局;第五,要建立能源信息共享机制和能源应急机制,提高能源合作透明度,共同应对能源合作中可能出现的各种危机,保障能源合作安全。

四、中国与东北亚地区能源合作

中国、韩国、日本是世界排名前五的石油进口国,中东地区是世界上最大的石油生产区,中、日、韩三国的石油进口长期保持着对中东地区的高度依赖,这样的能源市场需求格局决定了中东地区选择于己有利的定价方式出口石油,因而形成了东北亚国家无条件接受中东石油出口"亚洲溢价"的弱势现象。"亚洲溢价"是指,中东国家在同一时间就同一质量的石油卖给亚洲国家的离岸价格普遍高于卖给欧美国家的离岸价格。① 此外,中国与日本还就石油进口存在"竞争成本"问题。"竞争成本"是指,当中日韩三国就同一卖方产品存在竞争时,为产品获得而产生的向中东国家提供的长期贷款(低息或无息)、债务减免、项目资金支持和技术支持以及各种许诺等产生的成本。② 中国与日本处于分别议价状态,当两国出现竞争性购买行为时,能源成本将会急剧增加。

"亚洲溢价"使东北亚地区每年向产油国多支付 50 亿美元至 100 亿美元的原油进口成本③,而中国、韩国、日本是"亚洲溢价"的主要受害国。在这样的背景下,中国应当积极同东北亚国家开展能源合作,尽早结束能源进口分别议价状态,构建东北亚能源进口联合议价机制,携手打破"亚洲溢价"困境。东北亚能源进口联合议价机制是指由东北亚国家作为一个整体共同议价、负责与能源进口相关的各项事宜,包括但不限于与中东地区的能源进口交易。

同时,随着东北亚地区能源消费量的剧烈增长,东北亚国家在扩大能源进口时应当注重能源安全,加强应对能源危机的能力。东北亚地区应当作为一个整体适时建立联合石油储备制度。日本和韩国进行石油储备起步较早,日本于 20 世纪 70 年代建立了国家石油储备制度,并支持民间石油储备;韩国也在石油危机后建立起本国石油储备体系,并在 2008 年建成了"东北亚石油枢纽"。中国与东北亚地区加强能源合作与联系有利于分化能源风险,保障能源供应安全,增强共同应对能源危机的能力,共享地区能源效益。

建立东北亚能源合作机制,能够减少地缘政治冲突所导致的风险溢价,极大提升区域整体的议价能力,增强区域经济活力,形成区域利益共同体。中国在推进东北亚能源合作的过程中,要主动承担地区发展主导权,避免东北亚国家之间的能源恶性竞争,增强区域能源议价能力,破除"亚洲溢价"这一不平等价格体系对中国和

---

① 黄伟:《"一带一路"框架下我国区域能源合作的战略选择与策略应对》,载《河北法学》2017 年第 5 期。

② 黄伟:《"一带一路"框架下我国区域能源合作的战略选择与策略应对》,载《河北法学》2017 年第 5 期。

③ 赵宏图:《东北亚能源合作前景广阔》,http://news.163.com/50114/5/1A2L27OR000112 0V.htm,最后访问时间:2018 年 8 月 27 日。

东北亚地区带来的负面影响,助力中国搭建"一带一路"能源合作多机制、多层次平台,减少中国推进"一带一路"倡议顺利实施的阻力。

五、中国与中亚地区能源合作

中亚国家能源资源种类丰富,哈萨克斯坦、乌兹别克斯坦和土库曼斯坦的石油、天然气等传统能源储量相当丰富,被称为"第二个波斯湾"和"21世纪能源新大陆"[①],吉尔吉斯斯坦和塔吉克斯坦也蕴含丰富的水能、电力等清洁资源。中亚地区既是亚欧大陆的心脏地带,又是东西方经济走廊、政治和交通枢纽,具有重要的地缘战略地位,是中国推进"丝绸之路经济带"建设的核心区域。中亚地区是中国油气进口的重要供应区域,中国与中亚地区开展能源合作具有极强的互补性。

中国与中亚国家的能源合作始于20世纪90年代,双方合作基础稳固,合作前景和潜力巨大,但也存在以下问题:第一,中亚国家能源政策频繁变动,影响了中国与其合作的积极性,因此中国与中亚国家的能源合作仅局限于相对具有保障性的政府之间的大型能源合作项目。第二,中国从中亚国家进口的能源资源在中国能源进口总量中的比重不高,且以石油、天然气为主,双方在清洁能源领域的合作较少。第三,中亚地区能源资源的丰富性与分布的广泛性使其成为世界上主要经济体竞相争夺的对象,主要经济体在中亚形成的能源博弈格局制约了中国与中亚国家的能源合作,导致部分能源合作活动需要让渡部分利益。

中国与中亚地区的能源合作,不但需要协调内部能源利益,而且需要应对其他主要经济体的竞争态势。中国在推进与中亚国家的能源合作时,应当积极改善双方能源合作现存的问题,构建双方能源合作机制。

首先,中国应当积极推动中国与中亚各国在能源政策、能源法律法规等方面的协调,明确能源合作方向,达成能源合作目标,制定能源合作计划,减少能源政策差异给能源合作带来的限制。其次,以不同能源、不同国家、不同合资企业为能源合作思路,选择中亚国家化石能源和清洁能源丰富的产地或加工地,作为中国在中亚国家重点建设的能源基地,然后由不同的合资企业负责具体建设任务,实现能源共

---

① 柴利:《中国与中亚国家能源合作对策研究》,社会科学文献出版社2013年版,第2页。

赢。最后,在中亚地区构建中国西北能源安全通道网。目前,中国与中亚国家在油气管线合作方面已经取得巨大成就,中国可利用已经贯通并运营的中哈石油管道运输路线和中国—中亚天然气管道运输路线构建"两轴网络化"的中国西北能源安全通道网络体系[1],实现中国能源供应安全。

六、中国与中东地区能源合作

中东地区能源资源丰富,是世界石油阀门之一,是丝绸之路经济带的重要地区;中东地区地处亚洲、非洲、欧洲的连接点,是世界上重要的交通要冲,是海上丝绸之路的枢纽地区。在中国原油进口的地区结构中,中东、非洲、独联体为三大主要来源地[2],且中东地区逐渐发展成为我国最大的石油供应地。中国经济的高速发展使我国能源消耗和能源需求同步增大,作为主要的能源消费大国和石油进口大国,中国积极发展与中东地区的能源合作是确保中国能源安全的重要举措,中东地区更成为推进"一带一路"能源合作的重要支点。

能源合作是中国与中东关系稳定发展的重要基础,具有战略意义。中国与中东地区强化能源合作,应当从以下几方面着手:第一,重视中东地区在中国能源战略中的重要地位和作用,积极同中东地区开展能源外交;第二,协调中国与中东国家的能源政策,力求共同构建维护能源供给安全的保障机制,降低能源合作风险;第三,深化能源贸易、能源投资、能源技术等合作,拓宽能源合作领域;第四,深化中国与中东地区的多边能源合作,积极利用中阿合作论坛、中阿能源合作大会、中阿能源合作联盟、中国—海合会战略对话等机制,积极保持能源对话。中国与与中东建设能源合作机制意义重大,在经济上,中东地区是中国主要的能源供应地;在政治上,中东地区是中国的战略依托;在安全上,中东地区是中国维护国家安全的主要屏障。[3]

---

① 柴利:《中国与中亚国家能源合作对策研究》,社会科学文献出版社 2013 年版,第 203 页。

② 潜旭明:《"一带一路"战略的支点:中国与中国能源合作》,载《阿拉伯世界研究》2014 年第 3 期。

③ 刘中民、朱威烈:《中东地区发展报告》,时事出版社 2013 年版,第 324 页。

第二节　构建"一带一路"能源合作协调机制

●　●　●

推进"一带一路"能源合作,要研究确立重点推进项目,解决能源合作中的关键问题。第一,构建能源合作保障机制,构建能源合作组织,协调解决各成员国在能源合作中面临的问题。第二,建立能源合作重大项目储备库,推进具体项目落实,推进能源合作可持续发展。第三,提供金融支持,完善金融服务体系,实现"一带一路"能源合作资金融通。

一、构建能源合作保障机制

"一带一路"沿线国家差异极大。在国家体征上,既有国土和人口占世界前列的大国,也有人口较少、国土较小的国家;在综合国力上,既有世界强国,也有发展缓慢的国家;在政治上,兼有实行不同甚至是在意识形态上对立的政治制度的国家;在文化上,兼有儒教文明、斯拉夫文明、伊斯兰文明等不同文明形态;在对外关系上,由于沿线国家在国际关系结构中处于很不相同的地位,因而对外政策及法律制度的基础有重大差别;在能源诉求上,沿线国家也有不同的关注点。

由此可见,利益的协调是"一带一路"能源合作法律机制构建非常重要的问题。能源合作的制度化和机制化是国际能源合作的趋势,能源合作也需要相应的机制和组织机构发挥作用。

目前,在推进"一带一路"能源合作的过程中,并没有一套法律法规能够真正保障能源合作的规范性与持续性。可以根据"一带一路"倡议的实施情况分阶段构建能源合作保障机制。

前期,中国可以考虑加入多边能源协议以引入现有的多边能源保障机制。1998年生效的《能源宪章条约》是国际能源领域唯一具有法律约束力的多边条约,为国际能源合作奠定了法律基础。《能源宪章条约》包括能源投资保护、能源贸易、过境运输和能源效率等核心内容,并规定各国在开展与能源有关的商业活动时,应遵循以下原则:对外国投资给予法律保护,在能源物资及相关设备的贸易中遵循关贸总协定/世界贸易组织准则,保障能源及能源产品的安全运输,通过协商、专家委员会调解以及国际仲裁等形式解决争端,最大限度地降低能源污染,鼓励提高能源效率。

丝绸之路经济带沿线的大多数欧亚国家是《国际能源宪章》的成员国,中国也于 2001 年成为《国际能源宪章》的受邀观察员国,并于 2015 年 5 月签署了新的《国际能源宪章宣言》,成为签约观察员国。从保护海外能源投资、保障能源过境运输自由、争端解决机制的角度考虑,加入《能源宪章条约》具有一定的实效性和必要性。通过加入该条约引入能源保障机制具有一定的现实性与可行性,也能够为构建"一带一路"能源合作保障机制提供合理过渡期。因此,前期,中国可考虑通过接受《能源宪章条约》的方式引入多边能源保障机制。

后期,可适时构建"一带一路"能源合作法律保障机制。能源是关系一个国家国计民生的问题,"一带一路"沿线国家都根据本国国情制定了能源发展战略,由此,各国依据本国能源发展战略开展国际能源合作将不可避免地存在冲突的地方,难以保障能源合作的顺利实施。构建"一带一路"能源合作法律保障机制就是要从制度层面解决这一问题。

"一带一路"能源合作法律保障机制应当以涵盖合作原则、合作机构、合作机制、争端解决机制等内容的多边能源协议为基础,通过固定法律文书、联合发文、成立领导小组、召开联席会议等途径,开展说明理由的告知式沟通协调、重大活动的整合式沟通协调、影响全局的除障式沟通协调、解决预案之外问题的补漏式沟通协调①,从而保障"一带一路"沿线国家的能源利益。

设立能源合作实施机构是"一带一路"能源合作协调与保障机制的重要内容。从国际能源机构、欧盟等能源合作实践可以看出,专门机构的设立有利于促进能源合作项目的实施,也有利于执行和监督法律规定及合作机制。中国在推进"一带一路"国际能源合作的过程中可以借鉴国际上有价值的做法,建立专门机构保障"一

---

① 高全成、刘丹:《中国与中亚五国能源合作机制建设研究》,载《西安财经学院学报》2016年第 5 期。

带一路"能源合作机制的完善和具体实施。

该能源合作实施机构,应当作为"一带一路"能源合作协调保障机制的常设机构,由中国与"一带一路"沿线国家派出的代表组成。该机构的宗旨是协调各国的能源政策,加强双边及多边能源合作,保障各国能源安全。该机构的主要工作是研究中国与"一带一路"沿线国家的能源规划,促进各国政策协调与衔接;定期召开会议加强中国与"一带一路"沿线国家的联系和沟通,交流各国开展"一带一路"能源合作的情况,讨论各国在"一带一路"能源合作工作中遇到的难题,提出各国对"一带一路"能源合作的意见和建议,推进"一带一路"能源合作的良性循环;分类梳理中国与"一带一路"沿线国家之间既存的双边条约和多边条约,实现"一带一路"能源合作从国际层面到国家层面到主管部门到公司企业的一致性和可操作性。

二、建立能源合作重大项目储备库

建立重大项目储备库,是一项关系中国参与国际治理的基础性、全局性的任务,是实现"一带一路"全地区跨越式发展的需要。重大项目储备库是项目拟定、项目建设、资金管理的重要载体,是打造开放平台、增强发展信心、带动投资增长、加强经贸合作、促进经济发展的必要措施,具有不可估量的重要意义。"一带一路"能源合作要充分认识建立能源合作重大项目储备库的积极意义,把项目储备库建设工作作为能源合作中的一项十分重要而紧迫的任务,推进"一带一路"能源合作重大项目储备库更好更快地建设。

"一带一路"能源合作重大项目储备库的主要任务是对"一带一路"全区域拟建能源合作重大项目、在建能源合作重大项目、建成能源合作重大项目、储备能源合作重大项目等进行收录入库、汇总分析、优化整合和合理安排,以掌握"一带一路"全区域能源合作重大项目建设进展情况,及时发现和分析能源合作重大项目实施过程中的问题并针对性地采取有效措施进行改进,达到有效管理"一带一路"能源合作重大项目、推动具体能源项目建设落实、保持"一带一路"能源合作连续性的目的,进而实现项目带动发展战略,增强能源投资后劲、优化区域资源配置、拉动地区经济快速增长、加快经济社会全面发展。

建立"一带一路"能源合作重大项目储备库,应当由国家能源局牵头有关部门并动员各方力量,形成上下联动、齐抓共管的建设合力,并根据《能源发展十三五规划》和国民经济发展计划进行。

第一,建立"一带一路"能源合作重大项目储备库要以推动国际能源合作为核心。我国与"一带一路"沿线国家共建"一带一路"能源合作重大项目总储备库,要分析沿线各国的国家能源政策和能源战略方针等,注意协调和保障各国利益,避免国家利益冲突;我国建立"一带一路"能源合作重大项目分储备库和"一带一路"能源合作重大项目子储备库要与国家能源政策保持一致方向,遵循能源合作总体发展战略思路和能源发展"十三五"规划。建立"一带一路"能源合作重大项目储备库要面向国际国内,以推动国际能源合作为核心,筹建促进和保持国家友好关系、拓宽和深化国际能源合作的重大项目。

第二,要规范有序分级建立"一带一路"能源合作重大项目储备库,努力增加项目储备。中国与"一带一路"沿线国家要共同建立"一带一路"能源合作重大项目总储备库,各国能源部门和相关部门要建立"一带一路"能源合作重大项目分储备库,各国能源企业要建立"一带一路"能源合作重大项目子储备库,建立"一带一路"三级能源合作重大项目储备库体系。各级能源合作重大项目储备库应按拟建能源项目、在建能源项目、建成能源项目、储备能源项目四种类型分类建库,广泛征集、论证和筛选"一带一路"能源合作项目,实行"一带一路"能源合作重大项目储备库滚动储备和综合筹划。

第三,建立高品质、高标准的"一带一路"能源合作重大项目储备库,切实提高入库项目的质量和水平。入库能源合作项目的选择决定了"一带一路"能源合作重大项目储备库的优劣。入库能源合作项目的选择,要符合国家产业政策和产业发展方向,从地区比较优势出发,着眼于支柱产业和优势资源合作项目;要超前考虑市场需求,侧重于能够实现优化资源配置的能源合作项目;要同时考虑环境要求,坚决杜绝低标准、重污染的项目入库。具体而言,要建立健全项目质量评估制度,由国土、环保等相关部门和有关专家对希望进入能源合作重大项目储备库的储备项目进行评价,对项目的可行性、技术水平、经济效益、生态影响等多方面进行综合论证,确保入库项目能够达到低投入、高产出、低消耗、可循环、可持续等要求。此外,建立高品质、高标准的"一带一路"能源合作重大项目储备库,还需要对各级能源合作重大项目储备库的管理人员定期开展培训活动,并逐步扩大培训范围,提高项目管理人员对入库项目的管理能力和水平,促进"一带一路"能源合作重大项目储备库的建立和完善。

三、完善金融服务体系

资金融通是"一带一路"建设的重要支撑。推进"一带一路"能源合作需要完备的基础设施、联通的运输网络、先进的能源技术,这些条件的实现都需要大量的资金投入。能源投资具有投资巨大、风险较高、收效缓慢的特点。因此,基于"一带一路"能源合作对资金支持的需求,完善"一带一路"金融服务体系十分必要。

亚洲基础设施投资银行(AIIB),简称亚投行,是首个由中国倡议设立的多边金融机构,总部设在北京。亚投行作为一个政府间性质的亚洲区域多边开发机构,旨在支持基础设施建设、促进亚洲区域的建设互联互通化和经济一体化的进程,并且加强中国及其他亚洲国家和地区的合作,其运营模式和原则与其他多边开发银行基本一致[1]。截至2018年10月13日,亚投行已有86个正式成员国。[2]

能源基础设施是切实落实能源合作的基础之一,目前,"一带一路"沿线国家之间尚未形成一个互联互通的设施网络,能源基础设施不完善已经成为阻碍"一带一路"能源合作的关键因素。建设完善的能源基础设施网络需要大量的资金成本,但受制于业务范围及其他影响因素,国际货币基金组织、世界银行、亚洲开发银行等国际金融组织提供的资金不足以弥补"一带一路"能源合作的资金缺口。为了解决这一问题,中国发起倡议,主张成立一个专门服务于"一带一路"沿线国家和地区基础设施建设的机构,即亚投行,得到了众多国家的热烈响应。亚投行由成员国共同出资,资金规模庞大,能够为"一带一路"能源合作提供稳定的资金支持。根据《亚洲基础设施投资银行协定》,亚投行的资金支持形式主要包括提供直接贷款、参与贷款、股权投资、提供担保、开展联合融资、提供特别基金和技术援助等。

亚投行的建立有利于加快推进亚洲能源基础设施建设、促进区域互联互通。

---

① 史可、杨为敩:《亚投行金融攻略》,载《新理财(政府理财)》2014年第12期。

② https://www.aiib.org/en/index.html,最后访问时间:2018年10月13日。

"一带一路"覆盖区域内发展中国家和新兴市场的基础设施亟待完善,融资缺口巨大,亚投行将在能源基建领域发挥重要作用。据亚洲开发银行估算,2010—2020年10年间,亚洲需要新投入8万亿美元用于基础设施建设,每年需要7500亿美元用于国家和地区间的基础设施建设才能支撑目前经济增长的水平。[①] 在为"一带一路"能源合作提供资金支持的同时,亚投行还能够有效降低"一带一路"区域合作风险、促进经济稳定增长。"一带一路"沿线国家大多为发展中国家和新兴国家,这些国家法治体系不完善、投资环境复杂、商业风险较高,我国在这些国家进行海外投资常因构成坏账、受到不公平待遇等情况遭遇较高风险。亚投行的高透明度、风险共担的机制,将有效降低各国开展"一带一路"能源合作的风险,促进合作项目的实施和顺利完成。且亚投行成员国共同出资的资本构成方式将各国紧密联系在一起,有利于提高各国的信用,促使各国追求共同利益,重视能源合作的可持续性,增强区域经济发展的内生动力,降低"一带一路"区域合作风险。此外,亚投行的建立有利于促进"一带一路"沿线国家的经济发展,加强沿线国家的风险抵抗能力和偿债能力,进而吸引亚投行向其提供更多的资金支持,形成良性循环,最终维护"一带一路"区域金融稳定,促进经济发展,加速区域经济一体化进程。

2014年11月,习近平总书记在北京APEC会议期间宣布,中国将成立丝路基金。丝路基金是由中国外汇储备、中国投资有限责任公司、中国进出口银行、国家开发银行共同出资,依照《中华人民共和国公司法》,按照市场化、国际化、专业化原则设立的中长期开发投资基金。2014年12月29日,丝路基金在北京成立并正式开始运行。丝路基金秉持"开放包容、互利共赢"的理念,旨在为"一带一路"沿线国家的基础设施、资源开发、产业和金融合作等项目提供投融资支持。

2015年以来,丝路基金先后宣布了3项实质性的项目投资,其中两项为能源领域的投资,可见能源合作项目在丝路基金投资项目中的重要地位。丝路基金是中长期开发投资基金,拥有股权、债权、贷款、基金等多元化投融资方式,还能够与其他金融机构开展合作,能够为"一带一路"能源合作中的中长期能源基础设施建

---

① 《亚投行》,载中国"一带一路"官网:https://www.yidaiyilu.gov.cn/zchj/rcjd/958.htm,最后访问时间:2018年9月5日。

设项目提供更多选择。丝路基金的设立,将弥补债权期限较短无法支撑中长期项目的缺陷,有利于资金需求较大、建设周期较长的能源合作项目的实施,有利于解决我国企业"走出去"开展"一带一路"能源合作,有利于为"一带一路"框架内的能源合作和互联互通提供投融资支持,有利于促进中国与"一带一路"沿线国家的共同发展。

丝路基金与亚投行不同,丝路基金是单边金融机构,具有运行效率高的优势;丝路基金具有开放性,它欢迎有资金基础和投资意向的主体加入。丝路基金是亚投行的一种重要补充,在现行国际经济金融秩序背景下,丝路基金将与亚投行一道推动"一带一路"能源合作,为带动"一带一路"区域经济发展提供金融服务。

金砖国家新开发银行(NDB),又名金砖银行,是政府间的多边金融机构。金砖银行根据金砖国家领导人第六次会晤通过的《福塔莱萨宣言》于2015年设立,旨在为金砖国家及其他新兴经济体和发展中国家的基础设施建设和可持续发展项目动员资源,作为现有多边和区域金融机构的补充,促进全球经济增长与发展。[1] 金砖银行通过贷款、担保、股权投资和其他金融工具为公共或者私人项目提供支持,还与国际组织和其他金融实体开展合作,并为银行支持的项目提供技术援助。[2] 金砖国家成员国积极响应中国"一带一路"倡议,积极利用金砖银行有利于为"一带一路"能源基础设施建设、可持续发展项目筹措资金,弥补世界银行、国际货币基金组织、亚洲开发银行等国际金融组织为"一带一路"能源合作提供资金的缺口,有利于避免新兴国家的能源合作与西方国家产生利益冲突,降低"一带一路"能源合作风险。

2018年,英国品牌评估机构 BrandFinance 和英国《银行家》杂志共同制定并发布了本年度"全球银行品牌价值500强排行榜",共有45家中资银行上榜,且中资银行在前三名中占据两席,中国工商银行更是蝉联榜首。中资银行是国内最主要的金融机构,在中国推进"一带一路"倡议建设中具有重要地位和作用,更是为

① 《成立新开发银行的协议》,https://www.fmprc.gov.cn/web/ziliao_674904/tytj_674911/tyfg_674913/t1341804.shtml,最后访问时间:2018年9月2日。
② 《成立新开发银行的协议》,https://www.fmprc.gov.cn/web/ziliao_674904/tytj_674911/tyfg_674913/t1341804.shtml,最后访问时间:2018年7月13日。

"一带一路"能源合作提供金融服务的重要主体。截至 2017 年 5 月 13 日,我国各大银行已经在近一半"一带一路"沿线国家设立了分支机构,中国银联已经覆盖 41 个"一带一路"沿线国家,人民币跨境支付系统一期覆盖率超过 50%,共有 21 个"一带一路"沿线国家与我国签署了双边本币互换协议,29 个"一带一路"沿线国家与我国银监会签署了双边监管合作谅解备忘录或协议。我国与沿线国家之间的资金融通已经得到明显改善,但还存在较大差异,需要继续深化中资银行与"一带一路"沿线国家的金融合作,促进资金融通的平衡发展,完善"一带一路"能源合作的金融支撑环境。

国务院发展研究中心对外经济研究部部长赵晋平在 2017 年 11 月的公开演讲中表示,目前"一带一路"建设面临的一些主要问题就包括资金缺口巨大和投资主体过于单一。[①] 虽然民间资本具有分散和量小的缺点,但随着我国经济社会的快速发展,我国民间资本力量也正蓬勃增长。民间资本可以通过 PPP、BOT、PE 等众多方式参与到"一带一路"建设中。PPP 模式是政府机构部门和社会资本合作的模式,是近年来西方国家采用最多的融资方式,为西方国家的基础设施建设提供了重要的资金支持。

我国应当积极利用 PPP 等模式吸引民间资本参与"一带一路"建设,尤其是"一带一路"能源合作项目。丝路基金是开放的融资机构,鼓励各种资本尤其是民间资本参与"一带一路"的建设。我国也应当采取一定的政策激励,鼓励和吸引更多的民间资本参与到"一带一路"能源合作中,发挥民间资本对商业性金融资源的引导和撬动作用,助力"一带一路"建设。

我国在构建"一带一路"能源合作法律机制的过程中,应当充分利用亚洲基础设施投资银行、丝路基金、金砖国家新开发银行、中资银行等金融机构,鼓励和吸引民间资本,还应当加强与其他国际金融组织及银行的合作以扩大资金来源渠道,形成支撑"一带一路"能源合作的立体资金结构,完善"一带一路"能源合作金融服务

---

① 《专家:"一带一路"融资亟须引入市场机制 激励更多民间资本参与》,载中国"一带一路"网:https://www.yidaiyilu.gov.cn/ghsl/gnzjgd/39959.htm,最后访问时间:2018 年 8 月 25 日。

体系,建立能源全产业链合作中的资本相互渗透、联合、长期共享的机制,①实现能源与金融的相互支撑、共同发展,巩固和强化"一带一路"能源合作伙伴关系。

第三节 构建"一带一路"区域能源 多边合作法律机制

●●●

双边能源合作具有简单、高效、便捷等优势,但由于合作方的数量有限,常常会导致具有相同或相似能源利益诉求的国家展开恶性竞争,并且受到合作相对方国家体量和国际地位的影响,常常导致能源贸易和能源投资的待遇差别较大。多边机制的建立是各方协商、让步、妥协的产物,多边机制所确定的原则、规则等是在各方达成合意的情况下形成的,对各方具有平等的效力,多边能源合作能够有效地解决双边能源合作所带来的问题。

一、构建"一带一路"区域能源多边合作法律机制的机遇

(一)"一带一路"所覆盖区域能源资源丰富,合作潜力大

"一带一路"包含 60 多个国家和地区,覆盖中东波斯湾地区、中亚里海—黑海地区、东南亚地区、俄罗斯等油气资源聚集区域和国家。除中国外,"一带一路"沿线国家石油、天然气可采资源量分别为 2512 亿吨和 292 万亿方,分别占世界储量的 60% 和 63%,石油、天然气产量为 24.1 亿吨和 1.8 万亿方,分别占世界产量的 58% 和 54%。除了传统的油气资源,"一带一路"所覆盖区域还蕴含丰富的煤炭、风能、水能、核能、太阳能、生物质能等资源。

能源资源具有不可再生、分布不均衡等特点,能源资源的生产、消费、供给、需求在空间上的错位与不均等地缘属性为能源跨区域合作提供了可能。"一带一路"

---

① 朱雄关:《"一带一路"背景下中国与沿线国家能源合作问题研究》,云南大学 2016 年博士论文,第 285 页。

沿线国家大多为新兴经济体和发展中国家,能源资源禀赋较高,但基于巨大的经济发展需求,仍处于能源出口国地位。我国经济发展快速需要巨大的能源消耗,这决定了我国能源进口的巨大缺口。在我国石油、天然气十大进口国中,有 7 个国家是"一带一路"沿线国家,进口石油、天然气分别占中国石油、天然气进口份额的 66%和 86%,这充分表明过了"一带一路"沿线国家对中国的重要意义。较大的能源资源禀赋差异和较强的经济互补性,有利于促进我国与"一带一路"沿线国家开展能源互利合作。

(二)我国与"一带一路"沿线国家具有国际能源合作基础

"一带一路"覆盖地域范围广,包含众多能源生产国、能源消费国和能源过境国,国家间能源合作互补性和依赖性较强。能源已经成为我国与"一带一路"沿线各国重要的利益契合点。

截至 2018 年年初,中国与"一带一路"沿线国家元首、首脑访问 43 次,与 11 个国家签署了 15 份推动关系发展的文件;在"一带一路"高峰论坛期间,18 个"一带一路"沿线国家元首、首脑访华,中国与相关国家签署了 270 多项包含能源、经贸等多领域合作的文件;中国已经与 74 个国家或国际组织签署了"一带一路"合作文件,其中能源等经贸领域的合作文件超过 30%;中国已经与 58 个国家签署包含能源在内的各类投资贸易协定。中国已经与"一带一路"超过 25 个沿线国家开展了多个油气合作项目,建成了联通"一带一路"多区域的多条陆上与海上油气管道,扩大了国际能源贸易,推动了能源海外直接投资和跨国经营,形成了能源供求多元化格局,实现了中国与"一带一路"沿线国家的能源对话与合作。

改革开放以后我国积极推动国际能源合作,"一带一路"倡议提出后,我国更加强化能源国际合作。目前,我国能源国际合作已经涉及石油、天然气、煤炭、电力、风能、生物燃料等能源部门和能源贸易、能源投资、能源运输、节能、绿色能源、能源技术、能源装备等多个领域,合作领域不断扩大,合作内容不断拓展,合作主体不断增加。我国与"一带一路"沿线国家在能源领域具有高度契合的利益需求,已经建立了稳定的国际能源合作基础,开展长期稳定的能源合作的愿望日益强烈、条件愈发成熟,有利于我国在该区域推动构建"一带一路"区域能源多边合作法律机制。

（三）中国参与能源多边合作的程度不断深化

中国是世界上主要的能源消费大国,在保障能源供应安全、稳定能源市场价格等方面与其他主要能源消费国具有共同的利益,同时也面临着共同的困难和挑战,因此具有广阔的合作空间和良好的合作前景。中国积极参与了多个级别较高、规模较大、影响较广的多边能源对话与合作机制,不断深化参与能源多边合作的深度和广度。

中国积极通过亚太经合组织框架推动能源多边合作。在亚太经合组织第十一届能源部长会议上,中国国家能源局局长提出了共建亚太能源安全新体系、提升亚太地区务实合作等实质建议。该建议得到了其他国家的大力赞同,之后,21个亚太经合组织成员国通过并发布了《北京宣言》。各国在该宣言中作出承诺,将共同致力于构建亚太能源安全新体系,2030年亚太经合组织地区可再生能源发电量在地区能源结构中的比重比2010年翻一番,2035年将亚太地区的总能源强度比2005年降低45%。中国还以亚太经合组织能源部长会议为契机,推出亚太经合组织首例低碳城镇示范项目。通过这一项目,中国加强了与亚太经合组织多成员国在能源投资、节能、能源效率、能源技术等方面的合作,并展示了中国为节能减排和应对气候变化所作的努力,彰显了负责任的大国形象,增强了其他国家对我国的信任,加强了我国与其他国家的友好关系。此外,中国还积极利用上海合作组织、金砖国家、中国—东盟等框架深化多边能源合作,并通过参与国际能源论坛的改革工作和宪章起草工作等发挥中国在多边能源合作舞台的作用。

目前,国际上还没有统一的多边能源治理机制,许多区域能源合作机制也存在诸多问题,"一带一路"能源合作缺乏一个统一、有效的多边法律机制对其进行调整、保障和约束。中国曾经多次表示要更加积极地参与全球能源治理,"一带一路"能源多边合作是我国参与全球能源事务的新的突破口,且在多边合作是重要舞台的外交战略指导下,我国开展多边合作的理念正从被动接受转变为主动创造。构建"一带一路"区域能源多边合作法律机制是在目前国际能源局势和中国发展倡议下中国的必行之举。

二、构建"一带一路"区域能源多边合作法律机制的挑战

(一)"一带一路"沿线国家政策法规风险

随着国际油价的大幅波动,世界上多数产油国都加大了本国油气资源的监管和控制力度。"一带一路"沿线国家中包含许多石油生产国,其中许多国家都收紧了本国油气合作政策,修改了相关能源立法,为国际能源合作附加了更多限制条件。哈萨克斯坦修订了《地下资源和地下资源利用法》,新法规定,在地下资源使用者转让地下资源使用权或相关股权时,国家享有对相关权益的优先购买权,并且规定了国家优先购买的详细程序。新法还规定,国家不再签订地下资源开放方面的产品分成协议,仅容许外资与国家在勘探和生产方面进行合作。委内瑞拉的《石油法》规定,所有在委内瑞拉开发石油的外国石油公司都必须与委内瑞拉国家石油公司组成合资公司,且合资企业必须由委方控股,不再采用作业服务协议、风险/利润分成协议、战略联盟协议的合作模式。这些政策法规为开展国际能源合作提出了更加苛刻的条件,提高了"一带一路"区域能源多边合作的风险。此外,部分"一带一路"沿线国家的法律变动较为频繁,缺乏稳定性,这也对构建"一带一路"区域能源多边合作法律机制造成了巨大障碍。

(二)中国能源法律体系不完善

中国的能源法律体系建设始于20世纪80年代末,经过多年发展,中国的能源法律体系仍不完善,存在能源立法缺失、法律规定与社会发展不匹配等问题。虽然中国颁布了《电力法》《煤炭法》《节约能源法》《可再生能源法》四部单行能源法律和《矿产资源法》《水法》《环境保护法》《清洁生产法》《循环经济促进法》等三十多部相关法律,但是目前能源领域没有一部统一、完善的能源基本法。随着"一带一路"倡议的提出,越来越多的国家加入到"一带一路"建设中,"一带一路"能源合作项目也日益增多。但是现有法律制度与"一带一路"发展情况存在诸多不符的地方,对能源价格、能源标准、能源运输安全等事务规定不明确,且缺乏协调能力,不能为"一带一路"多边能源合作提供完善的法律服务。

能源法律体系不完善是中国构建"一带一路"区域能源多边合作法律机制需要改进和注意的地方。

（三）能源地缘政治风险

能源资源的地缘属性决定了具有不同能源资源禀赋的国家之间必然存在能源利益冲突。中国在构建"一带一路"区域能源多边合作法律机制的过程中也必将遇到能源地缘政治风险。除美国、中国外，世界上主要的能源生产国同时也是能源出口国，这些国家主要是集中在中东地区、中亚—里海地区、非洲地区、东南亚地区的国家和俄罗斯等国，它们大多也是"一带一路"所涵盖区域的国家。这些国家和地区在成为国际地缘政治的焦点和大国博弈的目标时，也将为"一带一路"区域能源多边合作法律机制的构建增加不可预估的风险。与此同时，中国已经成为世界上最大的石油进口国，也成为海外能源投资最多的国家之一，据统计，2005年至2016年间，我国海外能源共投资805个项目，共计6631.6亿美元。随着我国海外投资的增加，中国自身面临的能源地缘政治风险也在日益增多，将对构建"一带一路"区域能源多边合作法律机制产生不可避免的直接影响。

（四）环境风险

环境是与能源紧密相关、相互影响的领域，经济高速发展需要利用大量能源，能源消耗将带来大量的环境问题，这是能源资源的物理性质所决定的。能源资源的勘探、开发、运输环节通常会改变生态环境和地形地貌，不当的措施更将导致地面塌陷、地面裂缝、山体滑坡、泥石流、井喷、火灾、水污染、大气污染等严重的生态破坏和环境问题，危及国家安全时更将引发国有化危机。生态环境保护和应对气候变化已经成为各国际国内环境保护团体、各国政府和人民重点关注的议题，开展"一带一路"多边能源合作将面临严峻的国际环境法和国内环境法的挑战。"一带一路"沿线国家大多为能源生产国与能源消费国，经济发展与环境问题的冲突是各国开展能源多边合作需要面对和解决的重要问题，也是构建"一带一路"区域能源多边合作法律机制将面临的巨大挑战。

（五）"一带一路"能源合作趋于双边、对多边合作缺乏重视

双边合作具有简单便捷、效率较高、成本较低、收益较快等优点，因而得到了中国的重视。在开展国际能源合作时，我国常常倾向于选择以具体项目为基础的双边合作。21世纪初，中国开始关注油价上涨带来的连锁效应，面对能源需求的急速扩大和能源对外依存度的急速上升，中国意识到加入全球能源合作体系、参与管

球能源治理的重要性,希望通过多边能源合作稳定能源市场、渡过金融危机。研究政策转变成因的学者指出,当"现有政策制定者无法再应对历史背景的变化时,就需要一个新的目标和政策工具"以及"干预机制"。[①] 中国虽然引进了多边能源合作,但这是在双边能源合作无法协调国际能源问题时作出的选择,缺乏有效建立切实可行的多边能源合作机制的主观性与能动性。这种局限于双边合作、忽略多边合作的倾向将给中国开展国际能源合作、构建"一带一路"区域能源多边合作法律机制带来巨大的挑战。

(六)国际社会舆论风险

面对中国经济、社会、科技全面且迅猛发展的态势,国际社会出现了"中国威胁论"等声音。2014 年 9 月发布的《中国能源国际合作报告》指出,"中国'走出去'的一些假想效应被放大,包括认为中国原油进口超过海外权益油生产的不平衡性,海外资源运回国内的非经济性,供应危机发生导致海外资源运不回国的高可能性等"。随着"一带一路"能源合作的不断扩大与加深,国际社会又出现了"中国能源威胁论"。部分西方国家将国际市场油价的波动归咎于中国的能源需求量,试图通过营造国际社会舆论干扰"一带一路"倡议的建设、阻止中国推动国际能源合作,进而阻碍中国经济社会的发展步伐。近来,逆全球化和贸易投资保护主义抬头,国际社会出现了较多针对我国的声音,较差的国际舆论环境是我国构建"一带一路"区域能源多边合作法律机制将面临的挑战之一。

三、构建"一带一路"区域能源多边合作法律机制

推动建立由我国主导的"一带一路"区域能源多边合作法律机制是推动"一带一路"能源合作的长远目标。虽然目前我国还缺乏改变全球能源规则和国际能源秩序的能力,但从长远发展的角度看,建立"一带一路"能源多边合作法律机制势在必行。随着中国"一带一路"倡议的顺利实施,中国与"一带一路"沿线国家的能源联系日益紧密,沿线国家对中国能源投资、贸易的依赖程度越来越高,中国需要保

---

① DIETERHELM. The New Energy Paradigm[M]. Oxford University,最后访问时间:2018 年 9 月 25 日。

障的海外能源利益也越来越多,多边能源合作势必成为未来能源合作的主要形式。中国应当利用自身优势,在"一带一路"能源合作法律机制建设中发挥主导作用,建立由中国政府主导的区域能源多边合作法律机制,提升中国在国际能源市场的话语权和影响力。

构建"一带一路"区域能源多边合作法律机制,应当推动"一带一路"能源合作共同体的构建和"一带一路"能源宪章的签订,通过顶层设计和总体规划等规则设置明确能源合作的长远布局和具体目标。① 当前,国际能源形势复杂,中国建设"一带一路"区域能源多边合作法律机制,理应选择渐进性发展、梯次型拓展的方式,分批次、分区域地吸引"一带一路"沿线国家和地区共建区域能源多边合作机制,形成发展合力。同时,"一带一路"区域能源多边合作法律机制的构建应当以多边能源协调机制为辅助,以协调一致的能源政策、供需保障、能源贸易和定价机制、危机预警和安全应急等相关机制,打破"一带一路"能源合作中的规则壁垒,确保区域能源多边合作的执行力、稳定性与长效性。此外,构建"一带一路"区域能源多边合作法律机制,应当充分利用现有的国际合作机制,借鉴其经验教训,打造中国与"一带一路"沿线国家休戚与共的命运共同体与能源利益共同体。

开展与周边区域的能源多边合作是构建"一带一路"区域能源多边合作法律机制的着力点。中亚地区既是亚欧大陆的心脏地带,又是东西方经济走廊、政治和交通枢纽,具有重要的地缘战略地位,是中国推进"丝绸之路经济带"建设的核心区域。东南亚地区是建设"21世纪海上丝绸之路"的重要支点,中国—东盟自由贸易区自建成以来合作频繁硕果累累。东北亚多国与中国一样是石油进口需求较大的国家,且与中国一样遭受着"亚洲溢价"等不公平待遇,在能源领域与中国具有一致的诉求。中国应当积极发展与周边区域的能源多边合作,借此推进构建"一带一路"区域能源多边合作法律机制。

与能源合作关系良好且紧密的组织建立多边能源合作机制是构建"一带一路"区域能源多边合作法律机制的突破点。东盟与中国在能源资源禀赋、地缘优势、经

---

① 朱雄关:《"一带一路"背景下中国与沿线国家能源合作问题研究》,云南大学 2016 年博士论文,第 284 页。

贸往来、政治互信等方面存在良好的合作基础。上海合作组织是由中国发起成立的政府间国际组织,能源合作是其重要合作内容,其"互信互利、平等协商、尊重多样文明、谋求共同发展"的"上海精神"与"一带一路"倡议的内涵一脉相承。金砖国家成员国均为世界能源生产消费大国,在世界能源资源领域举足轻重。我国可以先建立起中国—东盟、上海合作组织和金砖国家内部的能源多边合作法律机制,再逐步吸引其他"一带一路"沿线国家,渐次构建"一带一路"区域能源多边合作法律机制。

增强我国的国际影响力是构建"一带一路"区域能源多边合作法律机制的关键点。一方面,应积极参与国际多边机制,支持完善全球能源市场运作且有利于我国整体发展的动议,增强我国在国际能源市场的话语权和影响力。另一方面,应树立负责任的大国形象,改善其他国家对我国的看法,增强其他国家对我国的信心,建立并维护我国与其他国家的友好关系,营造有利于我国推进国际能源多边合作的政治和舆论环境。

第四节 构建"一带一路"能源投资保护法律机制

中国与"一带一路"沿线众多国家在能源供需和能源生产上的技术互补性较强。随着中国能源领域逐步对外放开,应鼓励企业加快能源合作,通过能源投资保护协议、双边税收协议、能源投资风险基金等构建"一带一路"能源投资保护法律机制,实现"一带一路"能源合作法律机制的建立。第一,通过双边或者多边投资协议积极推进与能源资源丰富国家和能源过境运输国家的能源合作。第二,应积极推进新能源和清洁能源合作,鼓励各国企业积极参与开发中亚、西亚和南亚各国的民用核能、太阳能、风能、水能等,并推进南海和东海能源合作项目,探索中国参与"一带一路"能源合作的创新模式和路径。第三,推进与哈萨克斯坦、俄罗斯、泰国等国家构建能源合作的长效投资机制。第四,积极推进"一带一路"沿线国家和地区的能源企业落户中国,降低发展中国家能源投资准入标准,助推"一带一路"能源企业加速成长。

一、通过双边或者多边投资协议,积极推进与能源资源丰富国家和能源过境运输国家的能源合作

能源资源富庶的国家是我国能源进口的重要供应国,应当通过双边或者多边投资协议加强与能源资源富庶国家的综合性双向合作和能源全产业链合作。鼓励我国企业通过石油换贷款、直接投资、股权投资等方式加大对能源资源富庶国家的投资;鼓励我国能源企业在能源资源富庶国家投资能源勘探、开采等上游业务;鼓励我国能源企业在能源资源富庶国家开展石油冶炼、化石产品加工等中游业务,并与国内化工企业形成产业链合作关系;鼓励我国与能源资源富庶国家合作投资建设能源物流设施和物流中转中心,提高能源资源和能源产品外送能力;鼓励我国和能源资源富庶国家利用自身优势共同建设能源交易市场,共享能源利益。

企业是我国"走出去"开展"一带一路"能源合作的主体,在通过双边或者多边投资协议积极推进与能源资源丰富国家的能源合作时,要加强对我国企业境外投资行为的监管,通过建立企业境外投资信用档案规范我国企业海外投资行为,减小我国企业境外能源投资的风险,进而保护我国企业的境外能源投资活动。要鼓励和帮助我国企业树立"合作共赢、和谐发展"的企业理念,在追求经济效益的同时积极承担社会责任,实现与能源资源丰富国家的互利共赢,进而维护我国企业在境外投资的声誉、提高国家的国际地位和国际影响力。

随着国际能源合作的深入、国际能源贸易规模的发展、各国对能源进口依赖的增加,能源过境运输的数量不断增加、过境运输情况也愈发复杂,能源过境运输成为国际能源工业的战略性问题,也成为国际能源合作必须面临和解决的问题。

能源过境运输是保证能源供应可靠、稳定和安全的重要环节。因为当能源管道运输所有权和管理权由多方掌控时,能源运输极易因利益分歧和权力纠纷而中断,也容易被过境运输国牵制,影响整个国家的能源安全。[1] 积极推进与以缅甸为

---

① [法]菲利普·赛比耶·洛佩兹:《石油地缘政治学》,潘革平译,社会科学文献出版社2008年版,第56页。

代表的能源过境运输国家的能源合作对"一带一路"能源合作具有重要战略意义。

中国的能源消费结构以石油天然气为主,油气管道建设是中国国际能源合作的重要内容。对中国而言,推进与能源过境运输国家的能源合作具有以下意义:第一,有利于有效改善中国的能源运输结构,改变能源运输方向,实现能源运输方式的多元化,降低对马六甲海峡的依赖程度和海上能源运输的安全隐患;第二,有利于拓展我国能源供应的来源国,实现能源进口渠道的多元化,减小对某一能源产区的依赖程度;第三,有利于为能源过境运输国家提供多产业发展机会,带动能源过境运输国家的经济发展,实现我国与能源过境运输国家的互利共赢,建立与能源过境运输国家的友好合作关系,营造于我国有利的国际环境;第四,有利于合理配置我国能源资源的空间布局,促进国内相关产业的发展,增加就业机会,拉动我国边疆地区的经济发展,促进各民族和谐发展,塑造有利于国家发展的健康、稳定、安全的国内环境。对能源过境运输国家而言,开展与中国的能源过境运输合作,一方面能够获得巨大的经济利益,为本国保障民生和推动经济社会发展提供资金支持;另一方面,能够建设和完善能源运输基础设施,完善本国境内的能源管线分布,提高本国能源运输能力,实现本国能源运输渠道的多元化格局,促进本国与其他国家开展能源跨境合作。

目前,中国已经成功建设了中亚油气管道、中俄原油管道、中缅天然气管道和海上能源通道四大能源进口战略通道,形成了全国范围内覆盖的油气管网格局。随着中国经济的快速发展、国际能源形势下我国能源结构的改变和"一带一路"能源合作项目的增加,能源运输管道和能源运输网络的建设也将进一步推进,"一带一路"能源合作法律机制构建将面临越来越多的能源过境运输问题。

随着"一带一路"倡议的实施,能源供应渠道将朝多元化方向发展,能源运输将越来越多地经过其他国家,在推进"一带一路"能源合作法律机制构建的过程中,中国应当通过双边或者多边投资协议与能源过境运输国家就能源管道路线及其他相关方面展开合作,在降低我国能源供应风险、保障我国能源投资安全的同时促进能源过境运输国的经济建设和能源技术研发,实现互利共赢。

第一,合作构建"一带一路"能源管道运输法律管理制度。首先,要建立并完善国内能源管道运输的管理制度,加强政府对能源管道运输的监管与对能源管道运输体系建设的统筹规划,建立保障国家能源安全的能源供应链。然后,应当推动与能源过境运输国家谈判签署政府间协议的进程,通过签署政府间协议共同建立事前预防、事中配合、事后分析的能源管道运输应急管理机制,通过协议管辖模式确定各国对能源管道运输的管辖权,减少因国家之间能源管道运输管辖权冲突而引发的国家利益冲突。

第二,合作构建"一带一路"能源管道运输环境保护制度。首先,要完善我国《石油天然气管道保护法》中与环境保护相关的规定,加强我国环保部门对能源管道运输环境保护的监管与执法力度。然后,应当与能源过境运输国家共同协商制定包括能源管道运输环境影响评价制度、能源管道运输环境管理计划制度、能源管道运输环境监控和审议制度、能源管道运输环境事故报告制度、能源管道运输环境保险方案制度在内的能源管道运输环境保护制度,保障"一带一路"能源管道运输合作中的环境保护。

第三,合作实现以和平方式解决"一带一路"能源管道运输合作中产生的争议。国家间和平友好的合作关系是解决甚至避免一切争议的有效方式[1],因此,要与"一带一路"能源过境运输国家建立和发展友好合作关系以尽力预防和避免能源管道运输争议的产生。在争议产生后,要采取和平方式共同解决能源管道运输争议,政治和外交途径应当是中国与"一带一路"能源过境运输国家和平解决能源管道运输争议的首选方式,调解方式能够为和平解决能源管道运输争议提供合理建议,仲裁方式是双方解决能源管道运输争议的最后手段。

二、积极推进新能源合作,探索中国参与"一带一路"能源合作的创新模式和路径

面对日趋严重的气候问题,发展低碳经济已经成为全球范围内不可逆转的大趋势。而通过开展国际合作来推动新能源发展,加快低碳经济建设以应对气候变化,也已成为共识。[2] 发展新能源、推动低碳经济建设是中国顺应国际形势制定的

① 刘长溥:《中哈能源合作法律问题分析》,中国政法大学 2008 年博士论文,第 39 页。

② Xing G. Zhaoetal., "InternationalCooperationonRenewableEnergyDevelopmentinChina—A Critical Analysis", Renewable Energy, Vol.36,No.3,March 2011,p.1105.

战略重点,也是中国参与"一带一路"能源合作的创新模式和路径。"一带一路"沿线国家大多是发展中国家和新兴经济体,这些国家普遍面临着国家工业化和城市化、全球化背景下产业转移所带来的能源资源开采无序、生态破坏、环境污染等问题,但受制于国家经济发展程度、能源需求、能源技术、环保资金等因素,这些国家保护环境和应对全球气候变化的能力较低。因此,我国在推进"一带一路"能源合作的过程中应当坚持绿色发展道路。

新能源不仅包括具有可替代性和可再生性的能源,如风能、核能、太阳能、地热能、海洋能、生物质能等,还包括具有技术创新性、清洁、低碳特点的能源开发手段,如碳捕捉、碳封存、智能电网等。[1] 与石油、天然气、煤炭等传统能源相比,新能源普遍具有清洁度高、蕴藏量大、产业关联性广和技术创新等优点,能够在发展低碳经济和解决生态破坏、环境污染、能源资源枯竭问题等方面发挥不可替代的重要作用。

面对全球经济低迷、能源可持续性安全和气候变化在内的三重挑战,一场在世界范围内以新能源为主导的低碳经济产业革命已经开启,基于新能源的新型外交模式日益成为国家外交战略中不可或缺的一部分。[2] 中国应当积极推进"一带一路"新能源合作,探索中国参与"一带一路"能源合作的创新模式和路径,加强"一带一路"沿线国家对中国的认同与信任,推动"一带一路"绿色命运共同体的构建。

推进新能源合作,要普及科学合理的能源观。人们现在对新能源还缺乏清晰的认识,主要有两种观点:一是认为,发展新能源不是世界主流,不如大力开发传统能源;二是认为新能源是"救世主"。[3] 只有从根本上解决观念问题,正确树立科学合理的能源发展观,才能正确引导"一带一路"能源合作的实际行动。为了树立科学合理的能源发展观,应当加大对新能源的宣传力度,普及新能源的相关知识。既要提高政策决定者对新能源的认知水平,又要加强政策执行者对新能源的认知能

---

[1] 闫世刚:《低碳经济视角下的中国新能源国际合作》,载《外交评论》2012 年第 5 期。

[2] 李昕蕾:《"一带一路"框架下中国的清洁能源外交——契机、挑战与战略性能力建设》,载《国际展望》2017 年第 3 期。

[3] 刘邦凡、张贝、连凯宇:《论我国清洁能源的发展及其对策分析》,载《生态经济》2015 年第 8 期。

力,切实推进"一带一路"新能源合作。

推进新能源合作,要开发和应用新能源技术。推进"一带一路"新能源合作的重点是创新以市场为导向、以企业为主体的新能源技术,提高能源技术对"一带一路"能源合作的服务水平与支撑能力。第一,要充分发挥政府的作用,政府应当为新能源技术的开发和应用提供政策支持,将风能、核能、太阳能、海洋能、生物质能等新能源列入"一带一路"能源合作的重要领域,引导国内对新能源技术的研发;同时,政府应当将新能源核心技术列入知识产权领域,加强我国新能源技术的保护,提升我国新能源技术的国际竞争力。第二,要充分发挥大型骨干企业和重点研究机构的作用,借助中国—东盟清洁能源能力建设中心、东亚峰会清洁能源论坛等平台的优势积极参与国际能源技术交流与合作,学习国外先进的新能源技术和应用经验,创新"一带一路"新能源技术研发中心和重点实验室,开发新能源技术产品,提升各国新能源发展水平,推进"一带一路"新能源合作。第三,要充分发挥新能源公共服务平台和中介服务机构的作用,为"一带一路"新能源合作提供充足的技术支持、人才支持等专业服务。

推进新能源合作,要推动新能源产能合作。中国在风电、核能和太阳能光伏等领域处于世界领先地位,晶科、天合光能、金风科技、联合动力更居于全球太阳能光伏和风电装备顶级制造商行列[1],"一带一路"沿线国家具有较高的新能源需求和巨大的市场空间,中国应当利用自身发展优势和经验,积极推动与"一带一路"沿线国家的新能源产能对接,形成优势互补的区域新能源产业链。此外,要打造开放、统一的新能源产品市场。中国应与"一带一路"沿线国家共同协商制定能源产品标准,降低能源贸易壁垒,建立开放共享、合作共赢的新能源生产与消费体系。

推动"一带一路"新能源合作符合发展中国家和发达国家的共同利益。对发展中国家而言,开发和应用新能源技术,有利于改善国家经济发展过程中的环境问题、促进低碳经济发展,实现国家的可持续发展。对发达国家而言,可以通过与发展中国家开展新能源技术合作为全球发展低碳经济、应对气候危机作出贡献,提高

---

[1] 闫世刚、徐广姝:《"一带一路"下深化中国与周边国家能源合作策略研究》,载《对外经贸实务》2017年第12期。

国家的软实力和国际影响力。中国应当积极推进"一带一路"新能源合作,探索参与"一带一路"能源合作的创新模式和路径。

三、推进与哈萨克斯坦、俄罗斯、泰国等国家构建能源合作的长效投资机制

自 1992 年中国和哈萨克斯坦建交以来,两国关系发展平稳,实现了跨越式发展。2002 年,中国和哈萨克斯坦签署了《中哈睦邻友好合作条约》。2004 年 9 月,中国和哈萨克斯坦签署了《关于建立中哈霍尔果斯国际边境合作中心的框架协议》。2005 年 7 月 4 日,中国与哈萨克斯坦决定建立"战略伙伴关系"。2011 年 6 月 13 日,中国和哈萨克斯坦将两国关系提升为"全面战略伙伴关系"。2014 年 11 月,哈萨克斯坦启动"光明之路"新经济计划,预计投资 300 多亿美元加强基础设施建设。双方将以此为契机进一步加强产能与投资合作,推进中方"丝绸之路经济带"倡议和哈方"光明之路"新经济政策对接。2014 年 12 月,中国与哈萨克斯坦确定了 16 个早期收获项目和 63 个前景项目清单,其中包括能源、矿业、钢铁、电力、化工等。同月,中国与哈萨克斯坦签署了 140 亿美元的合作文件,并就 180 亿美元的"中哈合作框架协议"达成初步共识。① 同时,双方还商定以霍尔果斯边境合作区为基础提升建立中国—中亚自由贸易区。2016 年 9 月,中国和哈萨克斯坦签订了《"丝绸之路经济带"建设与"光明之路"新经济政策对接合作规划》,这是"一带一路"框架下签署发布的第一个双边战略对接协议。

中国与哈萨克斯坦的经济互补性较强,中哈能源合作既能够为哈萨克斯坦提供其经济发展所需的资金、技术和装备,又能够为中国提供其经济发展所需的能源资源,且能给中国企业提供"走出去"的机会和转移过剩产能的空间和市场,产生超越两国范围的巨大的辐射和带动作用。"一带一路"能源合作应当继续开展中国和哈萨克斯坦的合作,构建中哈能源合作长效投资机制,并推进中哈全面战略伙伴关系。

投资和能源合作是中国与俄罗斯务实合作的重要部分,也是两国合作成果较

---

① 《中哈合作升级 79 个项目助我国过剩产能转移》,http://www.china5e.com/news/news893573—1.html,最后访问时间:2018 年 7 月 20 日。

为丰富的领域。2014 年 5 月 20 日,《中俄关于全面战略协作伙伴关系新阶段的联合声明》正式发布,这一声明标志着中俄新型大国关系迈入新阶段。2014 年 5 月,俄罗斯总统普京明确宣布支持中国的"一带一路"发展倡议,同年,俄罗斯加入亚洲基础设施建设银行。亚洲基础设施建设银行正式运营之后,俄罗斯成为仅次于中国和印度的第三大股东。亚洲基础设施建设银行能够为"一带一路"能源合作提供重要的资金保障,中国应当在亚投行内加强与俄罗斯的紧密联系,积极为"一带一路"能源合作提供长效、充足的资金支持。

2017 年 4 月 11 日至 13 日,张高丽副总理赴俄罗斯举行中俄投资合作委员会第四次会议和中俄能源合作委员会双方主席会晤,双方重点就中俄投资、能源等领域的合作深入交换意见,推动投资、能源等领域合作取得新进展。2017 年 9 月,中国华信能源有限公司斥资 91 亿美元收购俄罗斯石油公司 14.16％的股份①,成为中国与俄罗斯能源投资合作的又一重大事件,加强了世界上最大的能源消费国和第一大石油生产国之间的联系。华信是中国最大的民营能源企业,此次交易将让其成为俄油第三大股东,以往中国在能源领域进行战略投资主要通过国有"三桶油"之手②,此次华信作为私企入股俄油,具有重要战略意义。"一带一路"能源合作,既要重视国有资本的地位,又要注重民间资本的实力,要通过多层次的资金结构构建能源合作长效投资机制,夯实中俄全面协作战略伙伴关系。

泰国处于海上东盟和陆上东盟的天然交汇点,具有得天独厚的区域优势。中国与泰国经济互补性强,在能源基础设施建设、互联互通等方面合作潜力较高,在推动"21 世纪海上丝绸之路"建设方面潜力巨大。目前,已有 160 余家中资企业入驻泰国中资企业商会,双方合作前景广阔。泰国正在全面完善其国内铁路、公路网络,新建和扩建港口,希望通过基础设施互联互通建设促进与中国的能源合作,借此提升其作为本地区互联互通枢纽的地位;中国企业也正源源不断地涌入泰国,并积极投资能源基础设施建设。中泰两国合作加强基础设施建设,实现能源互联互

---

① http://finance.ifeng.com/a/20170927/15698590_0.shtml,最后访问时间:2018 年 10 月 14 日。

② http://money.163.com/17/0920/22/CUQGEFA7002580S6.html,最后访问时间:2018 年 10 月 14 日。

通是两国共建"21世纪海上丝绸之路"的表现,有利于通过能源投资扩大双方能源合作。

泰国交通部长表示,感谢中国提出"一带一路"这个深有远见的倡议,在这一倡议下,泰国将更加重视铁路、公路建设,促进区域互联互通。[①] 2017年,泰国政府推动"东部经济走廊"项目,希望通过加强基础设施吸引更多投资,同时定向引入新产业助力泰国实现经济转型升级。此外,泰国政府还希望通过"一带一路"倡议促进贸易和投资,进一步扩展欧亚市场。鉴于此,中国政府应当积极推动本国企业参与"一带一路"项目,通过构建长效投资机制建立双方良好的合作关系,借此推进双方的能源合作,深化中泰全面战略合作伙伴关系。

四、推进"一带一路"沿线国家和地区的能源企业落户中国,降低发展中国家能源投资准入标准,助推"一带一路"能源企业加速成长

企业是"一带一路"的参与者,更是"一带一路"倡议的建设者和实施者。联合国贸易和发展会议发布的《世界投资报告2018》显示,2017年全球外国直接投资较前一年下降23%,与全球GDP及贸易增长加快形成鲜明对比。其中,中国吸收外资增长2%,位列全球第二。"一带一路"倡议提出5年多来,随着政策沟通、设施联通、贸易畅通、资金融通、民心相通五大愿景逐步开花结果,越来越多的国际组织、国家和企业对"一带一路"倡议投出了信任和支持票,许多跨国公司积极参与到"一带一路"建设中。

"一带一路"倡议的实现需要政府与企业的共同努力。宏观层面,应当由政府规划和主导,建设能源合作组织与机制、深化多边能源合作战略伙伴关系、扩大能源外交;微观层面,应当由企业参与和执行,推进以能源合作信息、资金、技术、人才等为主要要素的合作战略。应当将"一带一路"倡议下的能源合作战略推进细分为政府和企业各自的战略地位设计、作用力度和任务层次。[②]

---

① https://www.yidaiyilu.gov.cn/xwzx/hwxw/13901.htm,最后访问时间:2018年10月14日。

② 余晓钟、高庆欣、辜穗、魏新:《丝绸之路经济带建设背景下的中国——中亚能源合作战略研究》,载《经济问题探究》2016年第1期。

对于我国这样的发展中国家来说,要实现本国经济发展,提高经济竞争力,就要善于借助国外的资金、先进的技术、优秀的人才、丰富的管理经验等力量,因此"一带一路"能源合作要积极地吸引"一带一路"沿线国家和地区的能源企业落户中国。要充分发挥国家级经济技术开发区、边境经济合作区、跨境经济合作区等平台的作用;避免盲目引进和重复引进,积极做好引进技术的分析、消化、吸收和再创新工作;引进优秀的技术人才和企业管理人才,借鉴国外先进的管理理念和丰富的管理经验,不断提高我国企业的技术水平、管理水平和自主创新能力。

在吸引"一带一路"沿线国家和地区的能源企业落户中国时,要进一步改善我国的招商引资环境,不仅包括交通、能源等硬环境,还包括利用外资的法律法规和政策措施等软环境。在市场准入方面,形成对外开放新体制,全面实行准入前国民待遇加负面清单管理制度,完善法治化的营商环境。在简政放权方面,要大幅减少外商企业产业投资限制措施和各类审批事项,提高企业生产经营活动的便利性。在降低生产成本方面,全面推进"营改增"、清理规范涉企收费、完善价格形成机制、提高物流运输集约化水平等一系列"降成本"措施。与此同时,要完善我国对外资企业的监管,要控制好招商引资的总规模和增长速度,把招商引资与调整产业结构、改革国有企业等有机结合起来,使之与我国的经济发展需要相适应。

"一带一路"能源合作应当加强中国与"一带一路"沿线国家和地区的能源企业的合作,深化国际合作、实现优势互补、促进区域繁荣发展,增进交流、加强信任、减少摩擦、维护地区安全稳定。"一带一路"应当始终坚持"共商、共建、共享"的原则,能源合作项目坚持企业为主,市场运作,与各国企业平等协商、共同推进、互利共赢,积极推动"一带一路"沿线国家和地区的能源企业落户中国。为了更好地将各国人民和经济连接起来,助力全球多地区共同实现繁荣,应当降低发展中国家能源投资准入标准,实现能源合作自由开放、便捷高效、互利共赢。

第五节 构建"一带一路"能源合作信息共享机制

● ● ●

一、信息共享在构建"一带一路"能源合作法律机制中的重要性

2015年3月,国家发展改革委、外交部、商务部联合发布了《推动共建丝绸之路经济带和21世纪海上丝绸之路的愿景与行动》,指出共建"一带一路"致力于亚欧非大陆及附近海洋的互联互通,建立和加强沿线各国互联互通伙伴关系,构建全方位、多层次、复合型的互联互通网络,实现沿线各国多元、自主、平衡、可持续的发展。该文件还进一步指出,基础设施互联互通是"一带一路"建设的优先领域。在尊重相关国家主权和安全的基础上,沿线国家宜加强基础设施建设规划、技术标准体系的对接,共同推进国际骨干通道建设,逐步形成连接亚洲各区域以及亚欧非之间的基础设施网络。在信息基础设施方面,该文件也作出明确规定,要共同推进跨境光缆等通信干线网络建设,提高国际通信互联互通水平,畅通信息丝绸之路。加快推进双边跨境光缆等建设,规划建设洲际海底光缆项目,完善空中(卫星)信息通道,扩大信息交流与合作。2015年12月,第二届世界互联网大会在中国浙江举行,习近平主席在大会上指出,"网络的本质在于互联,信息的价值在于互通。只有加强信息基础设施建设,铺就信息畅通之路,不断缩小不同国家、地区、人群间的信息鸿沟,才能让信息资源充分涌流"。2016年7月,《国家信息化发展战略纲要》发布,该纲要也明确提出要"围绕'一带一路'建设,加强网络互联、促进信息互通,加快构建网络空间命运共同体"。

(一)信息共享是"一带一路"能源合作的重要条件

伴随着互联网、物联网、大数据、云计算、区块链等新技术的涌现与成熟,围绕信息这一经济要素出现了一些新的经济业态,信息要素融入传统产业彻底颠覆了

一些传统经济模式,第四次工业革命正在孕育而生。① 信息是经济活动中重要的生产要素。

"一带一路"60 多个国家和地区在政治、经济、社会、文化、习俗、宗教等方面存在较大差异,其信息发展水平更是参差不齐。"一带一路"倡议的核心内容是政策沟通、设施联通、贸易畅通、资金融通、民心相通,而五通中的任何一通都离不开信息互通。信息共享、网络互联是中国与"一带一路"沿线国家消除信息壁垒、缩小数字鸿沟、加深了解、加强沟通、扩大共识的重要途径,也是开展"一带一路"能源合作的重要条件。

完善的信息基础设施是信息畅通的前提。信息基础设施是涉及海陆空各个领域的立体的信息基础设施,是涉及整个合作区域的信息基础设施,是涵盖了国内和国际两个维度的信息基础设施。② 建设涵盖亚洲、欧洲、非洲等"一带一路"框架下的信息基础设施、提高互联互通水平,是推进"一带一路"倡议建设的先决条件和物质基础。

"一带一路"能源合作法律机制构建要把信息共享放在突出位置。信息共享有利于沿线各国共同提升"一带一路"能源、信息等领域的互联互通水平,打造全方位、多层次、复合型的互联互通网络,以互联互通代替逆全球化的"孤岛经济"③,有力推动"一带一路"能源合作的开展与深化。

(二)信息共享是我国各区域参与"一带一路"能源合作的重要基础

"一带一路"倡议自提出以来,便得到国内各区域的重点关注。全国各省市热烈响应,31 个省(自治区、直辖区)均表示将积极参与"一带一路"倡议的实施,其政府工作报告均提及地方对接方案。2013 年年末,陕西、重庆、四川、云南、甘肃、宁夏、青海、新疆、广西西部 9 省(自治区、直辖市)和江苏、浙江、广东、福建、海南东部 5 省参加了国家发改委和外交部举行的推进"一带一路"建设座谈会,上述 14 个省份被认为是"一带一路"的重要区域,福建更成为 21 世纪海上丝绸之路的核心区。2014 年 10 月,黑龙江、内蒙古两省出现在国务院举办的推进"一带一路"建设工作

① 梅冠群:《推进"一带一路"建设的有关建议》,载《开发研究》2017 年第 5 期。
② 付玉辉:《"一带一路"战略的信息丝绸之路及其主导力量》,载《移动通信》2015 年第 11 期。
③ 梅冠群:《推进"一带一路"建设的有关建议》,载《开发研究》2017 年第 5 期。

座谈会的邀请之列。① 2015年1月,山东省被确定为国家"一带一路"规划海上战略支点和新亚欧大陆桥经济走廊沿线重点地区。此后,湖北、湖南、江西、安徽等省份也成为"一带一路"建设的重要区域。

我国多个省、自治区、直辖市被纳入"一带一路"建设的重要区域,并将"一带一路"倡议作为本区域的发展重点。信息共享是各区域参与"一带一路"能源合作的重要基础。我国能源资源分布不均衡,全面、及时、准确的信息有利于各区域紧跟国家的政策基调调整本区域的发展思路,实现相互补充和错位发展,为"一带一路"建设贡献区域力量,促进各区域积极参与"一带一路"能源合作,实现国家经济社会效益的最大化。

(三)信息共享是企业参与"一带一路"能源合作的重要前提

企业是经济的基本细胞,是最主要的市场主体。"一带一路"倡议的实现需要政府与企业的共同努力。企业是"一带一路"的参与者,更是"一带一路"倡议的建设者和实施者。"一带一路"沿线国家大多工业基础薄弱、能源基础设施落后,急需大力发展本国工业、进行能源基础设施建设。这是我国企业与"一带一路"沿线国家开展产能合作、基础设施建设合作的机遇,也是我国企业参与"一带一路"能源合作的重要内容。

准确、及时、权威的信息是企业评估、分析、选择"一带一路"能源合作具体项目的重要依据,信息共享是参与"一带一路"能源合作的重要前提。信息共享有利于企业获取有效信息、增进了解、加强交流;有利于企业合理设计经营方针与发展计划,选择符合自身发展的能源合作项目;有利于企业保障自身参与国际合作的安全性,成功参与"一带一路"能源合作;有利于激发企业发展活力,提高企业参与"一带一路"建设的积极性和主动性。

二、构建"一带一路"能源合作信息共享机制的挑战

近年来,信息在"一带一路"倡议中被越来越多地提及,"一带一路"信息服务也

---

① 《"一带一路"战略或扩围多地掀起入围争夺战》,http://finance.huanqiu.com/roll/2015-03/5908326.html,最后访问时间:2018年10月15日。

受到了众多关注,许多政府部门、信息机构、行业机构都建立了"一带一路"信息服务网站或"一带一路"数据库,例如,国研网建立的"一带一路"倡议支撑平台,新华社创设的"新华丝路网",国家信息中心主办的"中国'一带一路'网"。但由于我国提出的"一带一路"倡议目前还属于起步阶段,相关机制还不完善,构建"一带一路"能源合作信息共享机制还面临许多问题和挑战。

（一）信息不完全

随着互联网、物联网、大数据、云计算、区块链等新技术的涌现与成熟,信息对社会发展、科技进步的作用日益扩大,信息与国家政治、经济的联系也愈发紧密。

各国的信息主权、数据主权和网络空间主权意识日益增强。[①] 国际上许多国家对开展信息共享行动和建立信息共享机制心存疑虑,部分国家认为开展信息共享将会泄露本国国家机密因而十分戒备,部分国家认为信息数据是本国的国家财富因而拒绝信息共享,部分国家认为他国倡议开展信息共享是别有企图的举措因而非常警惕,从这些国家收集数据信息将面临巨大的挑战。部分国家对我国提出的"一带一路"倡议和促进区域共同繁荣发展、实现合作共赢的希冀存在疑虑和警惕,我国在与具体国家推进构建"一带一路"能源合作信息共享机制的过程中也将面临上述困难。

"一带一路"沿线国家大多是发展中国家,受制于经济发展水平和社会发展程度,部分国家的信息化水平较低,即使这些国家不反对与中国共同构建"一带一路"能源合作信息共享机制,但由于其国内数据信息采集体系不完善,其信息采集、分析与整合的能力较低,难以提供有效信息,难以真正支持"一带一路"能源合作信息共享机制的构建。

统一规范的标准是开展信息采集、分析、整合的基础,但是,"一带一路"沿线国家众多,各国在信息采集、分析、整合、存储、传递等诸多环节没有一个统一规范的标准。采用不同的标准势必不能有效聚合分散于各国家各地区的信息,将造成信息遗漏、信息错分等问题,不能提供满足构建"一带一路"能源合作信息共享机制要

---

① 丁波涛:《"一带一路"沿线国家信息资源整合模式——基于国际组织和跨国企业经验的研究》,载《情报杂志》2017 年第 9 期。

求的全面的信息。

（二）信息不对称

"一带一路"沿线国家众多，不同国家对信息的管理方式和管理体制不同，这将造成极大的信息认定差异，从而导致信息不对称等问题。例如，对某些政府信息、企业信息和个人资料，有的国家认定为机密信息或隐私而拒绝公开，有的国家则认定为公开信息允许采集，对同一性质的信息的不同认定将导致信息采集的不对称，这将不利于构建"一带一路"能源合作信息共享机制。

此外，"一带一路"沿线国家差异较大，既包含发达国家也包含发展中国家，既有资本主义国家也有社会主义国家，兼有不同政体的国家，兼有不同语系的国家，兼有普通法系、大陆法系国家，兼有儒教文明、斯拉夫文明、伊斯兰文明等不同文明形态的国家。国家性质、政策法律、文化、语言、习俗、宗教等方面的差异，也将给信息信息采集、分析、整合带来极大困难，造成信息不对称等严重问题，从而给"一带一路"能源合作信息共享机制的构建带来极大的挑战。

（三）信息低质化、碎片化

我国在实施"一带一路"建设时存在一定的"重业务、轻数据"倾向，将能源、经贸、投资、金融等领域列为重点发展对象，对信息资源共享这样基础而重要的工作却没有给予应当的重视。因此，我国开展信息资源采集、分析、整合等工作较晚，工作水平较低。

目前，我国许多政府部门、信息机构、行业机构都建立了"一带一路"信息服务网站或"一带一路"数据库，但是，这些部门和机构在建立信息服务网站或数据库时所采集的信息来源较为单一，主要是依赖部门、机构自身的信息资源，缺乏获取稳定、可靠的信息资源的国外渠道，存在信息采集"重国内、轻国外"的问题，由此造成了现有"一带一路"数据库信息内容同质化、低质化等问题。同时，这些部门、机构对信息资源的开发利用方式较为简单，大多只是将其能收集到的"一带一路"沿线国家的有关信息进行简单汇总，没有根据"一带一路"的特点依据不同的标准对信息进行分类整理和深度的加工处理，缺乏对信息的系统梳理、分析与整合，难以形成高质量的信息产品，不能满足我国构建"一带一路"能源合作信息共享机制的需要。另外，我国主导或发起建立的"一带一路"相关国际组织或机构，例如亚投行、上海合作组织、金砖国家等,都没有建立相应的国际信息共享机制,其网站也没有提供相关的信息数据,难以为"一带一路"建设提供高质量的信息服务。此外,由于大数据存储分布式架构要求、软件硬件配套设施不完善、技术人员缺乏等原因,关于"一带一路"的高质量的信息较少。

现有的"一带一路"数据库基本都是以沿线国家概况、"一带一路"新闻动态、基本统计数据等信息为主,在信息形式、信息质量、国际规范程度、语种多样性等方面存在不足,服务范围十分有限。对希望借助"一带一路"倡议"走出去""引进来"的企业而言,全面性、系统的、针对性的信息和详细数据非常缺乏,信息的同质化、低质化和碎片化将成为制约企业参与"一带一路"建设和"一带一路"能源合作的重要因素。对"一带一路"沿线国家而言,我国现在的同质化、低质化和碎片化的信息难以走向国际,不能为沿线国家、企业和人民参与"一带一路"建设和"一带一路"难以合作提供有效的信息服务。这都将不利于我国提高国际影响力、增强国际话语权,将制约我国构建"一带一路"能源合作信息共享机制。

三、构建"一带一路"能源合作信息共享机制

提高国际通信互联互通水平是畅通"一带一路"信息渠道的保障。推进"一带一路"能源合作中,应当通过双边或多边协议,创建能源合作信息交流与共享平台,构建能源信息共享机制,整合能源企业合作,形成合理有序分工、各国能源差异化发展的双边或区域能源合作机制,创造互利共赢的"一带一路"能源合作格局。

能源信息共享机制是与能源信息资源共享相关的管理体系和制度,是从战略高度对能源信息资源进行有效配置和共享的办法。[①] 信息流是动态战略联盟、供应链战略联盟管理的主要对象之一。根据资源基础和合作战略理论,有效的信息资源交换和共享是双方合作的基础和前提。[②]

---

① 高全成、刘丹:《中国与中亚五国能源合作机制建设研究》,载《西安财经学院学报》2016年第5期。

② 余晓钟、高庆欣、辜穗、魏新:《丝绸之路经济带建设背景下的中国——中亚能源合作战略研究》,载《经济问题探究》2016年第1期。

（一）"一带一路"能源合作信息交流与共享平台

构建"一带一路"能源合作信息共享机制，应当首先建立发挥统领全局作用的"一带一路"能源合作信息交流与共享平台。"一带一路"能源合作信息交流与共享平台应当由中国和"一带一路"沿线国家共同授权成立，由"一带一路"工作领导小组领导，由中国国家能源局和"一带一路"沿线国家相关能源部门主办。"一带一路"能源合作信息交流与共享平台应当坚持和平合作、互利共赢、开放包容、互学互鉴的原则，以采集、分析、整合、共享与"一带一路"能源合作信息数据为基本任务，以信息内容服务、信息技术服务、信息决策咨询服务为主要方向，为中国和"一带一路"沿线国家及其政府机关、企事业单位、社会团体、社会公众提供"一带一路"能源合作信息服务。

"一带一路"能源合作信息交流与共享平台建设同时需要在"一带一路"沿线各个国家建立"一带一路"能源合作信息交流与共享分平台。"一带一路"能源合作信息交流与共享分平台应当由沿线国家的能源部门、信息部门等政府机构和信息公司等行业机构或组织共同建立。在信息先行的国际趋势下，"一带一路"能源合作信息交流与共享分平台应当致力于采集、分析、整合、共享该分平台所在国的信息资源，形成全面、系统、及时、有效的信息产品，为本国和他国开展"一带一路"能源合作提供信息支持。"一带一路"能源合作信息交流与共享分平台应当保持与"一带一路"能源合作信息交流与共享平台的互联互通，通过信息互联互通机制全方位地推进信息交流与共享合作，打造"一带一路"沿线国家信息互信、数据融合、网络互容的网络共同体、信息共同体和数据共同体①，最终促进"一带一路"能源合作和"一带一路"建设。

"一带一路"重点省份和关联省份的省级信息中心是我国信息化的重要支撑，也是我国构建"一带一路"能源合作信息交流与共享平台和分平台的中坚力量。基于充分利用现有资源、防止重复建设的考量，我国可以在现有的省级信息中心的基础上，进行资源重组和合理规划，建立各省份的"一带一路"能源合作信息交流与分享平台。重庆、西安、乌鲁木齐等省会城市是"一带一路"建设中的重点城市，各方

---

① 赵睿斌：《加快推进"一带一路"信息中心建设》，载《财经界》2016年第2期。

面条件较为成熟,应当继续利用现有信息优势,发展成为我国构建"一带一路"能源合作信息共享机制的重要信息支点城市。珠海、义乌、张家港等城市虽然不是省会城市,但是"一带一路"建设中具有较大潜力的节点城市,应当突破信息资源发展瓶颈,向"一带一路"重要信息支点城市方向建设,为我国构建"一带一路"能源合作信息共享机制的提供后备力量。省会城市要充分发挥现有优势引领和带动周边城市的发展进步,为我国建立各省份"一带一路"能源合作信息交流与分享平台贡献地方力量;各省份的"一带一路"能源合作信息交流与分享平台要与"一带一路"能源合作信息交流与共享平台和分平台进行信息互联互通,实现数据交互共享,共同助力"一带一路"能源合作信息共享机制的建设。

能源合作信息交流与共享平台有利于实现能源信息的及时、准确共享,减少信息不对称给能源合作带来的负面影响,节约能源交易成本,提高合作效率。因此,中国应同"一带一路"沿线国家合力打造一个全方位、开放型、跨区域的互联互通的能源信息共享制度体系和共享平台。通过建立"一带一路"能源合作信息交流与共享平台,采集与整合有效信息,实现信息共享,获取合作信息,以能源信息共享机制推进"一带一路"能源合作的有效实现。

(二)"一带一路"能源信息数据库

大数据对于构建"一带一路"能源合作信息交流与共享平台具有重要性和关键作用。大数据是更强的决策力、洞察发现力和流程优化能力的海量、高增长率和多样化的信息资产。[①] 高质量的信息资源是决策的基础和依据,大数据技术能为"一带一路"能源合作信息交流与共享平台提供高质量和高水平的信息供给。

构建"一带一路"能源合作信息共享机制,要借助大数据技术,建立各层级"一带一路"能源合作信息交流与共享平台下的"一带一路"能源信息数据库。要依托云计算的分布式处理、分布式数据库和云存储、虚拟化技术,发挥"一带一路"沿线国家的信息资源优势和先进信息技术,发掘和整合"一带一路"发展中的海量能源信息资源,打造同时面向国际和国内的"一带一路"能源信息数据库,促进能源信息资源开放共享,实现"一带一路"能源合作全面、准确、及时、有效的信息服务供给。

---

① 张展:《"一带一路"信息服务平台建设探析》,载《辽宁经济》2015年第7期。

"一带一路"能源信息数据库由能源信息数据库与基础信息数据库组成。能源信息数据库主要收集中国和"一带一路"沿线其他国家与能源产业相关的信息,包括但不限于能源资源储量、能源开采情况、能源市场、能源合作项目、能源技术、能源政策、能源法律法规、能源发展规划或计划、能源管理体制等信息。基础信息数据库主要收集中国和"一带一路"沿线国家的基础信息,包括但不限于国家基本情况、政治、安全、经济、生态环境、物流、文化、习俗、宗教、社会舆情等信息。

"一带一路"能源合作信息交流与共享平台应当主动收集、实时更新能源信息数据库与基础信息数据库的数据信息,并且定期发布"一带一路"能源大数据报告,分享所收集的信息,以便中国和"一带一路"沿线其他国家随时获取能源信息、调整能源战略、便利能源合作。"一带一路"能源合作信息交流与共享平台应当每年定期发布"一带一路"年度能源报告,总结"一带一路"能源合作的年度建设进展与尚存问题,为各国政府掌握"一带一路"能源合作的总体情况、制定未来能源政策和发展规划提供信息依据。还应当每年定期发布"一带一路"能源合做报告,按不同标准,例如按能源合作项目大小,按石油、天然气、煤炭、电力、风能、水能、核能、生物质能等能源部门,按能源贸易、能源投资等能源合作方式,按能源勘探、开采、加工、运输等能源产业环节,对"一带一路"能源合作信息分类整合,发布详细而精准的能源合做报告,为各国企业了解、参与"一带一路"能源合作提供参考和指引。

"一带一路"能源数据库应当充分释放数据信息价值,全方位、多层次、跨区域地实现"一带一路"能源合作信息权威有效供给,为中国和"一带一路"沿线其他国家提供常态化、多元化、可视化的大数据产品,加强"一带一路"区域内能源信息开放共享和交流,提高"一带一路"能源合作信息共享机制对"一带一路"能源合作的促进作用和保障水平。

(三)"一带一路"信息基础设施

信息是经济活动中重要的生产要素,信息基础设施是信息互联互通的前提。我国要构建"一带一路"能源合作信息共享机制,就要推动我国与"一带一路"沿线其他国家的信息基础设施建设。

第一,要加强我国与"一带一路"沿线国家政府间的沟通,积极推进我国与"一带一路"沿线其他国家就信息基础设施互联互通开展磋商并签订合作协议。要推动我国与"一带一路"沿线其他国家的信息发展规划、信息技术标准对接,推进我国与"一带一路"沿线其他国家和地区跨境光缆等通信干线网络建设,规划建设洲际海底光缆项目,完善空中(卫星)信息通道,形成强大的信息数据存储能力、计算能力和交换能力,扩大与"一带一路"沿线其他国家的信息交流与合作,提高国际信息互联互通水平,畅通信息丝绸之路。

第二,要支持、鼓励和吸引中国信息通信企业参与"一带一路"信息基础设施建设。企业是"一带一路"的建设主体,要利用"一带一路"倡议为我国信息企业提供政策支持,利用亚洲基础设施投资银行、丝路基金等金融机构为我国信息企业提供资金支持,鼓励我国信息企业"走出去",积极参与"一带一路"信息基础设施建设,发挥我国的信息技术优势,加强与"一带一路"沿线国家的跨国合作,推动"一带一路"信息化建设顺利发展,展现我国企业实力和国家综合实力,进而推动"一带一路"能源合作。

构建"一带一路"能源合作信息共享机制是互利共赢的举措。对我国而言,有利于畅通信息丝绸之路,提升"一带一路"能源合作服务保障水平。对"一带一路"沿线其他国家而言,有利于获取全面、精确、及时、有效的信息,加强信息共享和交流,合理规划参与"一带一路"能源合作。对于企业而言,有利于获取全面、权威的信息,提高企业参与"一带一路"能源合作的积极性,实现企业利益并不断增强企业核心竞争力。

第六节　构建"一带一路"能源合作生态环保机制

●●●

一、构建"一带一路"能源合作生态环保机制的重要意义

2015年3月28日,国家发展改革委、外交部、商务部联合发布了《推动共建丝绸之路经济带和21世纪海上丝绸之路的愿景与行动》,提出要加强生态环境合作、

共建绿色"一带一路",要在投资贸易中突出生态文明理念,加强在生态环境保护、生物多样性保护和应对气候变化中的合作,鼓励企业在参与沿线国家基础设施建设和产业投资中,要主动承担社会责任,严格保护生物多样性和生态环境。2016年8月17日,习近平总书记在推进"一带一路"建设工作座谈会上强调,要携手打造"绿色丝绸之路"。由此可知,生态环保合作将成为今后一段时期"一带一路"合作的重点领域之一,构建"一带一路"能源合作生态环保机制具有重要意义。

（一）应对生态环境问题、实现经济可持续发展

自然资源是人类赖以生存的基础,为人类提供生存、发展和享受的物质与空间。自然资源也是经济社会发展和科学技术进步的重要物质条件。伴随着人类的发展过程,越来越多的能源得到源源不断的开发和利用。尤其是随着现代工业化的不断发展,大量能源资源被不断消耗,有限的能源资源正不断减少。除了严重的能源紧缺问题外,能源消耗也带来了许多严峻的环境问题,例如生态破坏、环境污染、生物多样性减少、生态系统失衡、自然灾害频发、全球气候变暖等。能源资源紧缺和生态环境破坏已经成为影响人类生产生活活动和经济健康发展的制约因素。因此,构建"一带一路"能源合作生态环保机制是生态发展的必然要求,能够为促进区域绿色发展和"一带一路"国际合作提供巨大的潜力和广阔的空间,有利于打造"绿色丝绸之路",解决严峻的生态环境问题,促进人类社会的健康发展,实现经济可持续发展。

（二）实现与"一带一路"沿线国家的民心相通、合作共赢

"一带一路"沿线国家大多为发展中国家和新兴工业国家,国家经济发展对能源资源的需求较大、依赖程度较高,同时存在本国生态环境脆弱、资源环境压力高于世界平均水平的问题,因而普遍面临着工业化、城市化发展需求与生态环境保护压力的矛盾。"一带一路"能源合作涉及大量的能源勘探、能源开发、能源运输、能源基础设施建设等项目,生态环境风险较高。

生态环境问题是与民生紧密相关的问题,是世界各国人民高度关注的重点问题。构建"一带一路"能源合作生态环保机制有利于识别和防范各类生态环境风险、减少或避免生态环境危机、改善民生,获得沿线国家民众的支持,实现我国与"一带一路"沿线其他国家的民心相通;有利于帮助"一带一路"沿线国家实现经济

转型和绿色可持续发展;有利于在共同但有区别的原则下凝聚各国共识,推动"一带一路"沿线国家对"一带一路"的认可,实现中国与沿线其他国家的包容性发展;有利于为"一带一路"能源合作提供有力保障,提高"一带一路"建设的绿色化程度,确保"一带一路"能源合作项目实施过程中的生态环境安全,促进中国与"一带一路"沿线其他国家开展长期、稳定、环境友好的能源合作,实现互利共赢。

(三)树立负责任大国形象、增强国家软实力

我国"一带一路"倡议涵盖 60 多个国家和地区以及国内多个省(自治区、直辖市),"一带一路"能源合作涉及能源开发、能源运输、能源加工、能源基础设施建设等多方面内容,面临各国不同的能源环保诉求和高度的生态环境风险问题。近年来,我国多个国际能源合作项目因环境问题而被搁置,甚至部分能源合作项目引发了国际环境争端。

2015 年 9 月,联合国发展峰会审议通过了《2030 年可持续发展议程》,议程提出了 17 个可持续发展目标及 169 个相关具体目标[①],并提出加强生态文明建设,促进可持续发展是其重点之一。《2030 年可持续发展议程》与环保主题高度相关,明确了全球绿色发展的趋势和要求,彰显了环境问题在全球治理中的重要性。国际社会对实现《2030 年可持续发展议程》已经形成了共识。"一带一路"能源合作应当确保环保先行。

然而,当前我国在全球环境治理体系和全球能源治理体系中的话语权相对有限,塑造国际舆论的能力较为薄弱。构建"一带一路"能源合作生态环保机制有利于推动我国与"一带一路"沿线国家开展能源与生态环保双重合作,使"一带一路"建设获得沿线国家的支持,发展和巩固中国与沿线国家的友好合作关系;有利于加大对绿色"一带一路"理念和实践的宣传,增强"一带一路"沿线国家对我国生态文明和绿色发展理念的认同,打消沿线国家对"一带一路"能源合作生态环境影响的疑虑;有利于塑造"一带一路"建设的绿色正面形象,树立中国负责任、有担当的大国形象,促进"一带一路"倡议的实施;有利于提升我国在全球环境治理体系中的影

---

① 《新闻背景:2030 年可持续发展议程》,http://www.xinhuanet.com/world/2016-09/20/c_1119595242.htm,最后访问时间:2018 年 10 月 2 日。

响力和话语权,促使中国从全球治理的参与者转变为规则制定者、引领者,增强中国的国家软实力。

二、构建"一带一路"能源合作生态环保机制的挑战

(一)"一带一路"沿线国家和地区生态环境脆弱

2015 年,中科院科技政策与管理科学研究所对包括中国在内的 38 个"一带一路"沿线主要国家的资源环境综合绩效①进行了评估,在全球 81 个国家资源环境综合绩效排序中,有 7 个"一带一路"沿线国家排在后 10 位,评估结果显示:该地区既是自然资源集中生产区,又是自然资源集中消费区;既是发展水平落后区,又是发展方式粗放区;既是人类活动强烈区,又是生态环境脆弱区。② 2017 年 11 月 21 日,中国科学技术部国家遥感中心发布了《全球生态环境遥感监测 2017 年度报告》,该报告将"一带一路"沿线及相关国家纳入监测区域,重点对"一带一路"沿线区域的生态环境与发展潜力、陆路交通和重点海域海洋灾害状况进行了监测、分析与评估。该报告指出,"一带一路"沿线大部分国家和地区同时面临着经济落后和生态脆弱的双重问题,而经济发展又将对生态环境构成新的压力。③

"一带一路"沿线地区国土面积之和不到世界陆地总面积的 40%,人口之和却占世界人口总量的 70% 以上,人口密度比世界平均水平高出一半,是人类活动比较集中和强烈的地区。但"一带一路"沿线众多国家和地区同时面临着严重的环境问题。"一带一路"沿线的东北亚、东南亚、南亚、中亚、中东等地区超过 60 个国家,均不同程度地遭受荒漠化、土地退化、半干旱或干旱的威胁,"一带一路"建设包含

---

① 资源环境综合绩效是指一个地区或国家多种资源消耗或污染物排放绩效与全国或世界相应资源消耗或者污染物排放绩效比值的加权平均。该指数越大,表明资源环境综合绩效水平越低;该指数越小,表明资源环境综合绩效水平越高。该指数可以作为绿色发展的衡量方法之一。

② 《专访中科院科技政策与管理科学研究所研究员陈劭锋:"一带一路"沿线 38 个国家的环境绩效评估》,http://finance.sina.com.cn/roll/20150531/223622310199.shtml,最后访问时间:2018 年 10 月 17 日。

③ 《〈全球生态环境遥感监测 2017 年度报告〉新闻发布会》,http://www.scio.gov.cn/xwfbh/gbwxwfbh/xwfbh/kjb/Document/1606562/1606562.htm,最后访问时间:2018 年 10 月 21 日。

的六大经济走廊中的 4 个经济走廊存在不同程度的荒漠化问题。"一带一路"所涉及地区森林覆盖率低于世界平均水平,生长于欧亚大陆高纬度地区的亚寒带针叶林生长缓慢、自身恢复能力较差。"一带一路"沿线区域中占世界 27.8% 的高等植物、39.1% 的哺乳类物种、32.2% 的鸟类和 28.9% 的鱼类受到威胁,东南亚热带雨林、南亚热带雨林和亚热带山地森林是全球生物多样性保护的关键区域。"一带一路"沿线地域差异大,自然地理条件复杂,生态系统多样,尽管不同国家的主要生态约束性因素不尽相同[①],但"一带一路"沿线很多国家都存在水污染、土壤污染、核污染、生物多样性减少等环境问题。该区域生态环境脆弱,虽然人均生态足迹低于世界平均水平,但超出了生态承载力的 80% 以上。同样地,我国国内也存在严重的环境问题。新疆、西藏、内蒙古地区的荒漠化比例占全国国土面积 79.6%,部分地区水土流失率高达 64.34%,部分地区空气质量指数达到 300 以上的严重污染等级。此外,我国还存在大量的水污染、土壤污染、大气污染、生态环境破坏,兼具环境破坏与环境污染两大类环境问题。

"一带一路"沿线国家大多是发展中国家和新兴经济体,经济发展较为落后、经济发展方式粗放,其工业化、城市化正在加速布局,环境敏感度相对较高,生态环境的脆弱性与经济发展的不平衡性问题冲突显著。"一带一路"能源合作将加大资源、能源等要素流动性,能源合作项目的实施可能给沿线地区脆弱的生态环境带来巨大的挑战,进而给沿线地区和国家的生态环境保护带来巨大压力,不利于"一带一路"能源合作生态环保机制的构建。

(二)"一带一路"沿线国家环保法律体系不成熟、环保法律标准差异大

中国目前建立了自己的环保法律体系,主要由《环境保护法》这一环境保护主体法,《大气污染防治法》《水污染防治法》《固体废物污染防治法》《噪声污染防治法》《海洋环境保护法》等环境保护单行法,《民法通则》《侵权责任法》《民事诉讼法》《行政诉讼法》《刑法》《刑事诉讼法》等环境保护相关法构成。随着"一带一路"倡议的深入推进,我国与"一带一路"沿线国家的经济贸易交往尤其是能源合作格外频繁,出现了一系列新型环境保护法律纠纷。但是我国目前的环保法律体系还存在

---

① 乐小芳:《"一带一路"生态环境保护合作机制探究》,载《中国经济特区研究》2017 年第 1 期。

许多法律盲点与空白,并不能有效调整"一带一路"能源合作过程中出现的环境问题,亟待补充、修正与完善。

2017 年 6 月,由全国律协国际业务专业委员会委员和涉外律师领军人才联合"一带一路"沿线国家的律师共同撰写的《"一带一路"沿线国家法律环境国别报告》在北京发布。[①] 该报告由 43 个"一带一路"沿线国家的投资法律环境报告组成,内容涵盖了包含环境保护在内的六大领域,具体介绍了相关国家的环境保护法律制度。

通过《"一带一路"沿线国家法律环境国别报告》可以得知,"一带一路"沿线国家环保法律体系存在显著差异,多数国家的环保法律体系尚不成熟。

随着"一带一路"倡议的建设,我国与"一带一路"沿线国家的能源合作愈发紧密,能源与环境领域的联系也日益紧密。我国与多数"一带一路"沿线国家之间有环境保护协定,但是许多环境保护协定停留在环境保护理念和意识层面,存在环境保护责任规定不明等问题。与此同时,这些协定大多签署于"一带一路"倡议提出之前,滞后于当前的发展形势,不利于切实开展环保合作。

此外,中国与许多"一带一路"沿线国家的环保法律标准存在较大差异。中国与"一带一路"沿线其他国家都具有不同的环境诉求,各国在对环保法律规章进行制定和规制时将会首先考虑本国的利益,加之中外环保法律沟通上存在较大困难,各国最终将会设置不同的环境标准。各国环保法律体系不成熟和环保法律标准差异大将给我国构建"一带一路"能源合作生态环保机制造成巨大的挑战。

(三)"一带一路"沿线国家环保产业发展缓慢、环保技术薄弱

"一带一路"沿线国家大多是新兴经济体和发展中国家,面临着加速本国工业化、城市化发展的诉求,因而存在"重经济、轻环保、先污染、后治理"的发展倾向。这些国家在发展本国产业时,基本上重视工业、金融、交通、电讯等产业而忽视对环保产业的投入。这些国家在参与"一带一路"建设、与中国开展国际合作时,也大多选择金融、能源、贸易、投资、基础设施建设等领域,较少选择环境保护领域。这一

---

① 《"一带一路"沿线国家法律环境国别报告》,http://www.fdi.gov.cn/1800000121_21_101043_0_7.html,最后访问时间:2018 年 10 月 22 日。

选择导致了许多"一带一路"沿线国家环保产业发展缓慢的局面。

环保技术是环保产业的关键,二者相互作用。"一带一路"沿线许多国家环保技术薄弱,缺乏自主知识产权,创新能力低下,环保产业核心技术或缺乏或滞后,难以支持环保产业的发展和多元化转型升级。随着"一带一路"建设的推进、环境保护政策和环境治理措施的推行,我国已经形成了较为成熟的环保产业规模和较为先进的环保技术,已经具备"走出去"的条件,但在开展"一带一路"合作时,仅有少量龙头企业真正实现了"走出去",大部分环保企业未能凝聚力量走出国门。这不利于本国环保行业的长远发展,更不利于帮助"一带一路"沿线国家环保产业和环保技术的健康发展。

环保技术薄弱是环保产业发展的"绊脚石",环保产业和环保技术的缓慢发展将不利于"一带一路"能源合作的开展,并将共同制约"一带一路"能源合作生态环保机制的构建。

三、构建"一带一路"能源合作生态环保机制

能源与环境是紧密联系、相互影响的两个领域。经济高速发展、能源大量消耗造成了许多严重的环境问题。鉴于愈发严峻的环境形势,绿色发展已经世界能源发展的新趋势与新需求。"一带一路"沿线国家大多为能源生产国与能源消费国,经济发展与环境问题的冲突是各国均需要面对和解决的重要问题。因此,中国在推进"一带一路"能源合作的过程中,应当与"一带一路"沿线国家形成能源与环境共识,打造绿色、低碳、循环、清洁的能源治理格局。

(一)提高环保意识,坚持绿色发展

构建"一带一路"能源合作生态环保机制,要提高我国与"一带一路"沿线国家的环保意识,摒弃"重经济、轻环保、先污染、后治理"的不正确观念,坚持人与自然共生共存的理念,注重生态文明建设,把环境保护放在全局工作的突出地位,努力形成人与自然和谐发展的新格局。生态文明是以人与自然、人与人、人与社会和谐共生,良性循环、全面发展、持续繁荣为基本宗旨的社会形态,是人类文明发展的一

个新的阶段。① 建设生态文明关乎人类未来。国际社会应该携手同行,共谋全球生态文明建设之路,牢固树立尊重自然、顺应自然、保护自然的意识,坚持走绿色、可持续发展之路。②

提高环保意识、转变发展观念是一项长期和复杂的工作。要开展环境保护教育,加大对环境保护教育方面的投入,实现环境保护教育的常态化和长效化;并充分利用新媒体等全社会的有用资源帮助人民群众及时、准确、科学地了解和学习环保知识,树立全社会的生态价值观与环保自觉,实现环境保护教育的多元化和多样化。要开展"一带一路"环保宣传与培训,加强我国与"一带一路"沿线国家的人员交往和环保建设能力,向沿线国家派遣环保专家,积极宣传和分享中国的生态文明理念和绿色发展经验,并加强人才培训,支持沿线国家环保能力建设,增进"一带一路"沿线国家人民群众对中国的友好情感,促进绿色"一带一路"民心相通。

要构建"一带一路"环保交流合作体系,应依托联合国环境大会、欧亚经济论坛、金砖环境部长会议、中国—上海合作组织环境保护合作中心、中国—东盟环境保护合作中心等机制和机构,吸引"一带一路"沿线国家政府机关、智库、行业组织、研究机构、环保社会组织等各类主体共同参与,开展多层次、多渠道的环保对话与交流,形成生态文明建设共识。

提高环保意识,坚持绿色发展,有利于绿色发展要求融入政策沟通、设施联通、贸易畅通、资金融通、民心相通,宣传生态文明理念、走向生态文明建设新时代,增强我国在环境领域的国际影响力;有利于进一步了解和掌握"一带一路"沿线国家和地区环境保护工作的重点和关注点,推动"一带一路"能源合作生态环保机制更好更快地构建,向绿色"一带一路"道路迈进,更好地服务于"一带一路"建设。

（二）完善环保法律体系、建立环保标准

我国与"一带一路"沿线其他国家都存在环保法律体系不完善的问题,这将直接影响我国与"一带一路"沿线其他国家共建"一带一路",因此,构建"一带一路"能

---

① 孟东军、张清宇:《把生态文明理念全面融入"一带一路"建设》,http://yuqing.people.com.cn/n/2015/0624/c210121－27201595.html,最后访问时间:2018 年 10 月 22 日。

② 《携手构建合作共赢新伙伴,同心打造人类命运共同体》,http://politics.people.com.cn/n/2015/0929/c1024－27644905.html,最后访问时间:2018 年 10 月 22 日。

源合作生态环保机制应当完善环保法律体系。对我国而言,一是要填补当前我国环保法律体系的空白,加强对"一带一路"合作中新出现的环境问题的研究分析,尽早对其作出相应的法律规制。二是要解决当前环保法律体系环境保护责任规定不明的问题。我国已经开始实行省以下环保机构监测监察执法垂直管理,环保部正在抓紧编制试点指导意见,国家环境保护部部长陈吉宁提出力争在 2018 年本届政府换届之前完成这项改革[①],这是改革完善环境治理基础制度、实现国家环境治理体系和治理能力现代化的一个重大举措。在"一带一路"区域法治建设方面,我国应当修订与"一带一路"沿线国家签订的环境保护合作协议中不符合发展实践的部分,或者重新协商签署环境保护合作协议。

在环保标准方面,我国应当适当考虑"一带一路"沿线国家的实际情况,不断改进和完善我国的环保标准,并充分利用现有平台和机制,促进我国与"一带一路"沿线其他国家就生态环境、绿色发展等相关议题进行沟通和对话,实现政策法律的及时沟通,并通过提高政策法律透明度增进互信,促进环保标准谈判协商,实现与沿线国家的环保标准对接,进而推进我国与"一带一路"沿线其他国家共同制定环保标准的国际化进程。

(三)加快节能环保技术研发、增强自主创新能力

能源资源的勘探、开发、转换和利用等环节都离不开能源技术,"一带一路"涵盖众多国家,大部分国家为发展中国家,在能源环保技术水平方面尚待提高。节能环保技术能够为节约能源资源、保护生态环境、发展循环经济提供物质基础和技术保障。研发节能环保技术,一方面,有利于综合治理环境污染、修复自然生态;另一方面,有利于从源头减少污染,推动能源生态新发展,增强经济发展新优势与"一带一路"能源合作竞争力。

构建"一带一路"能源合作生态环保机制,应当加大中国和"一带一路"沿线国家环保资金的投入力度和政策支持力度,加快节能环保技术的研发,着力增强自主创新能力。缺乏核心技术是制约能源与环境协调发展的最大障碍,因此,要加强产

---

① 《环保部部长陈吉宁答记者问(实录)》,https://news.china.com/2016lh/news/11176754/20160311/21845246_all.html,最后访问时间:2018 年 10 月 18 日。

学研用结合,组建节能环保技术研发创新团队,鼓励科研院所、重点企业、高等院校开展节能环保技术联合攻关,引进先进节能环保技术消化吸收再创新。要使节能环保技术在"一带一路"涵盖的区域内快速转移和传递,大力促进科技成果转化,实现"溢出效应",共建绿色"一带一路",为"一带一路"能源合作生态环保机制的构建提供有力的技术支撑。

(四)共同建立环境影响评价制度和生态补偿制度

我国应当与"一带一路"沿线其他国家共同建立环境影响评价制度,对"一带一路"能源合作项目开展环境影响评价。分析能源合作项目的具体内容,考察能源合作项目所涉及区域的环境本底状况,评估和预测能源合作项目实施后可能对环境产生的影响和损害,尤其应当对生态敏感脆弱区的生态环境风险开展全面的环境评估,提出预防或减轻能源合作项目造成的不良环境影响的措施和建议,并对能源合作项目进行跟踪检测。我国应当通过与"一带一路"沿线其他国家共同建立环境影响评价制度,加强对"一带一路"能源合作中的潜在生态环境风险的预警能力,提高风险防范能力,避免能源合作中出现社会冲突。

我国应当与"一带一路"沿线国家共同建立生态补偿制度。一方面,坚持"谁污染、谁补偿"的原则,明确环境责任,加强能源合作各方主体的责任承担,提升其环境与社会责任感。另一方面,通过建立生态补偿制度促使能源合作各方控制能源需求总量、提高能源效率,大力发展风能、水能、核能、太阳能和生物质能等清洁能源,最终改善和优化区域能源结构、实现能源产业转型升级,推进"一带一路"能源合作朝低碳、清洁、循环、可持续方向发展。

"绿水青山就是金山银山","生态兴则文明兴,生态衰则文明衰"。"一带一路"能源合作生态环保机制是能源发展新形势下开展能源合作的保障,是"一带一路"能源合作法律机制的重要内容。开展"一带一路"能源合作,也要始终贯彻生态环境保护理念,坚守生态保护的底线,构建科学、有序、规范的"一带一路"能源生态环保机制,为全球生态安全做出新贡献,构建命运共同体和责任共同体。

小 结

●●●

本章主要分析了中国推进"一带一路"能源合作法律机制构建的路径选择。

推进"一带一路"能源合作法律机制构建,应当搭建"一带一路"能源合作多机制、多层次平台。"一带一路"倡议覆盖范围广阔、横纵跨度较大、参与国家较多,利用中国主导或参与的区域性合作组织和多边合作机制作为基础进行扩展是最为有效的途径。中国应当加速建设上海合作组织能源俱乐部,加强中国—东盟能源合作互联互通,强化金砖国家多边能源合作,建立东北亚能源合作机制破除"亚洲溢价",加强与中亚里海国家能源产销与过境运输等合作,增强与中东地区的能源战略合作,固化"一带一路"倡议的重要支点。

推进"一带一路"能源合作法律机制构建,应当构建"一带一路"能源合作协调机制。能源合作要注重与能源资源国和能源过境国的国际协调,避免能源竞争关系的政治化。首先,要构建能源合作保障机制,构建能源合作实施机构,协调解决各成员国在能源合作中面临的问题。其次,要建立能源合作重大项目储备库,推进具体项目落实,推进能源合作可持续发展。最后,要提供金融支持,完善金融服务体系,实现"一带一路"能源合作资金融通。

推进"一带一路"能源合作法律机制构建,应当构建"一带一路"区域能源多边合作法律机制。双边合作不可避免地会引发相同能源利益诉求国的恶性竞争,并且由于谈判的独立进行,能源贸易价格和待遇相差较大,多边合作所确定下来的法律制度、原则和运行原理是各方经过博弈相互妥协达成的一致合意,对合作方都是平等适用的。我国构建"一带一路"区域能源多边合作法律机制具有机遇:"一带一路"所覆盖区域能源资源丰富、合作潜力大,中国与"一带一路"沿线其他国家具有国际能源合作基础,中国参与能源多边合作的程度不断深化。但同时也具有挑战:"一带一路"沿线国家政策法规不稳定,中国能源法律体系不完善,"一带一路"能源合作趋于双边、对多边合作缺乏重视,存在能源地缘政治风险、环境风险和国际社会舆论风险。构建"一带一路"区域能源多边合作法律机制,应以中国为主导尽快对能源合作机制进行顶层设计和总体规划,出台丝路能源合作路线图与时间表,明确提出能源合作的实施方案和长远布局。

推进"一带一路"能源合作法律机制构建,应当构建"一带一路"能源投资保护法律机制。通过双边或者多边投资协议积极推进与能源资源丰富国家和能源过境国家的能源合作;积极推进新能源合作,探索中国参与"一带一路"能源合作的创新模式和路径;推进与哈萨克斯坦、俄罗斯、泰国等国家构建能源合作的长效投资机制;推进"一带一路"沿线国家和地区的能源企业落户中国,降低发展中国家能源投资准入标准,助推"一带一路"能源企业加速成长。

推进"一带一路"能源合作法律机制构建,应当构建"一带一路"能源合作信息共享机制。信息共享是"一带一路"能源合作的重要条件,是我国参与"一带一路"能源合作的重要基础,是企业参与"一带一路"能源合作的重要前提,提高国际通信互联互通水平是畅通"一带一路"信息渠道的保障。面对信息不完全、信息不对称、信息低质化、碎片化等挑战,"一带一路"要加强信息基础建设,合力打造跨地区、全方面、开放型的互联互通的能源信息交流与共享平台、能源信息数据库,以能源信息共享机制推进"一带一路"能源合作的有效实现。

推进"一带一路"能源合作法律机制构建,应当构建"一带一路"能源合作生态环保机制。鉴于现代生态破坏问题愈发严峻,绿色能源的发展已经成为世界能源应用新的需求。中国及"一带一路"沿线其他国家发展过程都面临经济发展和环境治理的冲突和困境,低碳经济和绿色发展无疑成为中国与"一带一路"沿线其他国家的共同目标。构建"一带一路"能源合作生态环保机制有利于应对生态环境问题、实现经济可持续发展,实现与"一带一路"沿线国家的民心相通、合作共赢,树立负责任大国形象、增强国家软实力。与此同时,构建"一带一路"能源合作生态环保机制也存在诸多挑战:"一带一路"沿线国家和地区生态环境脆弱,环保法律体系不成熟、环保法律标准差异大,环保产业发展缓慢、环保技术薄弱。因此,应当提高环保意识,坚持绿色发展,完善环保法律体系、建立环保标准,加快节能环保技术研发、增强自主创新能力,共同建立环境影响评价制度和生态补偿制度,构建科学、有序、规范的"一带一路"能源生态环保机制。

第六章
"一带一路"能源合作法律机制构建的主要内容

"一带一路"能源合作与其他国际能源合作不同,尚且没有一个统一的权力机构或国际组织,国家是国际能源合作的主体,同时也是国际能源合作法律机制构建的主体。中国作为"一带一路"倡议的发起者,旨在建立一个多边能源合作组织,并以此组织为基础促使"一带一路"各国通过谈判协商共同制定《"一带一路"能源宪章》,签订能源基础设施互联互通建设协议、能源贸易协议、能源投资协议、能源环保协议和能源争端解决机制协议等一系列相关协议,建立以上述内容为核心的国际能源合作法律机制体系,推进"一带一路"能源合作法律机制化建设。

第一节 构建"一带一路"能源合作的基本原则

●●●

"一带一路"能源合作的基本原则是指推进"一带一路"能源合作过程中必须遵循的行为准则,是"一带一路"沿线国家据以开展国际能源合作的重要准绳,是贯穿"一带一路"能源合作的主要精神和指导思想,体现了"一带一路"能源合作法律机制构建的内在要求和精髓。

一、能源主权原则

在不同类型的国家林立、强权政治仍然存在的现代国际社会中,主权是独立国家最宝贵的属性。主权是一个国家所拥有的至高无上的、排他性的政治权力,是一个国家所拥有的独立自主地处理其内外事务的最高权力。国家以最高权威和独立自主的方式处理一切内部事务和外部事物,在这个过程中不受任何其他国家或实体的干涉和影响。① "在中国的战略排序中,主权问题是第一位的和压倒一切的,因为关乎政权的存亡。"②国家主权原则是国际法最重要的基本原则,并从传统的政治方面强力扩展到经济方面,被确立为国际经济法中最基本的行为规范和行动准则。能源主权原则是国家主权原则在能源领域的体现。能源主权原则是国际能源合作的首要法律原则,是各国进行国际能源合作的基础,尤其被视为发展中国家、欠发达国家开展能源合作的前提。构建"一带一路"能源合作法律机制理应坚持能源主权原则这一基本原则。

二战后,能源主权受到联合国的重视并被写入《关于自然资源永久主权的宣言》。这一文件正式确立了能源主权原则,它尊重各国能源主权的独立性,并确认了各国自由处置本国能源资源的权利。此外,《关于自由开发自然财富和自然资源的权利的决定》《各国经济权利和义务宪章》《建立新的国际经济秩序宣言》等一系列文件也规定了能源主权原则,并将其划归到国家经济主权原则的具体内容。能源主权的内容从最早确立本国资源的控制权,逐渐扩展为保护各国顺利开展能源合作而不受他国干涉与侵犯。

能源主权原则,是指主权国家对本国领域内的自然资源享有永久主权,有权根据本国利益独立自主地决定本国的能源法律制度和政策方针,并且自主制定本国的能源外交策略、开展能源外交活动、处理能源外交事务。能源主权原则贯穿于国际能源合作的各个环节,各国在能源合作中应该遵循以下三个具体原则:(1)各国能源不可侵犯原则。不可侵犯原则是国际法发展新时期最重要的变化之一,任何

---

① [英]詹宁斯·瓦茨修订:《奥本海国际法》,王铁崖等译,中国大百科全书出版社1995年版,第6~10页。

② 王帆:《复杂系统思维与转型期中国外交战略规划》,世界知识出版社2014年版,第215页。

侵犯均是不正当的,各国不得侵犯他国能源主权。(2)和平解决能源争端原则。和平解决能源争端原则是尊重国家能源主权原则的表现,与不可侵犯原则是实现国际能源合作这一共同目的的不同侧面。(3)和平共处原则。和平共处原则反映了并在法律上固定了不同能源制度国家间能源合作的实践,这个原则以最一般的形式包含了和平共处的基本要求。

第三世界诸多弱小民族通过长期艰苦斗争才取得主权国家的独立地位,他们从事国际交往活动的基点和中心,都在于巩固和维护自己的主权。① 在国际合作的历史上,发展中国家曾基于主权原则抵制西方发达国家推行经济全球化,这反映了捍卫主权原则与追求利益扩张之间难以调和的矛盾。历史经验要求中国坚守能源主权这一首要原则,在推进"一带一路"能源合作的过程中既要维护本国利益,又要尊重他国主权,保护合作意图不受歪曲,抵制强权政治、霸权主义与资源民族主义,努力改变不合理的国际经济秩序。

二、能源安全原则

安全是基本和首要的法律价值,也是实现其他法律价值的前提。能源安全是"一带一路"能源合作的核心价值。能源问题关系着一国的国计民生,对国家经济发展、社会稳定与进步具有举足轻重的影响,保障能源安全是实现国家安全的重要组成部分。国际社会中开展的双边或多边能源外交,通常是为了获取源源不断的能源资源,并凭此保障国家安全和促进经济发展。但是,当今世界能源安全的影响因素越来越多,能源安全容易受到诸如大国竞争、地区形势动荡、地缘政治、民族矛盾等因素的影响,能源生产和能源运输因与众多因素交织而常常受到严重制约,因而,能源安全一直是能源生产国、能源消费国、能源过境国十分重视的问题。能源合作是保障能源安全的重要途径,能源安全原则也是实现"一带一路"能源合作应当坚守的基本原则。

能源安全是国际能源合作的法律基石,西方发达国家将其提升到国家安全的层面,使其成为国家安全的重要组成部分之一。丹尼尔·耶金曾经指出:"能源安

---

① 陈安主编:《国际经济法专论》,高等教育出版社 2007 年第 2 版,第 247 页。

全的目标是以不危及国家价值观和目标的方式,以合理的价格确保充足可靠的能源供应。"[1]这种能源安全观侧重强调了能源供应安全,并将其细化如下:第一,应当保证合理的能源进口价格以实现能源消费的可承受性;第二,能源供应数量必须充足以保障能源进口的可持续性;第三,能源进口通道必须安全可靠、能源供应路线必须不受威胁以实现能源的可获得性。这种能源安全观侧重于以合理的价格维持充足可靠的能源供应以促进国家经济快速发展和政治持续稳定,更多是基于能源消费国的立场形成的。

"一带一路"能源合作是能源生产国、能源消费国、能源过境国之间的合作,应当兼顾各方利益,发展"互信、互利、平等、协作"的新能源安全观。"一带一路"倡议下的能源安全原则应当包含以下核心内涵:第一,能源供应充足持续,尽量避免能源供应中断和暂时性短缺,能源供应是能源安全的第一要义;第二,能源价格合理稳定,尽量避免能源价格频繁波动或持续上涨给国际能源市场和世界经济带来的负面影响;第三,能源运输管线安全可靠,能源运输管线分布不均且多经局势动荡地区,保障运输环节安全是重中之重;第四,生态环境绿色安全,防止和减少能源意外事故,尽力避免跨国能源合作可能造成的环境危害,实现绿色发展;第五,能源技术合作安全,加强国际能源技术合作,共同致力研发新能源技术、节能技术,提高能源效率、减少能源消耗、避免国际能源危机。

能源安全问题是全球性问题,在全球化背景下,一个国家的能源安全与世界能源安全形势紧密相关。虽然能源领域的竞争十分激烈,但是国际能源合作正蓬勃发展,能源合作形式趋于多元,能源合作范围日益扩大,能源合作内容愈发丰富,能源合作程度不断加深,总体来说,能源合作超越能源竞争成为国际能源领域的主流。在能源安全全球化和能源合作国际化的趋势下,"一带一路"能源合作要坚守能源安全这一核心原则,化解"一带一路"能源合作中的内源性风险,防范"一带一路"能源合作的外部性威胁,在开放格局中维护我国与"一带一路"沿线其他国家的共同能源安全。

---

[1] Dnaiel Yergin,EnergySecurityinthe1990s,*Foreign Affairs*,FALL 1988,p.111.

三、平等互利原则

全球化已经使世界经济形成一个有机互动的整体,国家发展出现一荣俱荣、一损俱损的系统效应,呈现出利益交融、休戚与共的局面。① 广泛的国际能源合作与激烈的国际能源竞争并存,但国家关系相互依存、愈发紧密,客观认识和正确对待对方的能源发展,抛弃零和博弈的旧观点,发展合作共赢的伙伴关系势不可挡。"一带一路"能源合作要遵循平等互利原则。

在国际交往实践中,各国都强调主权一律平等,但是在某些情况下,发达国家常常以形式上的平等掩盖实质上的不平等。这使发展中国家意识到仅仅从政治角度强调主权平等通常只能获得形式上的平等却难以实现实质上的平等。因此,发展中国家将主权平等原则拓展到经济领域,重新审视传统的主权平等原则,赋予新的时代内容以丰富和发展其内涵,最终提出了互利原则。互利,指的是各国在相互关系中应当做到对有关各方互相都有利,反对为了利己不惜损人,即不能以损害他国的利益来满足本国的要求,更不能以牺牲他国、压榨他国为手段攫取本国单方的利益。民族利己主义和由此派生的霸权主义,是互利原则的死敌。②

互利原则的提出将平等原则提升到新的高度,国家之间,只有建立了平等的基础才能做到互利,只有实现了互利才是真正贯彻和落实了平等,特别是实质平等。平等互利原则是调整国际政治经济关系的一项根本原则。中国是国际社会中最早提出并积极推行平等互利原则的国家之一。在中华人民共和国成立前夕,中国人民政治协商会议就在《共同纲领》中规定,平等互利是与一切外国建立外交关系的一个前提条件,同时,又明文规定"中华人民共和国可在平等和互利的基础上,与各国政府和人民恢复并发展通商贸易关系"③,这反映出平等互利原则是中国实行对外经济交往、调整国际经济关系的基本原则。

"一带一路"能源合作中的平等互利原则是指在国际能源合作中,主权国家不

---

① 赵庆寺:《国际合作与中国能源外交》,法律出版社2012年版。
② 陈安主编:《国际经济法专论》,高等教育出版社2007年第2版,第289页。
③ 外交部编著:《中华人民共和国对外关系文件集(1949—1950年)》,世界知识出版社1957年版,第1～4页。

分大小、强弱、贫富,均享有平等的地位,把维护和发展共同能源利益作为合作的出发点和落脚点,充分利用能源生产国、能源消费国、能源过境国等多方的比较优势,实现共赢的合作局面,并在此基础之上努力拓宽多方位、宽领域、深层次的能源合作,从而实现能源资源、技术、设施、人才等在全球的优化配置,促进能源共同发展。

在推进"一带一路"能源合作的过程中应当坚持平等互利原则。除另有约定外,"一带一路"各成员国都有且仅有一个投票权,各成员国的投票分量相同,在能源合作中产生的纠纷必须通过各国共同协商解决,提升各成员国在"一带一路"能源合作中的话语权。具体而言,应加强能源生产国、能源消费国、能源过境国之间的沟通和协调,建立公开、高效、良性竞争的国际能源市场,增加发展中国家在能源对话要求、对话形式、议题选择等方面的发言权,建立平等、互利、共赢的新型能源合作伙伴关系,实现优势互补、共同发展、互利共赢的国际能源发展新局面。

在正常、自愿的国际经济交往中,由各自求利构成的互利,是双方矛盾利益的交汇点、调和点和融合点。[①] 平等互利原则历来是国际交往的起点和动因、重点和归宿,在"一带一路"能源合作中贯彻平等互利这一重要原则,能够加强合作各方的积极性和自信心,使其在均衡各自利益的基础上追求共赢目标,更加主动地参与"一带一路"能源合作,从而提高国际社会开展多边能源外交的可行性,推进"一带一路"能源合作法律机制构建。

四、能源可持续发展原则

《世界自然宪章》前言中说:"人类是自然的一部分,生命有赖于自然系统的功能维持不坠,以保证能源和养料的供应。"[②]1992 年,联合国环境与发展会议首次明确了可持续发展目标,还间接地提及能源和气候的关系问题,认为现行的化石燃料循环对人类健康和环境具有长期的危险后果。[③] 这充分表明了能源问题和环境问题具有天然的联系。寻求能源资源与保护生态环境是息息相关的两个问题,在推进国际能源合作的过程中,必须选择一种适度协调这两种需要的法律制度。"一带

[①] 陈安主编:《国际经济法专论》,高等教育出版社 2007 年第 2 版,第 291 页。
[②] 王曦主编:《国际环境法资料选编》,北京民主与建设出版社 1999 年版,第 672 页。
[③] 马俊驹、龚向前:《论能源法的变革》,载《中国法学》2007 年第 3 期。

一路"能源合作法律机制构建要求探索一个协调能源法和环境法的原则,那就是能源可持续发展原则。

在国际能源合作中,不同国家对可持续发展原则存在着不同的理解,但是,"有一点应该肯定,可持续发展作为一种新型发展观,它带给人类的观念冲击不仅仅限于环境与发展问题所考虑的领域,应该说在某种意义上它是作为一个新型的世界观而将人类对自身和自然的认识引入一个新的境界"。[①] 这表现为:第一,能源可持续发展要求能源合作关注人类未来世世代代的生存和发展利益,实现代际公平;第二,能源可持续发展要求能源合作关注人类与自然界之间的和谐,实现人类与环境协调发展。

可持续发展原则"被视为候选的新出现的国际法一般原则"[②],在能源合作领域,它指各国在通过能源合作获取能源利益时也注重生态环境保护,既着眼当下也放眼未来,以满足全社会和人类未来生存发展的需要。能源可持续发展原则涵盖能源代际公平、能源代内公平、能源可持续利用、能源与环境一体化发展 4 个核心要素。能源可持续发展原则包括能源合作共同性原则、能源合作平等性原则、能源合作可持续性原则。

目前,能源领域面临着两大挑战:一是获得可靠、充足、稳定的能源供应,二是实现低碳、清洁、环保的能源供应。然而全球能源生产和消费的发展具有明显的不可持续性,能源领域引发的环境污染已经成为威胁国际能源合作的不可忽视的重要因素,如不正确处理能源与环境的关系,则必将成为制约我国推进"一带一路"能源合作法律机制构建的主要障碍之一。因此,能源合作必须坚持能源可持续发展原则,必须注重协调能源和环境的关系,节约能源资源、提高能源效率,保护环境、减少生态破坏;必须促进能源结构优化升级,开发绿色能源和清洁能源,研发新能源新技术;必须考虑环境容量和社会稳定发展对环境的要求,实施保护环境的能源政策,创新国际能源合作法律机制。

能源可持续发展原则是可持续发展原则的内在要求,是环境保护命题在能源

---

① 石磊:《可持续发展与现代国际法》,载《武汉大学学报社会科学版》2002 年第 4 期。

② Ian Brownlie,Principles of Public International Law,Clarend on Press Oxford,1998,p.287.

领域的渗透。"一带一路"能源合作必须遵循能源可持续发展这一必要原则,这是实现全社会可持续发展的必由之路,是推进"一带一路"能源合作的重要保障和关键之举,是构建"一带一路"能源合作法律机制的应有之义。

五、共商、共建、共享原则

《推动共建丝绸之路经济带和 21 世纪海上丝绸之路的愿景与行动》强调,"一带一路"在建设过程中要秉承共建、共商、共享的原则,以新的方式推进"一带一路"建设中的区域经济合作,共同打造利益共同体、责任共同体和命运共同体。共商、共建、共享原则具有时代性特征,是推进"一带一路"能源合作应当遵循的特殊法律原则。

共商就是集思广益,收集各方智慧,兼顾各方利益。这表明在推进"一带一路"能源合作的过程中,要充分尊重"一带一路"沿线国家的自主决定权,国家无论贫富、大小、强弱,都是"一带一路"能源合作的平等参与者,拥有平等的话语权。共建就是共同建设,发挥自身潜能,形成合作优势。这表明在推进"一带一路"能源合作的过程中,中国与"一带一路"沿线其他国家共同规划、共同管理,借助这一机遇充分发挥各国潜能,实现国家之间的优势互补,深化多边合作,推动区域共同发展。共享就是互利共赢,找寻利益结合点,同享发展成果。这表明在推进"一带一路"能源合作的过程中,中国与"一带一路"沿线其他国家都是区域一体化发展的获益者,分享国际能源合作带来的红利,实现建设成果更多更公平地惠及沿线各国人民,打造利益共同体。

"一带一路"倡议发起国与参与国都是推进"一带一路"能源合作的动力,都应当坚持共商、共建、共享原则。中国作为"一带一路"倡议的发起者,经济体量大、韧性好、潜力足、回旋空间大、政策工具多,具备充裕的资金、巨大的市场和强大的装备制造能力。[①] 中国是世界能源消费大国,具有巨大的能源消费市场,经济高速发展所带来的能源消耗需要其他国家提供充足的能源供应。中国强大的经济实力与

---

① 王家瑞:《共商共建共享"一带一路" 推动合作共赢新格局》,载《人民论坛》2015 年第 28 期。

投资能力能够为"一带一路"沿线其他国家尤其是发展中国家注入生机活力、带去新的机遇,为沿线国家的经济繁荣与发展提供支持。因此,在推进"一带一路"能源合作法律机制构建时应当贯彻共商、共建、共享原则,让"一带一路"沿线国家从与中国的合作中获得新的发展机遇,以互利共赢信念解决"一带一路"参与国所面临的困难,化解"一带一路"区域所面临的风险和挑战,实现区域可持续发展。

共商、共建、共享原则彰显了"和平合作、开放包容、互学互鉴、互利共赢"的丝路精神,显示出强大的向心力和凝聚力。"一带一路"能源合作的基本原则应当包含共商、共建、共享原则,通过这一原则,为"一带一路"能源合作营造良好的政治、舆论、商业、民意氛围,将全球能源治理的主张转化为"一带一路"沿线国家的共识,结合中国与"一带一路"沿线其他国家的努力形成一致行动,建设互利合作的能源合作新格局,实现双赢、多赢,推动全球能源治理体制朝着更加公正合理的方向发展,构建相互尊重、公平正义、合作共赢的新型国际关系,打造人类命运共同体。

能源主权原则、能源安全原则、平等互利原则、能源可持续发展原则和共商、共建、共享原则是在经济全球化和能源投资自由化的背景下,各国开展能源外交所必须遵守的重要原则,它们作为"一带一路"能源合作的基本原则对于促进能源贸易投资、加强能源合作具有重要意义。"一带一路"能源合作过程中要积极贯彻能源主权原则、能源安全原则、平等互利原则、能源可持续发展原则和共商、共建、共享原则,这些原则为保障我国与"一带一路"沿线其他国家开展多方位、宽领域的能源合作提供了重要的法律准则,是"一带一路"能源合作法律机制的重要内容,有利于实现中国与"一带一路"沿线其他国家的互利共赢。

第二节 构建"一带一路"能源合作共同体(EOA)

● ● ●

一、中国参与国际能源合作的概况

国际组织是国际能源合作的载体。在一定意义上,国际组织的建立意味着国际能源合作机制的建立和国际能源合作的开展,一国参与国际组织的状况、在该国际组织中的角色、与该国际组织的合作程度影响着该国开展国际能源合作的能力,也决定着该国在国际能源领域的地位和在国际能源治理体系中的话语权及影响力。目前,在全球层面,国际能源机构和石油输出国组织是最主要的国际能源组织,此外,还有能源宪章、八国集团、国际能源会议、世界能源理事会、世界石油大会、独立石油输出国集团、联合国贸易和发展会议等国际组织与机制。在区域层面,主要有欧盟、经合组织、亚太经合组织、海合会、东盟、上海合作组织等国际组织。中国正积极开展国际能源合作,与上述国际组织均存在能源合作关系。(详见表 6-1、表 6-2)

表 6-1 中国参与全球层面能源合作的情况

国际组织	国际组织的性质	中国在其中的角色	中国的参与程度	合作概况
国际能源机构	同盟型	一般参与者	一般性合作	1996 年 10 月,国际能源机构执行主任访华,与中国签署《关于在能源领域里进行合作的政策性谅解备忘录》,加强在能源开发利用、能源效率、能源贸易和投资、环境保护等方面的合作。2011 年 10 月,双方签订《中国国家能源局和国际能源署联合声明》,进一步加强能源领域的合作。2015 年 11 月,中国正式成为国际能源署的联盟国。2017 年 2 月,国际能源署与中国国家能源局正式在北京成立了国际能源署中国合作办公室。2017 年 12 月,国际能源机构发布《世界能源展望 2017 中国特别报告》。

续表

国际组织	国际组织的性质	中国在其中的角色	中国的参与程度	合作概况
石油输出国组织	同盟型	一般参与者	一般性合作	2005年前,中国与石油输出国组织一直没有官方交流。2005年12月,石油输出国组织轮值主席访华,双方建立了定期对话机制。2006年4月,双方举行了第一次中国—石油输出国组织能源圆桌会议。2017年12月,第二次中国—石油输出国组织高级别对话在北京召开。
八国集团	协作型	一般参与者	一般性合作	2003年6月,中国第一次参加八国集团南北非正式对话机制。此后,中国多次参加八国集团能源部长会议,就能源问题展开讨论。
能源宪章	协调型	一般参与者	对话性合作	中国还不是国际能源宪章组织和《能源宪章条约》的成员国。2001年,中国成为国际能源宪章组织的受邀观察员。2015年,中国签署《国际能源宪章宣言》,成为国际能源宪章组织的签约观察员国。中国积极参与《能源宪章条约》,并在国内应用《能源宪章条约》的概念和原则。
国际能源会议	对话型	一般参与者	对话性合作	1996年,第五次国际能源会议重点讨论了发展欧亚地区能源基础设施的计划。2008年,中国国家副主席参加国际能源会议并发表演讲。
独立石油输出国集团	协调型	重要参与者	对话性合作	独立石油输出国集团是一个非正式组织,成立于1988年,主要成员包括12个非欧佩克石油输出国。中国是独立石油输出国集团的成员国。
世界能源理事会	协调型	重要参与者	对话性合作	中国于1983年9月成为世界能源理事会的成员,并于同年成立了由16个有关部委和公司组成的中国国家委员会。中国台湾地区和香港地区也是该组织的成员。中国积极参与该组织的多次论坛。

续表

国际组织	国际组织的性质	中国在其中的角色	中国的参与程度	合作概况
世界石油大会	对话型	重要参与者	对话性合作	1979 年 9 月,第十届世界石油大会通过决议,接纳中国国家委员会为该组织常任理事会成员。1997 年,第十五届大会在北京举行。
联合国贸易和发展会议	协调型	重要参与者	实质性合作	中国是联合国成员国,积极参加与全球能源有关的所有论坛。

(资料来源:笔者根据中华人民共和国外交部官网、"一带一路"能源合作网的资料制表。)

表 6-2 中国参与区域层面能源合作的情况

国际组织	国际组织的性质	中国在其中的角色	中国的参与程度	合作概况
经济合作与发展组织	协调型	一般参与者	对话性合作	1995 年,中国与经合组织正式建立了政策对话合作关系。2002 年,中国成为经合组织科学技术政策委员会的观察员。
欧盟	同盟型	重要参与者	实质性合作	1997 年,双方建立能源工作组会议机制。2004 年,双方签署和平利用核能研发合作协定。2005 年,建立中欧能源交通战略对话机制。2009 年,双方先后签署《中欧清洁能源中心财政协议》和《中欧清洁能源中心联合声明》。2012 年 5 月,中欧高层能源会议宣布建立中欧能源消费国战略伙伴关系。2013 年 11 月,第六届中欧能源对话会在华举行,双方签署了《中欧能源安全联合声明》。2016 年 7 月,双方签署了《中国—欧盟能源路线图(2016—2020)》。2017 年,双方签署了《中欧能源合作路线图 2017—2018 年度工作计划》。 双方迄今建立了近 70 个磋商和对话机制。

续表

国际组织	国际组织的性质	中国在其中的角色	中国的参与程度	合作概况
亚太经合组织	协调型	重要参与者	实质性合作	中国是亚太经合组织的重要成员国。自1991年以来,中国定期参与APEC框架下的能源合作机制。能源部长会议、能源工作组(EWG)和其指导下的常设研究机构APEC可持续能源中心对于APEC框架下的能源合作具有重要意义。中国多次参与能源部长会议和能源工作组会议,讨论能源政策发展和进展、能源供应和使用、气候与环境等问题。2017年,国家能源局牵头成立APEC能源合作伙伴网络。2018年5月,第55届APEC能源工作组会议在中国香港召开。
海合会	协调型	重要参与者	实质性合作	2004年7月,海合会六国财经大臣和海合会秘书长联合代表团访华,中国和海合会在北京签署经济、贸易、投资和技术合作框架协议,启动自贸区谈判。2010年6月,中国—海合会建立战略对话机制并在北京举行首轮对话,签署了中国—海合会战略对话谅解备忘录。2012年3月,中国—海合会首届经贸联委会在沙特利雅得召开。2016年1月,双方恢复中国—海湾阿拉伯国家合作委员会自由贸易协定谈判。

续表

国际组织	国际组织的性质	中国在其中的角色	中国的参与程度	合作概况
东盟	同盟型	重要参与者	实质性合作	中国与东盟自 1991 年开启"10+1"对话机制。2003 年,中国作为东盟对话伙伴率先加入《东南亚友好合作条约》。2007 年,第二届东亚峰会在宿务召开,各方首脑签署了《东亚能源安全宿务宣言》。2010 年 1 月,中国—东盟自贸区全面建成。2016 年,双方签署《落实中国—东盟面向和平与繁荣的战略伙伴关系联合宣言的行动计划(2016—2020)》。2017 年,第 14 届东盟与中日韩能源部长会议和第 11 届东亚峰会能源部长会议召开。2018 年,第二期"中国—东盟清洁能源能力建设计划"在西安召开。
上海合作组织	协调型	主要参与者	实质性合作	中国是上海合作组织的创始成员国。2001 年 6 月 15 日的《上海合作组织成立宣言》和 2002 年 6 月 7 日的《上海合作组织宪章》中均明确提出要开展能源领域的合作。上海合作组织框架内的能源合作始于 2003 年,中国始终高度重视并全面参与该框架内的能源活动,积极开展同其他成员国、观察员国和对话伙伴的能源合作。上海合作组织成员国总理会议多次提出重点加强能源合作,并批准多项能源合作计划和项目。2013 年 12 月,上海合作组织能源俱乐部正式成立。2018 年 5 月,上海合作组织能源俱乐部高官会第四次会议在北京举行。同年 6 月,上海合作组织成员国元首理事会第 18 次会议在青岛举行,成员国元首签署并发表《青岛宣言》。

(资料来源:笔者根据中华人民共和国外交部官网、"一带一路"能源合作网的资料制表。)

从中国参与全球层面与区域层面的能源合作情况可以看出,中国参与国际组织具有以下特点:

第一,中国与主要的全球性和区域性国际组织几乎都存在能源合作关系,积极参与各层次、各区域的能源合作。在全球主要的国际组织中,中国是独立石油输出国组织、世界能源理事会、世界石油大会、联合国贸易和发展会议的成员国,是能源宪章的观察员国,与国际能源机构、石油输出国组织、八国集团和国际能源会议保持着长期的能源合作关系。在主要的区域性国际组织中,中国是上海合作组织的创始成员国,是亚太经合组织的成员国,是欧盟、海合会、东盟的重要能源合作伙伴,与经合组织建立了良好的合作关系。

第二,中国参与全球性能源合作的程度较低,多为一般性合作和对话性合作,极少有实质性合作,参与能力不足。在中国参与的全球性国际组织中,多为协调型和对话型国际组织,同盟型和协作型国际组织较少。并且,中国不是同盟型和协作型组织的成员,仅是部分重要国际能源组织的一般参与者,中国作为重要参与者的国际组织由于种种限制因素在国际能源领域发挥着有限的作用。

第三,中国在其参与的区域性国际组织中多为重要参与者,且能源合作程度中实质性合作多于对话性合作,但是,这些实质性合作大多是点对点式的能源合作,合作范围有限。

第四,虽然我国与众多全球性和区域性国际组织保持着能源合作关系,但大多为双边能源合作,缺乏多边能源合作。例如,我国是上海合作组织的主要参与国,该组织是我国通过区域组织提升能源安全的初步尝试,但自该组织成立以来,在其框架下开展的能源合作基本上是双边合作,多边合作效果不佳,能源合作进展远低预期。

中国已经与20多个国际组织建立了多边能源合作机制,与30多个国家和地区建立了双边能源合作机制,但是,中国参与全球层面能源合作的程度低于参与区域层面能源合作的程度。中国目前不是具有法律约束力的主要国际能源组织的成员,游离于西方主导的国际能源合作体系之外,往往被视为体系、规则和国际惯例的"破坏者"。① 此外,中国开展的能源合作多为一般性合作和对话性合作,仅在部分区域组织框架下开展了实质性合作,能源合作层次较浅,参与能力严重不足,严重制约了我国向全球能源治理"引领者"角色的转变。因此,无论是在全球层面还是在区域层面,中国都应当提高能源议程创设能力,在互动合作过程中探索和确立世界能源秩序新规则,成为全球能源治理的重要参与者,成为国际社会负责任的、建设性的、可预期的积极建设者,推动国际能源博弈由"权力导向"逐渐转向"规则导向"②,促进现有国际能源合作法律体系朝着坚持"程序正义"的同时,适当兼顾"实体正义"的方向发展。③

二、构建"一带一路"能源合作共同体

能源合作是历史发展的必然,国际能源组织是能源合作的载体,但是目前缺乏真正能够适用于"一带一路"倡议的能源合作组织。一方面,能源生产国和能源消费国均已形成自己的区域性能源合作组织且已发展成熟,但"一带一路"沿线国家涉及能源生产国、能源消费国和能源过境国,成员差异与地缘政治致使"一带一路"沿线国家不能加入这些能源合作组织。另一方面,虽然"一带一路"覆盖区域内有上海合作组织、亚太组织、东盟、海合会、欧盟等多个区域性合作组织,但是各合作组织的合作内容宽泛,能源仅为众多合作领域之一,且成员国数量有限,难以涵盖"一带一路"众多沿线国家。因此,基于"一带一路"的时代背景和全球能源实践,应当建立一个包含能源生产国、消费国和过境国的适用于"一带一路"倡议的能源合作组织。应当创新性地构建"一带一路"能源合作共同体(简称 EOA),为成功实现"一带一路"能源合作提供多边合作平台。

(一)"一带一路"能源合作共同体的法律性质与法律基础

"一带一路"能源合作共同体的构建旨在通过平台建设建立一种更具包容性与公正性、更有时代活力和持续性的多边能源合作体制,这一组织应在参与、协调世界能源秩序和合理改善全球能源格局等方面发挥积极作用。"一带一路"能源合作

---

① 赵庆寺:《国际能源外交的经验与启示》,载《阿拉伯世界研究》2010 第 3 期。
② 赵庆寺:《试论中国能源国际战略的改革与调整》,载《和平与发展》2011 年第 3 期。
③ 岳树梅:《中国参与国际能源合作的法律机制创新研究》,载《河北法学》2009 年第 4 期。

共同体不同于当前的能源合作组织,它以"一带一路"沿线国家为范围,将"一带一路"覆盖地域内的能源生产国、消费国和过境国涵盖在内,为长期游离于能源合作机制之外的国家尤其是发展中国家提供一个参与国际能源合作的平台。

所有"一带一路"沿线国家都理应是"一带一路"能源合作共同体的成员国。随着"一带一路"能源合作共同体的成立,能源利益将成为"一带一路"所有沿线国家的共同利益,原来属于本国独有的能源权利将成为这一国际组织的共同权利,但这并不意味着各国国家主权与能源资源权利被剥夺,而是"一带一路"沿线国家通过让渡部分权利使"一带一路"能源合作共同体朝着各国共同的能源目标前进,形成互利共赢、协调安全的新型多边能源合作体系。

"一带一路"能源合作共同体是政府间的国际组织,它在法律性质上与其他国际组织并无差别。从国际法角度来看,"一带一路"能源合作共同体并不是超国家组织,更不是世界政府,而是由主权国家成立的多边能源合作组织。"一带一路"能源合作共同体的权力全部来自主权国家的授权,虽然主权国家将部分能源主权转移给"一带一路"能源合作共同体,但是这些权力本质上仍属于各主权国家,可以通过各种形式将其撤回。"一带一路"能源合作共同体是专门处理"一带一路"沿线国家之间能源关系的经济性合作组织,而非政治性合作组织。从合作内容来看,"一带一路"能源合作共同体以国际能源关系为核心,包括能源勘探开发、能源贸易、能源投资、能源过境运输、生态环境保护、能源技术研发等国际能源合作中的重要经济问题,具有强烈的经济性特征,而非政治性、行政性特征。综合来说,"一带一路"能源合作共同体类似于"一带一路"沿线国家之间的"能源联合国"。

在新时期能源全球化背景下设立的"一带一路"能源合作共同体应当产生于具有法律约束力的条约。"一带一路"能源合作共同体成员国应当共同制定并签署《"一带一路"能源宪章》,为"一带一路"能源合作共同体的成立提供合法性依据,为"一带一路"能源合作共同体的运行提供一致的国际准则。该协议应当明确规定成员国的权利义务等内容,并以公正有效的实施机制保证"一带一路"能源合作共同体的持续运行,为协调成员国之间的多边能源合作关系提供重要的法律框架制度,形成稳定持久的国际能源合作法律秩序。

(二)"一带一路"能源合作共同体的机构设置

任何组织都需要有一定的机构才能为成员国议事、决策和交流提供基础。完备的机构是"一带一路"能源合作法律机制的重要构成。"一带一路"能源合作共同体应当主要由大会、理事会、秘书处和能源争端解决中心构成,并可以依据需要设置其他委员会、工作组、合作平台或中心等机构。

"一带一路"能源合作共同体大会,是"一带一路"能源合作共同体的主要审议和决策机关,是唯一具有普遍代表性的机关。负责讨论区域性、全球性能源安全、能源合作等问题,并就此类问题制定面向各成员国的政策建议;从事或发起关于能源合作及其他有关事项的研究和报告,并提出有关建议;就其职权范围内的事项,召开国际会议和起草公约草案。"一带一路"沿线所有国家都是"一带一路"能源合作共同体的成员国。大会的所有成员国每年召开一次年度会议,并围绕一个年度能源主题举行一般性讨论,多国国家元首出席一般性讨论并发表讲话。大会每一成员国拥有一个投票权,对于重要能源问题的决定,必须由三分之二多数通过;其他问题只需以简单多数通过。大会每年选举一名大会主席,任期一年。

"一带一路"能源合作共同体理事会,是"一带一路"能源合作共同体的常设执行机构。负责实施"一带一路"能源合作共同体大会作出的决定,向"一带一路"能源合作共同体大会提出报告和建议,组织研究和拟定"一带一路"能源合作共同体中长期发展规划、业务架构等,拟定或修改"一带一路"能源合作共同体合作章程、管理制度和工作程序等,处理"一带一路"能源合作共同体的日常事务,代表"一带一路"能源合作共同体进行对外联系和贸易等方面的谈判。理事会由每一成员国派遣一人组成,主席由"一带一路"能源合作共同体大会任命,任期 3 年。"一带一路"能源合作共同体理事会可以依需要下设能源贸易工作组、能源投资工作组、能源运输工作组等专业小组。

"一带一路"能源合作共同体秘书处,是"一带一路"能源合作共同体的常设行政机构,由秘书长和适量且高效的工作人员组成,负责处理各项日常工作,协助"一带一路"能源合作共同体大会和"一带一路"能源合作共同体理事会的工作并执行其指定的方案与政策。秘书长由"一带一路"能源合作共同体理事会任命,任期 3 年。

"一带一路"能源合作共同体能源争端解决中心,是"一带一路"能源合作共同体内部设立的争端解决机构,主要负责处理"一带一路"沿线国家之间的能源投资、能源贸易、能源过境、环境损害等能源领域及其延伸领域的争端。"一带一路"能源合作共同体能源争端解决中心由能源争端调解中心、能源争端仲裁中心和能源争端诉讼中心构成。

(三)"一带一路"能源合作共同体的宗旨和职能构建

"一带一路"能源合作共同体旨在通过建立以能源为核心的多边能源合作组织,促进"一带一路"区域内能源生产国、消费国和过境国之间的多向能源经贸往来,协调与沟通"一带一路"沿线国家之间的能源政策目标,实现"一带一路"沿线国家之间的能源信息共享与能源技术研发,推进"一带一路"能源合作法律机制构建。

为密切"一带一路"沿线国家能源合作而建立的"一带一路"能源合作共同体,其基本职能主要为:谈判达成国际能源合作协议、共享国际能源信息与协调成员国的能源政策目标、解决成员国间的国际能源争端。

国际能源合作谈判是实现国际能源合作的前提,是建立多边能源合作体系的重要驱动力。过去,发展中国家常常囿于势单力薄而缺乏谈判平台与话语权,能源合作严重受限,但"一带一路"能源合作共同体是包含发达国家与发展中国家,涉及能源生产国、消费国与过境国的能源合作组织,其作为能源合作谈判平台,为每个成员国提供平等的发言机会。"一带一路"能源合作共同体内谈判达成的国际能源合作协议能够反映成员国的能源利益与价值取向,能够促使"一带一路"能源合作朝良性合作方向发展。

每个国家的国家利益不尽相同,且常因国家利益的差异导致能源恶性竞争,但在"一带一路"能源合作共同体内,能源利益是成员国的共同利益追求,通过合作获得的共同利益远远大于恶性竞争换取的利益。"一带一路"能源合作共同体作为能源合作信息平台应当为成员国提供全球能源信息,为成员国制定能源政策提供数据支持,并协调成员国能源政策目标以创造互利共赢的"一带一路"能源合作格局。

合作与纠纷相伴而生,"一带一路"能源共同体成员国众多,能源合作领域宽泛,能源合作关系复杂,能源合作纠纷产生在所难免。目前国际上尚无适用于所有"一带一路"沿线国家的争端解决机制,因此,"一带一路"能源共同体应当为成员国提供国际能源争端解决平台,利用"一带一路"能源争端解决机制和平处理能源争端、化解成员国矛盾,为实现成员国长效能源合作奠定基础。

第三节 签订《"一带一路"能源宪章》

●●●

一、中国签订的有关能源合作的法律文件概况

条约、协定等法律文件能够为国际能源合作设定法律框架和提供重要指引,是国际能源合作所应当依据的行为准则。中国与世界上诸多国家签订了涉及能源合作的法律文件,其中包括与"一带一路"沿线国家签订的法律文件。但这些法律文件还存在诸多问题,难以适应"一带一路"倡议下能源合作的实践需要。

从能源合作条约的签署时间来看,时间跨度极大,从 20 世纪 70 年代到 21 世纪。当前公开可查的、现行有效的最早的能源合作条约是 1975 年中国与菲律宾签署的贸易协定,其中明确规定:缔约双方根据各自贸易、能源和发展的需要与可能,应鼓励两国贸易机构和企业缔结长期进出口合同,并为此提供便利。[1] 现行有效的能源合作条约大部分签订于二十世纪八九十年代,且几乎至今并未重新签订。但是由于历史原因,中国对国际能源合作的关注和起步较晚,缺乏对国际法、能源法等的研究,法律研究的滞后性极大地限制了中国在国际能源合作法律规范谈判中的前瞻性考量。这些签订于 20 世纪 70 年代至 90 年代的能源合作条约,因签订时间较为久远,可能并不适用于当今"一带一路"倡议下的国际能源合作,具有较大的风险防控难度,不利于能源合作的积极稳定开展。

从能源合作条约的签署对象来看,主要是分布于中东欧、西亚北非、东南亚和南亚地区的国家。中国与中东欧 16 个国家签订条约共 602 项,与西亚北非 16 个

---

[1] 《中华人民共和国政府和菲律宾共和国政府贸易协定》,http://www.pkulaw.com/eagn/501eab61f1f140b2fc622697de8d0191bdfb.html,最后访问时间:2018 年 10 月 23 日。

国家签订条约共 465 项,与东南亚 11 个国家签订条约共 439 项,与南亚八国共签订条约 357 项,与中亚五国签订条约共 195 项,与独联体六国签订条约共 165 项。①西亚北非国家大多是传统能源大国,是中国开展能源合作以来最主要的能源供应国,从中国签订的能源合作条约数量可以看出,中国对于中东传统能源生产国存在过度依赖,而缺乏对新兴能源国家的重视。

从能源合作条约的合作内容来看,能源合作内容丰富但过于碎片化。在能源投资方面,中国与大部分"一带一路"沿线国家签署了双边投资保护协定。在能源贸易方面,虽然中国与"一带一路"沿线国家之间专门性的能源贸易协定较少,但中国与 14 个国家签署了含有能源贸易条款的贸易协定。在能源技术方面,中国与伊拉克、沙特阿拉伯、塞尔维亚、土耳其、乌兹别克斯坦和缅甸等国家签署了包含能源技术合作的科技合作协议。此外,中国与沿线国家签署的能源合作条约还涵盖能源勘探、开采、加工、运输、融资、环境保护等方面的内容。但是能源产业是一个完整的产业链,这些能源合作条约普遍只关注某一方面,致使国际能源合作具有碎片化的特点,可能影响国际能源合作的整体效率。

从能源合作条约的类型来看,主要是双边合作条约,缺乏多边合作条约。中国与"一带一路"沿线国家或地区已经签订的能源合作条约中,绝大部分是双边层面的,多边层面的极少,不利于我国利用多边舞台开展"一带一路"能源合作。

能源是具有特殊属性的资源,受国际政治与经济的影响大,在"一带一路"倡议提出后,中国应当签订适应当前能源发展形势的、重视新兴能源国家的、涉及能源全产业链的、协调与平衡双边与多边的新的国际能源合作条约或协定。

中国提出"一带一路"倡议后,与"一带一路"沿线国家或地区签署了多项与能源合作相关的法律文件(详见表 6-3),此外,中国于 2017 年 3 月 28 日发布了《推动共建丝绸之路经济带和 21 世纪海上丝绸之路的愿景与行动》,并于同年 5 月发布了《推动丝绸之路经济带和 21 世纪海上丝绸之路能源合作愿景与行动》。

---

① 任虎:《中国与"一带一路"沿线国家能源合作法律制度研究》,载《法律》2016 年第 9 期。

表 6-3 "一带一路"涉及能源合作的法律文件

序号	文件名称	签署国家或组织	签订时间
1	中华人民共和国与菲律宾共和国联合声明	中国、菲律宾	2018.11.21
2	中华人民共和国和文莱达鲁萨兰国联合声明	中国、文莱	2018.11.19
3	中国—东盟战略伙伴关系 2030 年愿景	中国、东盟	2018.11.14
4	中俄总理第二十三次定期会晤联合公报	中国、俄罗斯	2018.11.7
5	中华人民共和国和巴基斯坦伊斯兰共和国关于加强中巴全天候战略合作伙伴关系、打造新时代更紧密中巴命运共同体的联合声明	中国、巴基斯坦	2018.11.4
6	共建"一带一路"能源合作伙伴关系部长联合宣言	中国、阿尔及利亚、阿塞拜疆、阿富汗、玻利维亚、赤道几内亚、伊拉克、科威特、老挝、马耳他、缅甸、尼泊尔、尼日尔、巴基斯坦、苏丹、塔吉克斯坦、土耳其、委内瑞拉	2018.10.18
7	上海合作组织成员国政府首脑（总理）理事会第十七次会议联合公报	中国、印度、哈萨克斯坦、吉尔吉斯斯坦、巴基斯坦、俄罗斯、塔吉克斯坦、乌兹别克斯坦	2018.10.12
8	中非合作论坛—北京行动计划（2019—2021 年）	中国、53 个非洲国家[①]、非盟	2018.9.4
9	金砖国家领导人第十次会晤约翰内斯堡宣言	中国、巴西、俄罗斯、印度、南非	2018.7.26
10	中华人民共和国和阿拉伯联合酋长国关于建立全面战略伙伴关系的联合声明	中国、阿联酋	2018.7.20
11	第二十次中国欧盟领导人会晤联合声明	中国、欧盟	2018.7.16

[①] 指与中国建立外交关系的 53 个非洲国家。

续表

序号	文件名称	签署国家或组织	签订时间
12	中华人民共和国和科威特国关于建立战略伙伴关系的联合声明	中国、科威特	2018.7.9
13	中国—中东欧国家合作索非亚纲要	中国、保加利亚、中国、阿尔巴尼亚、波斯尼亚和黑塞哥维那(波黑)、克罗地亚、捷克、爱沙尼亚、匈牙利、拉脱维亚、马其顿、黑山、罗马尼亚、塞尔维亚、斯洛伐克、斯洛文尼亚、波兰、立陶宛	2018.7.9
14	中华人民共和国政府和保加利亚共和国政府联合公报	中国、保加利亚	2018.7.6
15	中华人民共和国和尼泊尔联合声明	中国、尼泊尔	2018.6.21
16	中华人民共和国和多民族玻利维亚国关于建立战略伙伴关系的联合声明	中国、玻利维亚	2018.6.19
17	上海合作组织成员国元首理事会青岛宣言	中国、印度、哈萨克斯坦、吉尔吉斯斯坦、巴基斯坦、俄罗斯、塔吉克斯坦、乌兹别克斯坦	2018.6.10
18	上海合作组织成员国元首理事会会议新闻公报	中国、印度、哈萨克斯坦、吉尔吉斯斯坦、巴基斯坦、俄罗斯、塔吉克斯坦、乌兹别克斯坦	2018.6.10
19	中华人民共和国和俄罗斯联邦联合声明	中国、俄罗斯	2018.6.8
20	中华人民共和国和哈萨克斯坦共和国联合声明	中国、哈萨克斯坦	2018.6.7
21	中华人民共和国和吉尔吉斯共和国关于建立全面战略伙伴关系联合声明	中国、吉尔吉斯斯坦	2018.6.6
22	第七次中日韩领导人会议联合宣言	中国、日本、韩国	2018.5.9
23	中华人民共和国政府和印度尼西亚共和国政府联合声明	中国、印度尼西亚	2018.5.7

续表

序号	文件名称	签署国家或组织	签订时间
24	中华人民共和国和奥地利共和国关于建立友好战略伙伴关系的联合声明	中国、奥地利	2018.4.9
25	中华人民共和国和汤加王国联合新闻公报	中国、汤加	2018.3.1
26	中华人民共和国政府和柬埔寨王国政府联合公报	中国、柬埔寨	2018.1.11
27	澜沧江—湄公河合作五年行动计划（2018—2022）	中国、柬埔寨、老挝、缅甸、泰国、越南	2018.1.11
28	中意政府委员会第八次联席会议共同文件	中国、意大利	2017.12.18
29	澜沧江—湄公河合作第三次外长会联合新闻公报	中国、柬埔寨、老挝、缅甸、泰国、越南	2017.12.17
30	上海合作组织成员国政府首脑（总理）理事会第十六次会议联合公报	中国、印度、哈萨克斯坦、吉尔吉斯斯坦、巴基斯坦、俄罗斯、塔吉克斯坦、乌兹别克斯坦	2017.12.3
31	中老联合声明	中国、老挝	2017.11.14
32	中越联合声明	中国、越南	2018.11.13
33	中俄总理第二十二次定期会晤联合公报	中国、俄罗斯	2017.11.1
34	中华人民共和国和塔吉克斯坦共和国关于建立全面战略伙伴关系的联合声明	中国、塔吉克斯坦	2017.8.31
35	中华人民共和国和俄罗斯联邦关于进一步深化全面战略协作伙伴关系的联合声明	中国、俄罗斯	2017.7.4
36	上海合作组织成员国元首阿斯塔纳宣言	中国、印度、哈萨克斯坦、吉尔吉斯斯坦、巴基斯坦、俄罗斯、塔吉克斯坦、乌兹别克斯坦	2017.6.9
37	中华人民共和国和哈萨克斯坦共和国联合声明	中国、哈萨克斯坦	2017.6.8
38	中华人民共和国和阿根廷共和国联合声明	中国、阿根廷	2017.5.17

续表

序号	文件名称	签署国家或组织	签订时间
39	"一带一路"国际合作高峰论坛圆桌峰会联合公报	中国、阿根廷、白俄罗斯、智利、捷克、印度尼西亚、哈萨克斯坦、肯尼亚、吉尔吉斯斯坦、老挝、菲律宾、俄罗斯、瑞士、土耳其、乌兹别克斯坦、越南、柬埔寨、埃塞俄比亚、斐济、希腊、匈牙利、意大利、马来西亚、蒙古国、缅甸、巴基斯坦、波兰、塞尔维亚、西班牙、斯里兰卡	2017.5.16
40	中越联合公报	中国、越南	2017.5.15
41	中华人民共和国和智利共和国联合声明	中国、智利	2017.5.13
42	中华人民共和国和匈牙利关于建立全面战略伙伴关系的联合声明	中国、匈牙利	2017.5.13
43	中华人民共和国和乌兹别克斯坦共和国关于进一步深化全面战略伙伴关系的联合声明	中国、乌兹别克斯坦	2017.5.12
44	中华人民共和国国家发展和改革委员会与阿拉伯联合酋长国经济部关于加强产能与投资合作的框架协议	中国、阿联酋	2017.5.2
45	中华人民共和国政府和新西兰政府关于加强"一带一路"倡议合作的安排备忘录	中国、新西兰	2017.3.27
46	中华人民共和国和以色列国关于建立创新全面伙伴关系的联合声明	中国、以色列	2017.3.21
47	中华人民共和国政府和吉尔吉斯共和国政府联合公报	中国、吉尔吉斯斯坦	2016.11.2
48	中华人民共和国和柬埔寨王国联合声明	中国、柬埔寨	2016.10.14
49	中华人民共和国和白俄罗斯共和国关于建立相互信任、合作共赢的全面战略伙伴关系的联合声明	中国、白俄罗斯	2016.9.29

续表

序号	文件名称	签署国家或组织	签订时间
50	中华人民共和国和老挝人民民主共和国联合公报	中国、老挝	2016.9.9
51	二十国集团领导人杭州峰会公报	中国、阿根廷、澳大利亚、巴西、加拿大、法国、德国、印度、印度尼西亚、意大利、日本、韩国、墨西哥、俄罗斯、沙特阿拉伯、南非、土耳其、英国、美国、欧盟	2016.9.5
52	中华人民共和国和俄罗斯联邦联合声明	中国、俄罗斯	2016.6.25
53	中华人民共和国和乌兹别克斯坦共和国联合声明	中国、乌兹别克斯坦	2016.6.22
54	中华人民共和国和波兰共和国关于建立全面战略伙伴关系的联合声明	中国、波兰	2016.6.20
55	中华人民共和国和塞尔维亚共和国关于建立全面战略伙伴关系的联合声明	中国、塞尔维亚	2016.6.18
56	中华人民共和国和阿富汗伊斯兰共和国联合声明	中国、阿富汗	2016.5.18
57	中老联合声明	中国、老挝	2016.5.4
58	中华人民共和国和斯里兰卡民主社会主义共和国联合声明	中国、斯里兰卡	2016.4.9
59	澜沧江—湄公河合作首次领导人会议三亚宣言	中国、柬埔寨、老挝、缅甸、泰国、越南	2016.3.23
60	澜沧江—湄公河国家产能合作联合声明	中国、柬埔寨、老挝、缅甸、泰国、越南	2016.3.23
61	中华人民共和国和尼泊尔联合声明	中国、尼泊尔	2016.3.23
62	落实中国—东盟面向和平与繁荣的战略伙伴关系联合宣言的行动计划(2016—2020)	中国、东盟	2016.3.3
63	中华人民共和国和伊朗伊斯兰共和国关于建立全面战略伙伴关系的联合声明	中国、伊朗	2016.1.23

续表

序号	文件名称	签署国家或组织	签订时间
64	中华人民共和国和阿拉伯埃及共和国关于加强两国全面战略伙伴关系的五年实施纲要	中国、埃及	2016.1.21
65	中华人民共和国和沙特阿拉伯王国关于建立全面战略伙伴关系的联合声明	中国、沙特阿拉伯	2016.1.19
66	中华人民共和国和伊拉克共和国关于建立战略伙伴关系的联合声明	中国、伊拉克	2015.12.22
67	中华人民共和国政府和哈萨克斯坦共和国政府联合公报	中国、哈萨克斯坦	2015.12.14
68	中华人民共和国和阿塞拜疆共和国关于进一步发展和深化友好合作关系的联合声明	中国、阿塞拜疆	2015.12.11
69	中华人民共和国和马来西亚联合声明	中国、马来西亚	2015.11.24
70	中华人民共和国和蒙古国关于深化发展全面战略伙伴关系的联合声明	中国、蒙古国	2015.11.11
71	关于东北亚和平与合作的联合宣言	中国、日本、韩国	2015.11.1
72	中华人民共和国和约旦哈希姆王国关于建立战略伙伴关系的联合声明	中国、约旦	2015.9.9
73	中华人民共和国和哈萨克斯坦共和国关于全面战略伙伴关系新阶段的联合宣言	中国、哈萨克斯坦	2015.8.31
74	中华人民共和国、俄罗斯联邦、蒙古国发展三方合作中期路线图	中国、俄罗斯、蒙古国	2015.7.10
75	上海合作组织成员国元首乌法宣言	中国、印度、哈萨克斯坦、吉尔吉斯斯坦、巴基斯坦、俄罗斯、塔吉克斯坦、乌兹别克斯坦	2015.7.10
76	中华人民共和国和俄罗斯联邦关于深化全面战略协作伙伴关系、倡导合作共赢的联合声明	中国、俄罗斯	2015.5.9
77	中哈总理第二次定期会晤联合公报	中国、哈萨克斯坦	2014.12.14
78	第十七次中国—东盟领导人会议主席声明	中国、东盟	2014.12.1
79	中华人民共和国和卡塔尔国关于建立战略伙伴关系的联合声明	中国、卡塔尔	2014.11.3

续表

序号	文件名称	签署国家或组织	签订时间
80	中华人民共和国和塔吉克斯坦共和国关于进一步发展和深化战略伙伴关系的联合宣言	中国、哈萨克斯坦	2014.09.13

（资料来源：笔者根据"一带一路"网、"一带一路"能源合作网、中华人民共和外交部官网数据整理制表。）

从表6-3可以看出，"一带一路"倡议提出后，中国与"一带一路"沿线国家或地区签署的多项与能源合作相关的法律文件，大部分为宣言、联合声明、公报、谅解备忘录。中国与沿线国家或地区签署的建立战略伙伴关系的宣言，通常是对其在政治、经济、能源、文化等各领域的合作原则和总体安排的约定，而对其具体权利义务不作规定，因此，实质上是在一段时期内指导其全方位合作的软性条约。中国与沿线国家或地区签署的声明或联合声明，仅是就共同关心的有关事项或问题表明立场的告启类文件。公报是中国与沿线国家对某些重大问题进行讨论或者对某些问题具有共同看法或不同观点的报道。谅解备忘录作为中国与沿线国家往来的外交文件，说明彼此对某一问题已取得某种程度的理解与谅解并加以阐释，以备作为将来或许要进一步谈判的根据与参考，有时也可作为会谈友好地圆满结束的记录文件，它并不创设权利义务，不具有法律约束力。

中国发布的《推动共建丝绸之路经济带和21世纪海上丝绸之路的愿景与行动》和《推动丝绸之路经济带和21世纪海上丝绸之路能源合作愿景与行动》，是开展"一带一路"能源合作的重要指导文件，都对能源合作做出了相应规定，但其只是意向性文件，仅具有指引性作用，不具有实际操作性和法律约束力。

近年来，中国的国际能源外交更加侧重于双边方式，但以推进能源对话与合作、削减能源恶意竞争、缓和能源矛盾为重点的多边能源外交日益活跃并有发展成为国际能源合作主流之趋势。从国际能源实践来看，多边规则较双边条约更能为国际能源合作提供平稳高效的法律框架，且更有利于促进多边能源外交活动的积极性。

综上，中国应当与沿线国家共同协商签订《"一带一路"能源宪章》。《能源宪章条约》是国际能源领域唯一具有法律约束力的条约，中国可以借鉴《能源宪章条约》

中合理有效的内容签订《"一带一路"能源宪章》，与沿线国家形成能源利益"最大公约数"，为"一带一路"沿线国家之间开展国际能源合作提供行为规范与法律细则，也为"一带一路"能源合作共同体提供法律支撑。

二、签订《"一带一路"能源宪章》

诞生于能源全球化背景下的"一带一路"能源合作共同体是实现"一带一路"能源合作的重要载体，其应当以具有法律约束力的条约为基础。和平合作、开放包容、互学互鉴、互利共赢的"一带一路"能源合作核心理念要求"一带一路"沿线国家积极参与、共同发展，但各国进行能源合作的主观意愿与客观法律环境存在较大冲突。因此，"一带一路"能源合作所需要制定的条约应当包含一套公正有效、准确可行、统一高效的法律规则，应当明确规定"一带一路"沿线国家的权利义务使其积极融入"一带一路"能源合作，应当追求法律的稳定性和可预见性，为"一带一路"沿线国家的能源行为和活动提供指引，应当是"一带一路"沿线国家都共同遵守、共同维护并符合各国能源利益的国际能源合作准则。

"一带一路"能源合作法律规则体系应该由《"一带一路"能源宪章》和各项附属协议组成，所有协议均由"一带一路"沿线国家平等协商、共同制定，最终形成以《"一带一路"能源宪章》为核心的国际能源合作条约群，实现"一带一路"能源合作法律自给自足。

(一)《"一带一路"能源宪章》

《"一带一路"能源宪章》是"一带一路"能源合作的框架性法律协议。作为"一带一路"能源合作的纲领性文件，《"一带一路"能源宪章》应当发挥总领性、根本性作用。

《"一带一路"能源宪章》主要规定以下内容：(1)"一带一路"能源合作相关属于定义与条约目的；(2)"一带一路"能源合作法律原则；(3)"一带一路"能源合作多边组织即"一带一路"能源合作共同体，具体包括成员资格、组织机构、宗旨职能、决策机制等；(4)"一带一路"能源贸易合作及相关规则；(5)"一带一路"能源投资合作及相关规则；(6)"一带一路"能源过境运输合作及相关规则；(7)"一带一路"能源合作与环境保护；(8)"一带一路"能源技术合作；(9)"一带一路"能源合作信息共享机制;(10)"一带一路"能源合作争端解决机制;(11)"一带一路"能源合作其他规定;(12)"一带一路"能源宪章签署、批准、加入、保留、撤销、生效等附则。

《"一带一路"能源宪章》以法律的形式保障"一带一路"能源合作的实现,其主要规定组织机构等程序性规则和能源合作重点领域的声明性规定,成员国的具体权利义务等内容主要规定在各项《"一带一路"能源宪章》附属协议内,由各项附属协议加以保障。

（二）《"一带一路"能源宪章》附属协议

《"一带一路"能源宪章》附属协议是涉及"一带一路"能源合作具体领域的细化协议,是"一带一路"沿线国家开展能源合作的确切法律依据。

《"一带一路"能源宪章》附属协议包括以下协议:"一带一路"能源贸易协议、"一带一路"与能源有关的投资措施协议、"一带一路"能源过境运输协议、"一带一路"与能源有关的环境保护协议、"一带一路"能源技术合作协议、"一带一路"能源信息共享协议、"一带一路"能源合作政策审议协议、"一带一路"能源争端解决协议、"一带一路"与能源有关的知识产权协议、"一带一路"与能源有关的服务合作协议等。

第四节 构建"一带一路"能源合作争端解决机制

争端解决机制是"一带一路"能源合作法律机制中必不可少的环节。能源产业是一个完整的产业链,合作领域跨越能源贸易、能源投资、能运过境运输、环境保护、能源技术等,不同节点产生的争端性质和解决方式各有不同。"一带一路"能源争端具有争端主体多样化、争端类型多元化的特点,具体而言,以争端主体为标准可划分为政府与政府之间的能源争端、企业与政府之间的能源争端、企业与企业之间的能源争端,以争端性质为标准可以划分为一般能源商事争端、能源贸易争端、能源投资争端。

一、现有能源争端解决机制探析

一般能源商事争端主要是指企业与企业(包括个人)之间的能源交易纠纷。对于一般能源商事争端,若是案件标的额较大或者社会影响力较大的大案要案,主要是由设置于欧美等发达国家的商事仲裁机构如斯德哥尔摩商会仲裁院(SCC)进行审理。虽然部分发展中国家也设立了仲裁机构,但这些仲裁机构鲜少能够得到争端方的选择适用。因此,一般能源商事争端的审理权几乎完全掌握在西方发达国家手中。"一带一路"一般能源商事争端如果继续沿用这种争端解决制度,不利于推动"一带一路"倡议的顺利实施。第一,"一带一路"能源合作商事合同的解释权将属于西方发达国家的仲裁机构,一方面将限制"一带一路"能源企业实施能源合作的灵活性与便捷性,另一方面将不利于发展与完善"一带一路"沿线国家国内的仲裁机制。第二,"一带一路"沿线国家大多为发展中国家,且多为亚洲国家,西方发达国家的仲裁机构的法系与"一带一路"沿线国家的法系差异较大,西方发达国家的仲裁机构主要采用普通法的规则与程序,这对于处理"一带一路"沿线国家之间的能源争端存在适用冲突、水土不服等问题。第三,西方发达国家普遍对中国的崛起与发展存在忌惮,其仲裁机构所作的裁决多有限制、排斥中国的问题,对"一带一路"能源争端的处理难以确保公正性与一致性。

能源贸易争端是政府与政府之间涉及能源经贸合作的纠纷。能源贸易争端大多是由一国的企业或个人受到不符合两国间签订的条约所规定的待遇而引起。WTO是全球性的国际经济组织,具有"经济联合国"之称,对于解决世界贸易争端具有重要作用。WTO争端解决机制作为一种准司法化的争端解决机制,被认为是目前世界范围内最具抱负的国际争端解决方式。[①] 但是在解决"一带一路"沿线国家之间的能源贸易争端时,该争端解决机制也存在较多问题。第一,WTO争端解决机制只适用于WTO成员国之间的贸易纠纷,非WTO成员国与WTO成员国和非WTO成员国之间的贸易纠纷不能适用。"一带一路"沿线国家中有15个

---

① Ernst Ulrich Petersmann, How to Promote the International Rule of Law? Contributions by the World Trade Organization Appellate Review System, *Journal of International Economic Law*, Vol.1, Issue 1, 1998, p.25.

国家不是 WTO 成员国,占"一带一路"沿线所有国家数量的近四分之一。因此,WTO 争端解决机制虽然能够有效地解决能源贸易争端,但是不能适用于所有"一带一路"沿线国家之间的能源贸易争端。第二,"一带一路"沿线国家对选择适用 WTO 争端解决机制存在抵触情绪。在"一带一路"沿线的 50 个 WTO 成员国中,除中国、印度、印度尼西亚、泰国、菲律宾、巴基斯坦之外,其他国家援用 WTO 争端解决机制的频次较少,发生在两个沿线国家之间使用 WTO 争端解决机制的案例更是少之又少。[①] WTO 争端解决机制在解决"一带一路"能源贸易争端方面难以发挥实效。第三,"一带一路"沿线国家中存在许多经济发展低速、缺乏国际合作或国际合作程度低的国家,其国内法治水平与国际标准相差甚远,僵硬适用 WTO 争端解决机制可能不符合这些国家的国情,加重国家负担。第四,WTO 争端解决机制是在全球化背景下诞生的多边体制下的争端解决方式,虽然是发达国家和发展中国家相互妥协的产物,但主动权仍掌握在西方发达国家手中。根据 WTO 规则,美国、日本、欧洲可向上诉机构指派 3 位成员,而且上诉机构成员没有回避义务,这导致发达国家在 WTO 框架内解决贸易争端时拥有绝对的发言权。此外,WTO 争端解决机制采用的是普通法的规则和程序,也体现的是西方的价值观。"一带一路"沿线国家多为发展中国家,且多为非普通法系的国家,法系差异致使适用 WTO 争端解决机制解决"一带一路"能源贸易争端存在主动性不足、客观性不符等问题。第五,WTO 争端解决机制中的交叉报复等强制程序与"一带一路"和谐包容的理念不相匹配,如果采用其强制手段,十分不利于"一带一路"能源合作的长久性,不利于"一带一路"倡议在沿线国家之间的顺利推进。

能源投资争议是指外国投资者与东道国之间关于能源投资产生的争议。目前,国际投资争端主要由国际投资争端解决中心(ICSID)、巴黎国际商会仲裁院(ICC)和斯德哥尔摩商会仲裁院(SCC)等机构解决。这些仲裁机构在处理国际投资争端时常常出现一个重要问题:耗时较长且仲裁裁决互不协调甚至相互冲突。案情相似且适用相同条约但得到截然不同的仲裁裁决的案例时有发生,投资仲裁的不一致性与不可预见性广受诟病。此外,这些争端解决机构同样具有浓厚的"普

---

① 张超:《"一带一路"战略的国际争端解决机制研究》,载《南洋问题研究》2017 年第 2 期。

通法"色彩,反映的是西方的文化与价值观。"一带一路"能源投资逐年增加,若适用目前的国际投资争端解决机制处理"一带一路"能源投资争端,极有可能打击"一带一路"能源投资合作的积极性,限制"一带一路"倡议的顺利推进。

作为全球第一个针对能源领域且具有法律效力的多边条约,《能源宪章条约》在解决能源纠纷方面具有不可忽视的重要作用。《能源宪章条约》涵盖能源贸易、能源投资、能源过境、环境保护4个方面,争端解决机制作为该条约的核心与基石对上诉4个方面的争端解决均有明确规定。但"一带一路"能源争端适用《能源宪章条约》还存在较大阻碍。第一,大部分"一带一路"亚洲沿线国家还未加入该条约,而且作为"一带一路"倡议发起者的中国也不是该条约的成员国。第二,《能源宪章条约》设定的义务过高,"一带一路"沿线国家多是发展中国家,且多数国家存在经济发展滞缓、国际能源合作程度低等问题,适用该条约不符合多数"一带一路"沿线国家的实际国情。

二、构建"一带一路"能源合作争端解决机制

"一带一路"沿线国家的法律传统和法律体系复杂,大陆法系、英美法系和伊斯兰法系并存,且多数沿线国家为发展中国家,受制于经济水平和社会条件,法制建设滞后、法律体系单薄,因此,"一带一路"能源争端适用现有的争端解决机制存在诸多局限。目前,"一带一路"沿线三分之二以上的国家没有参与任何区域合作,这表明无论是能源双边合作还是能源多边合作,无论是能源投资还是能源贸易,都需要从能源合作的层面出发,进行探索①,构建一个适合"一带一路"所有沿线国家的能源争端解决机制。

推进"一带一路"能源合作,解决能源合作中的矛盾纠纷,是"一带一路"能源合作法律机制构建的主要内容。"一带一路"能源合作是以发展中国家为主,由于各国政治经济发展程度各不相同,存在风险和争端也在所难免,只能通过能源合作争端解决机制的确立来进行风险防控和纠纷解决。面对国际经济法发展新方向和国际争端解决机制日趋碎片化的新变化,构建一个符合"一带一路"建设参与国家国

---

① 岳树梅:《"一带一路"能源合作法律机制构建研究》,载《社会科学战线》2017 年第 8 期。

情特点的、被广泛接受的、公正合理的能源合作争端解决机制十分必要。这一机制构建既符合大多数参与"一带一路"倡议的国家借助"一带一路"这个平台加强与其他国家的合作以促进本国经济快速发展的初衷,也有利于提高"一带一路"能源合作争端解决水平,为国际能源合作法制建设和全球能源治理体系改革提供一种思维路径。

"一带一路"能源合作争端解决机制可以借鉴现有争端解决机制,吸取其经验,改进其弊端,实现与现有争端解决机制的包容与补充。现今,能源贸易和能源投资多有交叉,能源争端性质也多有重叠,若采取不同的争端解决方式,一会导致重复审理,浪费资源;二会出现贸易裁决与投资裁决无法协调的问题。基于这样的客观现实,"一带一路"能源合作争端解决机制应当选择"一站式模式、多元化方式",采用统一的一套规则处理"一带一路"能源合作产生的所有类型的纠纷,构建调解、仲裁、诉讼三位一体的"一带一路"能源合作争端解决中心。这与中央深改组会议2018年1月审议通过的《关于建立"一带一路"争端解决机制和机构的意见》中提出的坚持共商共建共享原则,依托我国现有司法、仲裁和调解机构,吸收、整合国内外法律服务资源,建立诉讼、调解、仲裁有效衔接的多元化纠纷解决机制具有一致性。

"一带一路"能源合作争端解决机制包含调解、仲裁、诉讼三种争端解决方式,但三种争端解决方式地位作用与适用次序并不相同。"一带一路"能源合作争端解决机制是以调解为前置选择、以仲裁为核心方式、以诉讼为辅助程序的多元化能源争端解决机制。

(一)以调解为前置选择

"一带一路"倡议以"和平合作、开放包容、互学互鉴、互利共赢"为核心理念,在推进"一带一路"能源合作法律机制构建的过程中也应当贯彻这一理念。"一带一路"能源合作争端解决机制作为"一带一路"能源合作法律机制的主要内容与创新之处,也应当彰显中国所秉持的"和为贵"的精神,积极鼓励"一带一路"沿线国家采用友好方式非对抗性地处理"一带一路"能源合作产生的各类纠纷。调解作为化解纠纷的一种非对抗性方式,发源于我国,被西方国家称为"东方经验"。因此,"一带一路"能源合作争端解决机制将调解设置为解决争端的前置选择程序,即争端当事方可以在争端产生后自由选择是否先以调解为前置程序解决能源纠纷。

"一带一路"能源合作争端解决机制将调解作为解决争端的前置选择程序,主要基于以下原因:第一,"一带一路"沿线国家具有不同的法律传统和法治水平,60多个国家和地区包含大陆法系、英美法系和伊斯兰法系,将调解方式作为争端当事方自由选择是否适用的前置程序,有利于争端当事方自由发表己方意见、充分表达自己的诉求、减少争端当事方之间的敌对情绪,以温和的方式缓解因不同法系所导致的法律适用冲突。第二,"一带一路"能源合作以追求共同的能源利益,实现互利共赢为目标,将调解方式作为争端当事方自由选择是否适用的前置程序,可以提供社会和心理上的利益。① 从短期来看,调解程序的当事方对争端的结果具有控制权,有利于灵活解决"一带一路"能源争端、推进"一带一路"能源合作项目的实施;从长期来看,调解程序能够为能源合作方继续合作创造良好的氛围,有利于维护"一带一路"能源合作的持续性与稳定性,增加"一带一路"沿线国家开展国际能源合作的主动性与积极性。第三,多数"一带一路"沿线国家在缔结双边投资保护条约时,将友好协商规定在投资争议解决程序中,这表明多数"一带一路"沿线国家在选择争端解决方式时更倾向于调解方式,对调解的接受度较高。第四,保密性是调解程序最突出的特点,将调解方式作为争端当事方自由选择是否适用的前置程序能够充分体现争端当事方意思自治,通过调解方式解决争端所得到的最终解决办法更易得到争端当事双方的遵守和执行。第五,调解与其他争端解决方式相比,具有较低成本的特点,能源争端当事方选择调解能够极大地节约双方的时间成本与经济成本。第六,中国作为"一带一路"倡议的发起国,一贯坚持和平共处、合作发展的立场,将调解方式作为争端当事方自由选择是否适用的前置程序,有利于推行"一带一路"倡议、弘扬中国优秀传统文化、提升国际地位、彰显大国气量。

强调调解,是国际经济发展的重要趋势。目前,国际社会普遍支持在仲裁程序中加入调解的环节,即在仲裁过程中或仲裁程序开始前,由仲裁庭进行调解,但对于仲裁员是否可同时担任调解员有不同看法。② 本文认为,"一带一路"能源合作

---

① A Al Faruque, Judicial mediation: Can it make difference? The Daily Star, May. 28, 2004.

② 王贵国:《"一带一路"争端解决制度研究》,载《中国法学》2017 年第 6 期。

争端解决机制中,调解与仲裁属于不同的争端解决程序,调解员与仲裁员也理应明确划分,仲裁员不应参与调解程序,调解员也不得参与仲裁庭仲裁。调解作为前置选择程序,调解员的作用不言而喻,"一带一路"能源合作争端解决机制中的调解程序应当注重调解员的培养与选任,选择专业技能较强、实践经验丰富、为人公正不阿的人员作为"一带一路"能源合作争端解决中心的调解员,并对其进行定期培训与考察。在处理"一带一路"能源争端时,调解员应当保持绝对的中立,并尽到保密义务,不得对外透露争端当事方在调解程序中提交的证据或作出的声明。

（二）以仲裁为核心方式

与其他争端解决方式相比,仲裁是一种系统化、常见的替代性争端解决形式①,并逐步演变成为国际能源争端替代性争端解决机制中最重要的争端解决方式。因此,"一带一路"能源合作争端解决机制将仲裁作为处理"一带一路"能源争端的核心方式是符合国际能源合作实践与国际发展趋势的。

仲裁作为处理"一带一路"能源争端的核心方式具有以下优势:第一,仲裁是较为公正的争端解决方法,仲裁庭的中立性能够得到一定保证。第二,仲裁具有准司法性质,通过仲裁得到的裁决具有法律约束力和可执行性,仲裁方式一局终局,争端提交仲裁庭仲裁后则不能再次提交法院审理。这也同时使仲裁具有快速高效、费用低廉的优点。第三,争端当事方能够选择仲裁规则和组成仲裁庭的仲裁员,仲裁方式能够体现争端当事方的独立性与自治性。第四,保密性、不公开审理一直被公认为是仲裁程序的主要优势之一。仲裁员及仲裁秘书人员应该严格保守仲裁秘密,不得向外界透露任何有关案件实体和程序情况,包括案情、审理过程、合议庭意见等情况。保密可以保障争端当事方的商业秘密和贸易活动不因纠纷解决而被泄露,也不会使当事方因为申请仲裁而失去应有的商业机会、市场信誉、信息资源和业务前景。第五,争端当事方虽然对纠纷结果没有像调解程序中的完全控制权,但其在控制纠纷解决的进程和结果方面具有比诉讼程序更大的自主性。第六,仲裁方式在"一带一路"沿线国家中具有较高的接受度。在多边层面,在参与"一带一路"倡议的国家中,共有 29 个国家属于《海牙取证公约》的成员国,有 30 个国家属

① 张正怡:《能源类国际投资争端法律问题研究》,法律出版社 2014 年版,第 78 页。

于《海牙送达公约》的成员国,有 52 个国家属于《华盛顿公约》的成员国,有 61 个国家属于《纽约公约》的成员国;在双边层面,有 7 个国家与中国签订了民商事司法协助条约,有 17 个国家与中国签订了民事和刑事司法协助条约的国家,有 54 个国家与中国签订了双边投资保护协定,且在这 54 个双边投资保护协定中,有 8 个双边投资保护协定规定所有投资争议或相关投资争议可以通过专设仲裁庭解决,有 32 个双边投资保护协定规定征收补偿额争议可以提交专设仲裁庭解决。此外,有 40 个国家以联合国国际贸易法委员会的《国际商事仲裁示范法》为蓝本制定了本国的仲裁法。[①] 这些数据说明,"一带一路"沿线国家在选择争端解决机制时更青睐仲裁,对仲裁方式的接受度高于其他争端解决方式。

另外,"一带一路"沿线国家对国际投资争端解决中心仲裁机制接受度较低,这提示中国在构建"一带一路"能源合作争端解决机制中的仲裁程序时,应当借鉴并吸收原有国际能源争端仲裁机制的经验,结合"一带一路"沿线国家的国内司法机制,引进国际能源争端解决高端法律人才,创造良好的"一带一路"能源争端仲裁平台,提供公正高效的"一带一路"能源争端仲裁服务。[②]

(三)以诉讼为辅助程序

司法是化解纠纷的最后一道防线。诉讼作为解决争端的传统方式,是"一带一路"能源合作争端解决机制必不可少的内容。诉讼程序具有其独特的优势:第一,选择诉讼程序所得到的裁决是具有法律约束力的裁决,争端当事方必须遵守。第二,选择诉讼程序所得到的裁决是具有可执行性的裁决,争端当事方必须严格依照裁决履行,若不履行法院可以强制执行。第三,仲裁协议效力的认定、保全程序的推进、仲裁裁决和调解协议的审查和执行,仍需要借助司法予以实现。

诉讼方式在法律约束力和可执行性两方面的优势不可忽视,但"一带一路"能源合作争端解决机制不宜将诉讼方式作为核心方式,具体原因如下:第一,大部分"一带一路"沿线国家法治水平较低、法律环境较差。2016 年,中国社科院世界经济与政治研究所发布的《中国海外投资国家风险评级报告》显示,绝大多数"一带一

---

① 朱伟东:《关于建立"一带一路"争端解决机制的思考》,载《法治现代化研究》2018 年第 3 期。
② 初北平:《"一带一路"多元争端解决中心构建的当下与未来》,载《中国法学》2017 年第 6 期。

路"沿线国家为高风险级别国家和中等风险级别国家,仅有新加坡一个国家属于低风险级别国家。2017 年,世界银行发布的《营商报告》显示,除少数发达国家外,大部分"一带一路"沿线国家缺乏安全的商业法律环境,其国内商业法律制度或落后或严重不完善。第二,由于"一带一路"沿线国家多为发展中国家,其本身存在司法效率低下或法院程序不完善等问题,加之国内法院在管辖国际争端时的独立性与公正性常常受到非法院地国争端方的质疑,诉讼方式在争端当事方选择争端解决办法时常常处于有而无用的尴尬地位。第三,诉讼方式具有较正式、结构化、耗时长、成本高、私密性低等劣势,缺乏提供解决方案的灵活性,不利于争端的良性解决,凭借诉讼所获得的经济补偿也难以满足争端当事方的期待。第四,以诉讼方式解决争端将增加争端当事方的对抗性,难以保证合作项目继续进行,且十分不利于争端当事方未来开展合作的能动性。因此,将定纷止争的诉讼方式作为"一带一路"能源合作争端解决机制的辅助程序是出于事实考虑的抉择。

中国作为"一带一路"倡议的发起国,作为发展中的大国,一方面,应当积极促进"一带一路"沿线国家达成有关诉讼管辖权、法律适用、文书送达和调查取证、判决承认与执行等方面的公约;另一方面,应当积极完善本国诉讼程序与规则,努力使我国成为"一带一路"能源合作争端当事方解决能源纠纷的首选诉讼地,为顺利构建"一带一路"能源合作争端解决机制做好相应准备。

(四)调解、仲裁与诉讼的有效衔接

调解是"一带一路"能源合作争端解决机制的前置程序,由争端当事人自愿决定是否选择其作为解决纠纷的方式,在当事方已经选择但调解无法有效解决纠纷的情况下,应当实现由调解程序向仲裁程序或者诉讼程序的快速转化。在仲裁程序或者诉讼程序中,也可以征求当事人意见先行调解,调解无果则应当直接进行仲裁或诉讼。

"一带一路"是弘扬古代丝绸之路精神的合作共赢之路,是推动构建人类命运共同体的创新实践之路。截至目前,"一带一路"倡议已经得到 60 多个国家和地区的积极响应,有力推动了世界贸易和投资的自由化与便利化。构建公正高效便利的"一带一路"能源合作争端解决机制,是"一带一路"能源合作法律机制的核心内容,也是一项长期的系统工程。构建由调解、仲裁和诉讼有机衔接的"三位一体"的一站式多元化能源争端解决机制,有利于推动跨境纠纷解决机制的协调与整合、形成一套公平公正、专业高效的"一带一路"能源合作争端解决机制,有助于持续优化"一带一路"法治化营商环境、增进"一带一路"参与国的法治认同、打造国际法治合作新平台、切实提升服务和保障"一带一路"建设的水平、保障"一带一路"建设行稳致远。

小　结

●　●　●

本章介绍了中国推进"一带一路"能源合作法律机制构建的内容,主要包括构建"一带一路"能源合作法律机制基本原则、创新性地构建"一带一路"能源合作共同体、签订《"一带一路"能源宪章》、构建"一带一路"能源合作争端解决机制。

"一带一路"能源合作的基本原则是指推进"一带一路"能源合作过程中必须遵循的行为准则,是"一带一路"沿线国家据以开展国际能源合作的重要准绳,是贯穿"一带一路"能源合作的主要精神和指导思想,体现了"一带一路"能源合作法律机制构建的内在要求和精髓,具有全局性和指导性。"一带一路"能源合作法律机制构建必须遵守能源主权原则、能源安全原则、平等互利原则、能源可持续发展原则和共商、共建、共享原则等基本原则。能源主权原则是国际能源合作的首要法律原则;能源安全原则是"一带一路"能源合作的核心原则;平等互利原则是中国实行对外经济交往、调整国际经济关系的基本原则;能源可持续发展原则是可持续发展原则的内在要求,是环境保护命题在能源领域的渗透;共商、共建、共享原则具有时代性特征,是推进"一带一路"能源合作应当遵循的特殊法律原则。

能源合作是历史发展的必然,国际能源组织是能源合作的载体。中国参与国际组织具有以下特点:中国与主要的全球性和区域性国际组织几乎都存在能源合作关系,积极参与各层次、各区域的能源合作;中国参与全球性能源合作的程度较低,多为一般性合作和对话性合作,极少有实质性合作,参与能力不足;中国在其参与的区域性国际组织中多为重要参与者,且能源合作程度中实质性合作多于对话性合作,但是,这些实质性合作大多是点对点式的能源合作,合作范围有限;虽然我国与众多全球性和区域性国际组织保持着能源合作关系,但大多为双边能源合作,缺乏多边能源合作。中国已经与 20 多个国际组织建立了多边能源合作机制,与30 多个国家和地区建立了双边能源合作机制,但是,目前缺乏真正能够适用于"一带一路"倡议的能源合作组织。笔者提出,应创新性地构建"一带一路"能源合作共同体(EOA),并分析了"一带一路"能源合作共同体的法律性质与法律基础,结合国际能源实践设置"一带一路"能源合作共同体的机构,设定"一带一路"能源合作共同体的宗旨和职能。

条约、协定等法律文件能够为国际能源合作设定法律框架和提供重要指引,是国际能源合作所应当依据的行为准则。中国与世界上诸多国家签订了涉及能源合作的法律文件,其中包括与"一带一路"沿线国家签订的法律文件。但这些法律文件还存在诸多问题,难以适应"一带一路"倡议下能源合作的实践需要。同时,诞生于能源全球化背景下的"一带一路"能源合作共同体是实现"一带一路"能源合作的重要载体,其也应当以具有法律约束力的条约为基础。中国应当与沿线国家共同协商签订《"一带一路"能源宪章》,为"一带一路"沿线国家之间开展国际能源合作提供行为规范与法律细则,也为"一带一路"能源合作共同体提供法律支撑。"一带一路"能源合作法律规则体系应该由《"一带一路"能源宪章》和各项附属协议组成,应当包含一套公正有效、准确可行的法律规则,应当明确规定"一带一路"沿线国家的权利义务使其积极融入"一带一路"能源合作,应当追求法律的稳定性和可预见性,为"一带一路"沿线国家的能源行为和活动提供指引。

能源产业是一个完整的产业链,合作领域跨越能源贸易、能源投资、能源过境运输、环境保护、能源技术等,不同节点产生的争端性质和解决方式各有不同。"一带一路"能源争端具有争端主体多样化、争端类型多元化的特点,具体而言,以争端主体为标准可划分为政府与政府之间的能源争端、企业与政府之间的能源争端、企业与企业之间的能源争端,以争端性质为标准可以划分为一般能源商事争端、能源贸易争端、能源投资争端。笔者针对不同争端类型对现有能源争端解决机制进行了探析,分析了 WTO、斯德哥尔摩商会仲裁院(SCC)、国际投资争端解决中心(IC-SID)等仲裁机构和《能源宪章条约》争端解决机制在处理国际能源纠纷中的弊端,提出构建"一带一路"能源合作争端解决机制,即以调解为前置选择、以仲裁为核心方式、以诉讼为辅助程序的一站式多元化能源争端解决机制,通过推动跨境纠纷解决机制的协调与整合,优化"一带一路"法治化营商环境、增进"一带一路"参与国的法治认同、打造国际法治合作新平台、切实提升服务和保障"一带一路"建设的水平、保障"一带一路"建设行稳致远。

第七章
"一带一路"能源合作的法律机制
构建的策略

"一带一路"能源合作法律机制的建设是符合我国当前需要,符合"一带一路"成员国共同利益的,推进"一带一路"能源合作法律机制构建,就是要以法治为方略,构建系统化、机制化、权责分明的规则体系。通过法律机制,协调各国能源合作法律实践,实现各国价值理念与法律实践的一致,共建一个公正、公平的能源合作法律机制,避免各国在能源合作中发生冲突,有效地协调能源合作关系,消除各国权力的非理性外溢①。但是,完善的能源合作法律机制的建立,并不是一蹴而就的,需要我国不断探索,秉持科学、客观、实践的态度,在借鉴国际能源合作法律机制的基础上,结合区域能源合作的特点,运用有效的措施,一步一步逐渐推进区域能源法治进程。因此,笔者认为,要构建完善的"一带一路"能源合作法治体系应该采取以下策略:

---

① 汪习根、何苗:《治理能源合作法律机制构建的理论基础与模式构建》,载《中共中央党校学报》2015 年第 4 期。

第一节　中国掌握"一带一路"能源合作法律机制的话语权

●　●　●

能源是现代化的基础和动力。能源供应和安全事关我国现代化建设全局。[①]新世纪以来,能源越来越成为影响一个国家综合国力和经济发展的重要因素,我国广袤的地域、庞大的人口对能源的需求巨大,因此我国越来越重视能源的发展,一方面不断优化国内能源结构,增强国内能源供应能力;另一方面,受我国能源资源结构约束,国内能源的供应是远远不够的,政府开始放眼国外,加强国际能源合作,解决国内庞大的能源需求,保障经济社会持续发展。

近年来,中国推行的"一带一路"倡议一直是国际经济的热门话题,也是世界各国经济关注的焦点。"一带一路"涉及的地区面积非常庞大,涵盖了中国—中亚—西亚合作走廊、中国—中南半岛经济合作走廊、中蒙俄经济合作走廊、中巴、中印等合作地区。这样庞大广阔的区域也正好是世界重要的能源出口地区,也正是如此,各个大国也都十分关注在这些地区的利益,尤其是能源利益。自然资源是主权要素之一,能源是世界各国主权中一个强有力的因素,能源主权是国家主权的重要组成部分[②]。因此,这些地区也成为国际大国权力在能源领域博弈的重要区域。中国的"一带一路"倡议打破了这些地区的旧国际秩序,因而招来了一系列的国际大国反对与非议之声,例如美国。近年来,因为中国成功地推行着"一带一路"国际合作倡议使美国意识到似乎近年对亚太地区太过忽略,为了阻止其所谓的中国试图霸占世界重要能源市场的野心,而立刻做出"重返亚太""新丝绸之路"以及 TPP 等战略来对抗中国,最近更是不顾后果地掀起了中美贸易战。

---

① 《国务院办公厅关于印发能源发展战略行动计划(2014—2020 年)的通知》(国办发〔2014〕31 号)。

② [美]汉斯·摩根索:《国家间政治:权力斗争与和平》(第 7 版),徐昕等译,北京大学出版社 2006 版,第 157 页。

国际大国持有的"中国威胁论"延伸到中国国际能源合作上,一方面,这些大国逐渐减少与中国的能源合作,或者刻意给中国企业设置贸易壁垒,例如,中国光伏"出海"连遇贸易壁垒,近年来,我国光伏行业发展迅速,却在欧美等光伏发展较成熟的市场屡次受挫。2017年,美国对全球光伏电池及组件发起的保障措施调查,在这项调查中,美国国际贸易委员会(ITC)就光伏电池及组件全球保障措施调查作出损害裁决,认定进口产品对美国国内产业造成严重损害,并随后对进口相关产品展开了限制措施,而此次调查针对的就是中国光伏产业。除此之外,此前两次对中国光伏行业实行"双反"无果的印度也开始了第三次"双反"调查,印度商工部反倾销局(DGAD)正式发布公告,将对中国大陆、中国台湾地区和马来西亚等地进口的太阳能电池展开反倾销调查,技术包括晶硅与薄膜太阳能。[①] 另一方面,大国关系影响着世界市场的变化,大国对中国的防范使得一些发展中家也开始不信任中国,从而使中国对外能源合作遭遇许多阻碍。中国有很大一部分石油进口依赖于从马六甲海峡到东南亚国家港口,然后再经由陆上输油管道运进国内。中缅有一条起自缅甸皎漂港到中国云南昆明的石油运输管道,改管道的原油来自中东,并不来自缅甸本土,并且根据中缅签订的双边协议,中国还给缅甸留下100万吨原油。这本来是一个双赢的局面,却有不怀好意之人故意挑拨离间,颠倒是非黑白,说中国掠夺缅甸的石油,导致中国的国际声誉受到损害,也导致"中国威胁论"甚嚣尘上,损害中国在一些发展中家的能源合作项目。因此,中国当前在国际能源合作领域的当务之急就是增强我国在世界能源合作中的地位,打破一些国际大国的"中国威胁论",秉持合作共赢的发展战略,掌握国际能源合作的话语权。

一、中国要加强与美国、俄罗斯等能源强国的合作

美国、俄罗斯等国家本身就是能源储量大国,其本国的石油、天然气等能源储量丰富,且其在能源开发和利用技术以及资金上也具有绝对的优势,与能源强国合作不仅能增加我国能源供给,还能学习到先进的能源开发与运用技术,所以与能源

---

① 新浪财经:《中国光伏"出海"连遇贸易壁垒 如何面对机遇与挑战?》,https://www.sohu.com/a/198471255_466856,最后访问时间:2018年8月15日。

强国加强能源合作是掌握国际能源话语权的必要选择。中国应该在加强双边对话的基础上，化竞争为合作，促成国际能源大型项目的合作，对掌握国际能源话语权有重要意义。另外，应加强与能源准备丰富的发展中国家的能源合作。很多发展中国家的能源储量都十分丰富，例如哈萨克斯坦等国，但其本国的能源技术却并不先进，应加强双边或多边谈话，加强与能源储备丰富的发展中国家的合作，利用我国在能源开发和利用的优势，一方面使我国获得丰富的油气等资源，另一方面也使这些能源输出国不仅获得巨大的经济收益，还收获了先进的能源开发技术，这种共赢的局面，促进了双方的经济发展，形成良性循环，造福"一带一路"经济带，同时也提高了我国在国际经济的影响力，增强我国在国际能源领域的话语权。

　　"一带一路"建设是中国提出的全方位开放战略，以"共商、共建、共享"为原则，其宗旨是联合欧亚非沿线 65 个国家，44 亿人口，从基础设施建设方面开始，建立由铁路、公路、航空、航海、油气管道、输电线路和通信网络组成的综合性立体互联互通的交通网络，加快各区域、国家间的经济交流，并通过产业集聚和辐射效应形成建筑业、冶金、能源、金融、通讯、物流、旅游等综合发展，通过政策沟通、设施联通、贸易畅通、资金融通、民心相通等"五通"来推进贸易投资便利化，深化经济技术合作，建立自由贸易区，最终形成欧亚大市场。其中，能源走廊着眼于大宗商品定价权，物流与金融等走廊着眼于贸易投资标准制定权，资金融通则推动人民币地区化国际化，互联网、电网及智能丝绸之路建设则推动形成电子商务世界贸易规则，大力提升中国的制度性国际话语权。"一带一路"在经济全球化新时代继承和弘扬了"和平合作、开放包容、互学互鉴、互利共赢"的古丝绸之路精神，正在纠正近代以来西方殖民体系及现今美国霸权体系造成的经济全球化碎片化、分裂化局面，以沿线国家的共同现代化超越近代西方开创的竞争性现代化，推动实现持久和平、共同繁荣、普遍安全的和谐欧亚。① 要逐步掌握能源国际话语权，建立公平互利国际能源新秩序，需要从国内、国外两个方面着手：

　　加强国内能源市场建设，使国内市场与国际市场接轨。

　　随着全球能源格局的重大变革和我国综合国力的持续提升，我国能源国际合

---

① 王义桅：《"一带一路"：重塑经济全球化话语权》，载《红旗文稿》2016 年第 21 期。

作也迈入新时代。目前,我国已成为全球第一大能源生产国和消费国,特别是新能源领域成绩斐然——风能、太阳能装机世界第一,核电在建规模世界第一,对电动汽车领域的投资占全球投资的一半以上。我国已从国际能源市场的"小伙伴"变成"大块头",能源合作也迈入"升级版":合作阶段从"引进来"走向"引进来"和"走出去"并举;合作方式从以双边为主的获取资源的项目合作转向通过多边机制参与全球能源治理;合作理念从保障自身能源安全为主转向构建全球能源命运共同体。我们正从全球能源治理的边缘走向舞台中央,从跟随者逐步变成影响者。①

能源格局新变化为中国参与全球能源治理提供难得机遇。但是,总体而言,我国还未获得与自身体量相当的话语权和定价权。站在新的发展机遇面前,要制定更加贴合我国实际情况、顺应国际市场需求的发展战略和指导方针。

一是加强国内能源市场建设,为全面建成小康社会和两个一百年奋斗目标提供充足的能源保障。能源是一个国家的经济命脉,关系到一个国家经济安全,制定科学的能源发展国策,顺应时代潮流推进能源革命,筑牢能源安全基石,才能为全面建成小康社会,实现中华民族伟大复兴中国梦提供坚强保障。

二是推动绿色低碳的全球能源治理机制建设,坚持绿色低碳能源发展方向。国际社会正在倡导能源绿色发展,我国近年来的新能源技术发展已经为世界瞩目,新能源产业是我的优势所在,为推动构建绿色低碳的全球能源治理机制做出贡献,要进一步提升我国在全球能源市场上的话语权和定价权,就需要进一步加强与国际沟通与合作,为构建绿色低碳治理机制贡献中国方案。

三是全面参与全球能源改革浪潮,构建人类能源命运共同体。积极推动国际能源合作,充分利用全球能源多边治理机制,树立双赢、多赢、共赢的新的能源发展理念,致力于打造开放包容、普惠共享的能源命运共同体,从国内能源市场做起,到推动全球绿色低碳可持续发展,为消除全球能源贫困做出中国贡献。

---

① 景春梅:《加强国际能源合作的思考》,http://www.china — nengyuan.com/news/121400.html,最后访问时间:2018年9月8日。

二、加强我国对外能源合作，积极迎接国际市场挑战

(一)全方位推进全球能源治理

第一，要积极融入现有全球能源治理机制改革进程。建立更完善的治理功能，为能源合作创建更多便利化安排。并且借助现有治理平台提升影响力，全方位与国际能源署(IEA)、二十国集团(G20)、国际能源论坛(IEF)等充分合作，使中国主张获得广泛接纳。第二，推动"一带一路"能源合作俱乐部落地工作。将其打造成为汇集有关国家、国际组织、企业、金融机构、智库等多方参与的多层次合作平台。第三，推动建立"能源合作伙伴关系"，构建人类能源命运共同体。在"一带一路"沿线国家或亚洲国家范围内适时提出建立部长级能源伙伴关系对话机制，开展政策交流和协调。

(二)以"一带一路"为依托深化能源国际合作

"一带一路"沿线国家拥有丰富的能源资源，是全球能源供给的核心地区，但各国的发展不平衡，沿线国家大多数是发展中国家，正处于城市化、工业化进程中，地区潜力尚未充分释放。要加强区域能源合作，就要因地制宜，分清重点，分清步骤，有序推进。一是推动与俄蒙中亚、西亚北非全方位战略对接。俄罗斯是油气大国，哈萨克斯坦、土库曼斯坦等国是油气资源储备丰富的发展中国家，加强与它们的合作，首先要打通油气通道，确保通道安全才能顺畅油气资源交易。西亚北非方面，则要致力于与以色列、土耳其、埃及、伊朗等国开展可再生能源合作。二是推动与东南亚、南亚地区在基础建设方面的合作。发挥我国基础设施建设优势，结合东南亚、南亚国家能源情况，助力提升东南亚、南亚地区能源生产与利用水平。完善跨境输电通道，开展区域电网升级改造合作，促进丰富水电等电能在当地消纳，逐步建立区域电网联合。三是大力推动国际新能源合作，加强可再生能源、循环经济领域的合作。能源可持续发展已经成为国际社会的共同呼声，我国近几年在风能、水能、太阳能以及核能等方面都有较为突出的技术进步，应加强新能源与国际市场对接，加大新能源"走出去"力度，加强国际新能源合作，探索开展能源市场建设和价格稳定机制等合作。

（三）形成新的国际合作框架和区域合作框架

能源领域合作实现了"一带一路"沿线国家资源优化、机遇共享，把各国自身发展优势转化为沿线国家共同发展优势，既释放了各国发展红利，又补足了各国发展短板，实现了构建开放包容、普惠共享的能源利益共同体、责任共同体和命运共同体的美好蓝图。以"一带一路"能源部长会议和国际能源变革论坛为契机，坚持共商、共建、共享，积极推进"一带一路"能源合作的行动路线图，让"一带一路"能源合作走深走实，为维护全球能源安全做出更大贡献。[1]

（四）深化已有多边和双边合作机制

重点发挥中俄能源合作委员会、中美能源政策对话等46个双边合作机制的积极作用，用好亚太经济合作组织（APEC）、G20等28个多边合作机制，以高层互访为引领，依托政府间合作平台，以编制双边能源合作规划为基础，以签订政府间能源合作协议为保障，以重大能源合作项目落地为目标，深化和扩大与重点国家的能源务实合作。建立完善双边联合工作机制，研究共同推进能源合作的实施方案、行动路线图。共建"一带一路"能源合作俱乐部，扩大各国间能源智库的合作与交流，推动各国间人才交流和信息共享。[2]

（五）积极推动能源企业"走出去"实现企业与国际接轨

第一，推动企业管理制度改革，加快培养支撑能源企业走出去的国际化经营管理人才，做好长期规划和人员培训，推动企业制度与国际接轨，稳步向全球大型跨国公司转变。第二，进一步加强能源企业宽领域、多层次、全产业链合作。大型能源跨国公司，将不单以资源为导向，而是将设备制造、工程管理和能源服务等一系列配套，形成产业链，才能拥有国际竞争力。

（六）提升我国能源国际合作大软实力

通过"打造一个平台，利用两种机制，实施四大战略"，全方位系统加强我国能源国际合作软实力建设。一个平台即"一带一路"能源合作平台，加强建设"一带一

---

[1] 人民网：《推动"一带一路"能源合作 维护全球能源安全》，http://opinion.people.com.cn/GB/n1/2018/1019/c1003-30352268.html，最后访问时间：2018年10月20日。

[2] 景春梅：《加强能源国际合作的思考》，http://www.china-nengyuan.com/news/121400.html，最后访问时间：2018年9月8日。

路"能源平台,使其成为加强各国能源合作,促进经济发展的贸易平台,和讨论国际能源贸易规则、能源定价体系、能源过境运输安全、能源技术标准、碳排放和污染物排放等全球性重大能源问题,影响和引领全球能源治理的交流平台。两种机制即政府间多双边合作机制和民间合作机制。政府间的多双边合作机制有利于达成合作共识,明确合作方向,构建合作的主体框架。民间合作机制更加灵活高效,有利于扩大合作的深度和广度,深化利益融合。四大战略即智库战略、品牌战略、文化认同战略和人才战略。四大战略是针对我国能源国际合作软实力存在的弱项而开展的专项工作,是一个平台的重要延伸和两种机制的有效支撑。正确研判国际能源发展大趋势、大格局,对我国能源发展做出前瞻性、战略性、系统性的设计和谋划,积极参与和影响全球能源治理变革,发出中国声音,提高中国的国际影响力,赢得能源话语权。

第二节　将国际法原则和国际惯例
　　　　　与中国法治结合起来

　　开展国际能源合作是在国际范围内进行的能源交流活动,当然要以国际标准来约束和规范各国的行为,所以,在国际能源合作中,要遵守相关的能源国际法原则和国际惯例,能源国际原则和惯例主要有以下几条:

　　国家能源主权原则:国家能源主权原则是国家经济主权原则在能源领域的延伸,是国家主权在国际能源合作中的体现,其最终目的是为了维护一国的能源主权,保证一国对其境内能源相关活动有充分的自主权和管制权。国家能源主权的概念,在能源领域可以从狭义和广义两方面加以界定。狭义的能源主权,是指主权国家对其能源资源的永久主权。广义的能源主权,是指国家在国际能源活动中,有选择国家能源制度和参与、协调国际能源秩序等重大能源问题的最高独立决策权[①]。能源主权原则对于国家意味着两个方面:第一,一国对于其境内的能源资源享有永久的占有、使用、收益、处置的权利。国家可以按照本国的利益和意志选择发展道路、发展计划、勘探、开发、运输能源的立法,选择本国的能源制度,管理和调控本国能源活动。第二,为了维护国家的能源安全,有权确定本国能源外交方面的战略决策,有权决定是否参与,采取何种方式参与,参与何种形式的国际能源合作,不受别国干涉[②]。

国家能源主权原则是每个国家处理能源经济一切事务最基本的原则,也是国际能源交流合作最根本的遵循。它意味着一国永久地拥有其国内能源资源的所有权、使用权、处置权,拥有独立自主地制定其国内的和对外的能源政策和能源立法,并且可以独立自主地对外开展能源合作和能源交流活动,缔结或参加各种涉及国际能源事务的国际条约、双边多边会谈等的权利,不受任何国家和国际组织的任何形式的干预和控制,是各国在尊重彼此主权的基础上有秩序的进行国际间能源活动的基本保障。

能源安全原则。能源安全原则是站在国家安全的角度提出的,属于国家安全范畴。能源安全原则是指一国在能源领域能够拥有平等的、稳定的能源供给和安全的能源使用环境,保护其国在能源储量、能源产量、能源贸易、能源储运、能源勘探开采技术等方面的安全。能源稳定供给,是指一国在相当长的一段时期内,能够持续获得国民经济发展和保证人民正常生活的能源,达到供需平衡的状态。它包括以下几个方面:进口来源和燃料的多样化,合约的机动性,可靠的运输路线或系统,国内基础设施完整性或可容量资源开发的参与度等[③]。能源平等供给,是指发展中国家与发达国家都能够获得满足国内需求的能源供给,以维持人民的生活水平[④]。能源使用安全则是指一国在能源消费和能源使用过程中,不应对人类自身生存与发展的生态环境构成大的威胁。

---

① 杨振发:《国际能源合作中的国家能源主权原则研究》,载《红河学院学报》2010年第5期。

② 周胜男:《中国参与国际能源合作的法律原则探析》,载《法治与社会》2010年第13期。

③ 孙霞:《关于能源安全合作的理论探索社会科学》,载《社会科学》2008年第5期。

④ 国际能源署:《世界能源展望》,载 http://www.ica.org/weo/index_chinese.asp,最后访问时间:2018年9月1日。

能源安全的概念在 20 世纪 70 年代第一次收入政治词典,这是在近东经济危机加剧的情况下,由于石油输出国组织国家大幅度提高石油价格,西方工业发达国家遇到了对自己经济安全的严重威胁[1]。随着能源经济全球化的逐步推进,能源全球化不断加深,各国间的能源依赖性愈渐加强,特别是工业和经济发达的国家,若是关键能源供应中断,则会导致一国的经济体系,甚至国防体系变得脆弱,导致一国面临严重的国家安全问题。能源安全原则对于进口国来说,意味着为经济发展和人民生活提供持续稳定的能源供给;而对于出口国而一言,能源安全意味着保持出口的稳定以保证政府收入[2]。遵循能源安全原则是一个变化发展的概念,每个国家依据自身国情,对能源安全原则有不同的理解,根据自身国家能源资源及能源政策的实际情况,制定正确的能源安全法律法规和能源发展战略。所以能源安全的普遍意义在于,一方面,保障国内能源的开发、利用的安全性,建立安全的能源市场环境;另一方面,根据能源安全原则的指导,对外开展安全的能源外交,开拓和维护本国在国际的能源市场的经济利益,建立能源磋商、协调与合作机制,避免相互之间代价过高的能源竞争,保障国家能源整体安全。

能源可持续发展原则。能源可持续发展原则是近几十年来国际社会越来越重视的能源原则。能源可持续发展原则是指,能源的使用既满足当代人的需要,又不对后代人满足其能源需要的能力构成危害。既包含对能源资源消耗的节约层面,也包含对能源可再生的倡导层面,还包含对能源使用造成环境污染的抑制、改善层面。就环境法中的可持续发展原则而言,它包含代际公平、代内公平、可持续利用和环境与发展一体化四个核心要素。代际公平由保持多样性选择,保持质量原则,以及确保平等取得和利用原则三项原则构成。代内公平是可持续发展的必要条件,指的是代内的所有人,无论其国籍、种族、性别,以及经济发展水平和文化等方面的差异,对于利用自然资源和享受良好的环境享有平等的权利。实现代内公平的关键,最重要和最根本的是建立国际政治经济新秩序和新的全球伙伴关系。可持续利用原则指的是,以可持续的方式利用自然资源,注重自然资源的生态承载能

---

① 蔡天成编译:《俄罗斯经济和能源安全的影响》,载《中外科技情报》2007 年第 22 期。
② 黄晓晴:《国际能源合作机制的法律原则探析》,厦门大学 2009 年硕士论文。

力。环境与发展一体化,指将保护环境与经济和其他方面的发展有机结合。①

1987 年,由世界环境与发展委员会发布的"布朗特兰报告",即"我们共同的未来",首次提出可持续发展的理念。1992 年,联合国环境与发展会议首次明确了可持续发展目标,并间接地涉及能源和气候的关系问题,承认现行的化石燃料循环对人类健康与环境具有长期的危险后果。② 自从能源可持续发展原则提出以来,这一原则越来越受到国际的重视,因为现代工业的发展使得能源成为一国经济发展以及综合实力的重要资源,全世界范围的巨大能源消耗,一方面带来能源资源的短缺,另一方面带来严重的环境问题,例如生态环境遭到破坏、能源开采过度、全球气候变暖等等严重问题,所以倡导能源节约和能源环境治理与保护,实现能源可持续发展,是当今世界能源的一大主题,也是各国能源政策应当的趋向。这要求各国坚持环境友好型能源可持续发展战略,探求清洁、绿色的能源利用方式,寻求能源活动对于环境负面影响的最小化,注重可再生能源的开发和利用,注重能源使用中的环境成本,不仅在国内贯彻能源可持续发展原则,在国际能源合作与交流中也要积极倡导能源可持续发展原则。

以上是与国际能源合作直接相关的国际原则,除此之外,还有一些以下几条与之相关的原则,也是各国对外进行能源活动应当遵守的:

和平解决争端原则。和平解决争端原则是国际法中一项基本原则,具体到能源领域就是和平解决能源争端原则。所谓和平解决争端是与武力解决争端相对的,是指各国要运用和平的方法解决与其他国家的能源争端与冲突,和平的方法是指运用谈判、调查、和解、调停、仲裁、司法解决、利用区域机构或区域协定等方法解决能源争端。自从第三次工业革命以来,能源资源已经成为各国拼命争抢的对象,能源在国家经济和综合国力中的地举足轻重,国际能源竞争日趋剧烈,也使得国家间能源争端和能源冲突越演越烈,所以倡导和平解决能源争端原则有利于维护国际和平和国际秩序的安全稳定,只有运用经济、外交、法律等和平手段解决国际能

---

① 李爱年、韩广等:《人类社会的可持续发展与国际环境法》,北京法律出版社 2004 年版,第 56~59 页。

② 马俊驹、龚向前:《论能源法的变革》,载《中国法学》2007 年第 3 期。

源争端,才能保障国际能源交流与合作的长远、和平的发展,是符合各国利益的争端解决方式。

公平互利原则。公平互利原则这一项国际基本原则也同样适用于国际能源合作领域。公平互利原则是指,各国在对外开展能源活动的时候,秉持公正平等的态度,国际能源合作的各方是自主自愿的,而非强制的,各国在国际能源市场的地位都是平等的,各国都可以从中获得利益,并且利益应该是基本均衡的。公平互利原则是国际能源合作应当遵守的一项基本原则,各国只有秉持公平互利之心,才能营造一个良好的国际能源市场,使国际能源交易活动能良性循环下去,否则会造成不必要的争端,影响国际安宁和国际经济的发展。

非歧视原则。非歧视原则主要包含三个方面,即国民待遇、最惠国待遇和互惠待遇。它要求国际能源合作各方在实施某项限制或制裁措施,或给予某种优惠政策或特权时,不能对对方实施差别待遇,彼此不能把低于其他外国人的权利或优惠的专门限制,适用于对方国家的公民或法人。① 非歧视原则是公平互利原则的延伸,在一定意义上也体现公平原则,非歧视原则的运用能使各国间的能源贸易、能源合作更加有序进行,避免不公正待遇导致国家间关系紧张,能促进各国更好地进行能源交流。

加强国际能源合作是近年来我国对外经济政策的一大重点,随着"一带一路"的提出和实践,我国进一步对外开放,中国在 2017 年已经超越美国,成为世界第一大能源进口国,国家对外能源依赖度正在逐年攀升,我国更加渴求建立一个安全的国际能源新秩序,而这个国际能源新秩序一定是建立在国家能源主权、能源安全、能源可持续发展上的,并且各国只有秉持公平互利原则、非歧视原则和和平解决争端原则,才能真正建成一个与旧的不公平的国际能源秩序不同的平等互利的国际能源新秩序。在国际能源新秩序原则约束下,中国需要大力倡导:第一,各国加强对本国能源的自主性。能源分布的不均衡导致能源供求的不平衡,尤其是发展中国家需要加强对本国能源的探明和开采,将新能源的开发置于优先地位。同时国际能源合作应当加大对发展中国家技术和资金的支持,帮助其提高自主能力。第

---

① 刘再辉:《中国与中亚国家能源合作的若干法律问题》,载《新疆社会科学》2009 年第 2 期。

二,保障参与主体都有平等合作的权利。中国反对能源产出国采用价格垄断等恶性竞争的方式控制能源合作,反对利用有力的经济实力影响能源安全。应提倡平等地参与能源合作,加强南北对话、南南合作,实现优势互补、协同发展。第三,通过国际能源合作收入分配调节的机制,增加对发展中国家的能源合作技术的转移。对发展中国家的援助应加强,支持其自主平等地参与全球和区域能源合作。[①] 另外,我国不仅仅要把对外能源合作当作能源工作的中心,还要重视国内能源市场的建设,完善能源法律法规,建立统一、完备的能源法律体系,将国际能源合作纳入立法考量范围,结合我国参与的国际合作条约,规范立法,做到政策转换为法律,促进我国参与合作有法可循。[②] 以国际能源原则为指导,将国际法原则、国际惯例与我国法治结合起来,统筹国际国内两个市场,建立坚不可摧的能源法治体系,使其为我国的能源发展保驾护航,成为我国在国际能源市场大展拳脚的坚实后盾,保障我国能源安全。

第三节　完善中国海外能源投资保护法律制度、能源纠纷解决制度

●　●　●

一、完善中国海外能源投资保护法律制度

要保障"一带一路"能源合作的有效、有序进行,首先应该建立"一带一路"能源合作法治体系。"一带一路"能源合作法治体系是指推进"一带一路"能源合作法律机制构建,就是要以法治为方略,构建系统化、机制化、权责分明的规则体系。通过法律机制,协调各国能源合作法律实践,实现各国价值理念与法律实践的一致;引导各国参与谈判,共建一个公正、公平的能源合作法律机制;中国应推进各国对话

---

① 岳树梅:《中国参与国际能源合作的法律机制创新研究》,载《河北法学》2009 年第 4 期。
② 吕振勇:《能源法导论》,中国电力出版社 2014 年版,第 325 页。

与谈判机制的构建,避免各国在能源合作中发生冲突,有效地协调能源合作关系,消除各国权力的非理性外溢。① 在"一带一路"的新政策的推动下,中国能源企业迎来了历史的发展机遇期,但"新丝路"不仅带来了机遇,也带来了挑战,为了适应国际能源合作的需要,在借鉴国际能源合作法律机制的基础上,结合区域能源实际情况,中国需要从法律层面上作出相应努力,具体内容包括以下方面:

(一)加强双边、多边谈话

两国能源合作主要以两国双边条约为基础,我国目前已有中俄能源合作委员会、中美能源政策对话等 46 个双边合作机制,深化这些双边合作机制,进一步加强双边能源联系。以高层互访为引领,依托政府间合作平台,以编制双边能源合作规划为基础,以签订政府间能源合作协议为保障,以重大能源合作项目落地为目标,深化和扩大与重点国家的能源务实合作。② 完善双边能源合作,需要合作双方参与签订能源贸易和投资便利化协定与能源投资保护协定,一方面利于减少能源贸易限制和壁垒,另一方面可以有效降低能源国有化运动和环境保护要求带来的政治风险,建立完善的双边联合工作机制,加强双边能源企业间交流,取长补短,共同进步。另外,还需要注意的是,在签订协议过程中,应当把控好条约的签订质量,明确遭遇各种政治风险的救济途径和补偿标准,甚至可以引用国际惯例、投资国或东道国的国内法律进行补充,完善双边条约的内容,并排除不合理的投资准入限制,明确界定投资和投资者的具体范围,规定公平公正的投资待遇标准以及发生争端时的争议解决途径,强化对我国海外能源投资者的利益保护。③

"一带一路"构想是一个整体战略,"一带一路"沿线国家能源储量丰富,却大多为经济不发达的发展中国家,各国发展不均衡,国际间能源合作潜力尚未完全发挥出来,中国以"一带一路"为依托,以"新丝路"经济带作为一个突破口,有利于推动亚洲经济的崛起,建立国际能源经济新秩序。加强"一带一路"成员国的联系,建立

---

① 汪习根、何苗:《治理能源合作法律机制构建的理论基础与模式构建》,载《中共中央党校学报》2015 年第 4 期。

② 景春梅:《加强能源国际合作的思考》,载《能源》2018 年第 2 期。

③ 李晓宇:《"一带一路"视域下我国海外能源投资保护的法律问题研究》,载《南京工程学院学报(社会科学版)》2015 年第 4 期。

能源共同体,增强区域经济在国际经济的话语权,则是实现这一目标的必然选择。要将一盘散沙的亚洲各国聚在一起,使各成员国发挥自身优势,形成区域间互补共赢,中国就需要引领成员国的多边谈话,共建"一带一路"能源合作俱乐部,扩大各国间能源智库的合作与交流,推动各国间人才交流和信息共享,使"一带一路"真正成为一个经济共同体,才能提高国际竞争力。① 中国作为领头人,应该促成区域多边谈话,召开大会,以签订多边协议的形式,确立成员国的共同利益和发展方向。多边能源合作要求利用和完善现有的法律规则和制度,例如 WTO 规则,发挥其普适性,实现在成员国之间的调节运转的功能,推动国家主体能源法律制度的完善,同时促进国际能源合作的发展。现今中国参与国际能源合作多体现于世界贸易组织与亚太经合组织的合作。随着各国联系的紧密程度加深,中国也需要拓宽能源合作的渠道与合作范围,以区域为重点,促进多边合作。这一层面,中国可以通过与中东、中亚、东北亚等区域能源合作组织,成员进口国的多边合作得以实现。② "一带一路"经济带区域广大,国家众多,且各国政治经济发展不平衡等原因,要形成统一的经济利益体,达成统一的多边协议是一项十分艰巨的任务,还需要漫长的时间进行洽谈,中国作为"一带一路"的发起国,任重而道远。

(二)加紧《能源法》的制定

市场经济的发展产生了对能源的强烈需求,也给资源环境造成了空前压力,能源合作、能源安全等问题急需要完备的法律体制予以规制。目前中国虽然在能源领域加强立法,但是仍然无法满足现实的需要并且存在诸多缺漏:首先,石油、天然气、原子能等重要能源领域缺乏立法规制;其次,部分能源法律法规、行政规章存在规定不一致的情况,实践中适用存在一定的困难;最后,现有的法律制度对于能源合作的涉及仅局限于最初级的合作形式,即能源贸易与投资领域,规范的层级较低。③ "一带一路"能源市场在不断扩大,但是国内能源法律的滞后现象却十分严

---

① 景春梅:《加强能源国际合作的思考》,载《能源》2018 年第 2 期。

② 吴胜男:《"一带一路"背景下中国参与国际能源合作法律问题研究》,http://www.energylaw.org.cn/newsitem/277954122,2,最后访问时间:2018 年 8 月 20 日。

③ 吴胜男:《"一带一路"背景下中国参与国际能源合作法律问题研究》,http://www.energylaw.org.cn/newsitem/277954122,最后访问时间:2018 年 8 月 20 日。

重,如此庞大的经济市场,国内竟然没有一部针对调整的综合性法律,《能源法》的缺失使得企业在海外能源投资与合作缺乏保障,单一的双边、多边协定并不能完全满足中国企业在海外能源市场的需求。所以《能源法》的出台已是众望所归,也只有一套系统、完善的法律保障才能给予能源贸易更大的支持①。

《能源法》应该"是能源领域一部综合性、基础性法律,其调整对象应涉及中国能源各个领域普遍存在的共性问题、基本问题、重大问题、综合性问题"②。这部法律应该包括能源的各个领域,既包括能源生产、能源消费、能源运输等传统领域,还应该包含能源的基础设施建设、能源环境保护等方面的合作等新兴的领域;范围上,不能仅仅局限于国内,还应该涵盖我国企业在海外能源投资、我国企业与外国企业能源合作以及外国企业在我国境内能源投资等领域;在法律地位上,《能源法》是一部基础性法律,其包含的能源合作基本原则不仅是我国对外进行双边、多边能源谈判的基本遵循和指导原则,也是维护我国国家、企业能源利益的基本保障。另外,《能源法》的编撰应当与国际能源发展方向相一致,体现能源合作的客观规律以及国际能源经济的运行规律,能源安全与能源环境保护并重,顺应时代需求,创新能源合作法律规范,制定国际能源合作基本原则,加强国际合作使能源结构的优化和调整、资源的有效开发和合理利用、能源市场的公平竞争和政府的监管、能源的节约使用和提高能效、可再生能源的发展和能源的替代、能源的安全和储备、政府财税激励和合理能源价格、税费制度等,以及为了各国公平地享用能源资源,需要对弱势群体的补贴和保护进行规制。

保证《能源法》的科学性、实用性。长期以来,"一带一路"能源合作法治内容散见于全球性多边条约、区域性条约、双边协议以及相关各国国内法律之中。总的来说,其中能源合作的内容偏少且内容之间可能还存在一些冲突,而解决这些冲突需要通过有效的国内法律途径进行。③ 所以,以《能源法》作为我国与外国签订双边条约、多边条约的基本遵循和漏洞补充,可以从法律层面上给予我国企业在海外投

① 祝琪:《中俄能源合作中存在的障碍及对策研究——基于"带一路"战略的分析》,载《西安建筑科技大学》2017年第6期。

② 李珍:《破冰的期待》,载《中国石化》2015年第10期。

③ 黎四奇:《能源合作法律机制构建的难点及对策分析》,载《法学评论》2010年第4期。

资坚实的保障,使我国企业的海外投资有序进行。

在经济、能源、环境协调发展的目标下,要创新国际能源合作法律制度与规范,一部科学的能源法,需要包含加强国际能源合作,优化和调整能源结构、有效开发和合理利用能源资源的内容;还要确保在市场经济的条件下,实现能源市场的公平竞争,加强政府对能源市场的监管;倡导节约能源,提高资源利用能效,大力发展可再生能源;秉持能源安全原则、能源主权原则,合理规划国家的能源储备和能源进出口;要完善政府财税激励和合理能源价格、税费制度等,激励企业走出国门,与国际接轨;最后,中国要积极承担国际责任,为了各国公平地享用能源资源,需要对弱势群体的补贴和保护进行规制,发挥大国作用,承担国际社会责任的同时要赢得国际社会的认可和掌握国际能源市场话语权。

二、建立有效的能源争端解决机制

(一)中国谋求建立有效的能源争端机构的原因

"一带一路"能源投资成为国际经济热点,随之而来的是能源合作国家间的摩擦和冲突增多,包括国家政府之间的能源合作纠纷,政府与投资企业的能源合作纠纷以及各国企业之间的能源合作纠纷,因此,建立一套有效的能源纠纷解决机制,是"一带一路"能源合作的有效保障,反过来,有效的解决途径也能加强各国政府以及企业对"一带一路"能源合作的信赖,并且吸引更多的国家、地区、企业投入"一带一路"能源合作中来。

对于国际投资争端,目前国际法主要有以下几种法律救济方式:一是通过 IC-SID①公约解决投资争端。二是通过 MIGA 公约②确立政治风险担保。三是通过

---

① 解决能源投资争端国际中心（ICSID）,作为解决缔约国与其他缔约国国民能源投资争议的常设机构,具有独立的国际法人地位,但仍然保持着与世界银行的密切关系。该中心现已成为国际能源投资争端解决的重要机构,世界上许多双边、地区性能源投资协定均选择该中心作为争端解决的机构。

② 世界银行制定的《多边投资担保机构公约》于 1985 年 10 月在世界银行汉城年会上正式通过,简称《汉城公约》或"MIGA 公约"。由于国家投资保险制度往往有着这样那样的限制性要求,使得许多跨国能源投资无法获得担保。MIGA 公约在规定担保业务方面所体现出的种种灵活性,为实现其填补"一带一路"能源投资保险市场空白的目标提供了可能。

WTO 解决贸易争端。但是,已有的国际组织和争端解决方式不能涵盖"一带一路"沿线所有国家。"一带一路"沿线有三分之二以上的国家没有参与任何区域合作,这就表明无论是能源双边还是多边合作,无论是能源投资还是贸易,都需要从能源合作的层面出发,进行探索,找出一套合适的争端解决机制。[①] 所以,笔者认为,建立"一带一路"专门的能源争端解决机构就尤为重要。

建立一个专门致力于"一带一路"经济带下能源纠纷的解决机构,有利于提高区域能源争端解决的专业性,有利于提高能源争端解决的效率,并且由于是在区域内设立的专业机构,所以"一带一路"能源争端解决机构相较于国际上的其他争端解决机构,更加了解区域内各国的实际情况,可以因地因时制宜,从根本上解决争端,消除矛盾。

(二)"一带一路"能源争端的主要类型

目前,区域能源争议内容主要有以下几种:①涉及跨境贸易的争议,如能源产品数量、质量的争议、贸易支付方面的争议等。②涉及跨境投资的争议,如对油气资源勘探开发产生的争议,履行投资合同过程中的争议等。③涉及环境保护的争议。④涉及跨境能源运输的争议。如从土库曼斯坦输往中国境内的天然气,将过境乌兹别克斯坦和哈萨克斯坦,运输管道投入使用后,可能因过境自由引发争议。[②] ⑤涉外能源工程承包建设的争议,包括工程未按期完工、工程无法按要求建成,以及承包建造合同的一系列争议等。

(三)能源争端解决机构运行原则

"一带一路"能源争端解决机构应当遵循以下原则:

1.坚持共商共建共享原则。保持开放包容心态,倡导"一带一路"建设参与国精通国际法并熟练掌握本国法的专家积极参与,尊重当事人选择国内外法律专家解决纠纷的权利,使"一带一路"国际商事争端解决机制凸显国际化特征、体现共商共建共享精神。

2.坚持公正高效便利原则。研究借鉴现行国际争端解决机制有益做法,设立

---

① 岳树梅:《"一带一路"能源合作法律机制构建研究》,载《社会科学战线》2017 年第 8 期。

② 刘再辉:《中国与中亚国家能源合作的若干法律问题》,载《新疆社会科学》2009 年第 2 期。

符合"一带一路"建设参与国国情特点并被广泛接受的国际商事争端解决新机制和机构,公正高效便利解决"一带一路"建设过程中产生的跨境商事纠纷。

3.坚持尊重当事人意思自治原则。尊重"一带一路"建设参与国当事人协议选择纠纷解决方式、协议选择其熟悉的本国法或第三国法律的权利,积极适用国际条约、国际惯例,平等保护各方当事人合法权益。

4.坚持纠纷解决方式多元化原则。充分考虑"一带一路"建设参与主体的多样性、纠纷类型的复杂性以及各国立法、司法、法治文化的差异性,积极培育并完善诉讼、仲裁、调解有机衔接的争端解决服务保障机制,切实满足中外当事人多元化纠纷解决需求。通过建立"一带一路"国际商事争端解决机制和机构,营造稳定、公平、透明、可预期的法治化营商环境。①

(四)能源争端解决机构的具体设想

"一带一路"能源争端的机构应当建立在各成员国独立自主互信的基础上,通过多边协议,组建专业的能源合作纠纷解决机构。"一带一路"机制下的能源合作纠纷均可提交该机构解决,其主体包括国家政府、国际组织还有成员国企业。首先,"一带一路"能源争端解决机构的建立,要以成员国达成多边协议为基础。中国要积极倡导和推动各国举行多边谈判,就建立区域能源争端解决机构的相关事宜签订多边协议,得到成员国的支持和肯定,以多边协议作为"一带一路"能源争端解决机构裁决的法律效力的依据。其次,"一带一路"成员国家的企业可以在合作合同中约定发生能源争端交由"一带一路"能源争端解决中心解决,也可以在能源纠纷发生后约定交由"一带一路"能源争端解决中心处理,除此之外,成员国还可以在其法律法规中规定或者在成员国中签订双边、多边条约规定发生能源争端可以交由"一带一路"能源争端解决中心解决。最后,关于"一带一路"能源争端解决机构的法律适用问题上,可以适用相关国际公约或国际惯例、争端双方签订的双边条约、多边条约,以及东道国国内法,在没有相反法律规定的情况下,还可以由当事人选择处理争议所适用的法律,争端双方还可以约定裁判的程序法和实体法,能源机

---

① 光明网:中办国办印发《关于建立"一带一路"国际商事争端解决机制和机构的意见》,https://baijiahao.baidu.com/s? id=16044636290141054878&wfr=spider&for=pc,最后访问时间:2018 年 10 月 13 日。

构必须依据其约定的法律进行裁决,无约定的由能源机构根据案件情况决定适用的程序法和实体法。"一带一路"能源争端解决机构的裁决具有法律效力,该法律效力是"一带一路"各国通过多边条约赋予的。

在专业度上,专门的能源纠纷解决机构更有利于提高"一带一路"领域下各国能源纠纷解决效率;在覆盖范围上,专门针对"一带一路"经济带下的能源纠纷解决机构,更了解该区域政治、经济、社会情况,更有利于纠纷的化解;在解决方式上,丰富了传统的能源纠纷解决方式,弥补了一些不是 ICSID、WTO 等国际组织成员国的国家在选择解决能源纠纷机构中的缺陷,为"一带一路"各成员国提供了新的能源争端解决申诉机构,便于国际能源合作矛盾的实际解决。

第四节　积极引导企业参与"一带一路"能源合作

●　●　●

"一带一路"关注的欧亚大陆是世界能源经济心脏地带,沿线地区未来将成为世界最大的能源生产与消费市场。[①] "一带一路"国际能源合作的主角不仅仅是国家与国家之间,更重要的是各国企业之间的跨国能源合作,自"一带一路"发展倡议实行以来,因为自然资源丰富,人力、物力等成本低的优势,"一带一路"沿线国家已经成为众多国内外企业投资海外能源的热点区域,并且达成了一系列重大合作项目,取得了初步的成就。企业是能源领域合作的中坚力量,中国政府还应当乘着"一带一路"的良好趋势,再接再厉,利用好市场的手段,兴利除弊,大力吸引更多的国内外企业进入"一带一路"能源市场,把饼画大画圆。

一、拓宽能源产业的相关产业,形成完善的能源贸易产业链

近年来,国内企业海外能源投资出现了一种"抱团出海"的方式,所谓的"抱团出海"是指为了更好地防控风险,实现多方位共赢,能源企业与相关企业联合投资

---

① 景春梅:《加强能源国际合作的思考》,载《能源》2018 年第 2 期。

国外大型能源项目。诸多企业以"抱团"组成产业链的形式走出国门,不仅能更好地筹措资金,还能分摊投资风险,更重要的是形成项目产业链,创造多元化盈利,实现多方位共赢,创造更多经济价值,客观上带动了能源输出地区的多种产业发展,提供更多的工作岗位,盈利的同时也能更加多方位地造福能源输出地区。例如,我国国网公司在巴西投资的特里斯皮尔斯输电项目,该项目是巴西特里斯皮尔斯河流域水电站(总装机 3450 兆瓦)的配套送出工程,是巴西南北电力通道重要组成部分,项目投资总额为 11.4 亿美元,国网公司在巴西运营的输电线路总长度达到 7623 公里。除此之外,项目还有效带动了南瑞集团、山东电工电气、山东电建等中国电工装备和工程承包企业进入巴西市场,谱写了中巴电力产能合作的新篇章。这是相关企业以产业链形式联合"走出去",实现了整体协同效应的最大化,也是能源企业整体层面提升国际竞争力,从更高、更深层面融入全球市场的表现。① 应鼓励企业在市场经济模式下,运用有效的风险防控和筹集资金方式,使不同领域的企业在同一个能源合作项目中发挥自身优势,彼此互补,加强能源企业宽领域、多层次、全产业链合作。鼓励这种产业链合作方式,并出台相关政策、法规规范企业联合投资的模式,做到有法可依,建立有序的能源市场秩序,加强企业间的互补与合作,创造健康的共赢市场环境,也能消除一些企业的顾虑,吸引更多的企业进入海外能源投资市场,对于企业海外能源投资市场意义重大。未来,中国能源公司发展成为跨国公司,将不单以资源为导向,而是将设备制造、工程管理和能源服务等一系列配套。②

二、丰富海外投资模式,拓宽企业能源投资渠道

经过几年的大力发展,我国"一带一路"能源海外投资模式不再单一,出现了一些新的投资领域,初步形成了丰富的投资市场。传统油气资源仍是能源投资的重点,但除传统的油气资源外,电力能源已经成为我国企业国际能源合作的新热点,"一带一路"能源合作在电力领域的成就突出,促成了一系列重大项目的合作。例

---

① 《能源发展回顾与展望(2016):第十部分 国际能源合作日益强化》http://www.sohu.com/a/125778899_465501,最后访问时间:2018 年 7 月 31 日。

② 景春梅:《加强能源国际合作的思考》,载《能源》2018 年第 2 期。

如,三峡集团在巴基斯坦投资建设的卡洛斯水电项目,是"一带一路"首个大型水电项目;中国水电工程顾问集团与中地海外建设集团联营体总承包埃塞俄比亚阿达玛二期风电项目,是我国在境内外最大风电总承包工程,也是目前非洲大陆第二大风电项目;中国广核集团与法国电力集团共同投资建设英国欣克利角 C 核电站项目。除此之外,我国能源企业的海外投资模式还出现了新的元素,主要涵盖绿地项目、股权投资、海外研发等。三峡集团 2016 年开工建设的巴基斯坦卡洛特水电站为集团在海外投资在建的最大绿地水电项目;中广核完成"一带一路"沿线 5 国 13 个清洁能源项目的股权收购;三峡集团收购德国 Meerwind 28.8 万千瓦海上风电项目 80% 股权。多元化的投资模式,标志着我国海外能源投资市场愈加成熟,应当在重视传统油气能源的同时加强新型投资模式的发展,投资模式的多元化提供给企业更多元的选择,可以刺激海外能源市场的活力,吸引更多的企业进入海外能源投资领域,促进中国企业更加深入、成熟地参与国际能源市场,全面地发展能源供给结构,具有深远的经济影响力。

三、加强能源科技研发、企业管理国际化

"一带一路"能源合作的意义不仅仅是形成庞大的能源进口以弥补我国能源需求,同样重要的是在此过程中抓住机遇发展我国的能源开发和利用技术,从能源产品输入大国向能源技术输出强国转型,这才是长远的发展经济之道。企业加强技术研发,增强国际竞争力才是我国企业在国际能源市场把握话语权的立足之本。政府应当出台相关政策鼓励企业加强能源技术研发,在资金以及税收方面给予一定支持,降低企业技术研发的成本。值得欣慰的是我国已逐渐在技术输出上崭露头角,2016 年中国发起的 IEC 61400-5 风轮叶片国际标准通过了 IEC/TC88 国际电工委员会的认证,这是首个由中国发起的风电国际标准获得通过,标志着中国的风电技术已达到国际领先水平。另外,我国企业在核技术输出领域也取得了一些成就,2016 年国际核聚变组织与中广核工程及苏州天沃科技正式签署 ITER 蒸汽冷凝罐设计供货合同;中国核动力研究设计院与俄罗斯 LLC GPS 公司签订了非能动氢复合器催化板的供货合同,并迅速建立海外销售渠道,全面进入海外核电竞

争市场。[①] 但这仅仅局限于我国所擅长的电力领域,还需要更加全面地发展能源科技,政府要加大科技投资力度,结合市场这只"看不见"的手,倡导各企业重视能源技术研发,只有在技术上处于世界领先行列,才能在能源市场具有竞争力。我国企业不仅要在电力领域,还应该在其他能源领域也取得技术话语权。

要使能源企业真正地全面国际化,还需要企业管理革新,建立适应国际竞争的大型跨国企业管理模式,大力培养能支撑能源企业国际化运转的专业管理人才。国际化的运营模式和先进的能源科技的综合作用,才能使我国能源企业真正地立于不败之地,在竞争激烈的国际市场上发出中国之声。

四、大力发展新能源,开启能源市场新增长点

加强国际科技合作,大力发展可再生能源与新能源,已经成为各国增加能源供给,促进节能降耗,保障能源安全,减少温室气体排放,发展低碳经济,实现经济与社会可持续发展的共同选择。中国政府为促进可再生能源与新能源的发展,出台了一系列的政策与法规,公布实施了《可再生能源法》《国家中长期科学技术发展规划纲要(2006—2020 年)》,编制完成了《可再生能源中长期发展规划》等,为中国发展可再生能源与新能源提供了良好的制度环境,也为国际科技合作创造了有利条件。[②]

面对新的能源形势和全球气候变化,在发展水能、风能、太阳能等可再生能源已经成为各国能源发展的重要趋势,可再生能源也成为国际竞争的重要领域,加快全球能源转型,实现绿色低碳发展,已经成为国际社会的共同使命。

近年来,可再生能源已在一些国家发挥出重要替代作用。欧美等国每年60％以上的新增发电装机来自可再生能源。2015 年,全球可再生能源发电新增装机容量首次超过常规能源发电装机容量,表明全球电力系统建设正在发生结构性转变。特别是德国等国家,可再生能源已逐步成为主流能源,并成为这些国家能源转型、

---

① 《能源发展回顾与展望(2016):第十部分 国际能源合作日益强化》http://www.sohu.com/a/125778899_465501,最后访问时间:2018 年 7 月 31 日。

② 《可再生能源与新能源国际科技合作计划》,https://wenku.baidu.com/view/077cd158cd7931b765ce0508763231126edb771f.html,最后访问时间:2018 年 8 月 3 日。

低碳发展的重要组成部分。[①]

  在这样的国际新形势下,我国完全有能力引导世界能源变革。第一,可再生能源具备大规模替代的可能性。全球可再生能源的逐步大规模运用和可再生能源技术的进步,使可再生能源设备价格普遍下降,例如,风电设备和光伏组件价格近五年分别下降近 20% 和 60%,大大降低了可再生能源发电的成本。第二,我国近年来大力发展可再生能源科技,可再生能源技术得到飞跃发展,光伏、风电、水电装机均稳居世界第一,成长为世界节能和利用可再生能源第一大国。国际能源署报告显示,2015 年,我国占全球可再生能源增量的 40%,每小时就有 2 台风力发电机安装到位。巨大的可再生能源市场,成为我国引导世界能源变革的首要基础。不过,在我国可再生能源高速发展的过程中,也出现了"弃风""弃光""弃水"等瓶颈,所以政府和企业还需加大科研力度,克服技术瓶颈问题,并且也需要尽快解决配套设施、政策法规滞后等问题,大力调整能源产品结构,推动新能源持续健康发展。

  我国新能源行业之所以短期内取得如此巨大的成绩,与国家政策的大力支持是分不开的,尤其是价格、财政补贴政策和税收优惠政策等经济激励型政策,对解决新能源产能成本过高、市场需求薄弱、提升产业竞争力等问题发挥了巨大的作用。[②] 未来,新能源行业尽管仍需要政策的支持,但政府仅仅只是提供财政支持容易造成新能源企业对政府的依赖性,不利于新能源企业的长期发展,所以政府除了财政补贴之外,需要在新能源产业的发展上作出科学合理的长期规划,解决新能源产业配套设施和政策法规滞后问题,制定出规范市场秩序的相关政策法规,统筹布局、制定相关的行业标准,引导产业合理发展,引领新能源市场规范运行的同时,使企业真正自食其力,加强企业自身建设进行体制改革,提高企业现实竞争力。

  基于新能源无论在国内还是国外市场都具有的巨大需求,以及中国政府政策的大力支持,吸引了国内大量有实力的企业跨界进军新能源行业,使能源企业由原来的单一模式向综合性模式转变。近年来诸多国际油气公司纷纷调整发展战略,进军新能源行业,并加大投入,以求实现从油气公司向综合性能源公司的转变。从

---

① 王轶辰:《我国有能力引导世界能源变革》,载《经济日报》2017 年 4 月 26 日。

② 刘满平:《新能源产业的六大挑战和八大趋势》,载《中国石油石化》2018 年第 8 期。

各大公司的新能源战略布局来看,各公司在风能、太阳能、生物质、地热能源、氢燃料以及储能技术各大业务板块,各有侧重,取得了不同程度的竞争优势。国内,中国石油、中国石化、中国海油等三大石油石化公司也较早就进入新能源产业,加大力度推进清洁能源的开发和生产。例如,中国石油侧重发展生物质能源产业,中国石化高调进军甲醇开发,中国海油未来重点发展海上风力发电等。此外,部分非能源企业例如房地产开发企业恒大集团、华夏幸福,制造企业格力,互联网企业百度、阿里等,也纷纷宣布将进入新能源行业。[①] 可见,我国的新能源市场正在蓬勃发展,有了大型企业进驻,中国的新能源市场将面临产业综合型革新,加大新能源市场竞争力,也将进一步提高国内新能源企业的市场风险抵抗能力,为新能源企业走出去,迎接国际市场挑战奠定基础。

虽然国内新能源市场发展向好,但是要使企业真正发展成为拥有国际竞争力的大型跨国新能源企业,还要立足于国际市场开发,加强对外交流,适应新的国际交流与合作模式,促进各国技术优势互补,建立技术合作平台。在吸引国外先进技术向中国转移的同时推动中国的先进技术走出去,加强与发展中国家的科技合作;制定可再生能源与新能源国际交流与合作技术指南,参与国际可再生能源与新能源技术标准规范的制定[②];促进建立可再生能源国际技术合作平台,试开展再生能源技术应用示范项目;以企业为主体,以政府为后盾,重视新能源技术研发与技术创新,培养从事可再生能源与新能源研究与开发的高层次专业人才队伍,加快实现新能源研究成果向现实应用的转化。提高可再生能源与新能源在我国和全球的发展和应用技术水平,为解决未来人类能源问题提供方法和解决途径。

五、政府放宽能源投资市场准入门槛

正如前文所举的例子,中国在海外能源领域所取得的成就几乎都是国有企业造就的,海外大型能源投资以及合作中,几乎看不见民营企业的身影,这与我国国内能源行业背景有关。在中国,由于国家政策,能源市场几乎是由国企把持,国企

---

① 刘满平:《新能源产业的六大挑战和八大趋势》,载《中国石油石化》2018 年第 8 期。
② 《可再生能源与新能源国际科技合作计划》,https://wenku.baidu.com/view/077cd158cd7931b765ce0508763231126edb771f.html,最后访问时间:2018 年 8 月 3 日。

垄断国内油、电、气等能源市场,并且在技术开发上也有国家政府资金的大力支持,所以也只有国企才具有相当的技术和财力走向海外,进行国际能源合作与投资。在国内,例如石油、电气等能源行业,几乎由国企垄断,一般的民营企业一方面没有进入能源市场的资格,另一方面也没有参与能源开发利用的技术和资金。国内的能源市场尚且没有民营企业的立足之地,所以海外能源市场中,民营企业也根本没有技术和资金参与能源合作。

我国能源行业中政府干预过多,行政性垄断严重,其原因之一是传统观念和认识上存在误区。由于煤、电、油等能源产品涉及国计民生、牵涉面广,政府更多地将之当成福利产品和公共产品对待,认为能源市场是易产生市场失灵的领域,应该由政府管制、国企垄断经营。二是将能源安全重任过多地强调由国有企业承担,导致我国能源行业政企分离不够彻底,给政府部门行政权力滥用造成可乘之机。三是尚未科学界定能源产业链条中的竞争性业务和非竞争性业务,笼统地认为整个能源行业具有自然垄断性,政府对本应该完全放开、由市场竞争的业务和环节进行不当干预。[①]

国企行政垄断能源市场,市场准入门槛高,造成能源市场主体单一,能源市场资源都把控在国有企业手中,市场竞争不充分,使得国有能源企业疲软,虽然政府对技术开发投资力度大,但由于没有竞争催化,技术进步缓慢。因此,只有政府放宽能源市场准入门槛,使得一些有能力的民营企业进入能源市场,形成多样的市场主体,提高市场竞争力,才能发挥市场优势,促进产业进步。以石油天然气市场准入为例,政府要进一步开发石油天然气市场。第一,要推进石油天然气勘探开发主体的多样化发展,不断推进市场准入制度改革,进一步实现上游市场主体多元化。第二,要积极推进油气市场准入制度改革,根据市场的具体情况因地制宜设置适当的准入门槛,让真正有实力、有勘探开发资质的企业进入油气上游勘探开发领域。第三,推进建立科学、合理和严格的市场准入原则,对市场竞争主体实行国民待遇化管理,充分利用外国资本、技术和专门技能,制定勘探开发区块准入门槛,完善资金标准、产能标准、环保标准、技术标准、设备能力标准等行业规则,规范招投标管

---

① 刘满平:《能源行业应实行市场准入"负面清单"制度》,载《宏观经济管理》2015年第2期。

理过程,允许有实力的民营企业通过竞标方式从事油气勘探开发。适度鼓励各种有条件的社会资本有序进入油气上游领域,吸引国内外多种技术和资金,做到优势互补,实现油气勘探开发的多元化。第四,制定科学合理的市场准入标准,加强监管和审查,同时也可以防止不符合条件的公司从事油气上游业务,避免造成勘探开发秩序混乱、破坏环境、浪费资源的情况。[①]

一方面,一部分优秀的民营企业由于其先进的生产技术和高效的运营模式而在能源市场分得一杯羹,反过来因其良好的发展前景而得到了政府资金的支持,从而拥有更宽裕的技术开发资金,形成良性循环;另一方面,国有企业不再吃"大锅饭",不再是当然地得到政府的政策和资金支持,从而刺激了国企积极性,提高效率,整顿产业,优化组合,提高企业自身竞争力。这样良好的市场竞争模式促使企业不断提高技术水平,提高整个行业的生产效率,在国际能源领域,中国企业才能有更大的技术优势,促成更大的合作项目,赢得更多的利益。另外,放宽能源市场准入门槛,也是中国从能源消费大国向能源技术强国转变,在国际能源市场拥有更多的话语权的必要措施。

六、倡导能源企业积极承担能源环境责任

由于全球经济的不断发展,环境资源的地位升高,市民社会对自己的社会权利的觉醒,使得国际社会对环保越来越重视。近年来,随着我国不断加强国际能源合作,我国在海外开展了许多大型能源合作项目,但是值得注意的是,我国一些能源企业却遭到了东道国政府或社会的抵制,其主张的原因是控诉我国企业在其国内能源开发对其国生态环境造成了严重破坏,这些情况又进一步被有心者利用,宣传中国是"新殖民主义""能源掠夺"等,一度导致中国企业的形象受损,国际好评度下降,这对中国进一步扩大国际能源合作十分不利。

所以,从根本上解决中国企业的信任危机的方法,就是企业加强环保意识,积极承担东道国环境责任,企业在能源建设和开发时要关注企业活动对温室效应、臭

---

① 搜狐财经:《董秀成:中美为何如此重视能源贸易合作》,http://www.sohu.com/a/210642345_694318,最后访问时间:2018 年 8 月 24 日。

氧层破坏、水资源危机、海洋污染、酸雨、生物多样性和城市环境等方面的影响,加强能源工程项目环境风险的识别,科学地对能源工程项目环境风险进行评估,并对环境风险实行管控和跟踪评价。中国政府要大力倡导能源企业以国际法、国际惯例、东道国和工程所在地的环保政策和法律法规为依据,结合能源工程的项目自身情况,秉持可持续发展的理念,严格按照东道国环保政策施工作业,建立一套完整的环保管理体系,消除能源开发相关活动对东道国环境造成的不利影响,实在无法避免环境损害时,要采用合理的补偿办法,弥补东道国人民的损失。另外中国政府应该对能源企业的环保成本制定相应补贴政策,减轻能源企业压力。只有积极履行环保义务,承担社会责任,才能树立良好的企业形象,获得东道国政府和国民的认可和好评,为中国企业在国际能源市场的发展开辟道路。

第五节　加强国际能源基础建设

●●●

"一带一路"贯穿亚欧非大陆,一头是活跃的东亚经济圈,一头是发达的欧洲经济圈,中间广大腹地国家经济发展潜力巨大。丝绸之路经济带重点畅通中国经中亚、俄罗斯至欧洲(波罗的海),中国经中亚、西亚至波斯湾、地中海,中国至东南亚、南亚、印度洋。21世纪海上丝绸之路重点方向是从中国沿海港口过南海到印度洋,延伸至欧洲,从中国沿海港口过南海到南太平洋。[①]"一带一路"广大的横跨区域和优良的地理位置,以及丰富并且多样的能源储备,使沿线国家和地区拥有非常好的能源合作背景。但是横亘在我国面前的一个巨大的问题就是这些国家大都是经济落后的发展中国家,其国内的能源基础设施十分不完善,供能源运输的交通线路也十分有限,所以我国要真正实现"一带一路"能源合作蓬勃大发展,必须解决能源基础设施问题,解决能源开发和能源运输问题。这就需要我国大力加强能源基础设施互联互通合作,加强区域交通要道公路、铁路建设,共同维护输油、输气管道

---

① 贾科华:《能源基础设施建设先行》,载《中国能源报》2015年第1版。

等运输通道安全,推进跨境电力与输电通道建设,积极开展区域电网升级改造合作。区域能源市场一体化是有先例可循的,北美电网、北美天然气网络、欧洲电力网络的融合等都是有参考价值的先例,这些电网、天然气网的区域一体化,不仅大大改善了区域能源供给的便利性,还提高了区域能源系统的安全性,并且为区域经济市场的融合和发展提供了良好的基础,这正是我国需要借鉴的地方。

综观我国在"一带一路"各个区域的能源投资总体规划和方向,笔者认为目前能源基础建设的完善工作可以从以下几个方面开展:

一、东北亚地区

东北亚地区涵盖中国东北和环渤海地区、俄罗斯远东地区、朝鲜、韩国、日本,是世界上少数经济增长潜力巨大的地区。中国、日本、韩国是当今世界的主要能源进口国,能源需求量巨大,蒙古和朝鲜是潜在的能源需求国家,俄罗斯是这一地区目前主要的能源输出国,蕴藏丰富的石油、煤炭、天然气资源,电力资源也十分丰富;东北亚地区除朝鲜、内蒙古外,各地区的工业经济基础良好,基础设施较完善,为能源合作提供了便利。如果能够实现俄罗斯远东地区、中国东北和环渤海地区、朝鲜和韩国的电网互联,以及石油天然气市场融合,使各国能源供给互补,将大大加强东北亚区域经济一体化程度,大大改善这一地区的能源安全形势,并且形成一个经济总量为世界瞩目的新的经济增长极。

东北亚区域联网效益颇具价值。东北亚区域能源资源与消费具有高度的互补性,实现这些国家电网互联互通,可在更大范围优化配置能源资源,提高清洁能源消纳比重,还能实现各国电网负荷错峰、共享装机备用和应急资源,提高电源电网运行效益。[1] 2016 年,全球能源互联网发展合作组织在北京发布《跨国跨洲电网互联技术与展望》报告指出,未来亚洲可形成韩国—俄罗斯、中国—韩国—日本以及日本—俄罗斯(远东)互联电网格局。所以东北亚区域的能源基础建设中,实现电网的区域融合是当今及未来能源工作的重点。

---

① 董鑫:《全球能源互联展望:东北亚区域联网效益高》,https://www.yicai.com/news/5231076.html,最后访问时间:2018 年 8 月 12 日。

在东北亚,我国与俄罗斯长期都保持着能源合作,俄罗斯国土广阔,能源储备量巨大,开发前景好,俄罗斯的石油、天然气、煤炭等能源都十分丰富,当前,俄罗斯成为全球天然气出口第一大国,原油出口第一大国。近年中国和俄罗斯的能源合作越来越密切,2017 年,俄罗斯出口到中国的原油占中国原油总进口量的 11%,日均供应量达到 130 万桶/天,同比增长 18%。为扩大对华供油,"斯科沃罗季诺—漠河石油管道"的输油能力将扩大一倍。同时,中俄两国也正在建设"西伯利亚力量(中俄天然气管道东线)"等天然气管道。[①] 中俄两国的能源贸易往来巨大,特别是在油气领域,所以中俄双方未来的合作方向仍在完善两国输油输气管道上,形成区域油气输送网络,降低油气运输成本,为两国油气贸易提供基础设施基础。

中国在蒙古的能源基础建设也将是未来发展的方向,蒙古的风力资源、太阳能资源十分丰富,在蒙古的风力发电和太阳能发电具有十分大的潜力,蒙古的发电技术比较落后,再加上蒙古的输电网也极不完善,而我国在风力发电技术、太阳能发电技术方面已具有世界顶尖水平,这些都为我国和蒙古加强风电能源合作提供了条件,蒙古风电的技术可开发潜力达 2.5 万亿千瓦时/年,太阳能开发潜力约 3.4 万亿千瓦时/年,主要集中在东南部地区,未来可建设大型风能及太阳能发电基地。蒙古除了风力、太阳能资源外,其煤炭储备也十分丰富,蒙古矿业产值约占 GDP 的 30%,出口收入的 86%,财政收入的 37%,矿产业是蒙古经济的支柱产业。但是蒙古国是一个内陆国家,其本国没有出海港口,矿产品出口面临诸多困难,"一带一路"倡议的实施,为中蒙双方的能源合作提供了条件。秦皇岛是世界上最大的煤炭输出港和散货港,拥有煤炭专业泊位 21 个,煤炭的设计年通过能力达 1.93 亿吨,在未来的煤炭合作中,蒙古可以将中国秦皇岛作为中转港,向东亚各国出口煤炭。[②] 中国在与蒙古的能源合作中具备技术和资金优势,未来应当重视蒙古的能源合作谈判和磋商,使中蒙两国在风能、煤炭等领域开展广泛合作,加强两国能源

---

① 中国石油新闻中心:《俄罗斯永远是中国忠实的能源合作伙伴——专访俄罗斯联邦能源部第一副部长阿列克谢·杰克斯列尔》,http://news.cnpc.com.cn/system/2018/09/20/001705548.shtml,最后访问时间:2018 年 9 月 22 日。

② 中国社会科学院数量经济与技术经济研究所:《"一带一路"战略:互联互通 共同发展——能源基础设施建设与亚太区域能源市场一体化》,载《中国石油经济》2015 年第 8 期。

基础建设合作。

二、东南亚、南亚地区

外交部亚洲司参赞朱晓红曾经说过:"如果没有基础设施联通,东亚能源合作的实施将失去物质条件,进一步深化体制机制合作也无从谈起。企业推进落实'一带一路'能源基础设施建设项目,促进能源供应相互联通,是落实能源合作发展的有力保障。"[①]

东南亚、南亚国家是中国在亚洲的近邻,对于中国的国际战略位置具有十分重要的地位。东南亚地区涵盖中国华南与西南地区、中南半岛以及印度尼西亚和菲律宾。这一地区人口众多,油气资源丰富,但是单个地区的能源体系均比较薄弱。中国的华南地区工业基础好,但能源资源较为贫乏,中国西南地区、湄公河流域和缅甸水能资源丰富,但是基础设施条件较差;马来西亚、印度尼西亚、文莱虽然油气资源丰富,但是没有良好、配套的工业体系。如果这一地区能以中国华南地区为龙头,辅以其他地区丰富的能源资源,将会大大推动区域经济的发展。[②] 中国与东南亚地区的经济合作由来已久,近年来更是在"一带一路"倡议的推动下,在能源领域也加大了双方之间的合作。东南亚、南亚各个国家拥有丰富的水力、风力发电资源,随着近年来中国在风能、水能发电上技术的不断发展和开拓,我国的风能、水能发电技术和相关工程建设技术已十分成熟。由于东南亚各国在风电、水电技术水平的落后,中国已经是东南亚国家能源装备和建设、设计、管理、技术的最主要进口来源地,凭借性价比,中国的装备和建设最具国际竞争力,已经有许多中国企业,包括国有企业和民营企业,投资于东南亚国家的能源基础设施。[③] 东南亚的大型水电项目几乎都有中国企业的参与,其中典型代表就是中国与马来西亚合作的巴贡

---

① 中国石油新闻中心:《东亚能源合作如何落地生根——多国专家探讨搭建互联互通"桥梁"》,2017 年 12 月 19 日,http://news.cnpc.com.cn/system/2017/12/19/001672548.shtml,最后访问时间:2018 年 9 月 2 日。

② 中国社会科学院数量经济与技术经济研究所:《"一带一路"战略:互联互通共同发展——能源基础设施建设与亚太区域能源市场一体化》,载《中国石油经济》2015 年第 8 期。

③ 张国宝:《构建中国与东南亚邻国能源合作共同体》,http://finance.sina.com.cn/manage/mroll/2018-01-05/doc-ifyqincu4316961.shtml,最后访问时间:2018 年 9 月 1 日。

水电站,巴贡水电站被称为东南亚的"三峡",设计装机容量240万千瓦,共8台水轮机组,最大坝高205m,水库总库容438亿立方米,有效库容192亿立方米,是马来西亚迄今为止最大的水电项目。另外,东南亚除了在风力、水力发电领域发展前景广阔,该地区对于中国的石油能源运输也具有重大意义,中国与缅甸达成了建设中缅油气管道的政府协议,起自缅甸皎漂港到中国云南的油气管道已经建成投产。中缅石油管道的油源来自中东,并非来自缅甸本土,该石油管道为我国石油输入做出重要贡献。另外根据中缅协议,还给缅甸留下100万吨原油,也帮助缅甸解决了部分石油需求,实现了东南亚能源合作共赢。

目前,东亚经济发展迅猛,能源需求加速增长,又恰逢能源变革、能源转型阶段,能源基础设施正需要大力发展。由于经济关联性加强,地区能源一体化发展已成为大趋势。在基础设施逐步完善、互联互通日益便捷的条件下,形成区域能源合作机制,有助于各国能源需求发展多元化、高效化。[①] 东南亚地区经济社会发展的不平衡性,决定了中国与东南亚能源合作需要在能源基础设施的建设方面先行,通过基础设施的互联互通实现能源合作一体化。要在尊重各国主权和国家利益的前提下,加强东南亚地区各国的沟通,实现政策相协调、项目合作落地,实现共赢。

三、中国—中亚—西亚地区

中国—中亚—西亚经济走廊,从新疆出发,抵达波斯湾、地中海沿岸和阿拉伯半岛,主要涉及中亚五国(哈萨克斯坦、吉尔吉斯斯坦、塔吉克斯坦、乌兹别克斯坦、土库曼斯坦)和西亚的伊朗、沙特、土耳其等17个国家和地区,是丝绸之路经济带的重要组成部分。中亚、西亚北非地区是我国开展"一带一路"能源合作的主要区域之一,中亚—西亚地区的能源储备十分丰富,包括丰富的风能、太阳能、石油、天然气、矿产等。尽管中亚、西亚地区资源丰富,但制约经济社会发展的影响很多,其中基础设施建设落后、缺乏资金技术等问题较为突出。通过中国—中亚—西亚经济走廊建设,打通该地区对外经贸合作和资金流动通道,有利于促进相关国家经济

---

① 中国石油新闻中心:《东亚能源合作如何落地生根——多国专家探讨搭建互联互通"桥梁"》,2017年12月19日,http://news.cnpc.com.cn/system/2017/12/19/001672548.shtml,最后访问时间:2018年9月2日。

社会发展,有利于中国与中亚、西亚各国进行能源合作,互利共赢。近几年来,通过"一带一路"倡议,中国与中亚、西亚各国在能源多个领域都保持着十分密切的合作。

中国与西亚地区在天然气领域保持着长期的合作,随着国内天然气的需求越来越大,国内天然气的产量已经不能满足所有需求,需要大量进口,改善中国—西亚地区的天然气运输基础建设,加强我国与中亚、西亚天然气运输管道的建设,提升天然气运输便利就被提上了日程。"十三五"期间,建议对国内天然气管道进行扩容,加快推进西气东输四线和五线工程,实现与中亚天然气管道的多线链接,完善贯穿东西部、纵贯大江南北的能源大动脉。① 中国—中亚天然气管道有 A、B、C、D 四条线,目前 A、B、C 三条线已经完成投入了运营,D 线正在铺设中,D 线全长 1000 公里,其中境外段 840 公里,设计年输量 300 亿立方米,气源地为土库曼斯坦复兴气田,是继 A、B、C 线之后又一条引进中亚天然气的大动脉,投资总额约 67 亿美元。预计中亚天然气管道 D 线将于 2020 年年底全线完工,从而使中国—中亚天然气管道的整体输气能力达到 850 亿立方米,可满足国内超过 20% 的天然气需求。另外,中国在西亚地区的石油领域的合作项目还有沙特延布炼油厂项目、伊拉克马季努恩油田、阿布扎比陆上石油公司油田开发、沙特拉斯坦努拉管道项目等。所以,从油气资源看,中国与中亚、西亚各国的能源基础建设以油田开采投资与输油输气管道建设作为重点,油气运输管道使中亚、西亚各油气生产区域相互连接成一个整体,把中国与中亚五国和西亚地区紧密连接起来,进一步加深中国与中亚、西亚的能源合作,促进能源贸易往来,促进区域能源经济一体化,互利共赢。

在中亚—西亚地区,冶金行业(钢铁、有色)等行业项目总量达到 40.5 亿美元,占行业总投资的 78%。中亚地区矿产资源丰富,特别是有色金属,是中亚国家重要的出口支柱。我国在中亚地区的矿产也有很多投资,例如吉尔吉斯斯坦伊斯坦贝尔德投资金矿(1.03 亿美元)、中色股份哈萨克斯坦阿克托盖铜选厂项目(21 亿美元)、伊朗综合钢铁厂(16 亿美元)等,并且还通过中国—中亚—西亚走廊延伸到

---

① 中国社会科学院数量经济与技术经济研究所:《"一带一路"战略:互联互通共同发展——能源基础设施建设与亚太区域能源市场一体化》,载《中国石油经济》2015 年第 8 期。

非洲的阿尔及利亚年产 400 万吨球团项目 EPC 总承包项目(2.51 亿美元)。中国在中亚—西亚地区的金属矿产开采和冶炼项目投资,使得中亚—西亚甚至非洲的金属矿产产量增加,对外贸易出口到我国以满足我国市场需求,所以,打通中国—中亚—西亚交通要道可以为金属产品运输到我国带来便利。中国连接中亚、西亚地区的交通项目主要在铁路和高铁上,已建成的项目如瓦亚铁路,是中国铁建首次在塔吉克斯坦承揽的工程项目,也是中国铁路施工企业首次进入中亚铁路市场。瓦亚铁路全长 48.65 公里,总投资 7200 万美元。2015 年 5 月 15 日开工建设,2016 年 8 月 24 日,塔吉克斯坦瓦赫达特—亚湾铁路(简称瓦亚铁路)正式建成通车。中国需要完善与中亚地区的交通运输网络,为中国—中亚诸如有色金属等资源进口入我国提供交通运输便利,铁路、公路、高铁等交通线路的建成也会成为我国与中亚各国经济交流的生力线。

中亚的风能资源、水能资源和太阳能资源也十分丰富,哈萨克斯坦的风能资源十分丰富,吉尔吉斯斯坦国内拥有十分丰富的水能资源,土库曼斯坦、乌兹别克斯坦、哈萨克斯坦南部太阳能资源则十分丰富。从各国的经济发展状况和能源技术水平来看,中国拥有资金和技术优势,从中国与中亚各国的国际关系上看,中国与中亚各国长期保持着友好的国际关系,中亚各国对中国企业的能源投资也打开方便之门,所以中国与中亚各国的能源合作环境比较乐观。中亚地区的电力网络可以逐步实现互联,通过大电网来提高能源服务能力。实现中亚地区水电、风电、太阳能发电打捆后,可以根据亚洲负荷变化、时差等要素,进行灵活的调度管理,实现跨区域电力互联互通。未来中国将依托远距离输电线路建设,积极推进与中亚、西亚的能源电力互通,重点推进埃基巴斯图兹输往河南南阳的 ±110 千伏特高压送电项目的研究与建设;重点推进伊犁输往伊斯兰堡的 ±660 千伏直流送电项目的研究与建设,向巴基斯坦送电,缓解其电力短缺等问题。[①]

---

① 中国社会科学院数量经济与技术经济研究所:《"一带一路"战略:互联互通共同发展——能源基础设施建设与亚太区域能源市场一体化》,载《中国石油经济》2015 年第 8 期。

第六节 在中国设立"一带一路"能源合作委员会和能源定价中心为常设机构

●●●

中国推进"一带一路"能源合作机制的实现,主要依赖各国能源互补的客观要求,能源的相互依赖,迫使各国从能源合作的角度来思考自身的能源安全问题,这也使"一带一路"各国迫切期望用能源合作机制来解决能源冲突,以此实现能源合作互利的结果。能源互利互补使各国间的能源利益相互制约:一是彼此通过规则能够互信互利。二是如果"中断已存在的能源合作关系将给双方都带来损害"。推进"一带一路"能源合作法律机制建立,力争形成"合作共赢"的"非零和博弈"能源合作关系。在"一带一路"国家能源需要具有很强的依赖性的条件下,推进能源合作法律机制构建不仅惠及"一带一路"沿线各国,而且对全球能源合作新秩序的建立亦带来全新的内容。①

一、设立"一带一路"能源合作委员会

设立"一带一路"能源合作委员会是为"一带一路"各国建立一个专门的能源合作政治性谈判平台,其性质是政府间国际组织。"一带一路"能源合作委员会旨在加强各能源国的能源合作,共享信息,增强各国会谈和磋商,以达到建立新型互利共赢的国际能源协作新秩序。委员会可参照国际经济组织组成机构的一般形式,由最高理事会、能源部长理事会和秘书处三部分组成,其人员由各成员国政府派出人员、能源专家以及经济专家组成。最高理事会是最高权力机构(即决策机构),其主要职能:确定中国与海合会能源合作的利益范围、制订能源合作的发展纲要等②。部长理事会主要负责为最高理事会审议其他会议和机构商定的能源合作政

---

① 岳树梅:《"一带一路"能源合作法律机制构建研究》,载《法学》2015 年第 5 期。
② 这是按照国际经济组织的基本结构建立的组织机构。

策、决定、建议、法案、法律报告,以及准备首脑会议议程等项工作,并就成员国在能源领域开展合作协调提出建议。部长理事会下设石油、天然气、民用核能、清洁能源及能源效率、能源运输合作等多种议事和执行机构功能的能源专家委员会①。"一带一路"能源合作委员会可以设于上海或北京等经济发达的城市,每年召开一次集体大会,在会上各成员国对本年度能源国际合作作总结,报告各国能源合作项目实施情况,讨论整个区域的发展方向、发展方针和发展战略。除集体大会外,委员会还可以根据情况,随时开展常规会议,包括双边、多边会谈。能源委员会是"一带一路"能源合作会谈的专门平台,各成员国可以根据需要,通过能源委员会进行会谈、磋商、交流,促进新的能源合作协议的达成;交流各国能源建设的经验教训,促进能源生产技术交流;讨论能源合作中面临的困难,并在互利互信的基础上共同寻求解决之道,增强成员国间的信赖程度;分享区域能源配置信息,利用"一带一路"各成员国在能源供需和能源技术上的互补性,优化能源配置,逐步建立区域能源一体化,增强"一带一路"经济的世界影响力。能源合作委员会还要致力于区域能源大政方针的协调和统一,确保区域内成员国各自利益和共同利益,并且协调各国利益和区域利益的矛盾,使个体利益和整体利益达成一致,寻求稳定的能源市场价格,一方面保障能源消费国获得有效、定期的能源供应,一方面保护能源输出国获得稳定的收入和公平互利的待遇。

二、建立"一带一路"能源定价中心

能源强国在国际能源定价上的影响重大,以国际原油价格为例,国际原油价格金融化是国际定价的趋势,国际原油价格不仅仅由原油本身价值及其供求关系所决定,更受金融市场影响。一些石油消费大国均在本国设立原油期货市场,使得原油定价金融化。国际投机资金在全球范围内进行"低买高卖",攫取超额利润,推动国际原油价格上涨。②

我国近年来石油对外依赖性逐年增大,国内石油能源需求量巨大,现在我国已

---

① 岳树梅:《中国与海合会能源合作法律机制的构建》,载《法学》2015年第5期。
② 张岩:《我国争取国际能源定价主动权问题研究》,载《中国能源》2010年第11期。

经成为世界最大的能源消费国,但由于我国能源期货市场的缺失,能源金融市场不完善,再加上国际能源结算主要以美元为主,美元的价格波动直接影响我国能源外汇的大量流失等等因素,导致我国没有能源定价主动权,在国际上处处受掣肘,只能被动接受虚高的能源价格,典型的例子就是长久以来让中国头疼的原油"亚洲溢价"问题。亚洲溢价,是指中东产油国向欧美客户出口原油时,价格往往比向亚洲客户出口时低许多,合同的价格还是每月进行协商敲定的。而对待亚洲各国,由于缺乏稳定有效的长期供应机制以及西方石油巨头的捷足先登,中东产油国往往采用歧视政策。一般说来,亚洲进口国支付的每桶离岸价要比欧美至少高出 1.5 美元。2003 年,中国一共支付了 5.4 亿美元的"亚洲溢价",近年来我国从中东进口的原油量逐年增加,"亚洲溢价"对我国的影响也越来越大。我国在 2017 年就已经超越美国,成为世界石油进口第一大国,根据中国海关总署的数据,我国仅 2018 年 1—4 月的原油进口金额达到 719.822 亿美元,如此庞大的进口额,我国却没有定价主动权,这种局面对我国经济发展十分不利。解决亚洲油气溢价问题,准确体现中国和东亚市场在国际市场中的地位,是整个地区目前面临的共同问题。要积极促进中国乃至东亚地区完善自身定价体系,形成与东亚地区能源消费体量相匹配的国际化定价话语权。通过发展本地区能源期货、现货交易,发挥价格在资源配置中的基础作用,并保障市场秩序、维护各国共同利益。

"一带一路"国家大都为发展中国家,长期以来受到诸如美标、欧标等能源定价标注的不公正待遇,并且目前尚无一个国家的经济发展水平可以单独挑战美国、欧盟等能源大亨的定价权。所以,以"一带一路"为依托,将"一带一路"国家凝结成一个整体,建立"一带一路"能源定价中心是摆脱沙特、美国、欧盟等能源大鳄的价格掣肘的有效方法。中国作为"一带一路"成员国的领头羊,作为"一带一路"区域经济的利益代表,应当倡导"一带一路"国家联合起来,建立科学合理、公平、公正的新型国际能源定价标准,维护"新丝路"经济带国家的利益。值得重视的是,能源定价中心不是一蹴而就的,要经过包括市场环境、金融依托、政策推动、基础设施等客观因素综合作用,并经过市场的长期培育才能真正建立。

近年来,我国已经初步具备打造我国能源定价中心的条件。第一,我国能源经济在"一带一路"倡议下发展态势向好,我国能源需求量巨大,国际能源合作量逐年上升,并且中国在国际能源市场的影响力变大。第二,我国大力发展能源工业,不断提高能源科学技术,特别是在电力领域,包括水电、风电、核电等,都有较为先进的技术支撑,并且还有一些技术标准得到了国际能源组织的认可,例如中国提出的IEC 61400-5 风轮叶片国际标准获得 IEC/TC88 国际电工委员会风能发电系统工作会议讨论通过,成为国际标准。第三,我国经济的持续高速发展、经济体制和金融体制改革的稳步推进,为我国能源市场的长足发展奠定了坚实基础,并为其发展成为国际能源定价中心提供了可靠保障。第四,近年来,随着石油天然气价格市场化程度的不断提高,我国经济体制改革特别是价格改革步伐明显加快,天然气80%以上的气源价格由市场主导形成,为进一步深化我国石油天然气价格改革,形成有国际影响力的价格基准,更好地融入国际能源合作提供了市场基础。例如我国一直在谋求建立亚洲天然气能源定价中心。亚洲至今尚未形成世界级天然气交易和定价中心,但日本、韩国、马来西亚、新加坡等多国都在为成为亚洲天然气交易和定价中心而竞争。所以中国成为亚洲天然气能源定价中心,是我国掌握国际能源定价权的第一场硬仗,目前我国依靠国内经济发展状况、天然气资源储备量以及先进的天然气能源技术,已经取得了成为亚洲天然气能源定价中心的巨大优势。

但是,我国在打造能源定价中心的道路上,还具有很多的不足,这需要我国政府转变观念,更加理解建立"一带一路"能源定价中心的意义。

第一,加强能源市场建设。整体上,深化能源市场化改革,把我国建设成为亚太能源交易中心,加强"一带一路"各国国际能源合作,建立一个市场化、国际化,一个能够反映中国乃至亚太地区能源市场供需关系,开放、有序、多元的国际能源交易中心,是中国建设能源定价中心的市场基础;重点上,关注我国能源期货交易市场的建设。在世界经济联系日益密切的今天,拥有定价中心的国家把握了制定国际经济规则的主动权,从而在经济全球化收益分配中处于有利地位。正因为认识到期货市场的这一重要作用,一些贸易大国的政府一直重视发展本国期货市场,奠定和增强其作为国际能源定价中心的地位。而我国能源期货市场在国际定价中的地位与我国庞大的能源交易规模极不相称,这对我国能源经济发展非常不利。[①]

---

① 徐洪才:《加快打造我国国际定价中心》,载《西部论丛》2009 年第 10 期。

综观北美、欧洲等大国能源定价中心形成的经验,能源定价权以能源现货交易为基础,而发达的能源期货交易市场可以为其规避风险。我国能源现货交易量巨大,但能源期货市场发展晚,市场不稳定,期货市场的缺陷是我国无法拿下能源定价权的重要原因,所以加紧发展能源期货市场是建立"一带一路"能源定价中心的市场基础,要提高能源期货市场流动性,促进投资者结构合理化,使我国的能源期货市场交易与能源现货市场交易相匹配。

促进期货交易所服务创新和走向国际化,完善期货交易品种的管理。我国交易所的运行机制和基本运行模式都是在 20 世纪 90 年代初期货市场试点中建立的模式基础上形成的,有着较大的改革空间。期货交易所应借鉴成熟市场经验,在运行机制、交易方式、结算方式、风险管理等方面尽快实现与国际接轨。在品种管理方面,要加强新品种研发、完善品种结构,加快推出我国在产量或消费量方面具有优势、产业链条广泛、具有广阔市场供求并能够影响国际供求格局的大宗商品期货品种。建议对市场化程度高、不影响国计民生的小品种的上市实行备案制;对重要品种实行核准制,将上市申请权交给期货交易所,由中国证监会核准。[①]

成熟的期货市场必须建立在发达的现货市场上,但我国目前的现货市场发展还不够完善,例如现货流通体制不流畅,市场基础设施落后,市场组织管理体制不完善,地方保护主义严重导致全国市场缺乏沟通和互动等问题。所以要想发展期货市场,首先应该解决现货市场存在的问题,大力发展现货市场,消除现货市场对期货市场发展的制约,有针对性地调整现货市场,只有现货市场健康秩序运转,才能为期货市场提供坚实的发展基础。

第二,促进"一带一路"多边谈话。"一带一路"能源定价中心反映的不仅仅是中国一国的利益诉求,而是整个泛亚太经济圈的利益诉求,所以"一带一路"能源定价中心需要"一带一路"经济带下的每个国家参与进来,以多边会谈和多边协议的形式确立能源定价中心的各项事项。能源市场参与的主体更加多元化,能源市场的开放程度越高,包容性越强,影响力越大,才能得到国际的认可,能源定价中心才能真正建立起来。所以建立"一带一路"能源定价中心,不是中国一国的问题,也不

---

① 徐洪才:《加快打造我国国际定价中心》,载《西部论丛》2009 年第 10 期。

是中国一国的利益诉求,而是整个"新丝绸之路"经济带下所有国家的共同利益诉求,需要大家精诚团结起来,贡献自己的力量,为建立体现区域整体利益的"一带一路"能源定价中心而奋斗。

第三,探索科学合理能源价格形成机制。科学、合理、公平的能源价格是我国倡导建立"一带一路"能源定价中心的目的,所以,一套得到国际认可的定价机制就显得至关重要。我国没有能源定价中的建设经验,所以需要虚心借鉴诸如 Brent(英国北海布伦特原油期货合约)、WTI(美国西得克萨斯中质原油期货合约)等有国际影响力能源定价中心的经验,并加强与国际能源署(IEA)、能源宪章条约(ECT)、石油输出国组织、天然气输出国论坛等组织的对话与合作,保证"一带一路"能源定价中心与国际接轨,定价受到国际认可。[①] 只有受到国际认可的定价中心,才能真正发挥作用。我国是发展中国家,由于我国的经济发展水平和金融国际影响力与发达国家还具有一定距离,在此之前,我国没有任何建立定价中心的经验,所以在能源定价中心的筹建上难免有些捉襟见肘,这就需要我国政府做足功课,进一步加强国际贸易定价机制的理解,加强对国际金融市场的探索,从国家战略高度重视"一带一路"能源定价中心的建设。进一步推进能源企业的国际化,使我国能源市场与国际能源市场接轨,加强与国际相关能源组织的联系与交流,借鉴其他国家建立能源定价中心的经验和教训,在分析和掌握国际整体和各区域的能源发展方向和发展情况的基础上,在培养优秀专业人才队伍的基础上,在运行机制、交易方式、结算方式、风险管理等方面尽快实现与国际接轨,才能为建立"一带一路"能源定价中心打下坚实理论和实践基础。

---

① 刘满平:《我国应着力打造亚太地区天然气定价中心》,载《中国石化》2017 年第 9 期。

第七节 充分利用国际组织、国际金融机构
在能源合作中的作用

●●●

国际能源合作是国际范围内各国间的活动,属于国际间的经济交流,所以,为了更好地促进各国的能源合作,加强全球经济下的能源经济一体化,就需要充分利用相关国际组织、国际金融机构等在能源合作中的作用,加强各国的能源经济联系,促进能源项目的达成和实施,增强国际经济活力。

积极参与联合国、二十国集团、亚太经合组织、上海合作组织、金砖国家、澜沧江—湄公河合作、大湄公河次区域、中亚区域经济合作、中国—东盟、东盟与中日韩、东亚峰会、亚洲合作对话、中国—中东欧国家合作、中国—阿盟、中国—海合会等多边框架下的能源合作。继续加强与国际能源署、石油输出国组织、国际能源论坛、国际可再生能源署、能源宪章、世界能源理事会等能源国际组织的合作。积极实施中国—东盟清洁能源能力建设计划,推动中国—阿盟清洁能源中心和中国—中东欧能源项目对话与合作中心建设。继续发挥国际能源变革论坛、东亚峰会清洁能源论坛等平台的建设性作用。

除此之外,还有石油输出国组织(OPEC)、欧盟、北美自由贸易区、亚太经合组织、拉丁美洲一体化协会等分布于各大洲的具有影响力的国际经济组织的联系,因为随着中国全面对外开放、"一带一路"范围的扩大,以及能源技术的不断升级,中国的能源合作伙伴不再像以前那样单一,大部分集中在亚洲、非洲等范围内,而是更加多元化,中国的能源合作范围遍布各大洲,所以加强与各大洲经济组织的联系,发挥它们的作用,利用各个区域经济国际组织的区域经济合作高端智库和重要知识共享平台,更好地为国际能源合作服务,对中国"一带一路"能源国际合作具有重大意义和推动作用。

能源合作还涉及许多国际主流金融机构,如世界银行、国际货币基金组织、亚洲开发银行、欧洲复兴银行、伊斯兰开发银行、亚投行等,积极支持"丝绸之路经济

带"能源合作。① 这些金融组织在国际能源合作项目资金解决问题中起着至关重要的作用。例如,世界银行、非洲开发银行和来自欧洲的一些金融机构曾为摩洛哥太阳能计划 Desertec 光热发电项目提供融资支持。该项目在 2012 年 11 月,获得世界银行 2.97 亿美元的贷款,随后在 2014 年 9 月,摩洛哥 Quarzazate 太阳能发电园区项目又获得世界银行提供的 5.19 亿美元资金,用以支持其 NOOR2 和 NOOR3 光热发电项目开发。亚洲开发银行在 2014—2017 年投入 2.28 亿美元,用于库克群岛、斐济、密克罗尼西亚、瑙鲁、巴布亚新几内亚、萨摩亚、所罗门群岛、汤加和瓦努阿图等太平洋岛国能源项目建设,从而减少该地区对化石燃料的依赖,实现可持续与更加环保的发展。

"一带一路"项下的国际合作项目近年来重点依靠"新丝路"经济带下主要的国际组织:

上海合作组织银联体。上海合作组织银联体是依据 2005 年 10 月 26 日签署的《上海合作组织银行间合作(联合体)协议》成立的,它是为加强上合组织成员国之间的金融合作而成立的,为成员国的投资项目提供金融和银行服务的机制。其包含了中国国家开发银行、俄罗斯对外经济银行、哈萨克斯坦开发银行、吉尔吉斯斯坦共和国结算储蓄公司、乌兹别克斯坦共和国国家对外经济银行、塔吉克斯坦国民银行,随之诞生了上海合作组织银行联合体。在银联体框架下,协议银行构建了上合组织区域内有效融资机制,为合作项目提供融资便利。② 2018 年,上合组织新接纳的印度和巴基斯坦两个成员国的金融机构也将在年内加入这一机制。目前,上合组织开发银行正在筹备过程中。各成员国都欢迎成立这样的开发银行,这个银行的目标是符合各成员国利益的,致力于上合组织成员国内的企业家进行合作,为企业家和他们的项目提供资金服务。③ 该组织目前已经成为成员国解决能源合

---

① 张磊:《"丝绸之路经济带"框架下的能源合作》,载《经济问题》2015 年第 5 期。
② 邢广程等:《上海合作组织研究》,长春出版社 2007 年版,第 70~71 页。
③ 《上合组织秘书长阿利莫夫接受每经采访:上合组织开发银行正在筹建 印巴国银行将于年内加入上合银联体》,载《每日经济新闻》,2018.06.16. https://3g.163.com/dy/article_cambrian/DKF4V33M0512B07B.html#qd=cambrian,徐洪才:《加快打造我国国际定价中心》,载《西部论丛》2009 年第 10 期。

作资金问题的重要途径,仅中国国家开发银行目前就已经累计向上合组织成员国发放贷款超过 1000 亿美元。

中亚区域经济合作(CAREC)。中亚区域经济合作是 1996 年由亚洲开发银行发起成立的区域性合作机制,其宗旨是以合作谋发展,通过开展交通、能源、贸易政策、贸易便利化四大重点领域合作,促进成员国经济发展和民生改善。成员国包括中国、阿富汗、阿塞拜疆、哈萨克斯坦、吉尔吉斯斯坦、蒙古国、巴基斯坦、塔吉克斯坦、土库曼斯坦、乌兹别克斯坦和格鲁吉亚。CAREC 出资方包括亚洲开发银行、世界银行、国际货币基金组织、欧洲复兴开发银行、伊斯兰开发银行等。CAREC 设有部长会、高官会、行业协调委员会、专门工作组四大工作机制。现任轮值主席国为土库曼斯坦。中亚区域经济合作(CAREC)是中亚区域重要经济合作机制之一,旨在通过促进重要领域的区域合作,帮助成员国实现经济社会发展。中国与中亚各国的能源合作也要依靠中亚区域经济合作组织的力量,加强能源经济交流。在 CAREC 机制框架中的中亚区域经济合作工商论坛倡导下,中亚各国政府、多边机构及工商界人士每年筹资 20 亿至 30 亿美元,用于推动 CAREC 机制下的区域能源、贸易和交通便利化建设。①

亚洲基础设施投资银行(Asian Infrastructure Investment Bank,简称亚投行,AIIB)。亚投行是一个政府间性质的亚洲区域多边开发机构。重点支持基础设施建设,成立宗旨是为了促进亚洲区域的建设互联互通化和经济一体化的进程,并且加强中国及其他亚洲国家和地区的合作,是首个由中国倡议设立的多边金融机构,总部设在北京。截至 2018 年 5 月 2 日,亚投行有 86 个正式成员国。亚洲经济占全球经济总量的 1/3,是当今世界最具经济活力和增长潜力的地区,拥有全球六成人口。但因建设资金有限,一些国家铁路、公路、桥梁、港口、机场和通讯等基础建设严重不足,这在一定程度上限制了该区域的经济发展。② 亚投行应运而生,为解决亚洲众多发展中国家基础建设的资金问题而建立,致力于推动亚洲区域经济互联互通,实现区域一体化,使亚洲能在全球经济低迷大背景下,保持强劲发展

① 张磊:《"丝绸之路经济带"框架下的能源合作》,载《经济问题》,2015 年第 5 期。

② 王丽颖:《亚投行行路线图猜想》,载《国际金融报》,2014 年 11 月 24 日第 24 版。

态势,更好地应对全球性经济危机,推动区域经济持续发展,并且对亚洲落后的发展中国家的经济和社会的现代化发展也具有十分重要的意义。亚投行虽然成立时间较短,但是已经越来越成为亚洲地区的国家甚至也是其他大洲国家有力的发展资金支柱来源之一。

中国政策性银行。20多年来,中国政策性银行专注于出口信贷和对外承包工程融资服务,在支持发展中国家基础设施建设方面积累了丰富的专业知识和经验,在亚、非、拉地区成功投资了各类重大项目,缓解了当地基础设施建设资金紧张的局面,促进了区域经济的发展。今后政策性银行将继续发挥自身优势,在"一带一路"建设融资中大展身手,增加项目贷款协议的数量和规模,建立相关项目储备库,协同"一带一路"周边国家共建互联互通基础设施,促进贸易发展和经济一体化。

"一带一路"经济带下的能源合作需要"一带一路"相关国际组织发挥其积极作用,利用国际组织成员国间互利互信的基础,消除偏见和怀疑,分享能源发展信息,发挥各国资源互补性,促进国家间能源优化配置。在中国"一带一路"下的对外能源合作中,离不开这些国际经济组织和国际金融机构的支持和帮助,在未来的能源工作中,中国也要继续重视它们的作用,弥补国内政府、金融机构的不足,使我国在这些国际经济组织、国际金融机构的帮助下,能够在国际关系和核心信息以及资金等各方面问题的考验中寻求到有效的解决。

小　　结

我国通过"一带一路"倡议发展能源经济的根本目的,是通过加强各国之间的能源经济联系,推动区域能源经济融合,以能源为基础,实现共同发展,消除发展鸿沟。中国已经成为世界第一大能源消费国,巨大的市场规模与生产能力,使中国具备了推动亚太能源经济一体化,推动亚太经济增长、亚欧乃至世界经济增长的能力。中国作为"一带一路"发展首倡国,为了加快区域能源一体化进程,谋求成员国共同发展,首先要提高区域能源经济国际影响力,掌握国际能源话语权,并且应当在坚持能源主权原则、能源安全原则、能源可持续发展原则、和平解决争端原则、平等共赢原则等的基础上，积极推动国际能源合作，倡导成员国进行双边、多边谈判。另外，还应当完善国内能源法律制度，建立统一完备的能源法律体系，完善双边、多边法律制度，充分利用好相关国际组织和机构，顺应现实需要，建立新的国际能源合作机制，包括能源合作委员会、能源关税同盟、能源争端解决机构、环境影响评估机制，运用各种合法措施，积极推动国内企业参与国际能源合作，促进共同发展。

参考文献

一、中文著作类

[1]黄进主编:《中国能源安全问题研究:法律与政策分析》,武汉大学出版社2008年版。

[2]肖国兴、叶荣泗主编:《中国能源法研究报告》,法律出版社2010年版。

[3]黄振中等:《中国能源法学》,法律出版社2009年版。

[4]黄振中等:《国际能源法律制度研究》,法律出版社2012年版。

[5]杜群、王利等:《能源政策与法律——国别和制度比较》,武汉大学出版社2014年版。

[6]杨解君:《国际能源合作与国际能源法》,世界图书出版公司2012年版。

[7]任德曦、肖东生:《核能经济学》,哈尔滨工程大学出版社2014年版。

[8]王义桅:《"一带一路":中国崛起的天下担当》,人民出版社2017年版。

[9]徐德信:《政府经济学基础》,北京大学出版社,2007年版。

[10]叶荣泗、吴钟瑚:《中国能源法律体系研究》,中国电力出版社2006年版。

[11]卓泽渊:《法的价值论》,法律出版社2006年版。

[12]胡水君:《法律的政治分析》,北京大学出版社2005年版。

[13]鲁传一:《资源与环境经济学》,清华大学出版社2004年版。

[14]谢鹏程:《基本法律价值》,山东人民出版社2000年版。

[15]赵震江:《法律社会学》,北京大学出版社1998年版。

[16]庞中英:《全球治理的中国角色》,人民出版社2016年版。

二、外文著作类

［1］Stephen Tromans QC. Nuclear Law［M］. Oxford and Portland, Oregon 2010.

［2］Barry Barton、Catherine Redgwell. Energy Security：Managing Risk in a Dynamic Legal and Regulatory Environment［M］.Oxford University Press.2004.

［3］N. Luhmami . Risk：A Sociological Theory ［M］. Berlin：de Gruyter1993：218.

［4］［美］罗斯科·庞德：《通过法律的社会控制》，商务印书馆 2010 年版。

［5］［美］罗斯科·庞德：《法理学（第三卷）》，廖德宇译，法律出版社年 2007 年版。

［6］［美］Scott J. Callan，Janet M.Thomas：《环境经济学与环境管理》，李建民、姚从容译，清华大学出版社 2006 年版。

［7］［德］魏德士：《法理学》，法律出版社 2005 年版。

［8］［德］乌尔里希·贝克：《世界风险社会》，南京大学出版社 2004 年版。

［9］［德］乌尔里希·贝克：《风险社会》，何博闻译，译林出版社 2004 年版。

［10］［德］E.博登海默：《法理学：法律哲学与法律方法》，邓正来译，中国政法大学出版社 2004 年版。

［11］［德］乌尔里希·贝克：《自由与资本主义——与著名社会学家乌尔里希·贝克对话》，浙江人民出版社 2001 年版。

［12］［美］曼瑟尔·奥尔森：《集体行动的逻辑》，.陈郁、郭宇峰、李崇新译，上海人民出版社 1999 年版。

［13］［美］弗朗西斯·福山：《21 世纪的国家治理与世界秩序》，郭华译，学林出版社 2017 年版。

三、中文论文类

［1］岳树梅：《"一带一路"能源合作法律机制构建研究》，载《社会科学战线》2017 年第 8 期。

[2]杨晨曦:《"一带一路"区域能源合作中的大国因素及应对策略》,载《国际政治与经济》2014年第4期。

[3]孙伟:《"一带一路"战略构想的基础及策略》,载《宏观经济管理》2015年第4期。

[4]黎四奇:《能源合作法律机制构建的难点及对策分析》,载《法学评论》2010年第4期。

[5]汪习根、何苗:《能源合作法律机制构建的理论基础与模式构建》,载《中共中央党校党报》2015年第4期。

[6]张磊:《"丝绸之路经济带"框架下的能源合作》,载《经济问题》2015年第5期。

[7]岳树梅:《中国与海合会能源合作法律机制的构建》,载《法学》2015年第5期。

[8]上海市人民政府发展研究中心课题组:《上海积极主动融入"一带一路"国家战略研究》,载《科学发展》2015年第5期。

[9]王海燕:《上海参与"两带一路"建设的优势、挑战与对策研究——基于中国省际面板数据的实证分析》,载《上海经济研究》2015年第4期。

[10]刘旺洪:《社会管理创新与社会治理的法治化》,载《法学》2011年第10期。

[11]吴建华、黄进:《习近平全球治理与国际法治思想研究》,载《中国法学》2017年第5期。

[12]肖永平:《全面依法治国的新阶段:统筹推进国内法治与国际法治建设》,载《武大国际法评论》2018年第1期。

[13]贝克、邓正来、沈国麟:《风险社会与中国——与德国社会学家乌尔里希·贝克的对话》,载《社会学研究》2010年第5期。

[14]肖永平:《论法治中国建设背景下的中国国际法研究》,载《法制与社会发展(双月刊)》2015年第4期。

[15]赵骏:《全球治理视野下的国际法治与国内法治》,载《中国社会科学》2014年第10期。

[16]何志鹏:《"一带一路":中国国际法治观的区域经济映射》,载《浙江社会科学》2018年第8期。

[17]何志鹏:《国际法治的中国方案——"一带一路"的全球治理视角》,载《太平洋学报》2017年第5期。

[18]何志鹏:《国际关系的宪法之治:理想与现实》,载《政法论丛》2016年第1期。

[19]何志鹏:《"良法"与"善治"何以同样重要——国际法治标准的审思》,载《浙江大学学报(人文社会科学版)》2014年第3期。

[20]车丕照:《国际法治初探》,载《清华法治论衡》2000年。

[21]肖良平:《试论法律全球化与国际法治的关系》,载《沧桑》2006年第3期。

[22]彭少麟:《生态安全的涵义与尺度》,载《中山大学学报(自然科学版)》2004年第6期。

[23]崔胜辉等:《生态安全研究进展》,载《生态学报》2005年第4期。

[24]曾令良:《联合国在推动国际法治建设中的作用》,载《法商研究》2011年第2期。

[25]庞中英:《全球治理的中国角色:复杂但清晰》,载《人民论坛·学术前沿》2015年第8期。

[26]曾令良、古祖雪、何志鹏:《法治:中国与世界》,载《中国社会科学》2015年第10期。

[27]钱静、肖永平:《全球治理视阈下的国际法治构建》,载《学习与实践》2016年第11期。

[28]卢德友:《"人类命运共同体":马克思主义时代性观照下理想社会的现实探索》,载《求实》2014年第8期。

[29]金应忠:《试论人类命运共同体意识——兼论国际社会共生性》,载《国际观察》2014年第1期。

四、外文论文类

[1]Lady,Matt R.,Nuclear Safety Regulators' Effective Independence:The

Case for a New Approach (January 1, 2013). Available at SSRN: http://ssrn. com/abstract＝2372820 or http://dx.doi.org/10.2139/ssrn.2372820.

[2] Tigadi, Rohan, Critical Analysis of the Indian Civil Nuclear Liability Act, 2010 (May 16, 2012). Available at SSRN: http://ssrn. com/abstrac t＝2254490.

[3] Ram Mohan, M. P., Legal and Regulatory Challenges for Promotion of Civil Nuclear Energy in India (February 1, 2009). Energy Insights, Volume 4, Issue 1, January-March 2009. Available at SSRN: http://ssrn. com/abstract ＝2433385.

[4] Japan's Compensation System for Nuclear Damage As Related to the TEPCO Fukushima Daiichi Nuclear Accident, OECD 2012, NEA No. 70892012. Available at http://www.oecd-nea.org/pub/ .

五、网络资源

[1]中国"一带一路"网:https://www.yidaiyilu.gov.cn/
[2]国家能源局官网:http://www.nea.gov.cn/
[3]上海合作组织官网:http://scochina.mfa.gov.cn/chn/